특허침해소송실무

차 상 육

한국지식재산연구원
Korea Institute of Intellectual Property

머리말 ———————

특허법은 거의 매년 법 개정이 이루어지고 있고 또 실무에도 크게 영향을 미치는 판결도 적지 않게 집적되고 있다. 이 책은 특허침해소송의 실무가를 염두에 두고 집필한 책이다. 실무가에 의한, 실무가를 위한, 실무서를 지향하고 있다. 특허관계소송에 관여하는 모든 분들께 조금이나마 도움이 되고자 한 것이 집필의 동기이자 출발점이다.

이 책은 지적재산권소송 중에서도 중요한 위치에 있는 특허관계소송 특히 특허침해소송을 중심으로 서술한 것이다. 특허침해소송에서 쟁점이 되는 실체법적·절차법적 논점과 재판실무를 중시하고 뼈대를 설계하였다. 더불어 특허침해소송과 밀접하게 관계되는 심결취소소송을 비롯한 특허관계소송 전체의 재판실무를 염두에 두고 이론적으로, 실무적으로 고찰하고자 노력하였다. 특허침해소송에서 원고와 피고가 활용할 수 있는 공격방어방법을 중심으로 서술하되 소송의 흐름을 따라가면서 등장하는 기본 쟁점을 그 연구의 대상으로 삼았다. 더불어 최근의 국내외 판례의 흐름과 쟁점을 놓치지 않고 서술하고자 노력하였다. 그래서 특허침해소송을 비롯한 특허관계소송의 실무와 이론의 이해에 일조가 되기를 희망한다.

다만 애초 필자가 기획하고 서술하고자 한 것보다는 출판단계에서 사정상 책의 분량이 줄어들었다. 그래서인지 탈고의 시점에서는 여러 가지 점에서 부족한 부분이 눈에 보인다. 앞으로 독자들의 비평과 질책을 겸허히 수용하면서 학문발전의 원동력으로 삼고자 한다.

이 책만으로 특허침해소송실무가 완결되는 것이 아니다. 이 책은 특허침해소송실무의 개요를 소송의 흐름에 맞추어 해설한 것일 뿐이다. 그리고 법학전문대학원에서 특허관계소송법을 교육하기 위한 기본 교재로서도 역할을 할 수 있도록 집필한 것이다. 필자가 변호사업을 접고 학자의 길에 들어선 이후 해마다 강의를 거쳐서 소송실무서로서 체계와 내용을 서서히 다듬은 것이다.

필자가 이 책을 집필하기까지는 부족한 점이 많았던 변호사를 학문의 길로 이끈 분들이 있었기에 가능하였다. 특히 변호사로 있던 시절, 대학원에서 지적재산권법을 전공함에 있어서 등불을 밝혀 주셨던 박성호 교수님과 윤선희 교수님 그리고 김병일 교수님의 학은(學恩)에 진심으로 감사를 드린다. 그리고 이 책의 집필과정을 지켜 준 두 아들과 든든한 후원자인 아내에게 고마움을 전하고 싶다.

마지막으로 이 책을 집필할 수 있도록 도움을 주신 분들께 감사의 인사를 드리고자 한다. 우선 한국지식재산연구원의 관계자 분들께 이 책의 기획과 집필의 기회를 주신 점에 대해서 심심한 감사를 드린다. 그리고 이 책의 출판을 담당하고 교정을 충실히 봐 주신 세창출판사 이방원 사장님과 임길남 상무님을 비롯한 관계자 분들께도 깊이 감사를 드린다.

2018년 11월
차 상 육

차 례 ————

6

제1장
특허침해소송의 개관

Ⅰ. 특허침해소송의 의의와 특색

지재소송(知財訴訟) 중에서 양적 및 질적으로 커다란 지위를 점하는 것이 바로 특허관계소송이고 그중에서도 특허침해소송이라 할 수 있다. 그 외 특허관계소송에는 심결취소소송과 등록관계소송 및 계약관계소송 등을 들 수 있다. 특허권침해소송은 민사소송의 일종이고, 심결취소소송은 행정소송의 한 가지 유형이다.

특허침해소송의 전형은 특허권자 또는 전용실시권자가 원고가 되어 해당 특허권을 침해하는 자 또는 침해할 우려가 있는 자를 피고로 하여 침해행위의 금지를 청구하는 소송이다. 또 특허권자나 전용실시권자는 금지청구와 함께 폐기·제거 청구 기타 침해예방에 필요한 행위를 청구할 수 있다. 나아가 업무상 신용을 회복하기 위해 필요한 조치를 청구할 수 있다. 특허권자 또는 전용실시권자의 특허권을 침해한 자에 대한 금전청구는 손해배상청구권, 부당이득반환청구권, 또는 보상청구권이 있다. 이러한 소송을 총칭하여 특허권침해소송이라 부른다.

특허권침해소송에는 권리자 측이 침해자 측을 상대로 한 소송과

역으로 그와 반대방향에 서서 침해자가 권리자 측을 상대로 한 금지청구권부존재확인소송 등을 제기하는 경우도 없지 않다.

특허침해소송은 전문기술적 요소가 강하고 그로 인하여 특허권 등에 관한 소에 대해서는 특허법상 전속관할로 되어 있는 점이 관할상의 특색이다.

특허침해소송은 전문기술적인 요소가 강하고 그 때문에 특허권에 관한 소송에 관해서는 관할집중제도를 택하고 있다. 법원조직법에 따르면 특허법원은 '민사소송법' 제24조 제2항 및 제3항에 따른 항소사건을 심판한다고 규정하고 있다(법원조직법 제28조의4 제2호). 또, 민사소송법 제24조 제2항에서는 "특허권 등의 지식재산권에 관한 소를 제기하는 경우에는 제2조부터 제23조까지의 규정에 따른 관할법원 소재지를 관할하는 고등법원이 있는 곳의 지방법원의 전속관할로 한다. 다만 서울고등법원이 있는 곳의 지방법원은 서울중앙지방법원으로 한정한다."고 규정하고 있다. 또, 같은 조 제3항에서는 "제2항에도 불구하고 당사자는 서울중앙지방법원에 특허권 등의 지식재산권에 관한 소를 제기할 수 있다"고 규정하고 있다.

2015년 12월 1일 개정된 민사소송법(2016.1.1. 시행) 제24조 제2항에 따라 '특허권 등에 관한 소'에 대해서 관할집중(管轄集中)이 이루어졌고, 같은 날 개정된 법원조직법(2016.1.1. 시행) 제28조의4 제2호에 따라 특허침해소송 항소심이 특허법원 전속관할(專屬管轄)로 되었다.

우리나라에서 설정등록된 특허권은 속지주의원칙상 우리나라에서만 효력을 가진다. 그러나 기업활동의 글로벌화에 수반하여 특허권침해소송은 국제적인 분쟁으로 종종 발전한다. 그래서 소송의 국면에서는 국제적인 관점에서 검토가 반드시 필요하게 된다.

또한 특허권의 성립여부 및 유효·무효의 판단에 대해서는 특허청이 심결의 형태로 제1차적인 판단을 하고 제1심은 특허법원에서 행정소송의 일종인 심결취소소송의 형태로 사법적 판단이 이루어지고 있는 점 그리고 심결의 확정은 소급적·대세적인 효력을 가지고 있는 점에 특색이 있다.

II. 특허침해소송의 종류

1. 서 언

특허를 둘러싼 소송은 특허권침해를 이유로 침해행위의 금지나 손해배상 등을 구하는 민사소송으로서 특허침해소송과 행정소송으로서 심결취소소송으로 크게 나눌 수 있다. 형사소송도 있다. 특허권침해가 이루어지고 있다고 의심되는 단계에서 최종적으로 판결을 얻어 판결을 집행함으로써 권리구제를 실현하기까지의 절차는 기본적으로 전문가인 변호사나 변리사가 상호 협력하는 경우가 적지 않다. 특허관계소송이란 특허법, 실용신안법, 발명진흥법 등의 지식뿐만 아니라 실체법인 민법이나 절차법인 민사소송법, 민사집행법 등의 지식을 총동원하여 수행하는 소송절차라 할 수 있다.

2. 민사 본안소송

특허침해소송의 본안소송으로서는 대체로, ⅰ) 침해금지청구 및 폐기·제거청구(특허법 제126조),[1] ⅱ) 손해배상청구(민법 제750조, 특허법 제128조), ⅲ) 신용회복조치 청구(특허법 제131조)[2] 등이다. 손

---

1) 침해금지청구와 이에 부수하는 폐기청구 및 제거청구를 포함한다.
2) 다만 특허권이라는 재산권이 침해되는 행위에 의하여 권리자의 신용이 훼손되는 경우라는 것은 통상 상정하기 어렵다.

해배상에 갈음하거나 손해배상과 함께 신용회복에 필요한 조치를 청구함으로써 예컨대 신문 등 정기간행물 등에 해명광고를 실을 것을 요구하는 경우를 들 수 있다. 다만 권리자의 업무상 신용이 실추된 점을 인정할 수 있는 경우라 하더라도 제반 사정에 비추어 침해자에게 손해배상을 명하는 것으로 충분히 손해가 전보된 것으로 볼 수 있는 경우에는 신용이나 명예회복에 필요한 조치는 기각되는 것이 소송실무의 통례이다. 일본과 달리 사죄광고는 헌법재판소의 위헌결정(양심의 자유 및 인격권 침해) 이후 불허된다.

또 iv) 금지청구권 또는 손해배상청구권의 부존재확인청구가 있다. 권리자가 경고장 등에 의하여 권리침해라고 주장하면서 침해소송을 제기하지 않는 경우에는 경고장으로 침해자로 명칭되는 자가 적극적으로 권리자에 대하여 금지청구권 또는 손해배상청구권의 부존재확인청구를 제기하는 이익이 인정된다. 예컨대 권리남용 항변을 정면으로 인정하였던 2000년 일본의 '킬비사건' 판결이 대표적이다.

기타 v) 실시계약에 기하여 실시료지급청구, 직무발명의 대가 지급청구, 출원공개에 의한 보상금청구 등이 있다.

3. 보전처분(임시지위를 정하는 가처분으로서 금지가처분)

보전처분은 크게 가압류와 가처분으로 나뉘고, 가처분은 계쟁물 가처분과 임시지위를 정하는 가처분(단행가처분)으로 나눌 수 있다. 임시지위를 정하는 가처분으로서 금지가처분은 임시처분이라고 말할 수 있고, 신청인이 가령 특허권자로서의 지위에 있는 점을 전제로 하여 그 권리침해에 대한 응급조치로서 침해행위의 금지를 명하는 것이다. 인정되는 것은 채권자에게 생기는 현저한 손해 또는 급박한 위험을 피하기 위하여 필요한 경우에 한정된다.

보전처분과 본안소송의 절차상 차이는 대체로 다음과 같다.

ⅰ) 본안소송에서의 입증은 증명(證明)에 의하지만, 보전처분에서는 소명(疎明)으로 족하다. 여기서 소명이란 일응 확실한 정도의 심증 수준이고 서류나 재정증인(在廷證人) 등과 같이 즉시로 신문할 수 있는 증거에 의해서만 이루어진다. 이에 대하여 본안소송에서 요구되는 증명이란 특정한 사실이 특정한 결과발생을 초래한 관계를 시인할 수 있을 정도의 고도의 개연성을 증명함으로써, 그 판정은 통상인이 의심을 품지 않을 정도로 진실성의 확신을 가질 수 있을 것이 필요하다. 또 소명이 불충분한 경우에는 채권자(신청인)가 담보를 제공하는 것으로 소명을 보강할 수 있고, 소명이 전혀 없는 경우에도 담보를 제공하게 하여 가처분명령을 발할 수도 있다.

ⅱ) 보전처분에서는 구두변론기일을 경과할 필요는 없다. 다만 임시의 지위를 정하는 가처분의 경우는 상대방의 주장을 심문기일(審問期日) 혹은 구두변론기일(口頭辯論期日)에 청취할 필요가 있지만 사정이 있는 경우에는 이들 절차를 생략할 수 있다. 또 구두변론기일에서는 쌍방이 주장, 입증을 다한 후의 단계에서 변론을 종결하고 그 후에 판결에 이르지만, 심문기일에서는 이러한 절차는 일절 불요한다.

특허침해금지가처분을 관할하는 법원은 본안인 침해소송의 관할법원이다. 특허침해금지가처분을 인용하는 결정은 임시의 판단이라고 하지만 본안소송의 금지인용판결과 동일하게 상대방의 행위를 현실로 금지시킬 수 있고, 상대방에게 결정적인 피해를 줄 수 있는 경우도 있다. 그래서 재판실무의 운용에서는 금지가처분과 본안소송이 쌍방제기되는 경우에는 양자를 병행적으로 심리하고 가처분만을 선행하여 심리판단하지 않은 경우도 종종 있다.

가처분은 어디까지나 본안판결에 의한 해결까지 사이의 잠정적 처분이다. 본안소송이 제기되지 않는 경우는 가처분결정 이후에 채권자가 원고가 되고 채무자를 피고로 하여 본안소송을 제기하여야 한다. 언제까지나 본안소송이 제기되지 않은 경우는 채무자 측

으로부터 법원에 대하여 채권자를 상대로 본안소송을 제기하도록
한다(제소명령신청). 채권자가 본안의 제소명령을 기간 내에 이행하
지 않아 본안소송이 제기되지 않는 경우는 가처분결정은 취소된다.

4. 형사소송

특허법에서는 특허권 등의 침해죄(법 제225조 제1항), 비밀누설죄
(제226조), 위증죄(제227조), 허위표시의 죄(제228조), 거짓행위의 죄
(제229조), 비밀유지명령위반죄(제229조의2 제1항)를 규정하고 있으
면서, 특허권 또는 전용실시권을 침해한 자에 대해서 형사적 구제
방안을 마련하고 있다. 이 중 특허권 등 침해죄와 비밀유지명령위
반죄는 친고죄이므로, 특허권자 등의 고소가 있어야만 공소를 제기
할 수 있다(제225조 제2항, 제229조의2 제2항). 또 책임주의 원칙 아래
(제230조 단서), 특허권 등 침해죄, 허위표시의 죄, 거짓행위의 죄의
경우에는 양벌규정을 두고 있다(제230조 본문). 또 침해조성물 등에
대한 몰수와 피해자교부제도를 두고 있다(제231조 제1항). 피해자는
몰수한 물건을 받은 경우에는 그 물건의 가액을 초과하는 손해액
에 대해서만 배상을 청구할 수 있다(제231조 제2항).

특허권 침해죄 등이 성립하려면 민사상 침해금지청구권과 동일
한 구성요건을 충족하여야 한다. 공소장의 공소사실에는 피해자의
구체적 권리, 피고인의 구체적인 침해태양 등이 특정되어야 한다.
민사상 침해금지청구권과 달리 주관적 요건으로서 고의를 요한다.

피고인은 자신의 실시행위가 특허권의 기술적 범위 내지 보호범
위에 속하지 않는다고 다투거나, 특허무효사유가 있다는 등의 방법
으로 항변할 수 있다. 무효심결이 확정되면 공소제기절차가 법률
의 규정에 위반하여 무효이므로 공소기각 판결이 선고된다.[3]

---

3) 김기영 · 김병국, 『특허와 침해』, 육법사, 2012, 155~158면.

Ⅲ. 침해론과 손해론

1. 특허침해소송의 심리상 특색

특허권침해소송에서는 통상의 민사소송과 같이 당사자주의, 변론주의가 기본원리로 기능한다. 대등한 입장에서 당사자를 전제로 하여 판단의 기초로 되는 사실을 오로지 당사자의 변론으로만 채용한다. 그 진위도 당사자에게 다툼이 있는 경우에 한하여 판단한다. 여기서 당사자가 자백한 사실에 관해서는 증명을 요하지 않는다. 그 판단을 위한 소송자료의 공급도 주로 당사자에게 맡긴다. 심리 원칙으로서는 소정의 기일에 법원에서 공개의 법정에서 법관의 면전에서 행한다.4)

우리 특허법원은 '침해소송 항소심 심리매뉴얼'(2016.3.16. 제정)을 만들어 홈페이지에 공개하고 있다.5)

지적재산권 침해소송 중에도 그 중심으로 되는 것이 특허권침해소송이다. 기업에 따라서는 그 보유한 특허권에 기하여 경쟁회사의 제품의 제조판매를 금지하거나 혹은 과거의 특허권침해에 관해서 손해배상을 구하는 특허권침해소송을 제기하는 것은 기업의 지재전략의 최종수단으로서 가장 중요한 행위이다. 이 특허권침해소송은 상대방으로 된 기업에 따라서 자사(自社)의 제품의 제조판매가 금지되는지 여부가 재판에 의하여 결정된다. 따라서 그 결과가 기업 활동에 영향을 미치는 바는 지극히 심각하다. 그래서 법원에

---

4) 竹田 稔, 『知的財産權訴訟要論(特許·意匠·商標編)』第6版, 發明推進協會, 2012, 214~215頁.

5) 특허법원의 웹페이지에서 메뉴창 중 '소식〉심리매뉴얼'을 참조. (http://patent.scourt.go.kr/dcboard/new/DcNewsViewAction.work?seqnum=23&gubun=196)

게도 전문적 체제를 정비하면서 할 수 있는 한 신속하고 적정한 재판을 실현하는 것이 기대된다. 여기서는 지적재산권침해소송을 대표하는 특허권침해소송을 예로 들고 그 실무의 개요를 절차적인 측면 및 실체법적인 측면에서 해설한다. 또 특허법의 규정은 실용신안법 등에 준용하는 것이 많고, 또 특허법과 같은 취지의 규정이 상표법, 디자인보호법, 부정경쟁방지법 및 저작권법 등에 규정되어 있는 것도 많다. 그래서 특허권 침해소송의 실무를 아는 것은 다른 지적재산권침해소송의 실무를 아는데 참고로 될 수 있다(다만 다음에서 서술한 사항 중에는 특허권침해소송 특유의 문제도 포함되어 있는 것은 주의를 요한다).[6)]

특허침해소송에서 심리상 특색이 두드러진 것이 바로 침해론과 손해론으로 심리절차가 나누어지는 부분이다. 아래에서 항을 바꾸어 설명한다.

2. 침해론 및 손해론 — 2단계 심리절차[7)]

(1) 지적재산권침해소송에서 원고는 우선 심리대상으로서 자기가 가진 권리를 상대방이 침해하고 있는 태양을 구체적으로 주장·입증할 것을 요한다. 특히 특허권침해소송은 자기가 가진 특허발명의 내용과 피고가 제조, 판매하고 있는 제품이나 제조방법을 비교대조하는 것으로써 권리침해의 유무를 판단하는 것이다.

우리 특허법에서는, "특허권은 설정등록에 의하여 발생한다"(특허법 제87조 제1항)고 규정하고 있다. 특허법은 제94조 본문에서 "특허권자는 업으로서 그 특허발명을 실시할 권리를 독점한다"(적극적 효

---

6) 飯村敏明·設樂隆一 編著, 『知的財産關係訴訟 : 3(リ-ガル·プログレッシブ·シリ-ズ)』, 靑林書院, 2008, 9~10頁(設樂隆一·間史惠·鈴木千帆 執筆部分).

7) 飯村敏明·設樂隆一 編著, 上揭書, 10~11頁.

력)고 규정하고 있다. 또 제97조에서 "특허발명의 보호범위는 청구범위에 적혀 있는 사항에 의하여 정하여진다"고 규정하고 있다. 또 특허를 받고자 하는 자는 명세서, 필요한 도면, 요약서 등을 첨부한 특허출원서를 특허청장에게 제출하여야 한다(특허법 제42조 제1항). 그리고 그 특허출원서 중 명세서에는 ① 발명의 명칭, ② 도면의 간단한 설명, ③ 발명의 상세한 설명, ④ 특허청구범위를 기재한다(특허법 제42조 제2항). 이와 같이 명세서의 중요 기능 중 하나는 특허권으로 보호받고자 하는 범위를 명확하게 특정하여 일반 공중에게 알리는 것이고, 특허발명의 보호범위는 보호를 받고자 하는 사항을 기재한 1 이상의 청구항으로 된 특허청구범위에 의하여 정하는 것이 원칙이다(특허법 제97조, 제42조 제4항 본문). 그러므로 제3자가 쉽게 당해 발명의 특허성을 판단하고 보호범위를 확인할 수 있도록 명세서의 특허청구범위는 ① 발명의 상세한 설명에 의하여 뒷받침될 것, ② 발명이 명확하고 간결하게 기재될 것을 요한다(특허법 제42조 제4항 1호 내지 2호).[8][9] 이처럼 특허법은 특허청구항이 그 특허로부터 영향을 받는 자에게 합리적인 지침을 충분히 제공할 수 있도록 명확하게 기재될 것을 요구하고 있다. 또, 발명의 상세한 설명에는 "① 그 발명이 속하는 기술 분야에서 통상의 지식을 가진 자가 그 발명을 쉽게 실시할 수 있도록 산업통상자원부령으로 정하는 기재방법에 따라 명확하고 상세하게 적을 것, ② 그 발명의 배경이 되

---

8) 특허법원 지적재산소송실무연구회, 『지적재산소송실무』, 박영사, 2006, 119면. 단, 2007년 개정법에서는 특허법 제42조 제4항 제3호 '발명의 구성에 없어서는 아니 되는 사항만으로 기재될 것'을 삭제하였다.

9) 일본특허법 제70조 제1항은 "특허발명의 기술적 범위는 출원서에 첨부한 특허청구범위의 기재에 기하여 정하여야 한다."고 규정하고, 동조 2항은 "출원서에 첨부한 명세서의 기재 및 도면을 고려하여 특허청구범위에 기재된 용어의 의의를 해석하는 것으로 한다."고 규정하고 있다. 그 때문에 특허발명의 기술적 범위는 명세서의 기재 및 도면을 참작하면서 특허청구의 범위[이하 'claim(클레임)'이라 함]의 기재에 기하여 정해진다.

는 기술을 적을 것"을 요한다(특허법 제42조 제3항).

(2) 그래서 원고는 명세서의 기재 및 도면을 참작하면서 특허청구의 범위의 기재에 기하여 특허발명의 기술적 범위에 관하여 주장하고, 대상제품·대상방법이 그 기술적 범위에 포함된 것을 주장한다. 그때 특허청구범위(Claim)의 해석 등이 문제 된다. 또한 이때 대상제품·대상빙법의 특정이 문제로 되는 경우가 많다. 이 대상제품·대상방법('비교대상제품'·'비교대상방법'이라 함)의 특정에 관한 논의를 '특정론(特定論)'이라 부른다.

이에 대하여 피고의 항변으로서는 우선, 대상제품·대상방법이 특허발명의 기술적 범위에 포함되지 않았다는 것을 주장한다. 또 주요 항변으로서 공지기술항변,10) 자유실시기술항변,11) 권리남용항변12)이 있다. 그 외 희소하지만 시험 또는 연구 목적의 특허발명의 실시 항변(특허법 제96조 제1항 1호), 선사용에 따른 법정실시권에 기한 항변(특허법 제103조) 등이 있다.

(3) 이러한 침해의 유무에 관한 논의를 '침해론(侵害論)'이라 부른다. 또 특허발명의 청구항해석의 논의와 특정론을 아울러 기술적 범위에 속하는가 여부의 논의를 '속부론(屬否論)'이라 하며, 특허가 무효로 되는가 여부의 논의를 '無效論'이라 한다. 다음으로 침해론 단계에서 침해로의 심증을 얻은 경우에는 손해에 관하여 심리를 개시한다. 침해론을 제1편으로 부른다면, 손해론은 침해소송의 제2편에 위치한다. 특허침해소송에서는 이러한 단계적 심리를 행함으로써 특허권 침해로 되지 않는 경우에 손해론에 관한 심리에 관한 시간과 노력을 생략하고, 심리의 신속화를 도모하고 있다.

---

10) 대법원 1983.7.26. 선고 81후56 전원합의체 판결 [권리범위확인].
11) 대법원 2004.9.23. 선고 2002다60610 판결.
12) 대법원 2012.1.19. 선고 2010다95390 전원합의체 판결; 대법원 2004.10. 28. 선고 2000다69194 판결.

Ⅳ. 쟁점정리절차[13]

1. 변론준비절차

변론준비절차는 쟁점 및 증거의 정리를 행하기 위한 절차이고, 실무에서 변론준비절차를 이용하는 경우가 많다. 이것은 특히 지적재산권침해소송에서 신속하고 적확한 판단을 하기 위해서는 법원이 심리의 빠른 단계에서부터 의문점 등을 당사자에게 질문하고, 필요한 주요 주장입증을 촉구하거나, 법원과 당사자의 논의를 통하여 쟁점을 파악하는 것이 필요하다는 점, 그 때 특히 전문적 기술적 사항에 관해서 도면이나 사진 등을 이용하는 것도 많다는 점, 이때에 인용되는 당사자의 주장이나 증거 중에는, 당사자들의 영업비밀 등 공개에 적당하지 않는 사항도 포함되는 것이 있는 경우 등의 이유에 의한다고 생각된다.

변론준비절차에 들어가는 시기에 관해서 합의체로 심리하는 사건인 이상, 피고의 주장의 개요가 제시되고, 심리의 방향성이 보여진 단계인 것이 많지만, 빠르게는 2회기일에서부터 변론준비절차로 들어갈 수 있다. 통상의 민사소송사건에서는 변론준비절차에서 쟁점과 그것에 관한 당사자의 주장, 서증·검증물을 정리하고, 변론준비절차의 종결 시 그 후의 증거조사에 의해 증명해야 할 사실을 확인하고, 증인신문의 계획을 세우며, 그 후의 구두변론기일에서 증인신문을 실시한 후(사안에 따라서는 증인신문의 결과를 밟아 당사자의 주장을 정리한 최종준비서면을 제출하는 등으로서) 변론을 종결하는 경우가 많다. 그러나 특허권침해소송은 증인신문을 요하는 것이 많지 않기 때

---

13) 飯村敏明·設樂隆一 編著, 前揭書, 27~31頁(設樂隆一·間史恵·鈴木千帆 執筆部分).

문에, 변론준비절차를 종결하고 바로 구두변론기일을 지정하여 그대로 변론을 종결하는 것이 많으므로, 특허침해소송과 통상의 민사소송의 특징과 차이에 대해서 소송대리인은 숙지할 필요가 있다.

2. 기술설명회

특허권침해소송이나 직무발명상당대가청구소송에서는 심리의 과정에서 주로 침해론 혹은 직무발명의 내용과 자사의 실시 내지 타사의 실시의 유무 등에 관해서, 원·피고가 각각의 주장을 요약하고, 구두로 설명하는 프리젠테이션의 기회를 두는 경우가 많다. 이것을 기술설명회라고 부르지만 최종 프리젠테이션이라고 부르기도 한다. 기술설명회는 특허발명이나 대상제품의 기술내용이 난해한 것인 경우 침해론의 중도에서 당사자가 순수하게 기술내용을 법관에게 이해시키기 쉽게 설명한다는 목적으로 개최된다. 한편 심리의 최종단계에서 이루어지거나 또 기술설명뿐만 아니라 주요한 쟁점에 관한 당사자의 주장의 요약도 포함되는 경우도 있다. 실무에서는 이에 관해서도 전통적으로 기술설명회라는 용어를 사용하는 것이 많지만 종전의 기술설명회와는 다른 것이므로, 여기서는 이하 '최종 프리젠테이션'이라 한다.

최종 프리젠테이션은 법관과 협의 후, 각 당사자가 사전에 30분 내지 1시간 가지는 시간을 결정하고, 당해소송에서 문제로 되고 있는 기술내용 및 그것에 관한 주장 및 증거의 요점에 관해서 구두로 설명한다. 또한 구두에 의한 기술내용의 설명을 쉽게 이해하기 위하여, 도면 내지 일러스트가 필수적이다. 다만 현재는 프리젠테이션용의 소프트웨어(파워포인트 등)을 이용하여, 도면과 사진 혹은 동영상 및 설명문을 교차한 설명용 자료를 사전에 작성하고, 이것으로 설명하는 것이 대부분이다(제조방법에 관한 특허의 경우에는 공장에서 제조과정 등을 촬영한 동영상을 이용하는 것도 있다). 이러한 프리젠테이션용 자료는 기일의 수일 전에 서증으로서 제출하고 사전에 법관도 대충 보는 것이 많다. 최종 프리젠테이션을 효과적이고 원활하게 진행하고 또 그 결과를 소송기록상에 남기기 위해서 같은 기일에서 프리젠테이션용 자료는 증거 혹은 같은 기일의 조서 첨부자료로서 남기고 소송자료로 되고 있다.

법원은 최종 프리젠테이션의 기일전에는 사전에 기록을 검토하고, 필요에 따라서 조사관의 보고를 받는 등을 한 뒤, 상당한 정도까지 심증을 형성하거나 혹은 심증을 형성한 뒤에 의문점이 남아 있는 경우에는 그것을 정리하여 같은 기일에 임하도록 하고 있고, 같은 기일에서는 당사자에 의한 설명을 들으면서, 필요에 따라서 질문하여 의문점을 해소함과 동시에, 사전 검토하여 얻은 중간적 심증이 올바른지 여부를 내부에서 확인 내지 수정하는 기회로 하고 있다.

한편, 기술설명회는 특허법원의 심결취소소송에서 원칙적으로 대부분의 사례에서 이루어진다. 기술설명회를 위한 변론준비기일을 위해서 작성한 프리젠테이션용 자료는 모두 이미 제출된 증거 및 준비서면에 기재된 것이지만 매우 우수한 준비서면과 서증의 요약이고, 여기서 이 기일이 가지는 중요한 의미가 있다. 난해한 사건이라면 어느 정도 법관이 그 사건의 심증을 적확하게 형성하기 위해서는 이러한 단기간에 사안의 모든 내용을 파악할 수 있는 우수한 요약자료도 필요하다고 생각된다. 판결은 최종적으로는 이러한 프리젠테이션용 자료에서 인용되고 있다. 기록상 증거에 기초하여 기재된 것은 당연하다. 당사자에 따라서 최종 프리젠테이션의 준비를 위한 부담은 반드시 가벼운 것은 아니라고 생각되지만, 같은 기일은 법관이 기록이 너무 많아져 쟁점도 다수에 걸치는 것이 많은 지적재산권침해소송에서 전문적·기술적 지식에 관해서 명확하게 이해하고, 쟁점에 관해서 적확한 심증을 형성하기 위한 중요한 기회로 되고 있고, 이후 복잡난해한 기술이 얽힌 지재소송에서 활용된다고 사료된다.

제2장

소송 당사자와 관할

이 장에서는 주로 특허침해소송의 절차에 관하여 통상의 민사소송절차와 다른 점에 초점을 두면서 소송 당사자와 관할에 대하여 서술한다. 특허권자는 업으로서 특허발명의 실시를 하는 권리를 독점하고 제3자가 정당한 권원 없이 특허발명을 실시하는 행위는 특허권침해로 된다. 침해행위에 대하여 특허권자가 행사할 수 있는 권리는 주로 특허법 제126조 소정의 금지청구권 등과 민법 제750조 및 특허법 제128조 소정의 불법행위에 기한 손해배상청구권이다. 그 외에도 특허권자는 민법 제741조의 부당이득반환청구권을 행사할 수 있다. 이 권리는 불법행위에 기한 손해배상청구권과 청구권경합의 관계에 있다. 또 손해배상청구에 갈음하거나 또는 이와 동시에 제131조 소정의 신용회복조치청구를 할 수 있다. 특허권침해를 둘러싼 소송은 ① 특허권자로부터 급부소송의 형태를 취하는 것이 보통이다. 그러나 상대방이 먼저 소를 제기하는 경우도 있는데, ② 확인소송(금지청구권부존재 또는 손해배상채무부존재확인) 등의 형태를 취한다.[1]

---

1) 竹田 稔, 『知的財産權訴訟要論(特許·意匠·商標編)』第6版, 發明推進協會,

소송에서 '당사자'란 법원에 대해 자기의 이름으로 재판권의 행사를 구하는 자(원고) 및 그 상대방(피고)을 말한다. 특허권침해소송에서 원고로 되는 적격을 가진 자는 특허권자 또는 전용실시권자이다. 통상실시권자에 관해서는 일반적으로 부정해야 한다. 다만 독점적 통상실시권자에 한하여 원칙적으로 손해배상청구만의 원고적격을 인정하는 경우도 있을 수 있다.

피고는 원고로부터 특허권침해를 하거나 할 우려가 있다고 주장된 자이다. 특허발명에 관한 물품의 제조판매가 특허권침해로 되는 경우에는 부품·완성품을 묻지 않고 그 제조업자·판매업자(도매업자·소매업자) 모두가 피고로 될 수 있는 적격(피고적격)을 가진다. 다만 그중에서 누구를 피고로 선택하는가는 분쟁의 발본색원적 해결이나 소송수행상의 편의 등을 고려하여 원고가 선택해야 하는 사항이다.[2]

특허침해소송은 관할집중(管轄集中)이 이루어졌고, 특허침해소송 항소심이 특허법원 전속관할(專屬管轄)로 된 점에 특색이 있다.

Ⅰ. 원고적격

1. 특허권자

(1) 특허권자의 청구

특허권자는 자기의 특허권을 침해하는 자 또는 침해할 우려가 있는 자에 대하여 그 침해의 금지 또는 예방을 청구할 수 있다(특허법 제126조 제1항). 특허권자는 침해금지청구를 할 때에는 침해행위를 조성한 물권(물건을 생산하는 방법의 발명의 경우에는 침해행위로 생

2012, 201頁.

2) 竹田 稔, 上揭書, 204~205頁.

긴 물건을 포함한다)의 폐기, 침해행위에 제공된 설비의 제거 기타 침해의 예방에 필요한 행위를 청구할 수 있다(특허법 제126조 제2항). 특허권자는 고의 또는 과실로 인하여 자기의 특허권을 침해한 자에 대하여 그 침해에 의하여 자기가 입은 손해의 배상을 청구할 수 있다(민법 제750조, 특허법 제128조 제1항).

(2) 전용실시권을 설정한 경우의 특허권자

위 제126조 제1항, 제2항 내지 제128조 제1항의 규정은 전용실시권자에 관해서도 적용된다. 특허권자는 그 특허발명에 대하여 다른 사람에게 전용실시권을 설정할 수 있다(특허법 제100조). 전용실시권은 특허권자와 설정계약을 체결하고 이를 등록함으로써 성립한다. 다만 특허권이 공유인 경우에는 다른 공유자의 동의가 필요하다(제99조 제4항). 전용실시권자는 그 설정계약에서 정한 범위 안에서 업(業)으로서 그 특허발명을 실시할 권리를 독점한다(제100조 제2항). 이에 따라서 특허권자의 독점·배타적 실시권은 전용실시권설정계약의 범위 내에서 제한된다. 결국 전용실시권을 설정한 특허권자는 전용실시권자가 특허발명의 실시를 하는 권리를 독점하는 범위에 관해서는 업으로서 그 특허발명을 실시할 권리를 잃게 되는 것이다.

실무상의 쟁점은 특허권자가 전용실시권을 설정한 경우에 특허권자가 자신의 금지청구권을 잃게 되는지 여부가 문제된다.

특허법 제126조 제1항의 문언상으로는 전용실시권을 설정한 특허권자에 의한 금지청구권의 행사가 제한된다고 해석해야 할 근거는 없다. 또한 실질적으로 보더라도 전용실시권의 설정계약에 있어서 전용실시권자의 매출에 기하여 실시료수입의 확보라는 관점에서 특허권의 침해를 제거해야 하는 현실적인 이익이 있는 것은 명백하다. 일반적으로 특허권의 침해를 방치하게 되면 전용실시권이 무엇인가의 이유에 의해 소멸하고 특허권자가 스스로 특허발명을 실시하고자 하는 때에 불이익을 입을 가능성이 있는 점 등을 고려해야 한다. 결국 특허권자에게도 금지청구권의 행사를 인정할 필요가 있다고 해석된다. 이런 점들을 고려하면 특허권자는 전용실시권을 설정한 경우라도 금지청구권을 잃게 되지는 않는다.

일본의 경우 특허권자가 전용실시권을 설정한 경우에 있어서 특허권자에게 침해자에 대한 금지청구권을 인정할 수 있는가 여부에 대해서 하급심판례 및 학설이 의견대립 하였으나, '생체고분자-리건드분자의 안정복합체구조의 탐색방법 사건'[3]에서 일본의 최고재판소는 특허권자의 금지청구권을 인정하는 판단을 내렸다.[4]

(3) 특허권이 공유인 경우

특허권의 공유의 경우도 공유자 1인이 침해하는 자의 행위의 전부에 관하여 금지청구할 수 있다. 특허법에는 이를 인정하는 명문의 규정이 없지만, 특허권 공유자도 지분권 또는 보존행위에 기하여 금지청구를 할 수 있다고 해석된다. 이 점에 대해서는 후술하는 공유관계소송에서 상론한다(제13장 공유관계소송 참조).

2. 전용실시권자

전용실시권자도 금지청구, 침해의 예방에 필요한 행위의 청구, 손해배상청구, 업무상 신용회복조치의 청구를 할 수 있다는 것이 법문상 명백하다(특허법 제126조 제1항, 제2항, 제128조). 특허권자는 업으로서 특허발명을 실시할 권리를 독점하고(특허법 제94조), 그 특

---

3) 最二小判平成17・6・17 民集59卷5号1074頁, 判時1900号139頁 [生體高分子ーリガンド分子の安定複合体構造の探索方法 事件]. 原審은 東京高判平成16年2月27日 判時1870号84頁. 이 사건은 전용실시권설정자(専用実施権設定者)에 의한 差止請求權이 행사된 사안이다.

4) 이 최고재판소 판례에 대한 평석은 奧村直樹, "専用實施權設定後の特許權者による差止請求權―最判平成17年6月17日 民集59卷5号1074頁", 『パテント』 Vol.60 No.9, 2007, 17~24頁.

허권에 대하여 타인에게 전용실시권을 설정할 수 있으며, 전용실시권의 설정은 등록하여야만 효력이 발생하고, 전용실시권자는 그 설정행위로 정한 범위에서 그 특허발명을 실시할 권리를 독점한다(특허법 제100조 제1항, 제2항, 제101조 제1항 제2호).[5]

3. 통상실시권자

(1) 통상실시권의 의의 · 성질

통상실시권은 발명의 실시권능의 일부 또는 전부에 걸쳐 실시한 수 있는 배타성 없는 채권적인 권리이다. 따라서 통상실시권은 통상실시권설정계약의 범위 내에서 실시하는 한 특허권자로부터 금지청구권이나 손해배상청구권을 행사당하지 않고 비독점적 · 비배타적 발명을 실시할 수 있음에 그친다. 결국 통상실시권의 본질은 부작위청구권이라 할 수 있다.

이처럼 정당하게 실시허락에 의하여 통상실시권의 설정을 받은 자는 실시계약에 따라서 정해진 범위 내에서 해당 특허발명을 실시할 수 있다. 그렇지만 그 실시권을 독점(專有)하는 것은 아니고 단순히 특허권자에 대하여 위와 같은 실시를 용인해야 하는 것을 청구하는 권리를 가짐에 지나지 않다.[6] 따라서 통상실시권자는 특허권자에 대하여 위 청구권을 가짐에 지나지 않고 그 권리는 특허발명을 직접 지배하는 배타적 성질을 가지는 것은 아니다. 따라서 통상실시권은 성질상 채권에 불과하므로 제3자의 실시에 대하여 금지청구권이나 손해배상청구권을 가지지 않는다고 해석된다.

통상실시권을 등록하면 그 후의 특허권자나 전용실시권자 · 질권자 등 제3자에게 대항할 수 있다(특허법 제118조 제1항). 나아가 법정실시권이나 강제실시권은 통상실시권의 성격을 가지지만 특허

---

5) 특허법원 2018.2.8. 선고 2017나2332 판결: 상고 [손해배상(지)].

6) 最二小判昭和48 · 4 · 20 民集27卷3号580頁 [隧道管押抜工法 事件].

권자와의 합의에 기하지 않고 발생 또는 설정되므로 등록이 없더라도 그 이후의 특허권·전용실시권을 취득한 제3자에게 대항할 수 있다(특허법 제118조 제2항). 결국 통상실시권은 전용실시권과 달리 등록이 없더라도 발생하고 등록은 대항요건에 지나지 않는다.

(2) 독점적 통상실시권의 경우

독점적 통상실시권은 특허발명을 독점적으로 실시할 수 있다는 점에서 실질상 전용실시권과 마찬가지의 효력을 가지게 된다. 하지만 채권적 실시권에 불과한 점에서 비독점적 통상실시권이라 할 수 있으므로 물권적인 전용실시권과는 달리 배타성이 없다.

독점적 통상실시권이 설정되어 있음에도 불구하고 제3자가 무단으로 특허발명을 실시하고 있는 경우 독점적 통상실시권자에게 금지청구권이나 손해배상청구권을 인정할 수 있는지 여부가 문제된다. 이에 대해서는 금지청구권과 손해배상청구권 모두를 긍정하는 견해와 모두를 부정하는 견해를 상정할 수 있고, 금지청구권은 인정되지 않지만 손해배상청구는 인정하는 견해가 있을 수 있으며, 금지청구권은 채권자대위권에 기하여 대위행사를 할 수 있을 뿐이고 손해배상청구권만 적극적 채권침해이론에 따라 인정될 수 있을 뿐이라는 견해가 있을 수 있다.

독점적 통상실시권자는 허락자인 특허권자나 전용실시권자에 대하여 해당 실시권자에게 특허발명의 실시를 독점시킬 것을 청구할 수 있는 권리를 사실상 가진다. 독점적 통상실시권의 허락의 취지에서 허락자는 침해를 배제할 의무가 있다. 즉 비독점적 통상실시권이라면 제3자의 위법실시가 있더라도 특허권자가 통상실시권자의 수익보장을 위하여 특허권사에게 침해배제의무가 있다고 볼 수 없지만, 이에 반해 독점적 통상실시권이라면 특허권자의 침해배제의무를 인정함이 타당하다고 본다.

그러므로 채권자대위권(민법 제404조)에 의하여 특허권자 또는 전용실시권자의 금지청구권을 자기의 이름으로 행사할 수 있다고 해석할 여지가 있다.[7] 다만 채무자인 특허권자 또는 전용실시권자가 이미 자기의 권리를 행사하고 있는 경우에는 그 행사의 방법 또는 결과의 좋고 나쁨에 상관없이 채권자인 독점적 통상실시권자는 채권자대위권을 행사할 수 없다. 그래서 특허권자와 독점적 통상실시권자기 공동원고로 되어 금지청구권을 행사하더라도 독점적 통상실시권자의 금지청구권은 이유가 없게 된다.

최근 특허법원 판례[8]에 따르면, "특허권자로부터 독점적으로 특허발명을 실시할 권리를 부여받은 독점적 통상실시권자는 독점적

---

7) 독점적 통상실시권자의 채권자대위권에 기한 금지청구권 행사에 대해 일본의 경우 이를 긍정한 재판례로서는 東京地判昭和40・8・31 判タ185号209頁[カム裝置事件], 이에 대해 부정한 재판례로서는 大阪地判昭59・12・20 判時1138号137頁[ヘアブラシ事件] 등이 있다.

8) 특허법원 2018.2.8. 선고 2017나2332 판결: 상고 [손해배상(지)] (갑 외국법인의 자회사인 을 주식회사가 갑 법인의 자회사인 병 외국법인으로부터 병 법인이 특허권을 보유한 중추신경계 질환의 치료에 유용한 화합물인 '올란자핀'에 관한 특허발명의 통상실시권을 부여받아 '올란자핀'이 함유된 제품을 독점적으로 국내에 수입하여 판매해 왔는데, 위 특허발명의 존속기간 만료일이 다가오자 국내 제약사인 정 주식회사가 을 회사 제품의 제네릭 의약품인 정 회사 제품에 관하여 판매예정시기를 '특허만료일 이후'로 하여 건강보험심사평가원에 요양급여대상 여부 결정신청을 하였다가 위 특허발명에 관한 등록무효청구사건에서 특허발명의 진보성이 부정된다는 취지의 판결이 선고되자 판매예정시기를 '등재 후 즉시'로 변경신청을 하여 그 무렵부터 위 제품을 제조・판매하기 시작하였고, 이에 따라 보건복지부장관은 구 국민건강보험법 등 관련 법령에 따라 을 회사 제품의 약제 급여 상한액을 종전 금액보다 인하하였는데, 그 후 위 판결이 파기되어 파기환송심에서 특허발명의 진보성이 부정되지 않는다는 이유로 등록무효청구를 기각하는 판결이 선고되어 확정되자, 을 회사가 정 회사에 대하여 불법행위에 따른 손해배상으로 약가가 인하된 날부터 특허권 존속기간 만료일까지의 약가 인하로 인한 매출액 감소분과 그 지연배상금 상당의 지급을 구한 사안에서, 정 회사는 을 회사가 입은 위 손해에 대하여 불법행위에 따른 손해배상책임이 있다고 한 사례).

권리인 점을 등록할 수 없고 그로 인해 특허권자로부터 실시허락을 받은 제3자에 대항할 수 없는 점에서는 전용실시권자와 차이가 있으나, 계약에서 정한 바에 따라 특허발명을 독점적으로 실시할 권리를 가지고 그로 인한 경제적 이익을 향유하는 점에서는 전용실시권자와 다르지 않다. 독점적 통상실시권자가 특허권자로부터 부여받은 권리에 의해 누리는 이러한 경제적 이익은 결국 특허법에 의해 보호되는 특허권자의 독점적·배타적 실시권에 기인하는 것으로서 법적으로 보호할 가치가 있는 이익에 해당하고, 제3자가 독점적 통상실시권자를 해한다는 사정을 알면서 법규를 위반하거나 선량한 풍속 또는 사회질서를 위반하는 등 위법한 행위를 함으로써 이러한 이익을 침해하였다면 이로써 불법행위가 성립한다.”고 판시하면서, 그로 인하여 입은 손해에 대하여 불법행위에 따른 손해배상책임이 있다는 취지로 판단하였다.

일본의 경우 상표권에 관한 판례이지만 ‘화분목캔디 사건’9)에서는 독점적 통상실시권자는 계약상의 지위에 기하여 특허발명의 실시를 독점한다는 사실상태가 존재하는 것을 전제로 하면 권원(權原) 없는 제3자가 해당 특허권을 침해하고 있는 경우에 고유의 권리로서 스스로 해당 제3자에 대하여 손해배상청구를 할 수 있다고 판시하고 있다.

또 독점적 통상실시권자가 특허권자의 금지청구권을 채권자대위권에 의해 행사한 경우, 특허권자가 통상실시권을 독점적 통상실시권자와 함께 다른 제3자에게 이중으로 부여한 경우는 피고로 된 다른 제3자도 실시권을 가지기 때문에 다른 제3자가 항변으로서 특허권자로부터의 허락을 주장하면 독점적 통상실시권자는 다른 통상실시권자인 제3자에 대하여 금지청구권을 행사할 수 없다. 다만 독점적 통상실시권자는 특허권자에 대하여 그 독점적 통상실시

---

9) 東京地判平成15·6·27 判時1840号92頁 [花粉のど飴事件]

권설정계약에 따른 채무불이행책임을 물을 수 있을 뿐이다.

독점적 통상실시권은 이론상 채권적 권리이고 전용실시권과 같은 물권적 배타성을 가지는 것이 아니므로 자신에게 고유한 금지청구권은 현행법상 인정되지 않는다. 다만 민법상 채권자대위권에 기한 대위청구가 가능한지 여부에 대해서는 특허권자가 독점적 실시를 확보해 주어야 할 계약상 의무가 있으므로 긍정함이 타당하다고 생각한다.10)11)

한편 독점적 통상실시권자는 해당 특허발명의 실시에 의하여 시장독점의 법적 이익을 가지고 있다 할 것이므로 제3자의 무단실시에 대해서는 그 계약상의 독점적 지위를 침해하고 있다할 것이므로 자신에게 고유한 손해배상청구권을 인정할 수 있다고 해석된다. 이처럼 제3자의 위법실시가 독점적 통상실시권을 침해한다고 인정되는 경우에는 적극적 채권침해 이론에 기하여 권리침해의 성

---

10) 우리 대법원 판례는 저작권법 사안에서 독점적 이용권자가 채권자대위에 기하여 금지청구를 할 수 있음을 긍정하고 있다. "저작권법은 특허법이 전용실시권제도를 둔 것과는 달리 침해정지청구권을 행사할 수 있는 이용권을 부여하는 제도를 마련하고 있지 아니하여, 이용허락계약의 당사자들이 독점적인 이용을 허락하는 계약을 체결한 경우라도 그 이용권자가 독자적으로 저작권법상의 침해정지청구권을 행사할 수는 없다. 따라서 이용허락의 목적이 된 저작권법이 보호하는 재산권의 침해가 발생하는 경우에도 그 권리자가 스스로 침해정지청구권을 행사하지 아니하는 때에는 독점적인 이용권자로서는 이를 대위하여 행사하지 아니하면 달리 자신의 권리를 보전할 방법이 없을 뿐만 아니라, 저작권법이 보호하는 이용허락의 대상이 되는 권리들은 일신전속적인 권리도 아니어서 독점적인 이용권자는 자신의 권리를 보전하기 위하여 필요한 범위 내에서 권리자를 대위하여 저작권법 제91조에 기한 침해정지청구권을 행사할 수 있다."(대법원 2007.1.25. 선고 2005다11626 판결 [가처분이의]〈'소리바다' 사건〉).

11) 대법원 2007.1.25. 선고 2005다11626 판결 [가처분이의]〈'소리바다' 사건〉)에 대해서는 간접적으로 특허권의 독점적 통상실시권자가 채권자 대위에 의해 금지청구를 할 수 없음을 밝힌 것이라고 평가하는 견해가 있다(김기영·김병국,『특허와 침해』, 육법사, 2012, 98~99면).

립을 인정할 수 있을 것이라고 본다.

요컨대 독점적 통상실시권을 침해당한 경우 금지청구권은 채권자대위권에 기하여 대위행사를 할 수 있을 뿐이고 손해배상청구권만 적극적 채권침해이론에 따라 인정될 수 있다고 봄이 타당하다고 생각된다.

그리고 형사적 구제와 관련하여 특허권과 전용실시권 침해는 특허침해죄를 구성하지만(특허법 제225조), 이와 달리 독점적 통상실시권 침해는 죄형법정주의 원칙상 특허침해죄를 구성한다고 보기 어렵다.

Ⅱ. 피고적격[12)]

1. 침해주체의 일반론[13)]

특허권은 업으로서 특허발명을 실시할 수 있는 배타적 · 독점적

---

12) 高部眞規子, 『實務詳說 特許關係訴訟』 第2版, 金融財政事情研究會, 2012, 116~124頁.

13) 종전에는 복수주체에 의한 침해로서 예컨대 1개의 특허권을 침해하는 제조자와 판매자 등은 각자의 행위가 각각 독립하여 특허권침해를 구성하고 손해배상책임을 지지만, 어떠한 범위에서 손해배상이 인정되는가라는, 주로 손해론 내지는 손해배상청구권 상호의 관계라는 관점에서 논해지는 경우가 많았다. 경제의 급격한 발전, 기업형태의 복잡화, 기업 간의 교류나 조직화 등의 사회상황의 변화에 따라서 1개의 지적재산권의 침해가 복수의 관여자에 의하여 야기되는 경우가 다수 보여지게 되었다. 소프트웨어 관련 특허권에 대해서는 복수주체가 관여하는 침해의 형태가 상정되고 또 직접 침해행위를 현실적으로 행한 자 이외의 자에게 책임을 부담시켜야 하는 경우가 있다. 게다가 글로벌화, 네트워크화에 따라서 그러한 사태가 국경을 초월하여 국제적인 양상을 띠고 있다.
그래서 복수주체가 관여하는 침해에 관하여, 주로 침해론의 관점에서 우리나라에서 현실의 침해행위를 행한 자 이외의 책임이 인정되는 경우에 관해서 이론적 검토를 행한다. 국경을 초월한 특허권 침해도 문제된다.

권리이고(특허법 제94조), 독점의 대상이 되는 실시행위의 내용에 관해서는 특허법 제2조 제3호에 명문으로 규정하면서 '실시'의 양태를 한정하고 있다.

직접침해(直接侵害)란 제3자(침해자)가 허락 없이 업으로서 타인의 특허권에 속하는 물건 또는 방법을 실시하는 경우에 특허권 침해로 되는 것을 말한다. 이러한 직접침해가 성립히기 위한 요건사실(要件事實)로서는, 권리자는 ① 특허권이나 전용실시권을 유효하게 보유할 것,14) 침해자는 ② 특허청구범위에 기재된 발명을 실시하고,15) ③ '업으로서' 실시행위를 하며,16) ④ '위법한' 실시행위를 할 것17) 등 네 가지 요건을 드는 것이 통상적이다. 이러한 직접침해의 요건사실을 충족하면 특허침해행위에 대해 금지, 폐기 및 손해배상 청구 등을 할 수 있다(특허법 제126조, 제128조, 민법 제750조).

특허침해행위는 특허법 제2조 제3호의 실시 양태별로 별개의 특허권 침해가 성립한다. 따라서 물건의 생산자, 판매자(도매업자, 소

---

14) 특허권침해이므로 특허권을 아직 득하지 못한 상태이거나(예컨대 발명이 특허출원 중인 경우), 특허권을 등록받았으나 그 이후 특허권이 소멸되거나 존속기간이 만료한 경우 등은 특허권이 유효하게 존속한다고 보기 어렵다.

15) 대법원 2001.8.21. 선고 99후2372 판결 [권리범위확인(특)]에 의하면, "특허발명의 특허청구범위의 청구항이 복수의 구성요소로 되어 있는 경우에는 그 각 구성요소가 유기적으로 결합된 전체로서의 기술사상이 보호되는 것이지 각 구성요소가 독립하여 보호되는 것은 아니므로, 특허발명과 대비되는 확인대상발명이 특허발명의 청구항에 기재된 필수적 구성요소들 중의 일부만을 갖추고 있고 나머지 구성요소가 결여된 경우에는 원칙적으로 그 확인대상발명은 특허발명의 권리범위에 속하지 아니한다 할 것"이라고 판시한 바 있다.

16) 침해자가 특허발명을 업으로서 실시하지 않은 경우 즉 업으로서 실시 요건을 결한 채 비영업적인 실시를 하는 경우에는 특허권의 직접침해는 성립하지 않을 것이다.

17) 침해자가 실시행위를 하더라도 계약이나 법률 등에 기하여 적법한 실시권을 가지고 있거나 그 실시행위가 시험연구에 해당하여 특허권의 효력이 미치지 않는 경우에는 특허권의 직접침해는 성립하지 않을 것이다.

매업자 등 유통업자), 사용자가 모두 다른 경우에는 생산, 판매(유통, 양도), 사용행위 모두가 별개의 특허권 침해행위가 성립되는 것이 원칙이고, 각 실시행위자 모두를 피고로 삼아 침해자로서 제소할 수 있다.

한편 특허법 제127조에서는 침해로 보는 행위를 규정하고 있다. 이 규정에 의하면 특허발명에 관계한 물건의 생산이나 방법의 실시만에 사용되는 것을 생산, 양도 등 하는 행위는 간접침해(間接侵害)로서 특허권침해로 의제(간주)하고 있다. 특허발명의 구성요건을 모두 충족하는 실시행위에 해당하지 않더라도 간접침해의 요건을 충족하는 경우에는 그 자는 침해자로서 책임을 지게 되므로 금지청구 및 손해배상청구가 인정된다. 예컨대 甲의 특허가 a+b+c+d를 구성으로 이루어진 '물건' 발명인데 乙, 丙, 丁, 戊가 각 a, b, c, d 구성을 분담 아래 생산하는 사안에서 그 구성 부품 a, b, c, d 중에 '전용물(專用物)'이 있는 경우에는 이를 제공하는 자가 간접침해자로 될 수 있다.[18]

실무상 쟁점으로서 특허법 제127조가 '침해로 보는 행위'라고 규정하고 있으므로 직접침해가 성립할 여지는 없는 경우를 대상으로 하는지가 문제된다. 이 점에 관해서는 직접행위자에게 특허권침해가 성립하는 경우에만 간접침해가 인정된다는 견해(從屬說)[19]와 직

---

[18] 우리 저작권법 제124조에서도 '침해로 보는 행위'를 규정하고 있으나, 특허법 제127조의 '침해로 보는 행위' 즉 간접침해의 규정과 달리, 침해로 의제되는 행위는 간접침해에 해당하는 행위에 한정되지는 않는 점에 차이가 있다.

[19] 종속설의 근거는 직접침해행위가 성립하지 않는 경우에도 특허권보호를 실효적인 것으로 한다는 간접침해규정의 입법취지에 비추어보면, 직접침해가 성립할 수 없는 경우에까지 간접침해의 성립을 인정하는 것은 특허권의 효력을 부당하게 확장하는 것이라고 한다. 종속설은 간접침해의 법적성질에 관하여 특허권의 권리범위 자체를 확장하는 것이 아니라, 본래 가지고 있는 특허권의 효력을 향유하게 하는 것이라고 한다.

접행위자에게 특허권침해가 성립하지 않는 경우라도 간접침해를 긍정하는 견해(獨立說)[20]가 대립하고 있다.[21]

동일한 침해품에 대하여 생산, 판매(유통, 양도), 사용의 복수의 침해행위가 종적으로 연결되어 있는 객관적 사정과 아울러 침해자들이 주관적으로 의사연락 아래 침해행위를 하는 등 밀접하게 관련이 있는 경우에는 공동불법행위가 성립할 수도 있다.[22]

복수의 자의 행위가 각각 특허권침해의 요건을 충족하는 경우가 있는데 각인이 특허발명의 전부를 실시하는 한 그 행위는 금지의 대상이 되고 각인이 불법행위책임을 지게 된다.

복수의 자가 각각 구성요건 중 일부만 실시하는 경우에는 특허발명의 전부를 실시하는 것이 아니므로 원칙상 독립하여 특허권침해로 되는 것은 아니다. 다만 복수의 자 개개인의 행위가 특허발명의 구성요건 전부를 실시하는 것은 아니지만 전원의 행위를 아우르면 전부를 실시하는 것으로 규범적으로 평가할 수 있는 경우에는 특허권 침해로 될 수 있다.

특허권 침해는 업으로서 특허발명을 실시(특허법 제2조 제3호) 함으로써 성립하는 것이 원칙이지만 직접 침해행위를 행하지 않는 자 또는 그 일부밖에 행하지 않은 자가 특허권침해에 대해서 책임을 지는 경우도 있다.

---

20) 독립설의 근거는 간접침해규정이 "~ 간주한다"고 규정하고 있는 것을 들고 있다. 또 간접침해의 법적 성질에 관하여 특허권의 본래의 효력 이외에 별개의 효력을 부가한 것이라고 한다.
21) 이 쟁점에 대해서는 제4장 Ⅳ.「간접침해」에서 후술한다.
22) 조영선, 『특허법 2.0』 제6판, 박영사, 2018, 457~462면.

2. 복수주체가 관여한 특허권침해[23)]와 침해의 유형

특허권침해에 복수주체가 관여한 경우 특허권 침해를 인정할 때 과연 특허발명의 실시자가 누구인지를 특정하는 문제가 등장한다. 법적평가에 따라 단일한 주체를 선정한 후 그 단일한 주체에게 특허권 침해를 인정하는 경우와 복수주체에 대하여 공동으로 특허권 침해를 인정한 경우로 크게 나눌 수 있다.

(1) 단일한 주체에게 특허권 침해를 인정하는 경우

(가) 첫째, 간접정범형(間接正犯型)은 특허침해의 고의나 과실이 없는 제3자나 특허를 '업으로서'[24)] 실시하지 않은 자를 마치 도구처럼 이용하여 사실상 전 과정을 지배하는 유형으로서 그 침해자만이 단독으로 침해책임을 지도록 하는 경우이다. 이 유형은 형법상 간접정범과 유사한 행위양태를 가진 것으로 볼 수 있다. 이 경우 침해자는 제3자 등을 도구로서 이용하는 의사가 있고 제3자 등의 행위는 침해자의 행위로 법적으로 동일시할 수 있으므로 침해자만이

---

23) 관련문헌으로서는, 김관식, "복수주체에 의한 특허발명의 실시와 특허권 침해", 「사법」 제32호, 사법발전재단, 2015, 163~204면; 문선영, "특허권 공동침해에 관한 소고", 「강원법학」 제35권, 강원대학교 비교법학연구소, 2012, 623~652면; 전수정·전성태, "특허권 공동침해법리에 관한 소고", 「정보법학」 제20권 제3호, 2016.12, 43~78면; 조영선, "복수주체에 의한 특허침해의 법률문제", 「법조」 제57권 10호, 2008, 208~254면; 大須賀滋, "複数関与者による特許権侵害", 『パテント』 Vol.66 No.4, 日本辨理士會, 2013, 96~109頁.

24) 우리 특허법 제94조에서는 '업으로서' 타인의 특허를 실시하는 경우에만 특허침해를 구성하지만, 미국 특허법에서는 침해의 성립에 '업으로서'의 요건을 요구하지 않는 점에 차이가 있다(미국특허법 제271조(a)-"누구든지 권원 없이 미국 내에서 특허권의 존속기간 동안 어느 특허발명을 생산, 사용, 판매를 위한 청약 또는 사용하거나 미국 내로 수입하는 경우에는 특허를 침해하는 것이 된다.").

침해주체성을 구비한다고 말할 수 있다. 인터넷상에서 업으로서 실시하지 않는 개인 이용자의 행위를 포함하여 복수의 주체에 의해 특허권이 침해되는 경우를 상정할 수 있다. 일본의 판례를 보면, 인터넷 관련 발명에 있어 특허권침해주체성이 쟁점이 된 '인터넷넘버'사건[25])에서 지적재산고등재판소는 디렉토리 서버 측의 단독실시를 인정하면시, 업으로서 실시하고 있는 피고 乙이 개인이용자의 행위를 도구로서 이용하는 의사가 있으면 개인이용자의 행위를 포함하여 乙의 업으로서의 행위와 법적으로 동일시할 수 있는 경우라고 판시하고 있다.[26])

(나) 둘째, 지배·관리형(支配管理型)은 가령 방법특허의 전부 또는 일부 구성이 타인에 의해 수행되었더라도 전체적 경위에 비추어 그것이 오로지 특정인의 지시나 주도에 기인하고 타인은 마치 수족이나 단순 협조자에 불과한 것으로 평가된다는 이유로 그 특정인을 침해자로 보는 유형이다.[27])[28]) 지배·관리형이 문제가 된

---

25) 이 사건의 평석으로는 岩坪哲, "インターネット関連発明における特許権侵害主体性", 『AIPPI』57卷6号19頁 참조(岩坪哲 변호사는 "클라이언트PC는 피고 서비스의 향수라는 시스템 전체의 구조 내지 협동에 대한 공동의사를 가지는 실행정범자 내지 고의가 있는 방조자로서, 이것을 수족처럼 지배관리하고 특허권침해를 향수한 피고는 실행정범 내지 간접정범"이라고 설명하고 있다).

26) 知財高判平成22·3·24 判タ1358号184頁[インターネットナンバー 事件]

27) 조영선, 전게서, 452면.

28) 서울고등법원 2003.2.10. 선고 2001나42518 판결("피고가 사용한 스탬퍼는, 오로지 피고의 의뢰에 따라, 피고가 원하는 데이터를 담은 CD를 생산하기 위하여, 피고가 원하는 수량만큼만 제작되고, 오로지 피고에게만 인도되는 점 등에 비추어 보면, 에스케이씨 등 음반제작업체들이 피고의 의뢰에 따라 스탬퍼를 제작하기 위하여 이 사건 특허발명을 실시하는 것은, 이를 피고가 이 사건 특허발명을 실시하는 것으로 평가하여야 할 것이다(설사 그렇지 않다고 하더라도, 피고는 에스케이씨 등 음반제작업체들의 스탬퍼 제작·판매행위를 교사한 자로서 그들과 함께 공동불법행위자로서의 책임

일본의 HOYA 사건[29][30])에서 동경지방법원은 "본건 발명 3은 '안경 렌즈의 공급시스템'으로서 발주한 자인 '발주 측'과 이에 대향하는 가공한 자인 '제조 측'이라는 양 주체를 전제로 하고 각 주체가 각 각 소정의 행위를 하거나 시스템의 일부를 보유 또는 소유하는 물건(시스템)의 발명을 주로 하여 '제조 측'의 관점에서 규정한 발명이 다." "이 경우의 구성요건충족의 점은 2 이상의 주체의 관여를 전제로 행위자로서 예정되어 있는 자가 특허청구범위에 기재된 각 행위를 행하였는가, 각 시스템의 일부를 보유하거나 소유하고 있는 가를 판단하면 족하다", "이에 대하여 특허권침해를 이유로 누구에 대하여 금지 및 손해배상을 구할 수 있는가 즉 발명의 실시행위(일본특허법 제2조 제3항)를 행한 자가 누구인가는 구성요건 충족의 문제와는 달리 해당 시스템을 지배관리하고 있는 것은 누구인가를 판단하여 결정되어야 한다"고 판시하였다. 일본에서 개발된 지배·관리형에 기초가 된 지배·관리이론은 미국 보통법상의 불법행위책임인 대위책임(代位責任)과 유사하다. 양자는 모두 지배·관리와 경제적 이익이라는 두 가지 요건을 가지고 물리적으로 직접 침해행위를 하지 않는 자에게 직접침해책임을 묻고 있다.[31])

을 부담한다고 할 것이다).

29) 東京地裁平成19年12月14日 平成16年(ワ)第25576号 判決[HOYA事件]. HOYA 事件은 발주 측 컴퓨터와 제조 측 컴퓨터가 네트워크상에서 접속되어 있는 것을 기본으로 하는 안경렌즈 공급시스템에 관한 발명의 특허침해가 문제되었다. 법원은 위와 같은 판시내용에서 나아가, 이상의 판단을 전제로 구성요건 충족성을 인정하고 그 외 "피고가 피고 시스템을 지배관리하고 있는 것은 명백하다"고 하면서 피고 시스템의 금지와 손해배상을 인정하였다. 일본에서는 이러한 지배관리론에 대해서는 긍정하는 견해와 부정하는 견해가 대립하고 있다.

30) 大須賀滋, "複数関与者による特許権侵害", 『パテント』Vol.66 No.4, 日本辨理士会, 2013, 96~102頁.

31) 전수정·전성태, "특허권 공동침해법리에 관한 소고", 「정보법학」제20권 제3호, 2016.12, 50면.

(2) 복수주체에 대하여 공동으로 특허권 침해를 인정한 경우

(가) 첫째, 협의의 공동정범형(共同正犯型)은 복수의 침해자가 침해를 공모하고 실제로 역할을 분담하는 경우로서, 민법 제760조 제1항에 기해 특허권의 공동직접침해를 인정하는 유형이다. 이 유형은 형법상 공동정범에 유사한 결합관계가 있다고 볼 수 있으므로, 공동침해행위에 객관적 공동성만으로는 부족하고, 적어도 침해자 사이에 주관적으로 공동실행의사와 객관적으로 공동실행사실이 존재하고 있어야 할 것으로 해석된다. 예컨대 甲의 특허권은 a+b+c+d를 구성으로 하는 방법의 발명에서 乙은 구성요건 a+b에 해당하는 행위를 하고, 丙은 c+d에 해당하는 행위를 하는 경우, 주관적으로 공동하고 객관적 행위를 분담함에 지나지 않는 경우에는 공동으로 특허권을 침해하고 있다고 평가할 수 있다. 이와 같이 해석하지 않으면 실행행위의 일부만을 타인에게 시킴으로써 특허침해의 책임을 회피할 수 있도록 하게 될 것인데 이는 부당하기 때문이다. 따라서 공동으로 특허침해를 하였는지 여부를 판단함에 있어서는 단순히 객관적 행위가 관련되어 있는 것만으로는 족하지 않고 타인의 행위를 이용하여 공동으로 실시하려는 의사가 있는 것이 필요하다고 해석함이 타당하다.[32] 민법 일반의 공동불법행위와 달리 특허침해의 성립범위가 범용품이나 범용 방법에까지 지나치게 확장됨으로써 과도하게 권리자를 보호하는 결과를 방지하고, 전용품(專用品)에 한하여 간접침해를 인정하는 법의 취지를 지키기 위해서이다.[33] 이러한 입장과 견해를 달리하여, 구성요소완비의 원칙을 강조하면서 원칙적으로 단일 침해자가 전 구성요소를 실시하지 않는 이상 침해는 성립하지 않으며 적어도 복수 주체 중 일부가 나머지 주체들을 계약관계 등을 통하여 주도적으로 지시 또는 통제하는

---

32) 高部眞規子, 前揭書, 119~120頁.

33) 조영선, 전게서, 455면.

지위에 있어야 한다는 취지의 견해[34]가 있으나 의문이다. 이러한 주장은 공동직접침해의 성립문제를 단일한 주체에게 특허권 침해를 인정하는 경우(간접정범형과 지배관리형)나 교사·방조형(敎唆·幇助型)과 구별을 어렵게 하거나, 협의의 공동정범(共同正犯)의 개념에 반할 우려가 있기 때문에 지지하기 어렵다. 요컨대 위 사례의 경우 특허권자 甲은 공동정범에 해당하는 乙과 丙에 대해서 금지청구권을 행사할 수 있으며 나아가 협의의 공동불법행위자로서 손해배상책임(민법 제760조 제1항)[35]을 추궁할 수 있을 것이다. 공동행위자 각자의 행위가 객관적으로 관련되고 공동하여 위법하게 손해를 가한 경우이므로 각자의 행위가 각각 독립하여 불법행위의 요건을 구비한 경우라 할 것이고 각자는 위법한 가해행위와 상당인과관계에 있는 모든 손해에 대해여 그 배상책임이 있다 할 것이다.[36] 한편 우리 민법학계에서는 복수주체에 의한 공동직접침해의 성립여부 즉 민법 제760조의 '협의의 공동불법행위'의 성립요건을 둘러싸고 객관적 관련공동설과 주관적 관련공동설이 대립하고 있으며, 판례[37]는 객관적 관련공동설을 취하면서 공동불법행위자 상호 간에 의사의 공통이나 공동의 인식이 있을 필요는 없다고 한다.

(나) 둘째, 교사·방조형(敎唆·幇助型)은 형법에서도 규정하고 있지만 민사상 손해전보의 관점에서 공동행위자로 간주하여 책임을 지게 한 것이다(민법 제760조 제3항).[38] 교사·방조에 의한 불법

---

34) 김관식, 전게논문, 182~184면.
35) 민법 제760조(공동불법행위자의 책임) ① 수인이 공동의 불법행위로 타인에게 손해를 가한 때에는 연대하여 그 손해를 배상할 책임이 있다.
36) 最三小判昭和43·4·23 民集22卷4号964頁 [山王川 事件].
37) 대법원 2012.8.17. 선고 2010다28390 판결; 대법원 2011.7.28. 선고 2010다76368 판결 등("공동불법행위의 성립에는 공동불법행위자 상호 간 의사의 공통이나 공동의 인식이 필요하지 아니하고 객관적으로 각 행위에 관련공동성이 있으면 되며, 관련공동성 있는 행위에 의하여 손해가 발생하였다면 손해배상책임을 면할 수 없다.")

행위책임은 스스로 권리침해를 한 것은 아님에도 불구하고 피해자 보호의 관점에서 특히 이것을 공동불법행위로서 손해배상책임을 부담하는 것으로 한 것이다. 일본의 경우 저작권자의 허락이 있는 것을 확인하지 아니한 채 가라오케장치를 리스한 리스업자에 대해 교사·방조의 책임을 묻고(일본민법 제719조 제2항), 손해배상책임을 인정한 판례[39]가 있다.

Ⅲ. 법원의 관할

2015년 12월 1일 개정된 민사소송법(2016.1.1. 시행) 제24조 제2항에 따라 '특허권 등에 관한 소'에 대해서 관할집중(管轄集中)이 이루어졌고, 같은 날 개정된 법원조직법(2016.1.1. 시행) 제28조의4 제2호에 따라 특허침해소송 항소심이 특허법원 전속관할(專屬管轄)로 되었다.

1. 전속관할[40]

(1) 개정법(2016.1.1. 시행) 이전 전속관할

우리 민사소송법에는 우선, (a) 지적재산권침해소송 특히 침해금지청구소송은 원칙적으로 부작위의무의 이행을 명하는 것으로 소송목적의 값을 산출할 수 없는 재산권상의 소에 해당하므로 원칙

---

38) 민법 제760조(공동불법행위자의 책임) ③ 교사자나 방조자는 공동행위자로 본다.

39) 最二小判平成13·3·2 民集55卷2号185頁 [パブハウスG7事件].

40) 박진수, "상표법 및 부정경쟁방지법 관련 가처분 소송의 실무상 제 문제", 『제49기 특별연수「상표법 및 부정경쟁방지법」』, 대한변호사협회 변호사연수원, 2008, 66~68면.

적으로 지방법원 및 지방법원 지원 합의부의 사물관할에 속한다. 다만 손해배상청구만을 구하는 본안소송이 제기된 경우 그 소송은 단독재판부의 사물관할에 속하는 경우도 있다(서울중앙지방법원은 지적재산사건전담단독재판부가 별개로 설치되어 있다). (b) 토지관할 중 전속관할과 관련하여 민사소송법 제24조는 지적재산권에 관한 소를 제기하는 경우 관할 법원 소재지를 관할하는 고등법원이 있는 곳의 지방법원에도 소를 제기할 수 있도록 하여 관할을 확대하고 있다. 규정의 취지상 '관할법원 소재지를 관할하는 고등법원이 있는 곳의 지방법원'이라 함은 각 고등법원과 행정구역상 소재지를 같이하는 서울중앙지방법원, 대전지방법원, 대구지방법원, 부산지방법원, 광주지방법원을 의미한다. 예컨대 서울고등법원 관할구역 내의 서울동부지방법원 등은 포함되지 아니한다. 서울중앙지방법원은 피고의 보통재판적이 서울고등법원의 관할 내에 속하는 경우 그 토지관할을 인정하고 있다.

한편 침해금지가처분소송은 민사집행법 제303조에서 가처분사건은 '본안의 관할법원'(본안을 관할하고 있는 법원 또는 장차 본안소송이 제기되었을 때 이를 관할할 수 있는 법원) 또는 '다툼의 대상이 있는 곳을 관할하는 지방법원'(부작위의무를 이행하여야 할 채무자의 보통재판적 소재지 법원)이 관할하도록 규정하고 있다. 이는 전속관할을 규정한 것으로 해석하므로 민사소송법 제31조에 따라 합의관할이나 변론관할(응소관할)은 인정되지 않는다. 그런데 본안의 관할법원 내지 다툼의 대상이 있는 곳의 관할법원에 제기되지 아니한 경우 원칙적으로 관할이 있다는 점을 소명하도록 보정명령을 발령하고, 보정에 불응하거나 보정에 응하였다고 하더라도 관할이 있음을 소명하지 못하면 이송결정을 하는 것이 실무이다. 다만 보정을 명하면 소송대리인 및 채권자가 소송수행의 편의를 위해 침해금지 및 손해배상을 구하는 본안소송을 제기하고 소제기증명원을 제출하는 방법으로 관할을 창출하는 예가 적지 않다. 채권자의 소재지가 관

할 내라면 손해배상소송에 대하여 토지관할이 있고, 가처분의 본안
소송에 해당하는 침해금지사건이 손해배상소송과 객관적 병합형
태로 소송이 제기된 이상 관련 재판적이 인정되므로 가처분사건의
관할도 인정된다.

(2) 개정법(2016.1.1. 시행) 이후 전속관할

〈그림〉 특허소송의 구조[41]

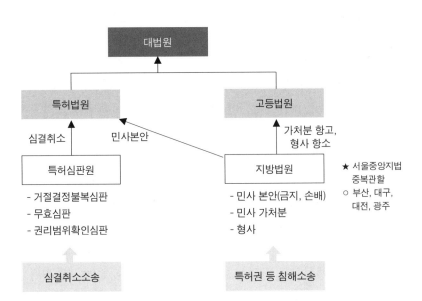

2016.1.1.부터 특허소송의 전문성 강화 및 신속해결을 위해 특허
침해소송의 관할이 집중되었다. 그전에는 특허침해소송은 전국 58
개의 지방법원 및 지원에서 각각 관할해 왔다. 이에 따라 법원의 전

---

41) 특허법원 웹페이지(http://patent.scourt.go.kr/patent/intro/intro_05/index.
html) 참조.

문성 축적 및 신속한 분쟁해결에 지장을 초래하고 특허권 보호에
도 미흡하다는 문제 제기가 있었다. 이러한 문제점을 극복하기 위
하여 개정특허법 및 개정민사소송법에 따라서 2016.1.1.부터는 특
허권·실용신안권·디자인권·상표권·품종보호권에 관한 소송
의 경우 1심 관할을 고등법원 소재지 지방법원의 전속관할로 바꾸
었다. 다만 서울중앙지법의 경우 전문성을 최대화하기 위해 전국
관할이 인정된다. 즉, 종래 전국의 각 지방법원에서 담당하는 특허
침해소송의 1심을 고등법원이 설치된 지역의 5개 지방법원이 담당
하고, 항소심을 특허법원의 전속관할로 하는 내용의 민사소송법 및
법원조직법 개정안이 2015.11. 국회 본회의를 통과하였고, 이들 개
정안은 2016.1.1.부터 시행되었다. 이들 개정법은 종래 전국 58개
지방법원과 지원, 5개 고법과 18개 지법 항소부가 관할하고 있는
특허침해소송 1·2심에 대해 1심은 전국 각 고등법원 소재지 5개
지방법원(서울은 서울중앙지법)에서, 2심은 대전에 위치한 특허법원
의 전속관할로 집중하는 내용을 담고 있다. 다만 1심의 경우 소송
당사자가 관할법원 이외에 서울중앙지법에 소송을 낼 수 있도록
서울중앙지법의 중복관할을 인정했다.[42]

　최근 대법원은 특허권 침해를 청구원인으로 하는 손해배상청구
사건이 2015.11.5. 제1심법원에 소가 제기되어 2015.12.1. 법률 제
13522호로 개정된 법원조직법 시행일 이후인 2016.11.25. 제1심판
결이 선고된 사안[43]에서, 원심이 이 사건 제1심판결에 대한 항소사
건을 실체에 들어가 판단하였는데, 이러한 원심판결에는 전속관할
에 관한 법리를 오해한 위법이 있으므로 직권으로 원심판결을 파
기하고 항소심 관할법원인 특허법원으로 이송하였다.

---

42) 종래 특허침해사건의 1심은 전국 58개 지방법원 중 90% 이상을 서울중앙
　　지방법원에서, 2심은 일반 고등법원 중 90% 이상을 서울고등법원에서 담
　　당하고 있었다.
43) 대법원 2017.12.22. 선고 2017다259988 판결 [손해배상(지)].

대법원 2017.12.22. 선고 2017다259988 판결 [손해배상(지)]

"2015.12.1. 법률 제13521호로 개정된 민사소송법 제24조 제2항, 제3항은 특허권, 실용신안권, 디자인권, 상표권, 품종보호권(이하 '특허권 등'이라 한다)의 지식재산권에 관한 소를 제기하는 경우에는 제2조부터 제23조까지의 규정에 따른 관할법원 소재지를 관할하는 고등법원이 있는 곳의 지방법원(서울고등법원이 있는 곳의 경우 서울중앙지방법원)의 전속관할로 하되, 그 지방법원이 서울중앙지방법원이 아닌 경우 서울중앙지방법원에도 소를 제기할 수 있다고 규정하고 있으므로, 위 개정 규정은 부칙(2015.12.1.) 제1조, 제2조에 의하여 그 시행일인 2016.1.1. 이후 최초로 소장이 접수된 사건부터 적용되고, 2015.12.1. 법률 제13522호로 개정된 법원조직법 제28조의4 제2호는 특허법원이 특허권 등의 지식재산권에 관한 민사사건의 항소사건을 심판한다고 규정하고 있고, 제28조 및 제32조 제2항은 이러한 특허법원의 권한에 속하는 사건을 고등법원 및 지방법원 합의부의 심판대상에서 제외한다고 규정하고 있다. 위 개정 규정은 부칙(2015.12.1.) 제1조, 제2조에 의하여 그 시행일인 2016.1.1. 전에 소송계속 중인 특허권 등의 지식재산권에 관한 민사사건에 대하여 위 시행일 이후에 제1심판결이 선고된 경우에도 적용되므로, 위 개정 법원조직법에 따라 그에 대한 항소사건은 특허법원의 전속관할에 속한다"고 판시하였다.

한편, 심결취소소송 즉 심결에 대한 소 및 심판청구나 재심청구의 각하결정에 대한 소는 여전히 특허법원의 전속관할로 한다(특허법 제186조 제1항). 이러한 소는 심결 또는 결정의 등본을 송달받은 날부터 30일 이내에 제기하여야 한다(특허법 제186조 제3항). 특허소송을 제기할 수 있는 자는 당사자, 참가인 또는 당해 심판이나 재심에 참가신청을 하였으나 그 신청이 거부된 자에 한한다(특허법 제186조 제2항). 거절결정불복의 심결 등과 같은 결정계 사건에 있어서는 특허청장이 피고가 되며, 특허무효심판의 심결 등과 같은 당사자계 사건에 있어서는 심판의 청구인 또는 피청구인이 피고가 된다(특허법 제187조). 특허법원의 판결에 대하여 불복하고자 하는 자는 대법원에 상고할 수 있다(특허법 제186조 제8항). 상고는 특허법원 판결 정본을 송달받은 날로부터 2주일(14일) 이내에 특허법원에 상고장을 제출하여야 한다. 특허법원의 심결 또는 결정의 취소판결이 확정되면 특허심판원은 그 사건을 다시 심리하여 심결 또는 결정을 하여야 한다(특허법 제189조 제2항).

2. 관할위반과 소송의 이송

최근 개정법이 2016.1.1. 시행된 이후 전속관할 위반을 이유로 특허법원으로 직권 이송된 사례가 적지 않아 관련 판례를 살펴본다.

대표적인 사례로서, 서울고등법원 2016.5.24.자 2016나2016427 결정44)이 있다. 이 사건의 요지를 보면, 갑 주식회사가 을 주식회사를 상대로 갑 회사의 특허권에 관한 통상실시권 설정계약상 계약기간 만료 또는 계약 위반에 따른 해지로 인한 통상실시권 말소등록과 계약 위반에 따른 손해배상을 구하였는데, 제1심판결이 을 회사에 대하여 통상실시권의 실효를 원인으로 한 말소등록절차 이행을 명하고 갑 회사의 나머지 청구를 기각하자, 갑 회사와 을 회사가 패소 부분에 불복하여 서울고등법원에 항소를 제기한 사안이다.

항소심 법원은, 법원조직법 제28조의4 제2호는 특허법원은 민사소송법 제24조 제2항 및 제3항에 따른 사건의 항소사건을 심판한다고 규정하고 있고, 민사소송법 제24조 제2항, 제3항은 '특허권 등의 지식재산권에 관한 소'의 관할에 관하여 특별히 규정하고 있으며, 민사소송법 제24조 제2항, 제3항에서 정한 '특허권 등의 지식재산권에 관한 소'에는 특허권 등 지식재산권 침해를 이유로 한 금지ㆍ폐기ㆍ신용회복 등 청구나 손해배상 청구소송만이 아니라 득

---

44) 서울고등법원 2016.5.24.자 2016나2016427 결정: 확정 [통상실시권등록말소 등].

허권 등의 실시계약에 기초한 실시료지급 청구소송, 특허권 등의 이전·말소등록 청구소송, 전용·통상실시권 등 설정 유무, 귀속 등에 관한 소송, 직무발명·고안·디자인에 대한 보상금 청구소송 등도 포함되는데, 위 소는 특허권 등 지식재산권과 밀접하게 관련되어 통상적으로 심리판단에 전문기술적 지식이 필요하게 될 가능성이 있는 유형의 소로서 '특허권 등의 지식재산권에 관한 소'에 해당하므로, 법원조직법 제28조의4 제2호, 민사소송법 제24조 제2항에 따라 특허법원의 전속관할에 속한다는 이유로, 해당 사건을 특허법원으로 이송하였다.

제3장

대상물건 · 대상방법의 특정

　금지청구소송의 청구취지에서는 피고가 실시하는 대상물건(제품)이나 대상방법은 사회통념상 다른 제품이나 방법과 구별될 수 있을 정도로 구체적으로 기재하여야 한다. 다만 원고의 특허발명의 구성과 대비될 수 있을 정도로 그 물건의 상세한 구조까지 특정할 필요가 없다. 이런 점에서 청구원인사실에서 특정되어야 하는 피고의 물건 또는 방법의 기재방법과 다르다. 후자는 원고의 특허발명의 구성과 대비할 수 있을 정도로 구체적으로 기재되어야 한다.

　나아가 폐기 · 제거청구소송의 청구취지에서도 폐기 등 대상물을 다른 물건과 구별할 수 있을 정도로 구체적, 개별적으로 기재하여야 한다. 예컨대 그 밖의 장소 또는 기타의 장소에 보관 중인 물건은 어느 장소에 보관된 물건인지 명확히 파악될 수 있어야 특정되었다고 볼 수 있다. 반제품은 당사자나 집행관이 명확히 인식할 수 있을 정도로 특정하여야 한다.[1]

---

1) 임석재 · 한규현, 『특허법』, 박영사, 2017, 631~632면.

I. 특정론(特定論)의 개요

종전에는 원고가 대상제품의 구체적 구조 또는 대상방법의 구체적 수순을 원고의 특허발명의 각 구성요건에 대응시켜서 문장 및 도면 등에 의하여 특정하여 별지목록에 기재하였다. 즉 대상제품의 구체적 구조 또는 대상방법의 구체적 수순을 소장의 별지로서 첨부한 뒤 이것을 청구취지에서 제조판매의 금지의 대상제품 · 대상방법으로 하여 이용하였다. 또 청구원인사실에 있어서 대비의 주장으로도 이용하였다. 그러나 현재의 재판실무에서는 원고와 피고 사이에 대상제품 · 대상방법의 특정(特定)에 관한 다툼이 생기고 있고 그 다툼이 계속되기 때문에 그것이 소송지연의 하나의 원인으로 되고 있다.

우리의 소송실무를 좀 더 살펴보면, 적극적 권리범위확인심판이나 침해금지청구소송(침해금지가처분 포함)에서 특허권자는 침해자의 실시형태(권리범위확인심판에서는 확인대상발명)를 정확히 특정하지 못하는 경우가 많다. 나아가 특허권자나 그 소송대리인이 침해자의 실시형태를 특허침해에 해당하는 것처럼 보이게 하기 위해 특허청구범위와 유사하게 표현하려다 보면 침해자의 실시형태를 사실과 다르게 왜곡하는 경우도 있다.[2]

또 소송실무에서는 침해자의 실시형태가 잘못 특정되어 있다면 침해 여부 판단이 제대로 될 수 없을 뿐만 아니라, 침해자의 실시형태가 잘못 특정된 채로 심판이나 판결이 선고된다면 확정된 심결이 사실상 무의미하게 되거나 판결을 집행하지 못하는 결과가 되

---

2) 최성준, "지적재산권 분쟁 실무에 있어서 몇 가지 쟁점",『2010년 전문분야 특별연수/제82기 「지적재산권법」』, 대한변호사협회 변호사연수원, 2010, 214면.

므로, 침해자의 실시형태 특정에 많은 주의를 기울여야 한다.

　따라서 원고는 피고가 제조하는 물건 등에 존재하는 기술적 사상을 정확히 파악하여 이를 문장화하고 도면으로 묘사함으로써 특정하여야 한다. 그런데 침해자의 실시형태를 특정하면서, 단지 특허권자의 특허청구범위를 거의 그대로 반복하는 경우, 특허청구범위와 동일·유사한 실시를 하여서는 아니된다고 하는 경우 등은 단순히 자신의 특허발명과 동일·유사한 실시행위의 금지를 구함에 지나지 않는 경우이므로 피고 실시기술이 특정되었다고 할 수 없다. 또한 너무 간단히 설명하는 경우, 단지 침해물건에 대한 도면이나 침해물건의 사진만을 첨부하여 특정하는 경우, 이들은 모두 침해자의 실시형태를 제대로 특정하였다고 할 수 없다.3) 한편 침해자가 생산하는 제품의 제품명과 모델명만으로, 또는 상품의 상품명(商品名)과 형식번호(型式番號)만으로 특정하는 경우가 종종 있는데, 이러한 특정방법에 대해서는 집행 등의 관점에서 부정적 견해와 긍정적 견해가 대립하고 있다.

　또 침해자의 실시형태가 잘못 특정되어 있을 경우 상대방이 그와 같이 실시하지 않는다고 하면 상대방이 위 특정된 대로 실시하고 있다는 것의 입증책임은 여전히 특허권자에게 있다. 만일 이를 제대로 증명하지 못하면 심판부나 재판부가 침해자의 실시형태를 다시 특정하도록 보정을 명하기도 하고, 경우에 따라서는 침해자의 실시형태(확인대상발명)를 제대로 특정하지 못하였음을 이유로 심판청구가 각하되거나 소가 각하(却下)될 수 있다. 따라서 특허권자는 침해자 제품에 대한 철저한 자료 수집, 문서제출명령신청, 심문 또는 변론기일에서의 석명요구, 검증 신청 등을 잘 활용하여야 한다. 다만, 문서제출명령신청, 석명요구, 검증신청에 대하여 상대방은 영업비밀이라는 이유를 내세워 자신의 실시형태를 밝히지 않으

---

3) 김기영·김병국, 『특허와 침해』, 육법사, 2012, 103~104면.

려는 경우가 실무상 많다.4)

한편 위와 같은 이유로 일본의 실무에서는 현재 청구취지에서 금지의 대상제품 · 대상방법의 특정으로서는 물건의 발명에 관한 사안에 있어서는 대상제품의 상품명 혹은 형식번호만을 기재하여 특정하고, 물건을 생산하는 방법의 발명에 관한 사안에서는 대상제품의 사용 등의 금지를 구하는 경우에는 대상제품을 상품명 또는 형식번호에 의하여 특정하고, 청구원인사실은 종전과 같은 별지기재목록을 사용하여 대비의 주장을 하는 것이 많다고 한다. 이렇게 하면 금지청구의 대상으로 되는 제품에 관해서는 상품명이나 형식명만으로 특정되기 때문에, 조기에 특정에 관한 다툼이 생기지 않게 되는 것이 대부분이라고 한다.5)

이와 같이 지적재산권침해소송에서 원고는 자기가 가지는 권리를 특정한 뒤 피고의 침해행위의 태양을 주장 · 입증할 필요가 있다. 특히 특허권침해소송에서는 특허발명의 내용이 특허청구범위 (Claim)로서 문언에 의하여 표현되기 때문에 특허권침해의 유무를 판단하기 위해서는 피고가 제조 또는 판매하는 제품(이하 '대상제품'이라 함) 내지는 피고가 사용하는 방법(이하 '대상방법'이라 함)을 대비하여 대상제품이나 대상방법을 어떻게 문언에 의해서 표현하는가가 중요하다. 그리고 특허발명은 기술적 사상의 창작이므로(특허법 제2조 제1호), 청구항은 추상화되어 표현되고 있다. 이에 대하여 대상제품 · 대상방법은 현재 존재하는 구체적인 물건 내지 방법이고, 어떤 기술적 사상이 구체적으로 실시되고 있는 것이므로 특허발명과는 차원을 달리한다. 대상제품 · 대상방법의 특정을 어떻게 하는지 여부가 특허권침해소송에서 쟁점으로 되는 것에 관해서는 오래

---

4) 최성준, 전게논문, 215면.

5) 飯村敏明 · 設樂隆一 編著, 『知的財産關係訴訟: 3(リ-ガル · プログレッシブ · シリ-ズ)』, 靑林書院, 2008, 14頁(設樂隆一 · 間史惠 · 鈴木千帆 執筆部分).

전부터 지적되었다. 이에 대해 이론적으로도 실천적으로도 궁리하지 않으면 소송의 장기화를 초래할 수 있다.[6]

한편 일본의 소송실무를 보면 종래는 특허권침해소송의 대상제품의 특정은 그 구성을 도면 및 문장으로 표현하는 목록의 형식에 따라서 행하였고, 피고 제품의 특정에 상당한 시간을 요하였다고 한다. 그러나 최근 대상제품을 상품명·형식번호에 따라서 특정하고 청구원인사실로서 그 구체적 구성을 주장하는 쪽으로 소송실무가 달라지고 있다고 한다.[7]

Ⅱ. 대상물건·대상방법의 특정의 의의[8]

1. 금지청구·폐기청구의 경우

대상제품의 특정이 심리의 대상을 구별하는 관점에서 특허권침해소송에서 소송물이 문제된다.

특허권침해소송 중 금지청구의 소송물에 관해서는 "원고의 특허권에 기하여 피고의 실시행위에 관한 금지청구권의 존재여부"라고 해석해야 할 것이다. 그리고 침해태양 즉 피고의 실시행위의 태양이 제조인가, 수입인가 등에 따라서 다시 세밀하게 구별하지는 않

---

6) 古關敏正, "特許侵害訴訟における對象物件の特定", 兼子博士還曆記念 『裁判法の諸問題(中)』, 有斐閣, 昭和44年, 453頁; 西田美昭, "特許侵害訴訟における差止對象の特定の審理實情と展望", 牧野利秋判事退官記念 『知的財産法と現代社會』, 信山社, 1999, 395頁; 水野武, "對象物件の特定", 西田美昭·熊倉禎男·靑柳昤子 編 『民事辯護と裁判實務(8) 知的財産權』, ぎょうせい, 1998, 131頁.

7) 高部眞規子, 『實務詳說 特許關係訴訟』 第2版, 金融財政事情研究會, 2012, 40~41頁.

8) 高部眞規子, 上揭書, 41~43頁.

더라도 금지청구에 관해서는 1개의 특허권과 1개의 대상제품 또는 대상방법의 관계에서 소송물이 구별되는 것이라고 해석된다. 특허권침해소송에서 대상제품을 특정하는 것은 소송물을 분명하게 하고, 심리의 대상 및 판결의 효력이 미치는 범위를 확정하는 의의를 가지는 것이다. 또한 특허권침해소송 중 금지청구에서는 당사자, 특허권 및 대상제품이 동일한 한, 소송물로서는 동일한 것으로 해석된다.[9]

특허권침해소송 중 금지청구소송은 피고가 현재 하고 있는 혹은 장래에 행하는 대상제품의 제조판매 또는 대상방법의 사용 등의 행위가 원고의 특허권을 침해한다는 점을 이유로 피고에 대하여 해당 특허권에 기하여 대상제품이 제조판매 내지 대상방법의 사용 등의 행위를 하지 않도록 하는 부작위(不作爲)를 구하는 급부청구소송이다(특허법 제126조 제1항). 그 인용판결은 간접강제(間接强制)에 따라서 실현되는 것이고, 피고가 어떠한 행위를 부작위의무위반으로 되는지가 판결주문에서 명확하게 되어 있을 필요가 있다. 또한 기판력이 미치는 범위를 확정하는 관점에서도 금지해야 할 행위가 구체적으로 분명하게 되어야 한다. 소의 제기 시에도 이러한 금지의 대상으로 되는 행위가 소장의 청구의 취지에서 특정될 필요가 있다.

또한 특허권자는 금지청구를 하는 때에 침해의 주체를 조성한 물건의 폐기 등을 청구할 수 있다(특허법 제126조 제2항). 그 인용판결은 대체집행(代替執行)에 따라서 실현된다.

금지청구소송의 판결주문 내지 청구취지에 관해서는 금지의 대상으로 되는 제품을 물건목록(방법의 경우는 방법목록)으로서 판결이나 소장의 말미에 첨부한 뒤, 이것을 인용하여 금지해야 하는 행위

---

9) 東京地判平成17·11·1 判タ1216号291頁 [電話番號リストのクリーニング装置 事件].

의 구체적 태양을 제시하는 것이 일반적이다. 따라서 금지청구 및
폐기청구에서는 금지되어야 하는 행위의 구체적 태양을 기재할 필
요가 있다. 특히 대상제품 그 자체가 판결주문 내지 청구취지의 내
용을 구성하기 때문에 그 행위태양이나 제품의 특정이 불가결하다.

2. 손해배상청구의 경우

특허권침해소송 중 손해배상청구소송은 피고가 과거에 원고의
특허권을 침해하는 행위를 한 것에 따른 손해배상(민법 제750조)으
로서 피고에 대하여 금원의 지급을 구하는 급부청구권이다. 따라
서 판결의 주문 내지 청구취지로서는 금액이 특정되면 족하다.

손해배상청구의 소송물에 관해서는 당사자, 특허권, 대상제품의
요소에 더하여 손해배상의 대상기간에 따라서 소송물이 획정된다
고 해석해야 할 것이다.

심판의 대상에 관해서 보면, 피고가 어떠한 행위에 따라서 원고
의 특허권을 침해하였는가 및 그것이 언제부터 언제까지 침해되었
는가에 따라서 결정된다. 즉 원고의 특허권과 피고의 행위(대상제
품) 및 손해배상 기간의 관계에 따라서 심판의 대상 내지 기판력이
획정된다. 청구원인에서는 원고의 특허발명의 구성요건과 대상제
품의 구성을 대비하는 작업이 필요하다. 그 전제로서 피고가 한 행
위의 태양이나 대상제품이 특정되어야 한다.

그래서 손해배상청구에서도 일반적으로 금지청구에 이용되는
것과 같은 물건목록을 이용하여, 행위태양이나 대상제품의 특정이
이루어진다.

3. 특정(特定)의 소송실무상 의의

특허권에 기한 금지청구소송에서 상대방이 침해행위를 조성한

물건 또는 방법을 특정하여 주장하는 것은 금지청구권의 대상으로
서 심판의 대상 내지 소송물을 특정함으로써 판결의 기판력의 객
관적 범위를 획정하고 집행의 대상을 특정하기 위하여 필요하다.
또 해당 물건 또는 방법이 특허발명의 기술적 범위에 속하는지 여
부를 대비함으로써 특허권침해의 성립여부를 판단하기 위하여 필
요하다.10)

이처럼 대상제품을 특정하는 것은 ⅰ) 심판의 대상(소송물)을 분
명하게 하는 점, ⅱ) 판결의 효력(기판력의 범위, 강제집행의 대상)을
분명하게 하는 점, ⅲ) 특허발명의 구성요건과 대비하기 위한 주
장·입증의 점에서 의의가 있다.11)

4. 입법론: 구체적 태양의 명시의무의 도입여부

원고가 대상제품의 구성을 주장·입증해야 하는 책임이 있다.
탐색적 소송을 제기해서는 안 된다는 것은 당연하다. 그러나 피고
가 제조판매하는 제품이 시장에서 입수할 수 있는 경우에는 그 입
증은 용이할 것이지만, 이것이 주문생산에 관한 제품으로 제3자의
공장 내에 설치되어 있는 경우나 혹은 피고가 사용하는 방법이 피
고의 공장 내에서 이루어지는 경우에는 특허권자 측이 이것을 주
장·입증하는 것은 곤란이 수반된다. 한편 피고 측은 자기의 행위
로서 반론·반증(反論·反證)하는 것은 곤란하지는 않다.

그래서 일본에서는, 원고가 이것을 구체적으로 주장하는 경우에
피고가 원고 주장의 물건이나 방법의 구체적 태양을 부인(否認)하
는 경우는 분명하게 할 수 없는 상당한 이유가 있는 경우를 제외하

---

10) 東京地判平成17·2·25 判タ1196号193頁 [コンテンツ中継サービス裝置 事
件].

11) 高部眞規子, "對象製品·對象方法の特定", 飯村敏明·設樂隆一 編著 『知的財
産關係訴訟』, リーガル·プログレッシブ·シリーズ, 靑林書院, 2008, 65頁.

고, 자기의 행위의 구체적 태양을 명백하게 해야 한다는 규정을 신설하였다(일본특허법 제104조의2). 이에 따라서 침해행위의 입증이 종전에 비하여 용이하게 되었고, 특정론(特定論)의 심리의 신속화에 커다란 도움이 되었다고 한다.

우리 특허법 재판실무에도 대상물건 내지 대상방법의 특정의 쟁점 정리의 필요성과 당사자 일방의 비협조에 따른 불특정 문제의 반복성 및 이로 인한 소 각하 판결의 위험이 원고에게만 귀속하는 불합리성 문제와 당사자의 의도적인 재판지연 문제 등을 극복하고 신속한 재판을 위한 대안 모색을 해야 할 시점에 와 있다. 그래서 그 대안으로서 일본의 구체적 태양의 명시의무 조항(일본특허법 제104조의2)에 대하여 우리 특허법에 도입할 것을 입법론으로서 신중하게 검토할 시점에 와 있다고 사료된다.

Ⅲ. 청구취지 및 청구원인에서의 특정

1. 서 언

피고제품 또는 피고방법의 특정이 문제되는 경우는 우선 청구취지에서 심리의 대상을 특정하는 경우로서 금지·폐기청구(특허법 제126조) 손해배상청구(제128조)가 있다. 다음으로 특허발명의 보호범위는 특허청구범위에 기재된 사항에 의하여 정하여지기 때문에 (특허법 제97조) 청구원인에서 특허권침해의 유무를 심리하는 경우가 있다. 전자, 청구취지에서의 특정이란 심판의 대상이 되는 소송물을 특정하고 기판력 또는 소멸시효의 중단의 효력이 미치는 범위를 획정하고, 금지소송에서는 강제집행의 대상으로 되는 금지 또는 폐기의 물건을 특정하는 것을 의미한다. 이에 대하여 후자, 청구원인에서의 특정이란 특허권침해의 유무를 심리하는 전제로서 피

고제품이나 피고방법을 특허청구범위의 기재와 대비하기 위하여
피고제품이나 피고방법을 문장 또는 도면 등으로 특정하는 것을
의미한다.[12]

　이와 같이 특허권침해소송에서 피고제품이나 피고방법의 특정
이란 위와 같이 청구취지에서 특정이 문제되는 경우와 청구원인에
서 특정이 문제되는 경우에 따라서 그 개념을 달리하기 때문에, 청
구취지에서 특정 문제와 청구원인에서 특정 문제를 구별하여 논의
할 실익이 있다.

2. 금지청구에 대한 청구취지에서의 특정

(1) 물건의 발명

　금지청구의 대상으로 되는 침해행위란 물건(피고제품)을 생산, 사
용, 양도, 대여 또는 수입하거나 그 물건의 양도 또는 대여의 청약
(전시 포함)을 하는 행위이다(제2조 제3호 가목).

　통상 청구취지에서 피고 실시기술을 특정하는 방식은 별지목록
에 의해 특정하거나, 청구취지 자체에 피고 실시기술을 특정하는
방식이 실무상 일반적으로 사용되고 있다. 물건의 발명에 관한 금
지청구소송에서 청구취지의 특정을 보면, 우선 ⅰ) 별지 목록에 의
해 특정하는 방식의 예는 "피고는 별지 목록 기재 ○○○장치를 생
산(제조), 사용, 양도, 대여, 수입, 또는 전시하여서는 아니 된다."는
식이다. 이러한 경우 별지 목록에는 위 장치의 사진이나 도면이 나
타나 있는 등 최소한의 구성상의 특징이 나타나 있는 경우가 많다.
다음으로 ⅱ) 별지목록에 의하지 않고 특정하는 방식의 예는 주로
피고의 상품명(商品名)이나 형식번호(型式番號) 등이 있는 경우에 사

---

12) 知的財産裁判實務研究會 編, 『知的財産訴訟の實務』 改訂版, 法曹會, 2014,
　　28~29頁(中島基至 執筆部分).

용되는데, 예로는 "피고는 상품명 ○○○의 제품을 생산(제조), 사용, 양도, 대여, 수입, 또는 전시하여서는 아니 된다." 또는 "피고는 A1형, B1형의 형식번호가 붙은 제품을 생산(제조), 사용, 양도, 대여, 수입, 또는 전시하여서는 아니 된다."는 식이다. 이러한 방식으로 청구취지를 기재하더라도 청구원인에서 피고 제품의 구체적인 구성이 나타나야 할 것이다.[13]

원고가 특정한 피고 실시기술에 따라 침해법원의 심리범위가 정해지고 침해금지 또는 예방을 명하는 주문이 선고되는 경우 이러한 인용판결에 의해 발생하는 부작위의무의 범위와 집행범위가 정해진다. 따라서 침해금지를 구하는 청구취지에는 침해금지를 구하는 대상 즉 피고 실시기술에 대해 집행법원이 집행할 수 있을 정도로 나타나야 한다. 그런데 "피고는 원고의 특허권을 침해하는 물건을 생산, 사용, 양도하여서는 아니 된다"는 청구취지는 이를 인용하더라도 집행가능한 주문이 아니므로 부적절하다. 이 점은 청구원인에 피고 실시기술이 충분히 기재되어 있더라도 마찬가지이다. 따라서 청구원인에 나타난 물건으로 특정하여 청구취지를 변경하여야 한다.[14]

피고제품(침해제품)을 특정하기 위해서는 피고제품의 구성을 문장 또는 도면 등에 따라서 특정하는 것을 고려할 수 있다. 그러나 이러한 특정방법에 의하면 소송물은 이들 문장 또는 도면 등에 따라 표시된 제품에 대한 금지청구권으로 되기 때문에, 당사자 쌍방이 피고제품의 구성 그 자체에 다툼이 있는 경우에는 심리의 대상으로 된 침해행위의 인식 자체가 일치하지 않게 된다. 이러한 경우에 당사자 사이에 구성에 관한 합의를 성립시키려면 그 때문에 장시간 요하는 경우가 많다. 가사 심리 도중에 당초의 구성과는 다른

---

13) 김기영 · 김병국, 전게서, 107면.
14) 김기영 · 김병국, 전게서, 102~103면.

구성을 가진 제품을 피고제품으로서 특정하는 것에 합의가 성립한 경우에는 이것은 소송물 변경을 의미하기 때문에, 이론적으로는 당초의 소제기에 의한 시효중단의 효력이 미치지 않는 등의 문제가 다시 생기게 된다.

또 금지청구를 인용한 판결은 부작위를 명하는 판결로서 간접강제(間接强制)의 방법에 따라서 강제집행 될 수 있지만, 피고제품의 외관으로부터는 내부의 구체적 구성이 분명하지 않기 때문에, 집행법원이 부작위의무의 이행 유무를 판단하는 것이 극히 곤란하다.

이러한 점들 때문에, 일본의 경우 피고제품을 특정하려면 그 상품명(商品名) 또는 형식번호(型式番號)에 따라서 특정해야 한다는 견해15)가 설득력을 얻고 있다. 이 견해에 의하면 소송물(訴訟物)은 상품명 또는 형식번호에 따라서 표시되어 있는 제품에 대한 금지청구권으로 되고, 피고제품이 사회적인 사실과 관계에서 특정되기 때문에, 당사자 쌍방이 심리대상으로 된 침해행위에 관하여 공통의 인식을 형성하는 것이 가능하게 된다. 그리고 현재 제조판매 되고 있는 피고제품을 특정하면 구두변론종결 시의 기준시(基準時) 후에도 이것이 제조판매될 개연성이 높기 때문에, 침해예방청구를 포함하여 금지의 대상으로 되어야 하는 피고제품을 특정한 것이 된다.

다만 이러한 특정방법에 대해서는 피고가 구두변론종결후(口頭辯論終結後)에 피고제품의 상품명 또는 형식번호를 변경하면 인용판결을 얻더라도 금지를 할 수 없게 된다는 비판도 가능하다. 그러나 이러한 경우는 실제로는 적다고 보여진다. 이 경우 원고가 다시 금지가처분을 신청함으로써 새로운 상품명 또는 형식번호의 제품에 대하여 신속하게 금지결정을 얻는 것이 가능하다.16)

---

15) 三村量一, "對象商品·對象方法の特定", 牧野利秋·飯村敏明 編『新·裁判實務大系(4) 知的財産關係訴訟法』, 靑林書院, 2001, 84頁, 87頁 이하; 司法硏修所 編, 『特許權侵害訴訟の審理の迅速化に關する硏究』, 法曹會, 2003, 48頁.

16) 三村量一, 前揭論文, 92頁.

또 피고제품에 관해서는 종래 관행적으로 '(가)호 물건', '(나)호 물건' 등으로 표기되어 왔지만, 현재는 보다 이해하기 쉽게 피고제품(1), 피고제품(2)와 같이 표기함이 바람직하다.

(2) 방법의 발명

금지청구의 대상으로 되는 침해행위란 피고방법을 사용하는 행위이다(제2조 제3호 나목).

피고방법을 사용하는 행위를 특정하려면, 피고방법의 구체적인 순서를 문장에 따라서 특정한 목록(이하 '방법목록'이라 함)을 인용하고, "피고는 별지목록기재의 방법을 사용해서는 아니 된다."고 기재해야 한다.[17] 또는 "피고는 별지목록기재의 방법에 의하여 정제하여서는 아니 된다."라거나, "피고는 별지목록기재의 방법에 의하여 초산비닐을 제조하여서는 아니 된다." 등으로 기재해야 한다. 이에 수반하여 별지목록에는 방법의 구체적인 단계가 기재된다.[18]

다만 청구취지에서 피고방법의 특정이란 어디까지나 금지의 대상을 사회적 사실로서 일의적(一義的)으로 특정하기 위한 것이므로, 방법목록에는 특허청구범위의 기재문언과 같은 추상적인 용어를 이용해서는 아니 된다. 이러한 특정에 의한 경우는 당사자쌍방이 심리대상인 피고방법을 사용하는 행위에 관한 인식이 애초 일치하지 않을 가능성이 있고, 이에 더하여 집행법원이 부작위의무의 이행유무를 판단하는 것이 극히 곤란하게 되는 것에 유의해야 한다.

요컨대 방법의 발명의 경우 금지청구의 대상인 침해행위는 해당 방법 발명의 사용행위이므로, 침해금지소송의 대상방법의 특정도

---

17) 沖中康人, "知的財産權侵害訴訟の請求の趣旨及び主文", 牧野利秋・飯村敏明 編 『新・裁判實務大系(4) 知的財産關係訴訟法』, 靑林書院, 2001, 43頁 이하; 司法硏修所 編, 『特許權侵害訴訟の審理の迅速化に關する硏究』, 法曹會, 2003, 68頁.

18) 김기영・김병국, 전게서, 108면.

결국 피고는 별지목록기재의 방법을 사용해서는 아니 된다는 식으로 기재할 수밖에 없다. 그래서 물건의 발명과 대비할 때 집행단계에서 집행력이 미치는 부작위의무의 범위 즉 객관적 범위에 관하여 양 당사자 사이에 다툼이 생길 가능성이 높고 새로운 분쟁을 야기할 우려가 없지 않다.

(3) 물건을 생산하는 방법의 발명

금지청구의 대상으로 되는 침해행위란 특허법 제2조 제3호 나목 즉 피고방법을 사용하는 행위 이외에 피고방법에 의하여 생산한 물건(피고제품)의 사용, 양도, 대여 또는 수입하거나 그 물건의 양도 또는 대여의 청약을 하는 행위이다(제2조 제3호 다목).

피고제품의 사용 등의 금지를 구하는 경우에 피고제품을 특정하는 때는 위의 물건의 발명과 마찬가지로, 피고제품을 상품명 또는 형식번호에 의하여 특정해야 하지만, 물건을 생산하는 방법의 발명에 관해서는 그 방법에 의하여 생산한 물건의 사용 등 금지가 인정됨에 지나지 않기 때문에, 피고제품을 방법목록에 의하여 제조된 물건으로서 다시 특정할 필요가 있음에 유의해야 한다.

이에 대하여 피고방법의 사용금지를 구하는 경우에 피고방법을 특정하는 때는 위의 방법의 발명과 마찬가지로 방법목록에 따라서 특정해야 한다.

또 물건을 생산하는 방법의 발명에 관하여 피고제품이 피고방법에 의해서만 제조되고 있는 경우 또는 피고제품이 피고방법에 의하여 제조된 것으로 추정되는 경우(특허법 제129조)에는 피고제품과 피고방법과 사이에는 1대1의 조건관계가 인정되기 때문에, 이러한 조건관계를 청구원인사실에 구체적으로 주장·입증한 뒤, 예외적으로 "피고는 별지물건목록기재의 제품을 제조해서는 아니 된다."고 기재하는 것도 가능하다.[19]

그리고 원고는 청구원인사실에 피고방법의 구체적 순서를 특허발명의 구성요건과 대비하여 특정하고, 피고제품이 피고방법에 의하여 제조되고 있다는 점 및 피고방법이 특허발명의 기술적 범위에 속한다는 점을 주장·입증하게 된다.

다만 물건의 발명과 대비할 때 물건을 생산하는 방법의 발명의 특정 문제는 방법의 발명과 마찬가지로 집행단계에서 집행력이 미치는 객관적 범위 즉 집행력이 미치는 부작위의무의 범위에 대해 양 당사자 사이에 다툼이 생길 가능성이 높아 새로운 분쟁으로 비화할 우려가 있음에 유의해야 한다.

3. 손해배상청구에 대한 청구취지에서의 특정

손해배상청구 또는 부당이득반환청구는 피고에 대해서 금원의 지급을 구하는 급부청구권을 주장하는 것이므로, 청구취지에서는 금액이 특정되면 족하다. 다만 소송물의 범위를 특정하기 위해서는 사회적 사실과의 관계에서 그 범위를 분명하게 할 필요가 있으므로, 금지청구와 마찬가지로 청구원인사실에서 피고제품의 상품명 또는 형식번호 및 피고제품의 제조판매기간 기타 사정을 분명하게 하여, 피고의 과거 침해행위를 구체적으로 특정할 필요가 있다.[20]

4. 청구원인에서의 특정

(1) 청구원인사실

특허권자인 원고는 청구원인사실로서 피고가 특허발명의 기술적 범위에 속하는 실시행위를 하고 있는 것을 주장·입증할 필요

---

19) 沖中康人, 前揭論文, 44頁 이하; 司法硏修所 編, 前揭書, 68頁 이하.
20) 三村量一, 前揭論文, 94頁 이하.

가 있다. 실무상 특허발명의 기술적 범위에 속하는지 여부를 판단하는 방법으로서, 특허청구범위의 기재를 복수의 구성요건으로 나눈 뒤, 피고제품이 해당 각 구성요건을 각각 충족하는지 여부를 판단하는 방법을 채용하고 있다. 따라서 피고제품의 구체적 구성 또는 피고방법의 구체적 순서를 특허발명의 구성요건에 대응하도록 문장 또는 도면 등에 의해 특정하고 물건목록에 정리한 뒤, 이것을 청구원인사실에 인용하는 것이 통상적인 예이다.

또 피고제품 등을 특정하는 경우에 원고가 그 구성 등의 전부 또는 일부에 특허청구범위의 기재문언을 그대로 이용하는 예도 있다. 이러한 경우에는 피고제품 등이 특허발명의 기술적 범위에 속한다는 결론을 제시할 뿐이다. 특허청구범위에는 추상적인 문언이 이용되는 것이 많기 때문에, 해당 문언의 해석 자체가 문제로 되는 경우는 쟁점 자체를 애초 특정할 수 없게 된다. 따라서 피고제품 등의 구성 중 특히 다툼이 있는 부분에 관해서는 특허청구범위의 기재문언에 고집하지 말고, 적어도 명세서의 실시례의 기재정도의 구체성을 가진 문언을 사용하여, 그 구성 등을 사회적 사실로서 일의적으로 특정할 수 있다.[21]

(2) 청구원인사실에 대한 인부(認否)와 구체적 태양의 명시의무, 비밀유지명령

특허권침해소송에서 피고제품 등의 특정에는 청구원인사실과 같이 곤란한 문제가 있으므로, 피고에게도 피고제품 등의 특정에 적극적으로 관여하게 하고, 소송의 심리진행을 도모할 필요가 있다.

그래서 입법적 해결차원에서 일본은 1999년 개정특허법에서 제104조의2를 신설하였다. 이 제104조의2에서는 특허권침해소송에 '적극부인'(積極否認)의 특칙으로서 구체적 태양(具體的 態樣)의 명시

---

21) 三村量一, 前揭論文, 96頁 이하.

의무(明示義務)에 관한 규정을 마련한 것이다. 구체적으로는 원고가 그 주장에 관한 피고제품(침해제품) 등의 구체적 태양을 분명히 한 경우에 피고가 그 태양을 부인하는 경우는 피고제품 등의 내용에 영업비밀이 포함되어 있는 등 기타 분명하게 할 수 없는 상당한 이유가 있는 경우를 제외하고, 피고가 피고제품 등의 구체적 태양을 분명하게 하여야 하는 것으로 되어 있다(일본특허법 제104조의2). 이에 의하면 예컨대 피고가 부인(否認)하는 부분을 구체적으로 특정한 뒤 물건목록의 대안 등을 제시함으로써 피고제품 등의 실제 구성을 구체적으로 분명하게 하는 것을 고려할 수 있다. 다만 이 규정만으로는 상대방 제품을 특정해야 하는 주장·입증 책임은 어디까지나 권리침해를 주장하는 권리자 측(원고)이 진다는 점에는 변함이 없다.[22) 이 점에 유의를 요한다.

또 피고가 피고제품(침해제품) 등의 구성에 관한 주장·입증을 하는 경우에 준비서면 또는 증거에 영업비밀이 포함되어 있는 경우에는 법원에 대하여 비밀유지명령(秘密維持命令)[23)을 신청할 수 있다

---

22) 高林龍, 『標準 特許法』第3版, 有斐閣, 2008, 264頁.
23) 이에 관한 상세는 전효숙, "지식재산소송절차와 비밀유지명령 제도", 「법학논집」 제17권 제2호, 이화여자대학교 법학연구소, 2012, 33~63면 참조.
이 비밀유지명령제도의 도입경위와 과제를 간략히 살펴보면 다음과 같다. 한·미 FTA 체결에 따른 이행입법으로서 2011.12.2. 개정된 특허법 등 지적재산법은 형사벌의 담보 아래 영업비밀이 포함된 자료를 소송절차에 쉽게 현출시키도록 하고, 영업비밀의 보호 및 침해행위의 입증을 용이하게 하며, 아울러 심리의 충실을 도모할 수 있도록 하기 위하여 일본식의 비밀유지명령 제도를 도입하였다. 비밀유지명령 제도는 특허침해 등 민사소송절차에서 당사자가 주장하는 사실 또는 제출하는 증거 가운데 영업비밀이 포함되어 있는 경우, 그 영업비밀을 소송수행목적 이외에 사용하거나 비밀유지명령을 받은 자 이외의 자에 대하여 공개하는 것을 금하는 명령을 내리고 이에 위반하는 경우 형사벌을 부과하는 제도다. 2011년 12월 개정특허법 제229조의2에서는 비밀유지명령 위반죄를 신설하였다. 정당한 사유 없이 위의 명령을 위반한 자는 5년 이하의 징역 또는 5천만 원 이하의 벌금에 처하게 되고, 친고죄이며, 양벌규정의 적용은 받지 않는다.

(특허법 제224조의3).[24) 이로써 준비서면 또는 증거에 포함되어 있는
영업비밀에 관하여 상대방(원고)에 대해 소송 수행의 목적 이외에
사용하거나 상대방 이외의 자에게의 개시금지를 요구할 수 있다.

5. 특정을 위한 자료제출명령의 신청 및 검증신청

소송실무상 원고가 피고 실시기술의 특정을 위하여 법원에 자료
제출명령이나 피고 공장에 대한 현장검증을 신청하는 경우가 있
다. 그런데 양 방법 모두 피고가 영업비밀 공개 등을 이유로 협조하
지 않거나 사실상 요건사실을 충족하지 못하는 경우에는 법원이
증거방법신청을 쉽게 채택하지 않을 것이므로 실효성이 크지 않다
는 점이 문제로 지적되어 왔다.[25)

특허권침해소송에서는 침해행위의 입증이 곤란하기 때문에 문
서제출명령의 특칙이 마련되어 있다. 구체적으로는 법원은 신청으
로써 소지자에게 서류제출을 거부함에 정당한 이유가 있는 경우를
제외하고, 상대방 당사자에게 해당 침해의 증명 또는 침해로 인한
손해액의 산정에 필요한 자료의 제출을 명할 수 있게 하였다(특허법
제132조).[26)

원고가 피고측이 개시한 피고물건의 수량 등을 다투는 경우에

그러나 이 제도는 비밀유지명령을 받은 자에게 지나치게 무거운 부담을 지
우고 있고, 적용범위가 한정되어 있어 소송절차에서 영업비밀이 개시되는
것을 막는 역할을 충분하게 하지 못한다. 다만, 이제도의 존재 자체만으로
도 영업비밀이 포함된 증거의 제출을 용이하게 하는 효과를 어느 정도 거둘
수 있으므로 문제점들을 보완하여 잘 운용해야 할 것이다.

24) 2016년 3월 29일 개정특허법에서는 제224조의3 제1항 각 호 외의 부분 본
문 중 "영업비밀(「부정경쟁방지 및 영업비밀보호에 관한 법률」 제2조 제2
호에 따른 영업비밀을 말한다. 이하 같다)"을 "영업비밀"로 개정하였다.

25) 김기영·김병국, 전게서, 105~106면.

26) 일본 특허법 제105조의 서류제출명령도 이와 같은 취지이다.

는, 피고는 원고에 대하여 그 근거로 되는 회계자료 등을 개시한다.
한편 2016년 개정특허법에서는 특허법 제132조에서 자료제출명령
제도27)를 두고 있는데 종래의 서류제출명령제도를 보완한 것이다.
이에 따라 법원은 특허권 또는 전용실시권 침해소송에서 당사자의
신청에 의하여 상대방 당사자에게 해당 침해의 증명 또는 침해로
인한 손해액의 산정에 필요한 자료의 제출을 명할 수 있다(동조 제1
항). 이 경우 자료소지자는 그 자료 제출을 거절할 정당한 이유가
있는 경우에는 자료제출명령에 불응할 수 있다.28) 그런데 소송실
무상으로는 법원의 요구에 따라 피고가 임의로 자료를 제출하거나
혹은 소송 외에서 원고에 대하여 필요한 자료의 열람을 허용하고,
손해론에 관한 심리를 간략화하게 하는 경우도 적지 않다. 피고가
법원의 자료제출명령에 응하지 아니하는 경우에는 법원은 그 자료
의 기재에 관한 원고의 주장을 진실한 것으로 인정할 수 있다(특허
법 제132조 제4항 및 민사소송법 제349조).

　다만 이러한 규정을 두었다 하더라도 특허권침해행위에 관한 주
장·입증책임이 원고에게 있는 이상, 원고는 스스로 조사한 뒤 피
고제품 등의 구성을 구체적으로 주장·입증하여야 한다. 따라서
단순히 특허청구범위를 그대로 기재함에 지나지 않는 피고제품 등

---

27) 2016년 개정 특허법은 기업의 영업비밀이라도 손해액 산정에 필요한 자료
　는 강제로 제출할 수 있도록 하고 있다. 즉, 손해배상소송에서 법원의 자료
　제출 요구에 대한 기업의 제출의무를 규정한 것이다. 이른바 '한국판 디스
　커버리 제도'로 불리는 자료제출명령제도는 미국의 디스커버리 제도인 자
　료제출명령을 참고한 제도라 할 수 있다.
28) 2016년 개정특허법(개정 2016.3.29.) 이전에는 제132조에서 서류제출명령
　제도를 두었으나 개정법에서는 자료제출명령제도로 변경하였다. 즉 2016
　년 개정특허법에서는 특허침해소송에서 법원의 증거제출 명령대상 범위를
　서류에서 자료로 확대하고 침해에 대한 증명자료를 포함하도록 하며, 증거
　제출명령에 불응한 경우 해당 자료의 기재에 의하여 증명하고자 하는 사실
　에 관한 주장을 진실한 것으로 인정할 수 있도록 하였다(제132조).

의 물건목록을 제출하는 것만으로는 피고제품 등의 구성을 알기 위하여 자료제출명령을 인정하지는 않는다고 해석된다.[29]

또 실무상 피고제품은 주로 상품명 또는 형식번호로 특정되기 때문에 이 제도는 특정론의 장면이 아니라, 오로지 침해론의 장면에 활용되어야 한다는 지적도 있다.[30]

또한 피고가 영업비밀 등을 이유로서 자료제출을 기부하는 경우에는 법원은 재판당사자를 배제한 채 법원만이 문서의 비밀내용을 알 수 있게 하는 '비공개심리절차'(In Camera 절차)를 활용할 수 있다(민사소송법 제347조 제4항 후단). 이 비공개심리절차 즉 In Camera 절차에 따라서 법원은 해당 서류에 영업비밀이 포함되어 있는 점 기타 제출을 거부할 정당한 이유가 있는지 여부를 판단하게 된다. 이러한 경우에 정당한 이유가 있는지 여부에 관하여 자료를 개시하고 그 의견을 듣는 것이 필요한 경우는 당사자 등에게 해당 자료를 개시할 수 있도록 하고 있지만, 이러한 절차는 비밀유지명령제도(특허법 제224조의3)와 병용하여 이용될 수 있을 것이다.

요컨대 법원은 침해물건이나 방법의 특정이 곤란한 특별한 사정이 있는 경우에는 우선 피고에게 임의의 협력을 구하여 침해물건 등의 특정을 완료하는 것이 바람직하다. 이와 달리 자료제출명령이나 검증 등 강제적 성격의 방법은 원고와 피고의 이해관계를 신중하게 형량하여 허용하되 그 과정에서 피고의 영업비밀이 침해되는 일이 없도록 주의를 기울여야 하는 재판운영의 묘를 발휘할 필요가 있다.[31]

---

29) 東京地方裁判所知的財産權訴訟檢討委員會, "知的財産權侵害訴訟の運營に關する提言", 判タ1042号, 2000, 9頁 참조. 일본의 경우 서류제출명령제도를 이와 같은 취지로 운용하고 있는 것으로 보인다.

30) 司法硏修所 編, 前揭書, 71頁.

31) 김기영·김병국, 전게서, 106면.

IV. 판례의 태도

1. 특허침해소송에서의 특정

특허권침해금지의 소에서 청구의 대상이 되는 제품이나 방법의 특정 정도가 문제된다.

판례[32]에 따르면 "민사소송에 있어서 청구의 취지는 그 내용 및 범위를 명확히 알아볼 수 있도록 구체적으로 특정되어야 하는 것인바,[33] 특허권에 대한 침해의 금지를 청구함에 있어 청구의 대상이 되는 제품이나 방법은 사회통념상 침해의 금지를 구하는 대상으로서 다른 것과 구별될 수 있는 정도로 구체적으로 특정되어야 한다."고 판시하였다.

2. 권리범위확인소송에서의 특정

특허발명의 권리범위확인심판 청구에서 심판청구의 대상이 되는 '확인대상발명' 즉 특허발명과 대비되는 발명의 특정 정도가 문제된다.

판례[34]에서는 "특허권의 권리범위확인심판을 청구함에 있어 심판청구의 대상이 되는 확인대상발명은 당해 특허발명과 서로 대비할 수 있을 만큼 구체적으로 특정되어야 하는바, 그 특정을 위해서 대상물의 구체적인 구성을 전부 기재할 필요는 없지만, 적어도 특허발명의 구성요건과 대비하여 그 차이점을 판단함에 필요할 정도

---

32) 대법원 2011.9.8. 선고 2011다17090 판결 [특허권침해금지의 소].
33) 대법원 1981.9.8. 선고 80다2904 판결; 대법원 2009.11.12. 선고 2007다 53785 판결 등 참조.
34) 대법원 2010.5.27. 선고 2010후296 판결 [권리범위확인(특)].

로 특허발명의 구성요건에 대응하는 부분의 구체적인 구성을 기재하여야 함이 원칙이다.[35] 다만, 확인대상발명의 설명서에 특허발명의 구성요소와 대응하는 구체적인 구성이 일부 기재되어 있지 않거나 불명확한 부분이 있다고 하더라도 나머지 구성만으로 확인대상발명이 특허발명의 권리범위에 속하는지 여부를 판단할 수 있는 경우에는 확인대상발명은 특정된 것으로 봄이 상당하다."고 판시하였다.

3. 특정되지 않은 경우에 있어 법원의 조치

소송실무상 소장의 청구취지의 기재는 판결주문과 같을 정도로 정확하여야 한다. 그 청구취지의 특정여부는 법원의 직권조사사항이므로 청구취지가 특정되지 않은 경우 직권으로 보정을 명하게 된다. 원고가 그 보정명령에 따르지 않는 경우 법원은 소장부본 송달 이전에는 소장각하명령을, 소장부본 송달 이후에는 소각하 판결을 각각 내려야 한다. 이와 관련하여 각 소송형태별 판례의 태도는 이하와 같다.

(1) 일반 민사소송

판례[36]는 동일한 채무자에 대하여 발생시기와 발생원인 등을 달리하는 수 개의 손해배상채권을 가지고 있는 채권자가 그중 일부만을 청구하는 경우, 손해배상채권별로 청구금액을 특정하여야 하는지 여부가 문제된 사안에서 이를 긍정하면서, "민사소송에 있어서 청구의 취지는 그 내용 및 범위가 명확히 알아볼 수 있도록 구체

---

35) 대법원 2005.4.29. 선고 2003후656 판결; 대법원 2005.9.29. 선고 2004후486 판결 등 참조.
36) 대법원 2009.11.12. 선고 2007다53785 판결 [손해배상(기)등].

적으로 특정되어야 하고, 이의 특정 여부는 직권조사사항이라고 할 것이므로 청구취지가 특정되지 않은 경우에는 법원은 피고의 이의 여부에 불구하고 직권으로 그 보정을 명하고, 이에 응하지 않을 때에는 소를 각하하여야 한다."[37]고 판시하였다.

(2) 특허침해금지소송 — 소 각하

판례[38]는 특허침해금지의 소에서 청구취지가 특정되지 아니한 경우 보정명령 없이 소를 각하한 조치가 위법한지 여부가 쟁점이 된 사안에서, "청구취지의 특정 여부는 직권조사사항이라고 할 것이므로 청구취지가 특정되지 않은 경우에는 법원은 피고의 이의 여부에 불구하고 직권으로 그 보정을 명하고, 이에 응하지 않을 때에는 소를 각하하여야 하나,[39] 형식적으로는 청구취지 보정의 기회가 주어지지 아니하였어도 실질적으로는 이러한 기회가 주어졌다고 볼 수 있을 만한 특별한 사정이 있는 경우에는 보정명령 없이 소를 각하하더라도 이를 위법하다 할 수 없다."고 판시하였다.

(3) 권리범위확인심판청구 — 심판청구 각하

판례[40]는 "만약 확인대상발명의 일부 구성이 불명확하여 다른 것과 구별될 수 있는 정도로 구체적으로 특정되어 있지 않다면, 특허심판원은 요지변경이 되지 아니하는 범위 내에서 확인대상발명의 설명서 및 도면에 대한 보정을 명하는 등 조치를 취해야 하며, 그럼에도 그와 같은 특정에 미흡함이 있다면 심판의 심결이 확정

---

37) 대법원 1981.9.8. 선고 80다2904 판결; 대법원 2008.10.9. 선고 2007다 5069 판결 등 참조.

38) 대법원 2011.9.8. 선고 2011다17090 판결 [특허권침해금지의 소].

39) 대법원 1981.9.8. 선고 80다2904 판결; 대법원 2009.11.12. 선고 2007다 53785 판결 등 참조.

40) 대법원 2011.9.8. 선고 2010후3356 판결 [권리범위확인(특)].

되더라도 일사부재리의 효력이 미치는 범위가 명확하다고 할 수 없으므로, 나머지 구성만으로 확인대상발명이 특허발명의 권리범위에 속하는지를 판단할 수 있는 경우라 하더라도 심판청구를 각하하여야 한다."고 판시하였다.

제4장
특허권의 권리범위 해석

I. 특허청구범위 해석의 의의

1. 특허침해소송에서 특허청구범위 해석

특허법은 특허출원인이 발명을 일반에게 공개하는 것에 대한 대가로서 독점적 실시권을 부여하고 있다. 특허권자는 자기의 특허권을 침해하는 자에 대하여 그 침해의 정지 등을 청구할 수 있다(특허법 제126조). 특허권자는 업(業)으로서 특허발명의 실시를 할 권리를 독점하기 때문에(특허법 제94조), 제3자가 정당한 권원 없이 업으로서 특허발명을 실시하면 특허권을 침해하게 된다. 그래서 특허발명의 실시란 원고의 특허발명의 기술적 범위에 속하는 제품 내지 방법을 생산, 사용, 양도 등 특허법 제2조 제3호 각목에 해당하는 행위를 하는 것을 말한다. 위와 같이 특허침해소송에서는 우선 피고의 행위가 원고의 특허권을 침해하는지 여부 즉 특허발명의 실시에 해당하는지 여부가 중요한 쟁점이고 이는 곧 대상제품 또는 대상방법이 특허발명이 기술적 범위에 속하는지 여부의 충족론(充足論)으로 이어진다.[1]

특허발명의 보호범위 즉 특허발명의 기술적 범위는 출원서에서
첨부된 특허청구범위에 기재된 사항에 의하여 정하여진다(특허법
제97조). 이른바 '구성요소 완비의 원칙'(All Elements Rule)을 우리 특
허법의 기본원리로 삼고 있다. 특허청구범위에 적혀 있는 구성요
소들은 그 모두가 유기적 일체로서의 발명을 이루는 필수구성요소
이며 그중 어느 하나라도 빠져 있다면 이는 특허발명과는 다른 발
명으로 본다.2)

특허청구범위를 '청구항(claim)'이라 부른다. 발명이 무체물인 점
에서 그 내용은 문언에 따라서 구성이 설명되는데, 특허청구범위에
기재된 용어가 어떠한 의미를 가지는지의 해석이 바로 '청구항
(claim) 해석'이다. 청구항 해석은 특허권침해소송에서 피고가 실시
하는 제품이 특허발명의 기술적 범위에 속하는지 여부 즉 특허권
침해행위에 해당하는지 여부라는 가장 중요한 쟁점을 좌우하는 문
제이다.3) 청구항(claim) 해석은 특허권을 부여하는지 여부(특허의
성립여부)나 무효로 되어야 하는지 여부(특허의 유효성)의 심리를 행
하는 거절결정불복심판 및 특허무효심판과 아울러 이들에 대한 심
결취소소송에서도 중요한 역할을 한다. 이들 특허의 성립여부나
유·무효여부의 심리를 '특허부여' 내지 '발명의 요지(要旨)의 인
정'4)이라 부른다. 특허출원에 관한 특허부여는 특단이 사정이 없는
한 특허청구범위의 기재에 기하여 이루어져야 한다.5)

1) 高部眞規子, 『實務詳說 特許關係訴訟』 第2版, 金融財政事情硏究會, 2012,
   154頁.
2) 조영선, 『특허법 2.0』 제6판, 박영사, 2018, 38~39면.
3) 高部眞規子, 前揭書, 154~155頁.
4) 高部眞規子, 前揭書, 155頁.
5) 最二小判平成3·3·8 民集45卷3号123頁[リパーゼ 事件].

2. 독립항과 종속항

특허청구범위를 이루는 청구항에는 독립항과 종속항이 있다. 독립항이란 발명의 구성요소를 자족적으로 기재하고 있어 다른 청구항을 인용하지 않는 청구항을 말한다. 종속항이란 특정한 독립항에 종속되어 그 독립항에 나타난 구성요소를 모두 그대로 원용하면서 이를 한정하거나 부가하여 구체화하는 청구항을 말한다(특허법시행령 제5조).[6]

독립항과 종속항의 구별은 기재 형태에 구속될 것이 아니라 각 청구항의 실질적 내용에 기초하여 이루어져야 한다.[7] 법원도 등록고안의 청구항의 형식이 다른 청구항을 인용하는 부가 종속항으로 되어 있으나, 그 내용을 실질적으로 볼 경우 인용된 청구항의 구성요소를 모두 포함하는 것으로 해석할 수 없다고 판시한 사례에서, 형식적으로는 종속항의 외양을 띠고 있으나 실질적 내용으로는 종속항이라고 볼 수 없다고 판단하고 있다.[8]

특허청 심사기준[9]에 의하면 독립항과 종속항의 구별기준은 다

---

6) 특허법 제42조 제8항에서는 "제2항에 따른 청구범위의 기재방법에 관하여 필요한 사항은 대통령령으로 정한다."고 규정하고 있고, 이에 따른 특허법시행령 제5조(특허청구범위의 기재방법) 제1항에서는 "법 제42조 제8항에 따른 특허청구범위의 청구항(이하 "청구항"이라 한다)을 기재할 때에는 독립청구항(이하 "독립항"이라 한다)을 기재하여야 하며, 그 독립항을 한정하거나 부가하여 구체화하는 종속청구항(이하 "종속항"이라 한다)을 기재할 수 있다."고 규정하고 있다.

7) 조영선, 전게서, 42면.

8) 특허법원 2005. 3. 11. 선고 2004허3423 판결. 이 판결의 사안은 '잉크 카트리지의 잉크재충전구'에 관한 등록고안의 청구항이 다른 청구항을 인용하는 형식의 부가 종속항으로 되어 있으나, 그 내용을 실질적으로 볼 경우 인용된 청구항의 구성요소를 모두 포함하는 것으로 해석할 수 없고, 인용된 청구항의 구성을 다른 구성으로 치환한 것으로 해석하여야 한다고 한 사례이다.

음과 같다. 청구범위에 기재된 청구항(이하 "청구항"이라 한다)은 독립 청구항(이하 '독립항'이라 한다)과 독립항을 한정하거나 부가하여 구체화하는 종속청구항(이하 '종속항'이라 한다)으로 구분할 수 있다.[10] 여기서 '독립항을 한정하거나 부가하여 구체화'한다는 의미는 기술 구성을 부가하거나 상위개념을 하위개념으로 한정함으로써 발명을 구체화하는 것을 말하며, 종속청구항이란 발명의 내용이 다른 항에 종속되어 다른 항의 내용 변경에 따라 해당 청구항의 발명의 내용이 변경되는 청구항을 말한다. 발명의 내용 측면에서는 독립 항을 부가하거나 한정하고 있다 하더라도 형식적으로 인용하고 있지 않다면 종속항이라 할 수 없으며, 독립항을 형식적으로는 인용하고 있다 하더라도 독립항을 한정하거나 부가하지 않는 경우(예: 청구항 ㅇ에 있어서 A의 구성 요소를 B로 치환하는 물건)에는 종속항이라고 할 수 없다.[11]

특허등록요건의 충족여부를 판단함에 있어서 독립항의 진보성이 인정되는 경우에는 그 독립항을 인용하는 종속항도 진보성이 인정된다. 그러나 독립항의 진보성이 인정되지 않는 경우에는 그 독립항에 종속되는 종속항에 대하여는 별도로 진보성을 판단함에 유의하여야 한다.[12]

---

9) 특허청, 『특허・실용신안 심사지침서(2018)』, 제2부 제4장 6.1.

10) 특허법시행령 제5조 제1항.

11) 대법원 2005.11.10. 선고 2004후3546 판결 [등록무효(실)] ("실용신안의 등록청구범위에 있어서 다른 청구항을 인용하지 않는 청구항이 독립항이 되고 다른 독립항이나 종속항을 인용하여 이를 한정하거나 부가하여 구체화하는 청구항이 종속항이 되는 것이 원칙이지만, 독립항과 종속항의 구분은 단지 청구항의 문언이 나타내고 있는 기재형식에 의해서만 판단할 것은 아니므로 인용하고 있는 청구항의 구성 일부를 생략하거나 다른 구성으로 바꾼 청구항은 이를 독립항으로 보아야 한다.")

12) 특허청, 『특허・실용신안 심사지침서(2016)』, 제3부 제3장(진보성) 9. (2).

3. 특허청구범위

(1) 특허청구범위의 기재 방법

발명의 내용이 명세서에 만연히 기재되어 있으면 그 특허권이 미치는 범위가 불명확하고, 제3자뿐만 아니라 특허권자에게도 예견가능성이 낮으며, 그 결과 법적 안정성을 해치고 불필요한 분쟁을 초래하게 된다. 특허발명의 개념을 명확하게 하고 권리가 미치는 범위도 명확하게 하기 위하여 '특허청구범위'의 기재방법이 특허법 제42조 이하에서 의무화되어 있다. 이처럼 특허청구범위는 특허발명의 기술적 범위를 확정하고 권리범위를 나타내는 중요한 기능을 가지고 있고 토지의 경계선과 유사한 역할을 가진다.13)

특허를 받고자 하는 자는 특허출원서를 특허청장에게 제출하여야 하며 그 특허출원서에는 발명의 설명, 특허청구범위와 필요한 도면 및 요약서를 첨부한다. 여기서 발명의 설명과 특허청구범위를 합하여 '명세서(明細書)'라고 한다. 이처럼 특허출원서에는 발명의 설명14)·청구범위를 적은 명세서와 필요한 도면 및 요약서를 첨부하여야 한다(특허법 제42조 제2항).

위와 같이 특허청구범위는 특허출원 시 출원서에 첨부하여야 한다. 그리고 청구항으로 구분하여 각 청구항마다 특허출원인이 특허를 받고자 하는 발명을 특정하기 위하여 필요하다고 인정되는 사항의 전부를 기재하여야 한다. 특허법에 의하면, 특허청구범위에는 보호받으려는 사항을 명확히 할 수 있도록 발명을 특정하는 데 필요하다고 인정되는 구조·방법·기능·물질 또는 이들의 결합관계 등을 적어야 한다고 규정하고 있다(특허법 제42조 제6항).

---

13) 中山信弘, 『特許法』, 弘文堂, 2010, 175頁.
14) 특허법은 법률 제12753호, 2014.6.11. 일부개정에서 발명의 상세한 설명을 발명의 설명으로 용어를 변경하였다.

그리고 특허청구범위의 기재는 발명의 상세한 설명에 기재한 것으로서 명확할 것 등이 요구된다. 특허법에 의하면, 특허청구범위에는 보호받으려는 사항을 적은 항(이하 "청구항"이라 한다)이 하나 이상 있어야 하며, 그 청구항은 ⅰ) 발명의 설명에 의하여 뒷받침될 것, ⅱ) 발명이 명확하고 간결하게 적혀 있을 것의 요건을 모두 충족하여야 한다고 규정하고 있다(특허법 제42조 제4항).

특허법 제42조 제4항 제1호는 '특허청구범위가 발명의 설명에 의하여 뒷받침될 것'을 요구하고 있는바, 그 의미는 청구항은 특허출원 당시의 기술 수준을 기준으로 하여 그 발명과 관련된 기술분야에서 통상의 지식을 가진 자의 입장에서 볼 때 그 특허청구범위와 발명의 설명의 각 내용이 일치하여 그 명세서만으로 특허청구범위에 속한 기술구성이나 그 결합 및 작용효과를 일목요연하게 이해할 수 있어야 한다는 것이다.[15] 다음으로, 같은 항 제2호는 '발명이 명확하고 간결하게 기재될 것'을 요구하고 있는바, 그 취지는 특허법 제97조가 특허발명의 보호범위는 특허청구범위에 기재된 사항에 의하여 정하여진다고 규정하고 있음에 비추어 청구항에는 명확한 기재만이 허용되는 것으로서 발명의 구성을 불명료하게 표현하는 용어는 원칙적으로 허용되지 아니하며, 나아가 특허청구범위의 해석은 명세서를 참조하여 이루어지는 것임에 비추어 특허청구범위에는 발명의 상세한 설명에서 정의하고 있는 용어의 정의와 다른 의미로 용어를 사용하는 등 결과적으로 청구범위를 불명료하게 만드는 것도 허용되지 않는다는 것이다.[16]

'명세서(明細書)'에는 발명의 설명과 특허청구범위가 기재되어 있는데, 여기서 발명의 설명의 기재에 관해서는 당업자가 그 실시를

---

15) 대법원 2003.8.22. 선고 2002후2051 판결; 대법원 2005.11.25. 선고 2004후3362 판결 각 참조.

16) 대법원 2006.11.24. 선고 2003후2072 판결 [등록무효(특)]; 대법원 2006.11.24. 선고 2003후2089 판결 [등록무효(특)].

할 수 있을 정도로 명확하고 충분하게 기재하여야 한다(이른바 실시 가능요건). 즉 발명의 설명은 ① 그 발명이 속하는 기술분야에서 통상의 지식을 가진 사람이 그 발명을 쉽게 실시할 수 있도록 명확하고 상세하게 적을 것, ② 그 발명의 배경이 되는 기술을 적을 것의 요건을 모두 충족하여야 한다(특허법 제42조 제3항).

(2) 특허권의 권리범위 해석 원칙과 제한 해석의 예외

특허발명의 보호범위 내지 특허권의 권리범위는 특허청구범위에 기재된 바에 따라서 정함이 원칙이다. 즉 특허권의 권리범위 내지 보호범위는 특허출원서에 첨부한 명세서의 특허청구범위에 기재된 사항에 의하여 정하여지는 것이므로, 발명이 특허를 받을 수 없는 사유가 있는지 여부를 판단함에 있어서 특허청구범위의 기재만으로 권리범위가 명백하게 되는 경우에는 특허청구범위의 기재 자체만을 기초로 하여야 할 것이지 발명의 상세한 설명이나 도면 등 다른 기재에 의하여 특허청구범위를 보완하거나 제한 해석하는 것은 허용되지 않는다.[17]

판례[18]에 의하면, 명칭을 "해면 모양의 뼈에 공동을 형성하는 도구"로 하는 특허발명의 특허권에 기초하여 갑 주식회사가 을 주식회사를 상대로 특허침해금지 등을 구한 사안에서 위 청구가 권리남용에 해당하지 않는다고 본 원심판결에 법리오해의 위법이 있다고 한 사례에서, "특허발명의 보호범위는 특허청구범위에 기재된 사항에 의하여 정해지는 것이 원칙이고, 다만 그 기재만으로 특허발명의 기술적 구성을 알 수 없거나 알 수는 있더라도 기술적 범위

---

17) 대법원 2009.7.9. 선고 2008후3377 판결 [등록무효(특)]; 대법원 2006.10. 13. 선고 2004후776 판결; 대법원 2001.9.7. 선고 99후734 판결 등.

18) 대법원 2012.3.15. 선고 2010다63133 판결 [특허권침해금지]; 대법원 2011. 2.10. 선고 2010후2377 판결; 대법원 2004.10.28. 선고 2003후2447 판결 등 참조.

를 확정할 수 없는 경우에는 명세서의 다른 기재에 의하여 보충할 수는 있으나, 그 경우에도 명세서의 다른 기재에 의한 특허청구범위의 확장 해석은 허용되지 아니함은 물론 특허청구범위의 기재만으로 기술적 범위가 명백한 경우에는 명세서의 다른 기재에 의하여 특허청구범위의 기재를 제한 해석할 수 없다"고 판시하고 있다.

한편, 특허청구범위에 기재된 발명은 원래 출원명세서상 발명의 상세한 설명이나 첨부된 도면을 전혀 참작하지 않는다면 그 기술적인 의미가 정확하게 이해될 수 없는 것이므로, 출원발명에 특허를 받을 수 없는 사유가 있는지 여부를 판단함에 있어서 특허청구범위의 해석은 특허청구범위에 기재된 문언의 일반적인 의미를 기초로 하면서 동시에 출원명세서상 발명의 상세한 설명이나 첨부된 도면을 참작하여 객관적·합리적으로 하여야 한다.[19] 따라서 청구범위에 포함되는 것으로 문언적으로 해석되는 것 중 일부가 발명의 상세한 설명의 기재에 의하여 뒷받침되고 있지 않거나 출원인이 그중 일부를 특허권의 권리범위에서 의식적으로 제외하고 있다고 보이는 경우 등과 같이 청구범위를 문언 그대로 해석하는 것이 명세서의 다른 기재에 비추어 보아 명백히 불합리할 때에는, 출원된 기술사상의 내용과 명세서의 다른 기재 및 출원인의 의사와 제3자에 대한 법적 안정성을 두루 참작하여 특허권의 권리범위를 제한 해석하는 것이 가능하다.[20]

(3) 특허권의 권리범위와 보호범위의 확정 방법

특허권의 권리범위 내지 실질적 보호범위는 특허출원서에 첨부

---

19) 대법원 2007.9.21. 선고 2005후520 판결 [거절결정(특)] (명칭을 "전자부품의 시험방법 및 전자부품 시험장치"로 하는 출원발명의 진보성을 판단하면서 특허청구범위의 기재 외에 출원명세서상 발명의 상세한 설명 및 첨부된 도면을 참작하여 권리범위를 해석한 사례).
20) 대법원 2003.7.11. 선고 2001후2856 판결 [권리범위확인(특)].

한 명세서의 청구범위에 기재된 사항에 의하여 정하여지는 것이
원칙이고, 다만 그 기재만으로 특허의 기술적 구성을 알 수 없거나
알 수 있더라도 기술적 범위를 확정할 수 없는 경우에는 명세서의
다른 기재에 의한 보충을 할 수가 있다.[21] 즉 명세서 전체로서 특
허발명의 기술내용을 실질적으로 확정할 필요가 있는 경우는 예외
적이라 할 것이다.

판례[22]에 따르면, "특허권의 권리범위 내지 보호범위는 특허출
원서에 첨부한 명세서의 특허청구범위에 기재된 사항에 의하여 정
하여지는 것이 원칙이지만, 특허청구범위에 기능, 효과, 성질 등에
의한 물건의 특정을 포함하고 있어 그 용어의 기재만으로 기술적
구성의 구체적 내용을 알 수 없는 경우에는 발명의 상세한 설명이
나 도면 등을 참작하여 특허발명의 기술적 구성을 확정하여야"[23]
한다고 판시하고 있다.

---

21) 대법원 2002.4.12. 선고 99후2150 판결 [등록무효(특)].(특허발명의 기술적
   목적과 명세서 본문의 기재 내용을 감안하면, 특허발명이 미완성의 발명이라
   거나 그 특허청구범위의 기재가 구 특허법(1990.1.13. 법률 제4207호로 전문
   개정되기 전의 것) 제8조 제4항에 위반하였다고 할 수 없다고 한 사례).
22) 대법원 2008.2.28. 선고 2005다77350, 77367 판결 [특허침해금지 등].(특
   허발명의 특허청구범위에 기재된 "유체투과성 플랩"이라는 용어 자체만으
   로는 일회용 기저귀 분야의 통상의 기술자가 그 기술적 구성의 구체적 내용
   을 알 수 없고, 특허청구범위의 각 독립항 발명 사이의 관계, 소수성 부직포
   에 대한 발명자와 통상의 기술자의 인식 및 '유체투과성 또는 유체불투과
   성'에 대한 명세서의 다른 기재 등을 종합하여 보면, 위 특허발명의 상세한
   설명에 개시된 플랩의 재료 중 '기초중량 23.72g/㎡ 내지 27.12g/㎡인 미세
   망상조직'은 "플랩"에 대한 실시예일뿐이고 "유체투과성 플랩"에 대한 실시
   예로 개시된 것이라고 보기는 어려우므로, 경쟁사의 일회용 기저귀 제품이
   위 특허발명의 권리범위에 포함되지 않는다고 한 사례).
23) 대법원 2006.12.22. 선고 2006후2240 판결; 대법원 2007.6.14. 선고 2007
   후883 판결 참조.

(4) 특허의 명세서에 기재된 용어의 해석 방법

판례에 따르면, "특허의 명세서에 기재된 용어는 명세서에 그 용어를 특정한 의미로 정의하여 사용하고 있지 않은 이상 당해 기술분야에서 통상의 지식을 가진 자(이하 '통상의 기술자'라 한다)에게 일반적으로 인식되는 용어의 의미에 따라 명세서 전체를 통하여 통일되게 해석되어야 한다.[24] 나아가 특허청구범위에 기재된 용어 그대로의 해석이 명세서의 다른 기재에 비추어 보아 명백히 불합리한 경우에는 출원된 기술사상의 내용과 명세서의 다른 기재 및 출원인의 의사와 제3자에 대한 법적 안정성을 두루 참작하여 정의와 형평에 따라 합리적으로 해석하여야 한다."[25]고 판시하고 있다.

4. 특허성 판단과 권리범위 판단 시 특허청구범위 해석 기준의 일치성 여부

(1) 문제제기

특허발명의 기술적 범위는 특허청구범위의 기재에 의하여 구체화된 기술적 사상의 범위를 가리킨다. 특허권은 어떤 발명에 대해 타인의 침해를 배제하는 것에 의미가 있으며 따라서 기술적 범위의 문제는 심사단계에서도 문제되지만 침해사건에서도 의미를 가지는 경우가 많다. 침해단계에서 판단되는 특허발명의 기술적 범위를 보호범위라고 부르기도 한다. 특허발명의 기술적 범위는 명세서에 기재된 문장에 의해 추상적으로 표현되어 있다. 따라서 문언해석에 의해 기술적 범위를 결정하지 않으면 안 되는 숙명을 지니고 있다.[26] 결국 특허발명의 기술적 범위는 특허청구범위의 기

---

24) 대법원 2008.2.28. 선고 2005다77350, 77367 판결; 대법원 2005.9.29. 선고 2004후486 판결 참조.
25) 대법원 1998.4.10. 선고 96후1040 판결; 대법원 2003.11.28. 선고 2002후130 판결 참조.

재에 의해 구체화된 기술적 사상이므로 특허성 심사 내지 판단의 전제로서 기술내용의 확정은 출원인의 희망사항 즉 출원인이 보호받고자 하는 사항을 확정하는 작업임에 대비하여, 특허발명의 보호범위는 출원인의 희망사항 중 발명을 공개하는 대가로서 보호해 줄 만한 가치가 있는 사항 즉 규범적 판단에 기해 보호해 주어야 하는 사항을 확정하는 작업인 점에서 양자는 기본적 차이가 있다.[27] 이러한 차이는 특허청구범위의 기재에 의하여 구체화된 기술적 사상을 문언으로 표현하고 있는 이상, 그 외연이 어느 정도 애매하게 되는 것이 불가피한 데서 유래한 것이라 할 것이고, 특히 침해사건에서는 순수한 기술상의 관점에서 판단되는 것이 아니라 규범적 요소도 가미되어 있기 때문에 일어나는 현상이라 할 것이다.

　여기서 특허청구범위 해석에 있어 심사단계의 특허성 판단 시와 침해 내지 권리범위 확인 판단 시를 구별하여 서로 다른 기준을 적용하는 것이 타당한지 아니면 특허성 판단이나 침해판단 시의 특허청구범위의 해석은 원칙상 일치하게 해석하는 것이 타당한 것인지가 문제된다. 논의가 되는 이유는 특허청구범위는 그것이 넓을수록 폭넓게 독점권을 행사할 수 있는 반면에, 특허를 획득하기 위한 심사나 무효심판 등을 통하여 특허의 적격성이 도전받는 단계에서는 그만큼 선행기술로부터 도전을 받게 될 가능성이 또한 넓어진다는 의미에서 이율배반성을 가지기 때문이라고 할 수 있다.[28]

(2) 비교법적 검토

　비교법적으로 보면, 미국에서는 오래전부터 출원발명에 대한 심

---

26) 中山信弘, 前揭書, 390頁.
27) 김상은, "특허청구범위 해석의 이중적 기준―특허성 및 권리범위 판단에 있어 특허청구범위 해석 기준의 차이", 한국특허법학회 편, 『특허판례연구』 제3판, 박영사, 2017, 357면.
28) 조영선, 『특허법』 제4판, 박영사, 2013, 351면.

사단계와 등록 후 침해소송에서의 특허청구범위 해석은 당연히 서로 다른 원칙에 입각하는 것으로 받아들여져 왔다.[29] 우선 심사단계에서 출원된 특허청구범위는 통상의 기술자가 그 문언의 의미내용으로서 받아들일 수 있는 가장 합리적이고 넓은 개념으로 해석되고, 불명확한 경우 상세한 발명을 참작할 수 있지만, 원칙상 출원 명세서 이외의 자료를 특허청구범위 해석의 수단으로 이용하는 것은 자제되어야 한다. 이처럼 청구범위를 넓게 해석함으로 인해 발생되는 선행기술과의 저촉 가능성은 출원인 스스로 감축 보정 등의 절차상 수단을 이용하여 회피하여야 한다(이른바 'Broadest Reasonable Construction').[30]

반면 침해소송에서는 이와 달리 법원은 특허청구범위의 해석을 위하여 명세서 이외에 사전이나 문헌 등 외부자료, 외부 전문가의 증언, 당해 발명에 대한 출원경과 등을 다양하게 참작할 수 있을뿐더러 위와 같은 수단을 모두 동원하고도 여전히 특허청구범위에 불명확한 부분이 있는 경우에는 가급적 특허의 유효성을 유지하는 방향으로 청구범위를 해석하는 원칙(maxim of claim interpretation to preserve validity)이 통용되고 있다.[31] 미국의 침해소송에서는 판사의 주재 아래 변론기일에 열리는 마크만 히어링(Markman Hearing) 절차에서 특허청구범위(청구항)의 해석이 이루어진다. 이 절차에서 양측 당사자는 쟁점이 되는 청구항 용어들의 의미에 대해 각자의 견해를 제시하고 법원이 이를 종합하여 최종적으로 보호범위를 정하고 있다. 일단 특허청구범위(청구항)이 적절하게 해석되면 특허

---

29) In re Morris, 127 F.3d 1048, 1054, 44 USPQ2d 1023, 1028 (Fed. Cir. 1997); In re Zletz, 893 F.2d 319, 321-22, 13 USPQ2d 1320, 1321-22 (Fed. Cir. 1989).

30) MPEP §2111 「Claim Interpretation; Broadest Reasonable Interpretation」 [R-07.2015] 참조(https://www.bitlaw.com/source/mpep/2111.html).

31) 조영선, 전게서(각주 28), 352~353면.

권이 유효한지 여부와 침해되었는지 여부가 사실심 배심원들에 의
해 결정된다.[32] 다만 Phillips v. AWH 사건[33]에서 연방항소법원은
이 원칙을 인정하는 한편, 이 원칙을 넓게 적용해서는 안 된다는 점
도 설시하면서 그 한계도 분명히 적시하고 있다.

일본의 경우는 특허청구범위를 해석함에 있어서는 심사단계에
서의 해석기준과 권리 행사단계에서의 해석기준이 서로 일치하여
야 한다는 입장(일원론)과 서로 달라야 한다는 입장(이원론)이 학설
로서 대립하고 있다.[34]

(3) 학설의 태도

(가) 일원론

특허청구범위 해석에 있어 심사단계의 특허성 판단 시와 침해
내지 권리범위 확인 판단 시 양자를 일치하게 해석하자는 견해가
있다. 즉 특허청구범위를 해석함에 있어서는 심사단계에서의 해석
기준과 권리 행사단계에서의 해석기준이 서로 일치하여야 한다는
입장이다. 이 견해는 특허발명의 보호범위 즉 특허발명의 기술적
범위를 해석함에 있어서는 원칙적으로 특허의 유·무효 판단을 위
한 특허성 판단의 전제로서 발명의 기술내용의 확정(출원인이 보호
받고자 하는 사항의 확정 문제)[35]과 특허발명의 보호범위의 확정(특허

---

32) 최승재, 『미국특허법』, 박영사, 2011, 51~52면.

33) Phillips v. AWH Corp., 415 F.3d 1303, 1328 (Fed. Cir. 2005) (en banc).

34) 牧野利秋, "特許請求範圍의 解釋에 관하여", 『특허소송연구』 제1집, 특허법
    원, 1999, 81~93면 참조.

35) 대법원 2004.12.9. 선고 2003후496 판결 [등록무효(특)]. [특허청구범위의
    기재가 명확히 이해될 수 있고 누가 보더라도 그 기재가 오기임이 발명의
    상세한 설명의 기재에 비추어 보아 명확하다고 할 수 없는 경우에는, 특허
    의 유·무효 판단을 위한 특허발명의 기술 내용을 확정함에 있어서 특허청
    구범위의 기재를 기초로 하여야 할 뿐, 발명의 상세한 설명의 기재에 의하
    여 보완 해석할 수는 없으며(대법원 2001.9.7. 선고 99후734 판결 참조), 한

법이 기재된 문언에 비추어 보호해 주어야 하는 사항의 확정 문제)[36]은 일
건 차이가 있으나,[37] 특허청구범위의 해석은 청구범위에 기재된
사항에서 출발하므로 특허성 판단의 전제로서 발명의 기술내용의
확정과 특허발명의 보호범위의 확정은 원칙상 일치하게 해석함이
상당하다고 주장한다.[38] 그렇지 않으면 실체 심사의 의의가 몰각
되고 특허발명의 보호범위의 예측성, 명확성이 상실되어 버리기 때
문이라고 한다.

(나) 이원론

특허청구범위 해석에 있어 심사단계의 특허성 판단 시와 침해
내지 권리범위 확인 판단 시 양자를 구별하여 해석하자는 견해이
다.[39] 즉 특허청구범위를 해석함에 있어서는 심사단계에서의 해석
기준과 권리 행사단계에서의 해석기준이 서로 달라야 한다는 입장
이다. 이 견해는 기본적으로 발명의 특허요건 판단 단계에서의 특
허청구범위 해석의 기준과 등록 특허의 권리범위를 파악하는 단계
에서의 특허청구범위 해석 기준은 이를 구별하여 달리 보는 것이

편, 특허청구범위의 기재는 발명의 상세한 설명에 의하여 뒷받침되어야 하
므로 특허청구범위의 기재가 발명의 상세한 설명에서 기재된 발명의 공헌
도에 비추어 지나치게 넓은 경우에는 그러한 기재는 구 특허법(2001.2.3.
법률 제6411호로 개정되기 전의 것) 제42조 제4항에 위반되어 부적법하다
(대법원 1998.5.22. 선고 96후1088 판결 참조)].

36) 대법원 2005.2.25. 선고 2004다29194 판결 [특허권침해금지 등] (특허발명
과 대비되는 발명의 구성요소들이 특허발명의 구성요소와 모두 동일하거
나 균등관계에 있다고 보아, 대비되는 발명이 특허발명의 권리범위에 속한
다는 원심의 판단을 수긍한 사례).

37) 김상은, 전게논문, 357면.

38) 김상은, 전게논문, 360면.(이에 대비하여 균등침해의 경우 균등론의 적극
적 요건을 충족하면 특허청구범위의 기재를 넘어서 확장하여 해석하게 되
고, 균등론의 소극적 요건을 충족하면 예컨대 출원경과참작의 원칙상 특허
청구범위의 기재를 축소 내지 한정하여 해석하게 될 것이라고 주장한다).

39) 조영선, 전게서(각주 28), 354~355면.

합당하다고 주장한다. 특허 심사단계와 등록 후 권리행사 단계에
서의 특허청구범위에 관한 접근방식이 구별되어야 한다는 점은 분
명하다고 주장한다. 왜냐하면 심사단계에서는 출원인은 심사관에
게 의견을 제기하거나 보정할 기회가 보장되어 있음에도 심사관이
해석을 통해 특허청구범위의 외연을 정하는 것은 적절치 않다는
점과 반면 침해소송 단계에서는 비록 특허청구범위의 기재가 문언
상으로는 명확하다고 하더라도 그 문언대로 권리를 행사하면 발명
의 공헌보다 지나치게 넓은 권리가 주어져 부당할 수가 있다는 점
등을 고려하여야 하기 때문이라고 한다.

(4) 판례의 태도

우선 우리 판례의 기본적 태도는 특허성 판단이나 침해판단 시
의 특허청구범위의 해석에 있어서 서로 구별하여 다른 기준을 적
용하고 있지는 않고 있는 것으로 보인다. 즉 판례는 특허청구범위
는 특허성 판단 시나 침해판단 시 그 문언적 기재에 의하여 결정하
는 것이 원칙이며 다만 그 기재만으로 특허의 기술적 구성을 알 수
없거나 알 수 있더라도 그 범위를 확정할 수 없는 경우에는 명세서
의 다른 기재를 참작하여 결정할 수 있다는 견해를 취하고 있다.[40]

(5) 결 어

특허발명의 기술적 범위 즉 특허발명의 보호범위는 특허청구범
위에 기재된 사항에 의하여 정하여진다(특허법 제97조). 위 일원론
과 이원론의 문제는 궁극적으로 특허발명의 보호범위의 해석에 있
어서 어느 범위의 자료를 참조할 수 있는가 또는 그 판단방법은 어
떻게 되어야 하는가 하는 문제라고 할 수 있다. 특허출원절차는 행
정상의 절차이지만 특허권부여의 당부는 최종적으로는 법원의 판

---

40) 조영선, 전게서(각주 28), 353~354면.

단에 맡겨져 있고 이 점에서는 특허권침해의 유무가 법원에 따라서 판단되는 것과 다르지 않다. 기본적으로 특허청구범위의 기재에 기하여 발명의 구성상의 범위를 확정하여 특허권부여의 당부를 판단하는 경우의 '발명의 내용'(특허청구범위의 내용 내지 발명의 요지)과 특허청구범위의 기재에 기하여 특허발명의 기술적 범위를 인정하여 특허권침해의 유무를 판단하는 경우의 '특허발명의 기술적 범위'는 공통의 기반에 의거하고 있다고 이해해야 할 것이다. 이러한 이해의 기초 아래 기술적 범위의 확정에 필요한 여러 요소를 검토하는 것이 특허제도 전체를 정합성이 있는 것으로서 이해하기 위해서도 필요하다.[41)]

요컨대 특허발명의 보호범위의 예측성을 증대하고 특허제도의 법적 안정성을 확보하기 위해서는 원칙적으로 특허청구범위를 해석함에 있어서 심사단계에서의 해석기준과 권리 행사단계에서의 해석기준이 서로 일치하여야 한다는 입장(一元論, 일원적 해석론)이 타당하다고 생각한다. 후술하지만, 제법한정물건청구항(PbP Claim)의 해석에 있어서도[42)] 미국을 제외한 대부분의 주요국가는 우리 판례와 마찬가지로 특허부여단계와 특허침해단계에 원칙적으로 '물건동일성설'을 취하는 것으로 수렴하고 있는 점에서도 이러한 일원론(一元論)의 태도는 반영되고 있다고 판단된다.

따라서 실무상 발명의 상세한 설명의 참작과 관련하여 특허성 판단의 전제로서 발명의 기술내용의 확정과 특허발명의 보호범위의 확정기준을 일치시키려는 노력을 하는 것이 특허청이 가지는 실체 심사의 의의를 고양시킬 수 있을 것이다. 이에 반해 이원론은 특허침해소송에서 특허의 무효판단을 할 수 없음을 전제로 구체적

---

41) 竹田 稔, 『知的財産權訴訟要論(特許·意匠·商標編)』 第6版, 發明推進協會, 2012, 52~53頁.

42) '제법한정물건청구항'(PbP Claim)의 해석에 관해서는 제4장, Ⅴ. 특수한 청구항의 해석, 1. 제법한정 물건청구항 부분 참조.

타당성을 확보하기 위하여 특허청구범위의 해석이라는 명목으로 사실상 특허의 무효판단을 하여 온 실무 관행과 관련 있는 것일 뿐, 이론상 타당하지 않다고 보아야 할 것이다.[43] 결국 특허청구범위 해석에 있어 심사단계의 특허성 판단 시나 침해판단 시의 특허청구범위의 해석은 원칙상 일치하게 해석하는 것이 타당하다. 이 원칙을 견지하면서도 한편으로 해당 발명에 상응하게 보호를 해야 한다는 요청과 특허청구범위가 특허권자와 제3자와 사이의 경계선으로서 기능을 하기 때문에 명확해야 한다는 요청을 모두 고려하여 양자의 조화를 도모할 필요가 있다.[44]

5. 구성요소 완비의 원칙과 실시독립의 원칙

(1) 구성요소 완비의 원칙

특허권자는 업으로서 그 특허발명을 실시할 권리를 독점한다(특허법 제94조).

우선 '업으로서'의 의미는 널리 사업적 의미로 봄이 통설이다. 따라서 사업적 목적이라면 비영리적인 1회의 실시만으로 여기의 업으로서의 실시에 해당한다. 다만 개인적ㆍ가정적인 실시라면 업으로서의 실시로 해석하기 어렵다.

또 '실시'란 발명이 종류에 따라 상이하며, 특허법 제2조 제3호에서는 물건의 발명, 방법의 발명 및 물건을 생산하는 방법의 발명으로 구분하여 그 실시의 내용을 정하고 있다. 따라서 특허권자가 아닌 자가 정당한 권원 없이 위와 같은 실시를 하는 경우에는 특허권이나 전용실시권을 침해하게 된다.

---

43) 市川正巳, "特許發明の進步性の判斷方法について", 淸永利亮ㆍ設樂隆一 編, 『現代裁判法大系(26) 知的財産權』, 新日本法規, 1999, 136~139頁.
44) 中山信弘, 前揭書, 392頁.

특허청구범위는 복수의 기술적 구성요소로 이루어져 있음이 대부분이다. 발명은 모든 구성요소가 유기적 일체로서 이루어진 것이므로 특허의 침해는 침해자가 특허청구범위의 모든 구성요소를 사용하는 경우에만 성립하고 그중 일부만을 실시하는 행위는 원칙적으로 침해를 구성하지 않는다(이른바 All Elements Rule). 이에 대해 공동불법행위나 간접침해의 경우에는 구성요소완비의 원칙에 대하여 형식상 예외를 이룬다.

(2) 실시독립의 원칙

한편 실시독립의 원칙이란 특허권은 실시형태별로 각각 독립적인 내용을 구성하므로 특허권자는 각 행위별로 독점배타권을 가지는 것을 말한다. 예컨대 특허대상물건에 대한 사용할 권리만을 실시허락받은 상대방이 그 허락의 범위를 벗어나 생산, 판매나 전시, 양도하는 경우에는 각 실시태양별로 특허권 침해가 경합하게 된다. 또 실시독립의 원칙은 정당한 거래행위에 대해서는 적용되지 아니하므로 예컨대 특허권 소진의 경우에는 실시독립의 원칙이 적용되지 않아서 특허권 침해가 성립하지 않는다. 이 점에 대해서는 침해자의 항변 속에 '특허권 소진'을 별개로 후술한다.

6. 특허침해의 유형[45]

특허침해의 유형으로는 문언침해, 균등침해, 이용침해, 선택침해 및 기타 유형으로 나눌 수 있다.

---

45) 특허법원 지적재산소송실무연구회, 『지적재산소송실무』, 박영사, 2006, 216~245면.

(1) 문언침해

우선 문언침해는 특허청구범위의 문언해석에 의하여 특정된 해당 특허발명의 구성요소를 모두 그대로 사용하는 경우에 성립한다.[46] 예컨대 특허발명의 구성이 A+B+C이고, 침해발명의 구성이 A+B+C인 경우에는 문언침해가 성립하게 된다. 뒤에서 상세히 설명한다.

〈표〉 특허침해의 유형[47]

유형	특허발명	확인대상발명	판례태도
문언침해	A+B+C	A+B+C	○ (침해 인정)
균등침해	A+B+C	A+B+C1	○ (침해 인정)
이용침해	A+B+C	A+B+C+D	○ (침해 인정)
	A+B+C	A+B+C1+D	○ (침해 인정)
선택침해/ 선택발명	A+B+C	a+B+C	○ (침해 인정)/ × (침해 부정)
생략침해	A+B+C	A+B	× (침해 부정)
불완전이용침해	A+B+C	A+B+D	× (침해 부정)
우회침해	A+B+C	A+b+B+C	○ (침해 인정)

(2) 균등침해

균등침해란 피고 실시기술의 구성요소가 특허발명의 대응되는 구성요소와 문언상으로는 동일하지 않더라도 서로 등가관계(equivalent)에 있다면 침해물건 등이 특허발명을 침해하는 것으로 보는 것이다.[48] 예컨대 특허발명의 구성이 A+B+C이고, 침해발명의 구성이

---

46) 특허법원 지적재산소송실무연구회, 전게서, 217면.
47) 특허법원 지적재산소송실무연구회, 상게서, 216면을 재구성한 것임.
48) 특허법원 지적재산소송실무연구회, 전게서, 218면.

A+B+C1인 경우, 이때 C=C1의 등가관계가 성립하는 경우 균등침
해가 성립하게 된다. 뒤에서 상세히 설명한다.

(3) 이용침해

이용침해는 이용대상이 되는 특허발명의 구성요소를 모두 그대
로 가지고 있으면서 여기에 새로운 구성요소를 부가하여 특허성을
취득한 경우를 말한다.[49] 예컨대 선행발명의 특허발명의 구성이
A+B+C이고, 후행발명인 침해발명의 구성이 A+B+C+D인 경우, 후
행발명은 선행발명과의 사이에 이용관계에 있는 경우에 해당한다.
이러한 이용관계는 후행발명이 선행발명의 기술적 구성에 새로운
기술적 요소를 부가하는 것으로서 후행발명이 선행발명의 요지를
전부 포함하고 이를 그대로 이용하는 것을 말한다.

판례는 후행발명이 선행발명과 동일한 발명뿐만 아니라 균등한
발명을 이용하는 경우도 마찬가지라고 한다.[50] 예컨대 선행발명의
특허발명의 구성이 A+B+C이고, 후행발명인 침해발명의 구성이
A+B+C1+D인 경우, 후행발명은 선행발명과 사이에 이용관계에 있
는 경우에 해당한다.

이러한 이용관계에 있는 후행발명이 특허권을 취득하더라도 그
것만을 이유로 선행 특허권발명의 권리자의 허락 없이 임의로 선
행 특허발명을 실시하는 경우에는 바로 선 특허권에 대한 침해가
성립할 수 있다.

특허법 제98조(타인의 특허발명 등과의 관계)에 의하면, "특허권
자·전용실시권자 또는 통상실시권자는 특허발명이 그 특허발명
의 특허출원일 전에 출원된 타인의 특허발명을 이용하는 경우에는
그 특허권자의 허락을 받지 아니하고는 자기의 특허발명을 업으로

---

49) 특허법원 지적재산소송실무연구회, 전게서, 232면.
50) 대법원 2001.9.7. 선고 2001후393 판결 [권리범위확인(실)].

서 실시할 수 없다"고 명문으로 규정하고 있다.

이용침해에 관한 판례[51]를 보면, "화학반응에서 촉매라 함은 반응에 관여하여 반응속도 내지 수율 등에 영향을 줄 뿐 반응 후에는 그대로 남아 있고 목적물질의 화학적 구조에는 기여를 하지 아니하는 것임을 고려하면, 화학물질 제조방법의 발명에서 촉매를 부가함에 의하여 그 제조방법 발명의 기술적 구성의 일체성, 즉 출발물질에 반응물질을 가하여 특정한 목적물질을 생성하는 일련의 유기적 결합관계의 일체성이 상실된다고 볼 수는 없으므로, 촉매의 부가로 인하여 그 수율에 현저한 상승을 가져오는 경우라 하더라도, 달리 특별한 사정이 없는 한 선행 특허발명의 기술적 요지를 그대로 포함하는 이용발명에 해당한다고 봄이 상당하다."고 판시하였다.

(4) 선택침해와 선택발명

선택침해란 선행발명의 특허청구범위가 상위개념으로 구성되어 있을 경우, 개념상 그 특허청구범위에 속하는 하위개념을 택하여 실시한다면 이는 당연히 선행발명의 침해가 된다고 한다.[52] 예컨대 특허발명의 구성이 A+B+C이고, 침해발명의 구성이 a+B+C인 경우, 이때 선행발명의 구성요소 중 A가 상위개념이고 이에 대비해 후행발명의 구성요소 중 a는 그 하위개념에 해당하는 관계가 성립하는 경우 후행발명은 선택침해가 성립하게 된다.

관련 용어로서 선택발명이 있다. 선택발명이란 화학분야에서 선행발명을 상위개념으로 할 때 하위개념의 관계에 있고 선행발명의 명세서에 구체적으로 개시되어 있지 않아 선행발명이 인식하지 못하였으며, 선행발명이 지적한 효과에 비하여 우수한 작용효과를 가져오는 발명을 말한다.[53] 선택발명의 특허성이 인정되기 위해서는

---

51) 대법원 2001.8.21. 선고 98후522 판결 [권리범위확인(특)].
52) 조영선, 전게서(각주 28), 418면.

첫째 선행발명이 선택발명을 구성하는 하위개념을 구체적으로 개시하지 아니하고(요건1), 둘째 선택발명에 포함되는 하위개념들 모두가 선행발명이 갖는 효과와 질적으로 다른 효과를 갖고 있거나 질적인 차이가 없더라도 양적으로 현저한 차이가 있어야 한다(요건 2).[54] 학설 중 선택발명의 용어에 긍정적인 태도를 취하는 경우는 선택침해의 성립을 인정하지 않으려는 태도가 강하다고 느낀다.

선택발명의 개념을 인정할 경우 선택발명의 실시가 여전히 원특허의 침해를 구성한다고 볼 것인지(침해 긍정설), 아니면 선택발명을 독립된 특허로 인정한 이상 그 실시는 원특허의 침해조차도 구성하지 않는 것으로 볼 것인지(침해 부정설)에 대해서 학설이 대립하고 있다. 미국의 경우 선택발명이 기본 특허발명의 침해로 된다고 하고, 일본의 경우는 긍정설과 부정설이 대립하고 있다.[55]

우선 침해긍정설에 의하면, 선택발명은 특허발명의 구성요소를 모두 가지고 있으므로 문언침해를 구성하는 동시에 요소를 한정하여 선택함으로써 특허성을 취득하게 되는 경우이므로 이용침해에 해당하고, 다만 기본발명과는 실질적으로 전혀 다른 방식으로 과제를 해결하거나 전혀 이질적인 결과를 초래하여 기본발명의 기술적 사상을 이용하고 있는 것으로 볼 수 없을 때에는 예외적으로 특허침해를 부정할 수 있다는 견해이다.[56] 또 다른 견해는 특허법 제98조의 이용관계 및 이용침해를 통일적으로 '실시불가피설'의 입장에서 이해하는 이상, 선택발명도 마찬가지로 선행 특허발명에 대한 이용침해를 구성한다는 견해도 있다.[57] 이 견해는 나아가 선행발

53) 특허법원 지적재산소송실무연구회, 전게서, 241면.
54) 남현, "선택발명의 진보성 판단 기준", 한국특허법학회 편, 『특허판례연구』 제3판, 박영사, 2017, 127면.
55) 특허법원 지적재산소송실무연구회, 전게서, 243면.
56) 이수완, "특허청구범위의 해석", 『특허소송연구』 제2집, 특허법원, 2001, 174면.

명자가 선택의 대상이 된 하위개념을 인식하였든 하지 못했든, 하위개념의 후행발명이 선행발명에 비해 이질적이거나 현저히 우수한 효과를 달성하든 아니하든 후행발명의 실시과정에서 불가피하게 선행발명의 물건(물질)이 생산되거나 방법이 사용되는 이상 선행 특허발명에 대한 이용침해를 구성한다고 주장한다. 다만 선원 특허권자와 사이의 이해관계 조정은 이용발명에 대한 통상실시권 설정(제138조)의 문제로 해결함이 상당하다고 한다.

반면 침해부정설은 선원발명자가 출원 당시에 인식하지 못했던 구성요소의 선택과 그에 의하여 선행발명이 예측하지 못하던 새로운 또는 놀랄 만한 작용효과를 발휘하는 기술사상에 대해서까지 특허발명의 권리범위가 확장될 수 없음은 명백하므로 양자는 원칙적으로 별개의 것이고 이용침해도 존재하지 않는다는 견해이다.[58]

한편, 판례는 대체로 침해부정설에 서 있는 듯이 보인다. 즉, 선택발명에 해당하는 후행발명은 기본발명의 권리범위에 속하지 않는다고 판시함으로써 기본발명에 대한 침해를 부정하고 있다. 즉 판례[59]에 의하면, "특허발명과 (가)호 발명이 모두 출발물질 7-아미노세팔로스포란산을 아실화제와 반응시켜 목적물질 3-아세톡시메틸-7-(이미노아세트아미도)-세팔로스포란산 유도체를 제조하는 방법에 관한 것이고, (가)호 발명에서 위 출발물질에 작용하는 아실화제인 1-하이드록시 벤조트리아졸을 갖는 1-[α-syn-메톡시이미노-α-(2-아미노-티아졸-4-일)-아세틸]-벤조트리아졸-3 옥사이드의 DMF 용매화합물이 특허발명의 특허청구범위에 기재된 2-(2-아미노(또는 보호된 아미노)-티아졸-4-일)-2-syn-메톡시이미노초산의 반응성유도체의 하나로서 (가)호 발명이 특허청구범위에 기재된 상위개념에 포

---

57) 조영선, 전게서(각주 2), 422~423면.

58) 강동세, "이용발명에 관한 연구",『특허소송연구』제1집, 특허법원, 1999, 59면.

59) 대법원 1991.11.12. 선고 90후960 판결 [권리범위확인].

함되는 것이라 하더라도 (가)호 발명이 특허발명에 비하여 제조공정, 반응온도, 아실화수율 등에 있어서 현저히 향상된 작용효과가 있어 (가)호 발명이 특허발명과는 다른 발명"이라고 판시하였다.

또 다른 판례[60]는 명칭을 '약제학적 화합물'로 하는 특허발명에 대해 갑 주식회사가 특허권자 을 외국회사를 상대로 선택발명으로서 진보성 등이 부정된다는 이유로 등록무효심판을 청구한 사안에서, 위 발명은 선행발명에 의하여 진보성이 부정되지 아니함에도 이와 달리 본 원심판결에 법리오해의 위법이 있다고 한 사례에서, "선행 또는 공지의 발명에 구성요소가 상위개념으로 기재되어 있고 위 상위개념에 포함되는 하위개념만을 구성요소 중의 전부 또는 일부로 하는 이른바 선택발명의 진보성이 부정되지 않기 위해서는 선택발명에 포함되는 하위개념들 모두가 선행발명이 갖는 효과와 질적으로 다른 효과를 갖고 있거나, 질적인 차이가 없더라도 양적으로 현저한 차이가 있어야 하고, 이때 선택발명의 발명의 상세한 설명에는 선행발명에 비하여 위와 같은 효과가 있음을 명확히 기재하여야 하며, 위와 같은 효과가 명확히 기재되어 있다고 하기 위해서는 선택발명의 발명의 상세한 설명에 질적인 차이를 확인할 수 있는 구체적인 내용이나, 양적으로 현저한 차이가 있음을 확인할 수 있는 정량적 기재가 있어야 한다."[61]고 판시하면서, 또 "선택발명에 여러 효과가 있는 경우에 선행발명에 비하여 이질적이거나 양적으로 현저한 효과를 갖는다고 하기 위해서는 선택발명의 모든 종류의 효과가 아니라 그중 일부라도 선행발명에 비하여 그러한 효과를 갖는다고 인정되면 충분하다."[62]라고 판시하였다.

---

60) 대법원 2012.8.23. 선고 2010후3424 판결 [등록무효(특)].
61) 대법원 2009.10.15. 선고 2008후736, 743 판결; 대법원 2010.3.25. 선고 2008후3469, 3476 판결 등 참조.
62) 대법원 2003.10.24. 선고 2002후1935 판결 등 참조.

(5) 생략침해

생략침해란 확인대상발명이 등록발명의 특허청구범위에 기재된 구성요소 가운데 비교적 중요성이 낮은 일부 구성요소를 생략하여 실시함으로써 등록특허발명의 작용효과보다 열악하거나 동일한 효과를 얻는 것을 말한다.[63] 예컨대 특허발명의 구성이 A+B+C이고, 침해발명의 구성이 A+B인 경우에 생략침해가 성립하게 된다.

판례는 시대의 흐름에 따라서 생략침해를 ⅰ) 긍정하는 단계[64] → ⅱ) 모든 구성요소를 필수구성요소로 파악하여 생략발명의 권리침해를 원칙상 부정하지만, 예외적으로 필수구성요소가 아닌 구성요소를 생략하는 경우 생략발명의 권리침해를 긍정하는 단계[65][66][67]로 이행하였다고 볼 수 있다.

(6) 불완전이용침해

불완전이용침해란 앞서 본 생략발명에 새로운 구성요소가 추가

---

63) 특허법원 지적재산소송실무연구회, 전게서, 235면.

64) 대법원 1998.1.23. 선고 97후2330 판결.

65) 대법원 2000.11.14. 선고 98후2351 판결 [권리범위확인(실)] ("등록실용신안의 청구항이 복수의 구성요소로 구성되어 있는 경우에는 그 각 구성요소가 유기적으로 결합된 전체로서의 기술사상이 보호되는 것이지 각 구성요소가 독립하여 보호되는 것은 아니라고 할 것이므로, 등록실용신안과 대비되는 (가)호 고안이 등록실용신안의 청구항에 기재된 필수적 구성요소들 중의 일부만을 갖추고 있고 나머지 구성요소가 결여된 경우에는 원칙적으로 그 (가)호 고안은 등록실용신안의 권리범위에 속하지 아니한다.")

66) 대법원 2001.6.15. 선고 2000후617 판결 [권리범위확인(특)] (특허발명의 청구항이 복수의 구성요소로 되어 있는 경우에는 그 각 구성요소가 유기적으로 결합된 전체로서의 기술사상이 보호되는 것이지, 각 구성요소가 독립하여 보호되는 것은 아니므로, 특허발명과 대비되는 (가)호 발명이 특허발명의 청구항에 기재된 필수적 구성요소들 중의 일부만을 갖추고 있고 나머지 구성요소가 결여된 경우에는 원칙적으로 그 (가)호 발명은 특허발명의 권리범위에 속하지 아니한다.)

67) 대법원 2005.7.22. 선고 2003후1734 판결.

된 실시형태를 말한다.[68] 불완전이용침해는 생략발명이 침해를 구성한다는 것을 전제로 그 생략발명에 새로운 구성요소를 부가하는 것이 본 발명에 대한 이용발명에 해당한다는 논리를 구성한다. 예컨대 특허발명의 구성이 A+B+C이고, 침해발명의 구성이 A+B+D인 경우에는 불완전 이용침해가 성립하게 된다. 아직까지 우리 판례가 불완전이용침해의 성립을 인정하면서 권리범위에 속한다고 판단한 예는 쉽게 발견되지 않는다.

(7) 우회침해

우회침해란 선행 특허발명과 본래 그 기술사상을 같이하는 것이면서 그 보호범위를 벗어나기 위하여 무용의 물질이나 공정을 부가하여 일부러 우회의 길을 선택하였을 뿐, 결국 발명으로서는 동일한 결과를 얻은 관계에 있는 것을 말한다. 주로 화학발명에서 문제된다. 우회 여부는 출발물질과 목적물질의 관계에서 판단되어야 하고, A→B 공정을 ① A→A'→B로 하거나, ② A→B'→B로 하거나, ③ A→A'→B'→B로 하는 경우에 국한된다. 만약 이러한 경우 침해로 보지 않으면 정의 및 공평의 관념과 발명보호를 목적으로 하는 특허법의 이념에 반한다고 할 수 있다.

판례는 우회발명에 대해 특허발명에 대해서 침해가 된다고 보는 것이 주류적인 태도이다. 우선 판례[69]는 "(가)호 발명의 출발물질, 반응물질 및 목적물질이 특허발명과 동일하고, 그 제조방법도 기술적 사상과 핵심적인 구성에 있어서 특허발명과 동일하며, 부가공정을 거치는 차이가 있으나 그 부가공정이 주지된 관용기술에 의하여 용이하게 부가할 수 있는 공정에 불과하고 그 작용효과도 주지된 관용기술을 부가함으로 인한 효과 이상으로 우월하거나 현저하

---

68) 특허법원 지적재산소송실무연구회, 전게서, 235면.
69) 대법원 2000.7.4. 선고 97후2194 판결 [권리범위확인(특)].

게 향상되었다고 보기 어렵다는 이유로 (가)호 발명이 특허발명과 상이한 발명이라고 볼 수 없다"고 한 사례가 있다. 또 판례70)는 "불필요한 공정을 추가하여 외형상의 공정은 등록발명과 다르나 본질적으로는 동일한 발명인 (가)호 방법이 등록발명의 권리범위에 속하는지 여부의 판단을 위해서는 등록발명의 권리를 회피하기 위한 것인지 여부를 심리하여야 한다"고 한 사례가 있다.

II. 문언침해

1. 문언침해의 의의

문언침해(文言侵害)란 특허청구범위의 문언해석에 의하여 특정된 당해 특허발명의 구성요소를 모두 그대로 사용하는 경우에 성립하는 것이다. 따라서 복수의 구성요소로 이루어진 특허청구범위에 대해서는 그 구성요소 전부를 그대로 이용하고 있어야 문언침해가 성립한다. 만약 그 구성요소 중에 일부를 결여하고 있는 실시형태는 적어도 문언침해를 성립하기는 어려울 것이다.71) 예컨대 특허발명의 구성이 A+B+C이고, 침해발명의 구성이 A+B+C인 경우에는 문언침해가 성립하게 된다.

판례72)에 의하면, 특허발명의 보호범위는 특허청구범위에 기재된 사항에 의하여 정하여지는 것으로서, 특허발명이 복수의 구성요소로 되어 있는 경우에 그 각 필수적 구성요소 중 일부 구성요소만을 갖추고 있는 발명은 특허발명의 권리범위에 속하지 않는바,73)

---

70) 대법원 1997.11.14. 선고 96후2135 판결 [권리범위확인(특)].
71) 조영선, 전게서(각주 2), 322면.
72) 대법원 2006.11.23. 선고 2005후18 판결 [권리범위확인(특)].
73) 대법원 2001.6.1. 선고 98후2856 판결; 대법원 2001.9.7. 선고 99후1584

특허발명이 종래기술에서 일반적으로 사용되던 기술적 수단을 생략하였음을 특징으로 하는 구성을 가지고 있는 경우, 그에 대비되는 확인대상발명이 그 생략된 기술적 수단을 명시적으로 채택하고 있다면, 그 확인대상발명은 특허발명의 위 구성을 갖추지 못한 것으로서 특허발명의 권리범위에 포함되지 않는다고 판시하고 있다.

2. 문언침해의 구체적 해석방법

(1) 해석방법

특허권침해소송에서 특허권자는 특허권 또는 전용실시권을 가지고 상대방이 해당 특허발명을 실시하고 있다는 점을 주장·입증하여야 한다. 권리침해 즉 특허발명의 보호범위 내지 기술적 범위에 속한다는 주장 그 자체는 법률적 주장(法律的 主張)이므로, 직접적으로는 증명의 대상이 되지 않는다. 상대방인 피고가 이를 인정하면 권리자백이 성립한다. 권리자백(權利自白)에 대해서는 자백으로서의 효력 즉 당사자에 대한 구속력이나 법원에 대한 구속력 등을 인정할 것인지 여부에 대해서 학설상 다툼이 있다.[74]

특허권자는 증명책임의 분배에 관한 법률요건분류설(法律要件分類說)[75]에 기하여 요증사실 중 권리근거규정의 요건사실(권리발생사실=청구원인사실)로서 특허권침해를 기초지우는 사실을 주장·입증하여야 할 것이다.[76]

판결 각 참조.
74) 이시윤, 『신민사소송법』 제6증보판, 박영사, 2012, 435~436면.
75) '법률요건분류설'(法律要件分類說) 내지 규범설은 각 당사자는 자기에게 유리한 법규의 요건사실의 존부에 대해 증명책임을 지는 것으로 분배시키고 있다. 따라서 소송요건의 존부는 원고에게 증명책임이 돌아간다(이시윤, 전게서, 507면).
76) 이시윤, 전게서, 506~507면.

특허권침해에 해당하는지 여부를 판단함에 있어서는 특허발명의 보호범위 내지 기술적 범위를 대전제(大前提)로, 피고의 제조판매 등 하는 대상제품 또는 사용하는 대상방법을 소전제(小前提)로 하여 후자가 전자에 포함되는지 여부라는 3단논법을 이용한다. 따라서, ⅰ) 특허발명의 특허청구범위를 구성요건으로 나누어 설명하고, 특허발명의 보호범위 내지 기술적 범위를 확정한 뒤, ⅱ) 대상제품이나 대상방법을 이것과 대비하며, ⅲ) 그 구성요건을 전부 충족하는지 여부를 판단하게 된다.[77]

(2) 특허청구범위 해석의 판단자료

특허권은 설정등록된 경우 특허공보가 발행되는데, 특허공보에는 특허출원서에 첨부된 명세서, 도면 및 요약서가 게재된다. 명세서에는 '발명의 명칭', '도면의 간단한 설명'(도면이 있는 경우), '발명의 상세한 설명', '특허청구범위'의 순으로 기재되는 것이 통상적인데, 그중에서도 특허발명의 보호범위를 해석함에 있어서 특허청구범위와 발명의 상세한 설명이 가장 중요한 판단자료가 된다.[78]

특허법 제97조에서는 특허발명의 보호범위는 명세서의 특허청구범위의 기재된 사항에 의하여 정하여진다는 점을 명백히 하고 있다. 그 취지는 특허청구범위에 기재된 구성요소를 전부 구비한 것만이 특허발명의 기술적 범위에 속한다는 것과 특허청구범위에 기재되지 않은 것을 특허발명의 구성요소로서 고려해서는 아니 된다는 것을 의미한다.[79] 이런 점에서, 특허법 제97조의 반대해석으로서 특허발명의 보호범위는 원칙상 명세서의 발명의 상세한 설명이나 도면 등에 의하여 정할 수는 없다. 또 판례[80]도 이 점을 확인

---

77) 高部眞規子, 前揭書, 155~156頁.
78) 김기영 · 김병국, 전게서, 38면.
79) 高部眞規子, 前揭書, 156頁.
80) 대법원 2009.7.9. 선고 2008후3377 판결 [등록무효(특)]; 대법원 2007.11.

하고 있으며, 특별한 사정이 없는 한 발명의 상세한 설명이나 도면 등에 의하여 특허청구범위를 제한하거나 확장하여 해석하는 것은 허용되지 않는다고 한다. 따라서 특허청구범위의 기재가 문언해석의 가장 중요한 기준이라 할 수 있다. 여기서 특허청구범위의 해석에 있어서 그 문언을 할 수 있는 한 솔직하게 해석해야 할 것이다.

다만 특허발명의 기술적 범위를 정하는 청구항 해석의 판단자료로서는, ⅰ) 특허청구범위의 기재뿐만 아니라, ⅱ) 명세서의 기재 (발명의 상세한 설명의 참작 등), ⅲ) 출원경과의 참작,[81] ⅳ) 공지기술 참작 등을 이용할 수 있다.[82] 여기서 청구항 해석원칙과 청구항의 판단자료는 양자 사이에 차이가 있다.

우선 명세서의 기재(발명의 상세한 설명의 참작 등)을 보면, 특허청구범위에 기재된 용어(用語)는 출원서에 첨부된 명세서의 기재 즉 발명의 상세한 설명 등의 기재나 도면을 고려하여 해석해야 한다. 판례[83]에 의하면, 특허청구범위에 기재된 사항은 발명의 상세한 설명이나 도면 등을 참작하여야 그 기술적인 의미를 정확하게 이해할 수 있으므로, 특허청구범위에 기재된 사항의 해석은 그 문언의 일반적인 의미내용을 기초로 하면서도 발명의 상세한 설명 및 도면

---

29. 선고 2006후1902 판결 [권리범위확인(특)]; 대법원 2006.10.13. 선고 2004후776 판결; 대법원 2001.9.7. 선고 99후734 판결 등.

81) 특허침해소송에서 특허발명의 기술적 범위에 속한 것이란 규범적 요소이고 피고는 이것을 배척하는 평가장애요소를 주장 입증해야 하지만, 출원경과(出願經過)도 그 하나이다. 출원경과에서 거절이유에 대한 의견서나 보정서에서 발명을 한정하는 취지의 주장을 한 경우에, 특허결정을 받은 후 특허권자가 특허권침해소송에서 그러한 경과를 무시하고 특허청구범위에 관하여 넓은 보호를 구하는 주장을 하는 것이 금반언의 법리에 비추어 허용되지 않는 경우가 있다. 이것을 '출원경과금반언'(prosecution history estoppel) 의 법리라 한다.

82) 高部眞規子, 前揭書, 156~161頁.

83) 대법원 2007.11.29. 선고 2006후1902 판결 [권리범위확인(특)]; 대법원 2006.12.22. 선고 2006후2240 판결 참조.

등을 참작하여 그 문언에 의하여 표현하고자 하는 기술적 의의를 고찰한 다음 객관적·합리적으로 하여야 한다고 판시하고 있다.

또 출원경과 참작의 원칙이란 출원부터 특허에 이르기까지의 과정을 통해 출원인이 표시한 의사 또는 특허청이 표시한 의견을 참작하여 특허청구범위를 해석하여야 한다는 원칙이다.84) 출원경과(出願經過) 참작의 점에서 보면, 특허침해소송에서 특허발명의 기술적 범위에 속한 것이란 규범적 요소이고 피고는 이것을 배척하는 평가 장애요소를 주장 입증해야 하지만, 출원경과(出願經過)도 그 하나이다. 출원경과에서 거절이유에 대한 의견서나 보정서에서 발명을 한정하는 취지의 주장을 한 경우에, 특허결정을 받은 후 특허권자가 특허권침해소송에서 그러한 경과를 무시하고 특허청구범위에 관하여 넓은 보호를 구하는 주장을 하는 것이 금반언의 법리에 비추어 허용되지 않는 경우가 있다. 이것을 '출원경과금반언'(prosecution history estoppel)의 법리라 한다. 이 법리에 의하면, 출원인이 의견 제출을 하면서 '의식적으로' 문제되는 문언의 범위에서 특정 영역을 보정을 통해 감축하거나 이러한 취지의 의견을 제출한 경우, 후일 이에 모순되는 주장을 하는 것은 허용되지 않는다. 여기서 '의식적으로' 제외된 것에 해당하는지 여부는 명세서뿐만 아니라 출원에서 특허등록이 될 때까지 심사관이 제시한 견해, 출원인이 제출한 보정서와 의견서 등에 나타난 출원인의 의도 등을 참작하여 판단하여야 한다. 출원경과금반언의 원칙은 초기에는 균등침해가 문제되는 경우에 균등론을 제한하는 역할을 하였지만, 현재는 그 적용 범위가 더욱 확장되어 문언침해 자체의 성립이 문제되는 경우도 적용되고 있다. 판례85)도 출원경과금반언 원칙을 인정하고 있다.

---

84) 김기영·김병국, 전게서, 50면.

85) 대법원 2003.12.12. 선고 2002후2181 판결 [권리범위확인(특)] ("원심은 그 채용증거들을 종합하여 그 판시와 같은 사실을 인정한 후 그 인정 사실들을 종합하여 보면, 이 사건 특허발명과 (가)호 발명은, 부직포의 재료인 합성

그리고 공지기술(公知技術) 참작의 점에서 보면, 출원 시에 신규
한 발명인 것은 특허요건이고(특허법 제29조 제1항), 이러한 발명에
대하여 특허권이 부여되는 것을 감안하면 그 당시의 기술수준을
고려하지 않을 수 없다. 이를 '공지기술 참작'이라 한다. 판례86)에
따라서는 공지기술을 참작하여 특허청구범위에 기재된 용어(用語)
를 한정적으로 해석한다.

Ⅲ. 균등침해

1. 균등론의 일반이론

(1) 균등론 · 균등침해의 의의

특허청구범위에 기재된 특허발명의 구성과 일부 다른 부분이 있

사의 굵기, 부직포를 열 압착 구성하는 수단, 부직포에 폭과 간격이 동일하
게 엠보싱 처리를 하는 구성이 동일하고, 부직포 두께에 있어서 이 사건 특
허발명은 '약 0.8~1.5mm 정도'인데 (가)호 발명은 0.1~0.79mm로서 미세
한 차이가 있으나 이는 부직포의 제조과정에서 나타날 수 있는 오차 범위
내에 해당하며, 다만 엠보싱 형성 위치에 있어서 이 사건 특허발명은 부직
포의 표면과 이면의 동일한 위치에 형성하는 반면, (가)호 발명은 그 일면
에만 형성하는 점에서 차이가 있으나, 피고가 이 사건 특허발명의 출원시에
단순히 '엠보싱 가공을 한 부직포'를 그 특허청구범위로 기재하였다가 특허
청으로부터 '부직포의 일면 또는 양면에 엠보싱을 하는 기술'이 이미 공지
되었다는 이유로 거절이유 통지를 받자 '부직포에 처리되는 엠보싱을 표면
과 이면의 양측 동일한 위치에 형성되게 하는 구성'만을 특허청구범위로 기
재한 보정서를 제출하여 이 사건 특허를 받은 것이므로, 이 사건 특허발명
의 권리범위는 위와 같이 한정된다고 할 것이어서, 출원경과 금반언의 원칙
상 부직포 일면에만 엠보싱을 형성한 (가)호 발명에 대하여는 이 사건 특허
발명의 권리범위를 주장할 수 없다는 취지로 판단하였다. 기록에 비추어
살펴보면, 원심의 위와 같은 판단도 정당하고, 거기에 상고이유에서 주장하
는 바와 같은 심리미진의 위법이 없다.")
86) 最二小判昭37 · 12 · 民集16卷12号 2321頁 [炭卜ロ事件].

기 때문에 특허권을 문언침해하지 않는 경우라고 하더라도 대상제품이 특허발명의 구성과 실질적으로 동일한 가치가 있다고 평가되는 경우에는 특허권의 효력이 미치게 한다는 이론이 균등론(Doctrine of Equivalence)이다. 이러한 균등론을 받아들여 권리침해를 인정하는 경우를 균등침해라 부른다.[87] 즉 균등침해란 피고 실시기술의 구성요소가 특허발명의 대응되는 구성요소와 문언상으로는 동일하지 않더라도 서로 등가관계(equivalent)에 있다면 침해물건 등이 특허발명을 침해하는 것으로 보는 것이다.[88] 특허법적 쟁점으로는 이러한 균등론의 근거, 성립요건, 판단 방법 등을 명확히 하는 것이 과제로서 여겨진다.

일반론으로서 발명자에게는 그 발명의 실체에 걸맞은 보호를 해야 한다는 주장이 있다. 즉 대발명에는 큰 보호를 소발명에는 작은 보호를 하여야 한다는 이러한 관점을 중시하면 구 독일과 같이 '중심한정주의'[89]가 주장될 수 있다. 즉 특허청구범위는 발명의 핵심적 부분을 표명한 것이며 보호되어야 하는 것은 일반적 발명사상이라는 견해이다.[90] 이에 반해 경제재로서 특허권을 보면 발명자

---

87) 中山信弘・小泉直樹 編, 『新・注解 特許法[上卷]』, 靑林書院, 2011, 1088頁 (岩坪 哲 執筆部分).

88) 특허법원 지적재산소송실무연구회, 전게서, 218면; 정상조・박성수 공편, 『특허법 주해 Ⅰ』, 박영사, 2010, 1130면(한규현 집필부분); 김기영・김병국 공저, 전게서, 72~73면.

89) '중심한정주의'적 사고방식이란 발명의 핵심을 기술적 사상으로 파악하고 그와 동일성의 범주에 속하는 일정 범위 내에서 그 외연을 넓혀서 권리범위로 인정하되, 그러한 발명의 핵심이 달라지면 발명의 동일성이 사라진다고 보아 더 이상 권리범위에 포함되지 않는 것으로 보는 것을 말한다. 대륙법 계통의 법체계에서 채택되고 있다(특허법원 지적재산소송실무연구회, 『지적재산소송실무』, 박영사, 2006, 221면).

90) '중심한정주의'(Central Limitation)란 특허청구범위는 발명의 추상적인 사상을 구현한 전형적인 지침에 불과한 것이라고 보고, 법원이 일반적 발명사상의 추출 등의 방식을 통하여 특허청구범위에 기재된 구체적인 문언뿐만

내지 권리자의 사정만을 중시할 수는 없으며 경제질서를 유지하기 위해서 제3자에게 예견가능성 내지 법적 안정성을 보장하는 배려가 필요하다는 주장이 있다. 이러한 관점을 중시하면 특허청구범위에 따라서 권리범위의 한계를 구분하여야 한다는 측면이 중요하다(주변한정주의).[91)92)] 우리 특허등록실무를 보면 (대륙법 계통의 법체계인 점에서) 등록된 다수의 발명들이 중심한정주의 청구항 기재방법을 취하고 있어 균등이론의 탄력적 적용에 의하여 적정한 특허보호를 꾀하여야 할 필요성이 있다고 주장된다.[93)] 한편 균등론은 중심한정주의의 단점을 보완하기 위해 나온 이론이라는 점을 감안하면, 주변한정주의를 취하고 있는 나라에서 균등론을 쉽게 원용할 수 있을지는 의문이라는 견해도 있다.[94)]

아니라 이 문언과 일반적으로 또는 실질적으로 발명사상을 같이하는 범위에까지 발명의 보호범위를 확장하는 해석방식이다. 그러나 중심한정주의하에서는 특허청구범위에 기재된 사항만으로는 일반 공중이 그 특허권의 범위를 명백히 인식할 수 없으므로 불측의 피해를 입는 경우도 생길 수 있고, 그 결과 특허권자와 일반 공중 사이에 특허권의 권리범위에 대한 다툼이 끊이지 않게 되는 문제점이 있다[정상조·박성수 공편, 『특허법 주해 I』, 박영사, 2010, 1102~1103면(한규현 집필부분)].

91) '주변한정주의'(Peripheral Limitation)란 출원인이 기재한 특허청구범위의 문언이 의미하는 내용대로 특허의 보호범위가 결정되고 그 범위 안에서만 발명을 보호한다는 해석방법으로서, 특허청구범위에 기재된 문언에 충실하게 보호범위를 해석하는 입장이다. 영미법계 국가 그중에서도 현재로서는 미국에서 채택되고 있는 제도이다. 주변한정주의하에서 출원인은 자기의 발명이라고 생각하는 사항을 특허청구범위에 기재할 때 그와 균등한 것이라고 생각되는 모든 실시례를 빠짐없이 포함되도록 특허청구범위를 작성하여야 하는 부담을 갖게 되는데, 실시례를 빠짐없이 기재한다는 것은 현실적으로 불가능하다[정상조·박성수 공편, 전게서, 1102~1103면(한규현 집필부분)].

92) 中山信弘, 前揭書, 396頁.

93) 송영식·이상정·황종환·이대희·김병일·박영규·신재호, 『송영식 지적소유권법(상)』제2판, 육법사, 2013, 607~608면.

94) 정용철·정진근, "특허침해와 균등론", 손경한 편저, 『新특허법론』, 법영

(2) 균등론의 근거

특허발명의 기술적 범위는 특허청구범위의 기재에 따라서 정해진다. 그래서 특허청구범위의 문언이 해석상 가장 중요하다. 특허청구범위의 주된 존재이유는 제3자에 대하여 그 권리범위를 명확하게 한다는 공시기능에 있지만 이 점을 지나치게 강조하면 기술적 범위는 특허청구범위의 문언에 엄격하게 구속하게 될 것이고 사안에 따라서는 불합리한 결과를 초래할 수도 있다. 특허청구범위의 엄격한 문언해석은 특허발명을 쉽게 우회하는 길을 열어 놓도록 할 것이고, 특허취득이나 기술개발에 대한 인센티브를 감소하게 할 것이며, 궁극적으로는 발명의 공개로 기술수준을 향상시키고 산업발전에 이바지 할 것이라는 특허법의 목적에도 반하게 될 것이다.

이처럼 특허발명의 기술적 범위는 특허청구범위와 동일한 범위라는 것이 특허법의 원칙이지만, 이 경우 동일이라는 것은 순수한 기술적 또는 문언적 의미에서의 동일뿐만 아니라, 법적 관점에서 동일하다고 볼 수 있는 범위까지 확장하는 것은 법해석상 가능하다. 이러한 규범적 관점에서의 기술적 범위의 동일성 판단개념을 '균등론'이라 한다. 결국 균등론이란 제3자의 이익을 해치지 않도록 배려하면서 특허청구범위의 문언적 해석을 확장하여 특허발명의 적절한 보호를 도모하려는 데 그 의의가 있다.

요컨대 균등론의 핵심은 특허권의 실효성 확보라는 특허권자 등 권리자의 이익과 법적 안정성 내지 예측가능성이라는 제3자(사회일반)의 이익과의 조화점 내지 균형점을 어디에서 찾을 것인가라는 점에 귀결된다.[95]

사, 2005, 753면.

95) 같은 취지, 김동준, "균등침해 요건 중 과제해결원리 동일성 판단방법—특허법원 2015.8.21. 선고 2015허215 판결(확정)", 한국특허법학회 편,『2015 TOP 10 특허판례 세미나』, 2016.2, 154면.

(3) 균등론의 성립요건

권리범위확임심판에서 특허발명과 대비되는 발명(이하 '확인대상 발명'이라 한다)이 특허발명의 권리범위에 속한다고 할 수 있기 위해 서는 특허발명의 특허청구범위에 기재된 각 구성요소와 그 구성요소 간의 유기적 결합관계가 확인대상발명에 그대로 포함되어 있어야 한다.96) 즉 확인대상 발명이 특허발명의 청구항과 동일하거나 균등한 구성요소들과 그 구성요소들 사이의 유기적 결합관계를 그대로 포함하고 있는 경우에는 특허발명의 권리범위에 속한다고 봄이 타당하다. 이러한 취지는 특허침해사건에서도 마찬가지이다.97)

문제는 확인대상발명에 특허발명의 특허청구범위에 기재된 구성 중 치환 내지 변경된 부분이 있는 경우 균등침해가 성립하기 위한 요건이 무언인가 하는 점이다.

이에 대해 균등론을 최초 설시한 대법원 97후2200판결98)에서는 다음과 같이 균등침해의 성립요건을 설시하였다. 즉, 확인대상발명99)이 특허발명과, 출발물질 및 목적물질은 동일하고 다만 반응 물질에 있어 특허발명의 구성요소를 다른 요소로 치환한 경우라고 하더라도, ① 양 발명의 기술적 사상 내지 과제의 해결원리가 공통 하거나 동일하고(과제해결원리의 동일성), ② 확인대상발명의 치환된 구성요소가 특허발명의 구성요소와 실질적으로 동일한 작용효과를 나타내며(치환가능성 내지 작용효과의 동일성), ③ 또 그와 같이 치

---

96) 대법원 2009.6.25. 선고 2007후3806 판결 [권리범위확인(특)].
97) 대법원 2014.7.24. 선고 2013다14361 판결 [특허권침해금지 등] ("특허권 침해소송의 상대방이 제조 등을 하는 제품 또는 사용하는 방법(이하 '침해 제품 등'이라고 한다)이 특허발명의 특허권을 침해한다고 할 수 있기 위해 서는 특허발명의 특허청구범위에 기재된 각 구성요소와 그 구성요소 간의 유기적 결합관계가 침해제품 등에 그대로 포함되어 있어야 한다.")
98) 대법원 2000.7.28. 선고 97후2200 판결 [권리범위확인(특)].
99) 판결 원문에는 '확인대상발명'이라는 용어 대신 '(가)호 발명'이라고 기재되어 있다.

환하는 것 자체가 그 발명이 속하는 기술분야에서 통상의 지식을 가진 자이면 당연히 용이하게 도출해 낼 수 있는 정도로 자명한 경우에는(치환자명성, 치환용이성 내지 구성변경의 용이성), ④ 확인대상발명이 당해 특허발명의 출원 시에 이미 공지된 기술이거나 그로부터 당업자가 용이하게 도출해 낼 수 있는 것이 아니고(자유실시기술이 아닐 것), ⑤ 나아가 당해 특허발명의 출원절차를 통하여 확인대상발명의 치환된 구성요소가 특허청구의 범위로부터 의식적으로 제외되는 등(출원경과금반언에 반하지 않을 것)의 특단의 사정이 없는 한, 확인대상발명의 치환된 구성요소는 특허발명의 그것과 균등물이라고 보아야 한다는 것이다.

위 균등론의 요건 중 ① (과제해결원리의 동일성), ② (치환가능성 내지 작용효과의 동일성), ③ (치환자명성 내지 구성변경의 용이성)은 적극적 요건으로서 균등침해를 주장하는 원고특허권자가 증명책임을 부담하는 청구원인사실임에 반하여, 균등론 중 ④,⑤ 요건은 소극적 요건으로서 균등의 성립을 다투는 피고 측이 증명책임을 부담하는 항변사실로 봄이 타당하다.[100] 즉 ④,⑤ 요건은 그 적용제외사유임에 비추어 균등침해를 부정하는 자가 입증책임을 부담한다.

(4) 균등침해의 판단방법과 판단시점

균등침해에 해당하는지 여부는 발명(invention)을 전체로서(as a whole) 평가 판단해서는 아니 되고 특허청구범위의 개개요소(individual elements of claim)마다 적용하여 판단하여야 함이 원칙이다. 균등이론 자체가 치환된 작업수단이 특허청구된 작업수단과 그 기능, 방식, 결과에 있어서 합치되는가 또는 다른 역할을 수행하는가

---

100) 中山信弘·小泉直樹 編, 『新·注解 特許法[上卷]』, 靑林書院, 2011, 1109頁 (岩坪 哲 執筆部分).

를 대비 평가하는 것이기 때문이다. 균등여부를 전체로서 판단하게 되면 그 범위가 극히 불명확하여 법적 안정성을 해칠 우려가 있으므로 구성요건 요소대비방식으로 평가함이 상당하다.[101]

한편 법원은 변론주의 원칙상 당사자가 주장하는 특허권침해의 전제사실에 국한하여 판단할 수 있지만, 그 전제사실을 토대로 하여 균등론을 적용할 것인지의 문제는 법적 평가에 해당하는 것으로서 당사자가 균등침해에 관한 주장을 하지 않았다 하더라도 법원이 이를 판단할 수 있다.[102]

나아가 균등여부 즉 치환가능성과 치환자명성은 당해 특허발명의 출원 시를 기준으로 하여 판단하느냐, 아니면 침해 시를 기준으로 판단하느냐가 문제될 수 있으나, 출원 후 치환된 경우에 그것을 침해행위가 아니라고 하면 권리자보호에 너무 미흡하므로 '침해시설'이 타당하다고 한다.[103][104] 다만 출원 후에 다른 사람의 발명행위에 의해 보호범위가 확장되면 부당하므로 이 점을 유의하면서 법원이 소송실무를 운영하여야 할 필요가 있다.

(5) 주요국의 균등론과 '과제해결원리의 동일성' 요건의 연혁

미국의 경우, 1950년의 연방대법원 Graver Tank 사건 판결[105]

---

101) 송영식·이상정·황종환·이대희·김병일·박영규·신재호, 전게서, 605면.
102) 김기영·김병국 공저, 전게서, 82면.
103) 송영식·이상정·황종환·이대희·김병일·박영규·신재호, 전게서, 603~604면.
104) 일본 최고재판소의 1998년 '볼스프라인 축수(軸受)사건' 판결(最判平10.2. 24. 民集52卷1号113頁[ボールスプライン軸受(チ事件])은 균등 여부의 판단시점, 특히 치환용이성 판단의 기준시를 특허발명의 '출원시'가 아니고 '침해시'임을 명백히 밝혔다는 점에서 그 의의를 인정할 수 있다고 한다[飯村敏明·設樂隆一 編著『知的財産關係訴訟』, 青林書院, 2008, 93頁(嶋末和秀 執筆部分)]; 특허법원 지적재산소송실무연구회, 전게서, 220면).
105) Graver Tank & Manufacturing Co. v. Linde Air Products Co., 339 U.S.

이후 균등론이 채용되었다. 나아가 1980년 친특허정책(pro patent)
적 경향에 따라 균등론이 주목되었고 다양한 학설·판례가 누적되
었다. 결국 1997년의 연방대법원의 Warner-Jenkinson 사건106) 판
결에서는 현행 미연방특허법 아래에서도 균등론이 채용될 수 있음
을 확인하였다. 다만 미국에서 균등론을 인정한 판결들은 기능-방
법-결과의 3단계 테스트를 요건으로 하고 있을 뿐, '과제해결원리
의 동일성' 요건을 들고 있지는 않다.107)

독일의 경우, 1986년 Formstein 연방대법원(Bundesgerichtshof)
판결108)에서 최초로 균등침해 성립요건이 판시되었고, 2002년 3월
선고된 5건의 판결에서 독일연방대법원은 Formstein 판결의 법리
를 보완하여 세 가지 균등침해 성립요건을 판시하였으며, 그중 제3
요건이 우리의 '과제해결의 동일성'요건과 관련이 있는바, 제3요건
은 (ⅰ) 변경된 수단이 동일한 효과를 갖는다는 점에 상도(想到)함
에 있어 통상의 기술자가 고려하는 사항이 특허청구범위의 기술내
용에 기초한 것인지 여부와 (ⅱ) 해결수단의 동일성 여부를 묻는
것인데, 특히 (ⅱ)부분이 우리의 '과제해결원리의 동일성'요건과 유
사한 점이 있으며, 제3요건의 의미에 대해서는 '등가치' 또는 '동등
성'으로 설명되고 있다고 한다.109)

일본의 경우, 균등론의 근거나 요건에 관하여 상세한 판시를 한
것으로서 '폴리에스테르섬유 제조특허권침해사건'110) 등이 있다.

---

605 (1950); 특허법원 지적재산소송실무연구회, 전게서, 219면.

106) Warner-Jenkinson Co. v. Hilton Davis Chemical Co., 520 U.S. 17
(1997). 이 사건은 여러 가지 쟁점을 포함하고 있으며 결론은 파기 환송되
었지만 기본적으로는 균등론을 인정하였다.

107) 최성준, "균등론의 적용요건", 한국정보법학회 편, 『정보법판례백선(Ⅰ)』,
박영사, 2006, 8면.

108) BGH GRUR 1986, 803. - "Formstein" 판결원문은 https://www.jurion.
de/urteile/bgh/1986-04-29/x-zr-28_85/ (최종방문 2018.2.18.) 참조.

109) 김동준, 전게논문, 151~152면.

한편 '액체여과기사건'[111]과 같이 균등의 주장을 인정하여 침해를 긍정한 판례도 존재한다. 또 일본 최고재판소의 1998년 '볼스프라인 축수(軸受)사건'[112] 판결[113]의 원심(1994년 동경고등법원 판결)[114]과 그 후 오사카고등법원의 1996년 't-PA 사건'[115]이 정면으로 균등

110) 大阪地裁昭和42年10月24日判決・判例時報521号24頁[ポリエステル繊維製造特許権侵害事件]

111) 東京高裁昭和57年5月20日判決・判例時報1065号178頁[液体濾過器事件]. 이 사건은 균등론의 적용을 인정한 특이한 사건이지만, 피항소인이 구두변론기일에 출원되지 않았고 소재불명이어서 공시송달로 절차가 진행되었고, 제대로 된 반론도 없었기 때문에 이러한 특수사정에 비추어 소송실무에서는 큰 반향은 없었다.

112) 最判平10.2.24. 民集52巻1号113頁[ボールスプライン軸受け事件]. 이 판결은 일본특허법에서도 균등론이 인정되어야 한다는 점을 분명히 하였고, 그 요건론은 다음과 같이 설시하였다. 즉 "특허청구범위에 기재된 구성 중에 대상제품 등과 다른 부분이 존재하는 경우라 하더라도, (1) 위 부분이 특허발명의 본질적 부분이 아닐 것, (2) 위 부분을 대상제품 등의 것과 치환하더라도 특허발명의 목적을 달성할 수 있고, 동일한 작용효과를 나타낼 수 있을 것, (3) 위와 같이 치환하는 것에, 당해 발명이 속하는 기술분야에서 통상의 지식을 가진 자(=당업자)가 대상제품 등의 제조등의 시점에서 용이하게 상도(想到)할 수 있을 것, (4) 대상제품 등이 특허발명의 특허출원 시에 공지기술과 동일 또는 당업자가 이로부터 위 출원 시에 용이하게 추고(推考)할 수 있는 것이 아닐 것, (5) 대상제품 등이 특허발명의 특허출원절차에서 특허청구범위로부터 의식적으로 제외된 것에 해당하는 등의 특단의 사정이 없는 때에는, 위 대상제품 등은 특허청구범위에 기재된 구성과 균등한 것으로서 특허발명의 기술적 범위에 속하는 것이라고 해석하는 것이 상당하다"고 판시하였다(田村善之, "均等論の要件の明晰化を図った知財高裁大合議判決~マキサカルシトール事件~", 『WLJ判例コラム』 第78号, Westlaw Japan 文献番号 2016WLJCC016, 2016, 3頁).

113) 이 판결에 대한 자세한 소개는, 中山信弘・小泉直樹 編, 『新・注解 特許法 [上巻]』, 青林書院, 2011, 1089~1091頁(岩坪 哲 執筆部分).

114) 東京高裁平成6年2月3日判決・知的裁集26巻1号34頁[ボールスプライン軸受事件]

115) 大阪高裁平成8年3月29日判決・知的裁集28巻1号77頁[t-PA 事件]. '인체조직형 플라스미노겐 활성화인자'[Human tissue-type plasminogen activator

론을 인정하고 침해성립을 긍정하였다. 일본 최고재판소의 1998년 '볼스프라인(Ball Spline) 축수(軸受)사건'에서 정립된 균등론의 5가지 성립요건 중 제1요건인 '비본질적 부분 요건'은 우리나라의 균등론 제1요건인 '과제해결원리의 동일성 요건'에 대응된다. 즉 우리의 '과제해결원리의 동일성 요건'은 일본의 최고재판소 판결 '볼스프라인(Ball Spline) 축수(軸受)사건' 판결이 들고 있는 균등론 요건 중 비본질적 부분일 것이라는 요건과 비슷하다고 볼 여지가 있다.116) 이러한 비본질적 부분 요건의 의미와 관련하여 ① 본질적 부분설(本質的部分說)117)과 ② 기술사상동일설(技術思想同一說)118)이 대립하고 있었으며, 최근 후자가 통설·판례의 태도이라고 한다.119) 한편 이

(t-PA)]에 관한 특허의 침해품은 특허청구범위 기재의 아미노산 배열 하나만 다르다고 한 사례에 있어서, 오사카고등법원은 양자의 특성이 동일하고 작용효과가 동일하며 치환가능성이 인정됨과 동시에 높은 예측가능성이 있어 용이상도성이 인정되므로 양자는 균등한 것이며 피고 물건은 특허발명의 기술적 범위에 속한다고 판시하였다. 이 판결에서도 치환가능성과 용이상도성(容易想到性)을 균등론 적용의 요건으로 하고 있다. 참고로, 인체 조직형 플라스미노겐 활성화 인자(Human tissue-type plasminogen activator (t-PA)는 혈전(thrombus)내에 존재하는 피브린 클랏(fibrin clot)을 제거하는 것을 돕는 효소로, 출혈 등의 부작용이 적은 혈전용해제로 효과가 입증되었다. t-PA를 뇌졸중, 심근경색과 폐색전증의 치료제로서 사용하기 위해서는 다량의 재조합 단백질과 다양한 발현시스템이 필요하였고, 이에 혈전용해제(t-PA)를 생산하는 형질 전환 참외 모상근을 개발하여 식물 시스템을 이용한 의약품 제조가 가능함을 보여 주었다.

116) 최성준, "균등론의 적용요건", 한국정보법학회 편, 『정보법판례백선(Ⅰ)』, 박영사, 2006, 8면.

117) '본질적 부분설'은 청구범위의 각 구성요건을 본질적 부분과 비본질적 부분으로 나누고 그중 비본질적 부분을 치환함에 그치는 것을 요구하는 것이라고 해석하는 견해이다.

118) '기술사상동일설'은 치환된 결과 피고 실시제품이 특허발명의 기술적 사상과는 별개의 것으로 평가되는지 여부를 묻는 것이라는 견해이다.

119) 김동준, 전게논문, 150~151면; 김동준, "균등침해 요건 중 과제해결원리 동일성 판단방법", (사)한국지식학회 편, 『특허 침해소송의 이론과 실무』,

러한 견해 대립에 관하여, ③ 양 설 사이에 구체적 사안에서 커다란 차이를 야기할 정도의 차이가 있다고까지는 말할 수 없다는 견해도 있다.120) 한편 일본의 최고재판소 판결의 '비본질적 부분 요건'이 남용될 경우 특허청구범위의 모든 구성요소는 중요하고 필수적인 것이라는 명제에 기초하여 거의 모든 구성요소들을 본질적 부분으로 봄으로써 균등의 인정 범위가 과도하게 축소될 수도 있다는 문제점이 있다는 비판이 제기될 수 있다.121)

2. 우리 판례의 변천 — 과제해결원리의 동일성 의미와 판단 방법

(1) 우리 판례를 전체적으로 보면, 특허법원 설립 후 특허법원 1998.9.17. 선고 98허2160 판결(확정)에서 최초로 균등론이 명시적으로 적용되었다. 이후 대법원 2000.7.28. 선고 97후2200 판결122)에서 정면으로 균등론의 적용을 긍정하면서 (위에서 살펴본 것처럼) 균등침해의 성립요건 5가지를 제시하였다. 이 97후2200 판결에서는 제1요건인 과제해결원리의 동일성의 의미를 "양 발명의 기술적 사상 내지 과제의 해결원리가 공통하거나 동일할 것"이라고 판시

법문사, 2016, 198면.

120) 高部眞規子, 前揭書, 169頁. 그 근거로서, 본질적 부분설(本質的部分說)의 견해에 서더라도 발명의 본질적 부분의 내용을 발명의 과제해결원리라고 생각할 수 있는 것이라면 다른 부분이 별개의 과제해결원리에 기초하는 것인가를 검토하는 것으로 되기 때문이라고 한다.

121) 최성준, "균등론의 적용요건", 한국정보법학회 편, 『정보법판례백선(I)』, 박영사, 2006, 8면.

122) 대법원 2000.7.28. 선고 97후2200 판결 [권리범위확인(특)]. 이 사건은, (가)호 발명의 출발물질 및 목적물질이 특허발명과 동일하고 그 반응물질도 특허발명의 반응물질과 균등물이며 반응중간체를 가수분해하여 목적물질을 얻는 공정도 단순한 관용수단의 부가에 불과하다는 이유로 (가)호 발명이 특허발명과 상이한 발명이라고 볼 수 없다고 한 사례이다.

하였다. 나아가 아래에서 살펴보는 바와 같이, 2007후3806 판결에서는 제1요건을 "치환된 구성이 비본질적인 부분이어서 ~ 특징적 구성을 가지는 것"이라고 설시하였으며, 또 2013다14361 판결에서는 "특유한 해결수단이 기초하고 있는 기술사상의 핵심"이라는 표현을 사용하여 제1요건의 의미를 판시하였다.

(2) 「대법원 2009.6.25. 선고 2007후3806 판결」123)에서는, "양 발명에서 과제의 해결원리가 동일하다는 것은 확인대상발명에서 치환된 구성이 특허발명의 비본질적인 부분이어서 확인대상발명이 특허발명의 특징적 구성을 가지는 것을 의미하고, 특허발명의 특징적 구성을 파악함에 있어서는 특허청구범위에 기재된 구성의 일부를 형식적으로 추출할 것이 아니라 명세서의 발명의 상세한 설명의 기재와 출원 당시의 공지기술 등을 참작하여 선행기술과

---

123) 대법원 2009.6.25. 선고 2007후3806 판결 [권리범위확인(특)] 이 사건은, 명칭이 "다수의 자외선램프를 구비하는 수처리장치"인 특허발명의 특허청구범위 제1항 그 구성요소를 각 치환·변경하여 구성한 확인대상발명은, 과제의 해결원리가 동일하지 않고 작용효과가 실질적으로 동일하다고 단정할 수 없으므로 양 발명은 균등한 발명으로 볼 수 없어, 확인대상발명은 특허청구범위 제1항의 권리범위에 속하지 않는다고 한 사례이다. 이 사건에서 대법원은 균등론의 요건으로서 "확인대상발명에서 특허발명의 특허청구범위에 기재된 구성 중 치환 내지 변경된 부분이 있는 경우에도, 양 발명에서 과제의 해결원리가 동일하고, 그러한 치환에 의하더라도 특허발명에서와 같은 목적을 달성할 수 있고 실질적으로 동일한 작용효과를 나타내며, 그와 같이 치환하는 것이 그 발명이 속하는 기술분야에서 통상의 지식을 가진 자(이하 '통상의 기술자'라 한다)라면 누구나 용이하게 생각해 낼 수 있는 정도로 자명하다면, 확인대상발명이 특허발명의 출원시 이미 공지된 기술과 동일한 기술 또는 통상의 기술자가 공지기술로부터 용이하게 발명할 수 있었던 기술에 해당하거나, 특허발명의 출원절차를 통하여 확인대상발명의 치환된 구성이 특허청구범위로부터 의식적으로 제외된 것에 해당하는 등의 특별한 사정이 없는 한, 확인대상발명은 전체적으로 특허발명의 특허청구범위에 기재된 구성과 균등한 것으로서 여전히 특허발명의 권리범위에 속한다고 보아야 할 것(대법원 2000.7.28. 선고 97후2200 판결; 대법원 2005.2.25. 선고 2004다29194 판결 등 참조)"이라고 판시하였다.

대비하여 볼 때 특허발명에 특유한 해결수단이 기초하고 있는 과제의 해결원리가 무엇인가를 실질적으로 탐구하여 판단하여야 한다."고 판시하였다.

이 2007후3806 판결은 과제해결원리의 동일성 요건의 구체적 의미를 밝히고 그 판단방법을 제시하고 있어 주목받았다.[124] 다만 2007후3806 판결에 대해서는 제1요건의 의미를 오해하여 특허청구범위의 구성을 본질적 부분과 비본질적 부분으로 나누고 그 과정에서 거의 모든 구성요소를 본질적 부분으로 봄으로써 결국 균등을 인정하는 범위가 과도하게 축소되는 실무상 문제가 있었다는 견해[125]도 있다. 나아가 특허발명의 구성요소를 본질적 부분과 비본질적 부분으로 나누는 것은 특허청구범위의 모든 구성요소는 중요하고 필수적인 것이라는 명제와 모순된다는 비판에 직면하게 될 수 있다.

(3) 「대법원 2014.7.24. 선고 2013다14361 판결」[126]에서는, "침해제품 등에 특허발명의 특허청구범위에 기재된 구성 중 변경된 부분이 있는 경우에도, 특허발명과 과제의 해결원리가 동일하고, 그러한 변경에 의하더라도 특허발명에서와 실질적으로 동일한 작용효과를 나타내며, 그와 같이 변경하는 것이 그 발명이 속하는 기술분야에서 통상의 지식을 가진 사람(이하 '통상의 기술자'라고 한다)

---

124) 박태일, "균등론에서의 과제의 해결원리 동일성 여부", 한국특허법학회 편, 『특허판례연구』, 개정판, 박영사, 2012, 562~563면.

125) 김철환, "[토론문] 균등침해 요건 중 과제해결원리 동일성 판단방법", 한국특허법학회 편, 『2015 TOP 10 특허판례 세미나』, 2016.2, 163면.

126) 대법원 2014.7.24. 선고 2013다14361 판결 [특허권침해금지 등]. 이 사건은, 명칭을 '구이김 자동 절단 및 수납장치'로 하는 특허발명의 특허권자 갑이 을 주식회사를 상대로 특허권침해금지 등을 구한 사안에서, 을 회사의 실시제품이 특허발명과 동일하거나 균등한 구성요소들과 그 구성요소들 간의 유기적 결합관계를 그대로 포함하고 있으므로 특허발명의 특허권을 침해한다고 한 사례이다.

이라면 누구나 쉽게 생각해 낼 수 있는 정도라면, 특별한 사정이 없는 한 침해제품 등은 특허발명의 특허청구범위에 기재된 구성과 균등한 것으로서 여전히 특허발명의 특허권을 침해한다고 보아야 한다. 그리고 여기서 '과제의 해결원리가 동일'한지 여부를 가릴 때에는 특허청구범위에 기재된 구성의 일부를 형식적으로 추출할 것이 아니라, 명세서에 적힌 발명의 상세한 설명의 기재와 출원 당시의 공지기술 등을 참작하여 선행기술과 대비하여 볼 때 특허발명에 특유한 해결수단이 기초하고 있는 기술사상의 핵심이 무엇인가를 실질적으로 탐구하여 판단하여야 한다."고 판시하였다.

이 2013다14361 판결은 실시제품에서 치환이 없는 경우에도 균등침해의 법리를 적용할 수 있는 가능성을 제시했으며, '치환된 구성의 비본질성의 개념 및 발명의 특징적 구성'이라는 개념 대신 '특허발명에 특유한 해결수단이 기초하고 있는 기술사상의 핵심'이라는 개념을 사용하면서 과제해결원리의 동일성 의미를 재정비하였다고 평가받고 있다.127) 이 2013다14361 판결의 따름 판결로서는 같은 날 선고한 대법원 2014.7.24. 선고 2012후1132 판결(파기환송)128)129)과 그 이후 판결로서 대법원 2015.5.14. 선고 2014후2788

---

127) 이나리, "균등침해요건 중 과제해결원리의 동일성", 한국정보법학회 편, 『정보법판례백선(II)』, 박영사, 2016, 54면.

128) 대법원 2014.7.24. 선고 2012후1132 판결 [권리범위확인(특)]. 이 사건은, 명칭을 "구이김 자동 절단 및 수납장치"로 하는 특허발명의 특허권자 갑이 을 주식회사를 상대로 확인대상발명이 특허발명의 권리범위에 속한다고 주장하면서 적극적 권리범위확인심판을 청구한 사안에서, 확인대상발명이 특허발명과 동일하거나 균등한 구성요소들과 그 구성요소들 간의 유기적 결합관계를 그대로 포함하고 있으므로 특허발명의 권리범위에 속한다고 본 사례이다. 대법원은 "'양 발명에서 과제의 해결원리가 동일'한지 여부를 가릴 때에는 특허청구범위에 기재된 구성의 일부를 형식적으로 추출할 것이 아니라, 명세서의 발명의 상세한 설명의 기재와 출원 당시의 공지기술 등을 참작하여 선행기술과 대비하여 볼 때 특허발명에 특유한 해결수단이 기초하고 있는 기술사상의 핵심이 무엇인가를 실질적으로 탐구하여 판단

판결(파기환송)[130] 및 대법원 2015.8.27. 선고 2014다7964 판결(상
고기각)[131] 등이 있다.

IV. 간접침해

1. 직접침해와 간접침해의 의의

정당한 권한을 가지지 않은 자가 특허청구범위에 기재된 특허발
명의 구성요소의 전체를 업으로서 생산, 사용, 판매 등의 행위를 하

하여야 한다."고 판시하면서 원심판결을 파기 환송하였다.

129) 한동수, "균등침해에서 과제해결원리의 동일성—대법원 2014.7.24. 선고
2012후1132 판결", 한국특허법학회 편, 『2014 TOP 10 특허판례 세미나』,
2015.3, 78면에 의하면, 2012후1132 판결에 평석하면서, "종래의 일부 실무
가 2007후3806 판결에서 제시된 특정적 구성의 의미를 형식적으로 특허청
구범위에 기재된 구체적 구성 자체를 의미하는 것으로 잘못 이해함으로써
균등침해의 성립을 쉽게 부정하는 경향에 대해서, 과제해결원리의 의미에
관한 명확한 지침을 제시하고자 하는 맥락에서 나온 것으로" 보면서, 2012
후1132 판결이 2007후3806 판결을 발전적으로 계승하여 균등침해 판단의
적정성을 도모하고자 한 판결로서 그 의미를 둔다.

130) 대법원 2015.5.14. 선고 2014후2788 판결 [권리범위확인(특)].

131) 대법원 2015.8.27. 선고 2014다7964 판결 [특허권침해금지 등]. 이 사건
은 명칭을 '농업용 비닐피복기'로 하는 특허발명의 특허권자 갑이 을 영농
조합법인을 상대로 특허권침해금지 등을 구한 사안에서, 을 법인 실시제품
은 특허발명과 동일하거나 균등한 구성요소들과 구성요소들 간의 유기적
결합관계를 그대로 포함하고 있어 특허발명의 특허권을 침해한다고 본 원
심판단을 수긍한 사례이다. 대법원은 "'과제의 해결원리가 동일'한지 여부
를 가릴 때에는 청구범위에 기재된 구성의 일부를 형식적으로 추출할 것이
아니라, 명세서에 적힌 발명의 설명의 기재와 출원 당시의 공지기술 등을
참작하여 선행기술과 대비하여 볼 때 특허발명에 특유한 해결수단이 기초
하고 있는 기술사상의 핵심이 무엇인가를 실질적으로 탐구하여 판단하여
야 한다."고 판시하였다.

는 경우에는 특허권의 직접침해가 성립한다. 그런데 특허발명의 구성요건을 모두 충족하지 아니한 물건을 생산, 사용, 판매 등의 행위의 경우에는 특허권의 직접침해는 성립하지 않는 것이 원칙이다. 판례132)에 의하면 반제품의 수출행위가 특허권의 직접침해인지 여부가 쟁점이 된 사안에서, 피고가 생산하여 수출한 반제품은 이 사건 특허발명의 청구범위 제1항의 구성요소 일부를 갖추고 있지 아니하여 이를 생산하는 행위는 이 사건 청구항 제1항 등의 발명의 각 특허권에 대한 직접침해가 되지 않는다고 판단하였다.

그렇지만 특허발명의 구성요건을 모두 충족하지 아니한 물건을 생산, 사용, 판매 등의 행위의 경우에 있어서 이러한 물건을 사용함으로써 앞으로 특허발명의 구성요건을 충족하여 특허권의 침해에 이르게 될 고도의 개연성이 있는 경우에는 그 전 단계에 있는 생산, 사용, 판매(양도) 등의 행위에 대해서도 특허권의 침해로 간주하여 특허권자의 권리구제의 실효성을 높이고자 하는 것이 바로 간접침해의 법리이다. 이러한 간접침해의 법리는 원칙상 직접침해가 성립하지 않는 경우라 할 것이므로, 특허권이 부당하게 확장되지 않는 범위 내에서 장래의 특허권 침해에 대한 권리구제의 실효성을 높이기 위한 목적에 이바지해야 한다.

요컨대 간접침해에 관하여 규정하고 있는 특허법 제127조 제1호 규정의 취지는 발명의 모든 구성요소를 가진 물건을 실시한 것이 아니고 그 전 단계에 있는 행위를 하였더라도 발명의 모든 구성요소를 가진 물건을 실시하게 될 개연성이 큰 경우에는 장래의 특허권 침해에 대한 권리 구제의 실효성을 높이기 위하여 일정한 요건

---

132) 대법원 2015.7.23. 선고 2014다42110 판결 [손해배상(지)] (명칭을 '양방향 멀티슬라이드 휴대단말기'로 하는 특허발명의 특허권자인 갑이 휴대전화 단말기를 생산·수출한 을 주식회사를 상대로 을 회사의 제품이 갑의 특허권의 보호범위에 속한다고 주장하면서 특허권 침해에 따른 손해배상을 구한 사안).

아래 이를 특허권의 침해로 간주하더라도 특허권이 부당하게 확장되지 않는다고 본 것이라고 이해된다.[133]

이처럼 간접침해란 직접침해의 전단계에서 특허권 침해로 보이는 형태의 실시행위를 말한다. 따라서 직접침해의 특허침해로 연결되는 예비적 행위를 업으로서 하는 경우는 특허권이나 전용실시권을 침해한 것으로 보게 되고 그 침해에 대한 책임을 져야 한다. 특허법 제127조의 취지는 제3자가 해당 특허발명에만 사용되고 있는 발명의 구성의 일부인 특정부품을 제조하거나 생산하여 장차 직접 침해할 우려가 있는 경우에, 비록 구성요소완비의 원칙상 직접침해는 성립하지 않지만, 침해로 볼 수 있는 행위로 간주해서 특허권자의 권리를 가급적 두텁게 보호하려는 것이다.

우리 특허법은 간접침해의 유형에 대해 전용물 침해("-에만" 요건) 유형만을 규정하고 있다. 우리의 현행 특허법의 태도는 일본의 구법(1959년 특허법)과 같은 태도(소위 "のみ" 요건)이다. 이후 일본법은 2002년 및 2006년 각 개정을 통하여 전용물침해 이외에도 다른 유형의 간접침해를 추가적으로 입법하였다. 그러나 우리 특허법은 현재도 여전히 전용물 침해만을 인정하고 있어 특허의 간접침해는 인정되기 쉽지 않은 실정이다. 즉 우리 특허법은 직접침해의 존재를 전제로 하지 않고 또한 주관적 요건을 고려하지 않는 것을 특징으로 하고 있다.

간접침해이론은 미국 판례법상 기여침해(Contributory Infringement)의 한 태양이 특허법에 도입된 것을 다시 우리 특허법에 수용한 것이며, 간접침해 책임은 본질적으로 방조책임이라는 견해가 있다.[134] 특허권의 간접침해란 특허발명의 구성요소의 모든 것을 충족한 실시행위자에게 가담하거나 방조하는 등의 간접적으로 특허

---

133) 대법원 2009.9.10. 선고 2007후3356 판결 [권리범위확인(특)].
134) 조영선, 전게서(각주 28), 429~431면.

발명을 실시하는 행위를 말한다는 견해135) 역시 간접침해의 본질을 방조책임이라고 보고 있는 듯하다.

비교법적으로 일본특허법을 간단히 살펴보면 다음과 같다. 즉 일본 특허법상 간접침해규정의 입법취지를 살펴보면, 침해품의 생산에만 사용되는 물건의 생산 등의 행위는 전용품의 경우(101조 제1호)136) 및 '과제해결에 불가결한 것'이라는 주관적 요건을 충족하는 경우(101조 2호)137)에 특허권침해로 간주한 것은(일본특허법 제101조) 발명의 일부를 실시하는 행위 중 특허권침해를 야기할 개연성이

---

135) 윤선희,『지적재산권법』 17정판, 세창출판사, 2018, 130면.

136) 일본특허법 제101조 제1호에 관하여, '침해품의 생산에만 이용하는 물건'이란 그 물건에 사회통념상 경제적, 상업적 또는 실용적인 다른 용도가 없는 것을 의미한다고 해석되고 있다(竹田稔, 前揭書, 173頁).

137) 일본 특허법 제101조 제2호에 관하여, 同号 소정의 간접침해에 관해서는 객관적 요건으로서 '그 물건의 생산에 이용하는 물건(일본국내에서 널리 일반적으로 유통하고 있는 것을 제외함)으로서 그 발명에 따른 과제의 해결에 불가결한 것', 주관적 요건으로서, '그 발명이 특허발명인 점 및 그 물건이 발명의 실시에 이용되는 것을 알고 있다는 것'을 요건으로 한다. 괄호안의 부분을 제외하고, 특허권자측이 청구원인으로서 주장해야 하고, '일본국내에서 널리 일반적으로 유통되고 있는 것'은 항변사실이다. '발명에 의한 과제의 해결에 불가결한 것'이란 그것을 이용함으로써 처음부터 발명이 해결하고자 하는 과제가 해결되는 부품, 도구, 원료 등을 의미하고, 그 발명이 해결하고자 하는 과제와 관계없이 종래부터 필요로 하는 것은 포함되지 않는다는 것이 재판례이다(東京地判平成16・4・23 判時1892号89頁[プリント基板用治具に用いるクリップ事件]).
또한 '일본국내에서 널리 일반적으로 유통하고 있는 것'이란 전형적으로는 일본국내에서 널리 유통하고 있는 일반적인 제품 즉 특별주문품이 아니라, 다른 용도에도 이용할 수 있고, 시장에서 일반적으로 입수가능한 상태에 있는 규격품, 보급품(나사, 정, 전구, 트랜지스터 등)을 의미한다(知財高判平成 17・9・30 判時1904号47頁[一太郎事件]). 또 주관적 요건의 '알고 있다'란 현실적으로 알았던 것이 필요하고, 과실에 의해 알지 못했던 경우에는 포함하지 않는다. 이 점의 입증책임은 특허권자 측에 있다. 금지청구에서 상기 주관적 요건의 판단기준은 구두변론종결 시이므로, 소장의 송달로써도 상기 요건은 구비하는 것이 가능하다.

높은 행위에 한하여 특허권침해로 정한 것이며, 특허권의 효력의
실효성을 확보하기 위한 규정이라 할 수 있다. 나아가 2006년(平成
18년) 개정에 따라서 특허법 제101조 제3호의 규정을 두고, 침해물
의 양도 또는 수출을 위한 소지도 간접침해로 규제하게 되었다. 이
것은 소지의 단계에서 압수하지 않는다면 침해품이 확산하게 되고
방지가 어려울 것이기 때문이다. 방법의 발명의 경우에도 물건의
발명에 관한 상기 1호 내지 3호와 같은 취지의 4호 내지 6호가 규
정되어 있다.

　한편 일본의 '다관절반송장치 사건(多関節搬送裝置 事件)'138)의 판
결의 경우 직접침해에 해당하는 행위가 외국에서 행해진 경우에는
속지주의의 원칙으로부터 일본의 특허권은 외국에서 실시하는 행
위에는 미치지 않고 특허권자도 외국에서 독점적 이익을 기대할 수
있는 입장은 아니므로, 이러한 경우에는 간접침해를 부정하게 된다
고 판시하고 있다. 또 일본특허법 제101조 제1호(우리 특허법 제127
조 제1호에 해당)에 관하여 동호(同号)에 있어서 생산·양도·수입 등
의 행위가 대상으로 되고 간접침해로 된다는 물건의 수출은 포함하
지 않는다고 하면서, '물건의 생산에만 사용하는 물건'(1호)이란 요
건이 예정한 '생산'은 일본 내에서의 생산을 의미하는 것이라고 해
석해야 한다고 판시한 재판례139)가 있다. 다만 이와 같이 간접침해
품의 수출행위에 간접침해가 성립하지 않는다는 취지의 일본 재판
례에 대한 평가와 관련하여 일본 내에서 견해대립이 있다. 즉, 일본
특허법의 해석으로서는 타당하다는 견해140)가 있다. 그 반면, 글로

---

138) 東京地判平成19·2·27 判タ1253号241頁[多関節搬送裝置 事件].

139) 大阪地判平成12·12·21 判タ1104号270頁[ポリオレフィン用透明剤事件]
　　및 大阪地判平成12·10·24 判タ1081号241頁[製パン器事件] 참조.

140) 鈴木將文, "米国特許法271条の立法経緯と「共同侵害」に関する米国の判例動
　　向", 日本弁理士会中央知的財産研究所研究報告第22号『複数人が関与する知的
　　財産権侵害について』, 2008年3月, 44頁; 鈴木將文, "未完成品の輸出による特

벌화한 일본의 경제에 비추어 일본특허권의 효력의 실효성의 상당
부분을 잃게 된다는 비판적 견해도 있다. 이러한 비판적 견해의 논
거는, 첫째 전용품의 업으로서의 수출행위는 그것이 일본의 주권이
미치는 영역 내에 있는 한, 일본특허법 제101조에 규정된 전용품이
업으로서의 생산·양도·양도의 청약 등을 포함한 행위로 보고 금
지가 긍정되어야 하고, 그것을 인정하더라도 일본특허권의 속지주
의 원칙에 반하는 것은 아니라는 점[141]과, 또 기간부품에 관하여는
부품의 수출행위에 대하여 외국특허법에 기하여 규제를 미칠 수 있
는 특단의 사정이 있으면 별개로 하고, 그러한 사정이 없는 한 일본
특허법 제101조의 취지를 기간부품(專用品, 中性品)의 수출에도 미친
다고 해야 하는 상황이 존재한다는 점[142]을 들고 있다.

2. 간접침해의 유형과 성립요건

(1) 간접침해의 유형

우리 특허법 제127조에 규정한 간접침해의 유형으로서는, ⅰ) 특
허가 물건의 발명인 경우 : 그 물건의 생산에만 사용하는 물건을 생
산·양도·대여 또는 수입하거나 그 물건의 양도 또는 대여의 청
약을 하는 행위, ⅱ) 특허가 방법의 발명인 경우: 그 방법의 실시에
만 사용하는 물건을 생산·양도·대여 또는 수입하거나 그 물건의
양도 또는 대여의 청약을 하는 행위를 업으로서 하는 경우에는 특
허권 또는 전용실시권을 침해한 것으로 본다.

許権侵害、権利行使制限の抗弁に対する再抗弁が問題となった事例", Law &
Technology 39号, 2008年3月, 39頁.

141) 仁木弘明, "特許法101条に規定された専用品の輸出と間接侵害", 『知財ぷり
ずむ』3巻36号, 2005, 103頁.

142) 岩坪哲, "国外生産のための基幹部品の輸出", 『知財管理』58巻2号, 2008,
220頁.

(2) 간접침해의 성립요건

간접침해가 성립하기 위해서는, ① 간접침해 대상물이 특허발명의 실시에 사용될 것(공용성), ② 간접침해 대상물이 특허발명의 생산 등 실시에 전용될 것(전용성), ③ 업으로서 생산 등을 실시할 것, 세 가지 요건이 충족되어야 한다. 특히 공용성과 전용성 요건이 해석상 문제된다. 업으로서 생산 등을 실시하는 것은 직접침해와 같다.

(가) 공용성

간접침해 대상물이 특허발명의 실시에 사용될 것이 요구된다. 다만 간접침해가 성립하려면 제3자에 의한 특허발명의 실시가 반드시 현실적으로 존재하여야 할 필요는 없고, 적어도 가까운 장래에 특허발명의 실시가 현실화될 고도의 개연성이 있으면 족하다.

판례[143]에 의하면, "감광드럼에 관한 물건의 발명인 특허발명의 청구항의 기재에 의하면 감광드럼을 실제로 사용함에 있어서 이를 부품으로 하는 화상형성장치 또는 주조립체에 결합하여 사용할 것이 분명하더라도, 특허발명의 기술적 특징을 갖춘 감광드럼을 특허권자의 허락 없이 업으로서 생산하였다면 바로 특허침해가 완성되고, 그 감광드럼을 생산한 후에 현실적으로 이를 부품으로 하는 화상형성장치 등에 결합하여 사용하여야만 비로소 특허침해가 성립하는 것은 아니"라고 보았다.

(나) 전용성

간접침해 대상물이 특허발명의 생산 등 실시에 전용될 것이 요구된다. 따라서 간접침해 대상물이 특허발명의 실시 이외의 용도(타용도)를 갖는 경우에는 침해가 성립되지 않는다. '생산에만' 사용하는 물건에 해당하기 위해서는 사회통념상 통용되고 승인될 수

---

143) 대법원 2006. 10. 12. 선고 2006다1831 판결 [특허권침해금지 등] (특허발명의 기술적 특징을 갖춘 감광드럼을 특허권자의 허락 없이 업으로서 생산하였다면 그 감광드럼을 화상형성장치 등에 결합하여 사용하지 않았더라도 특허침해가 성립한다고 본 사례).

있는 경제적·상업적 내지 실용적인 다른 용도가 없어야 한다. 이와 달리 단순히 특허 물건 이외에 물건에 사용될 이론적·실험적 또는 일시적 사용가능성이 있는 정도에 불과한 경우에는 간접침해의 성립을 부정할 만한 다른 용도가 있다고 할 수 없다.

간접침해에 관하여 규정하고 있는 특허법 제127조 제1호 규정의 문언과 그 취지에 비추어 볼 때, 여기서 말하는 '생산'이란 발명의 구성요소 일부를 결여한 물건을 사용하여 발명의 모든 구성요소를 가진 물건을 새로 만들어 내는 모든 행위를 의미하므로, 공업적 생산에 한하지 않고 가공, 조립 등의 행위도 포함된다.[144]

판례[145]는 "특허발명의 대상이거나 그와 관련된 물건을 사용함에 따라 마모되거나 소진되어 자주 교체해 주어야 하는 소모부품일지라도, 특허발명의 본질적인 구성요소에 해당하고 다른 용도로는 사용되지 아니하며 일반적으로 널리 쉽게 구할 수 없는 물품으로서 당해 발명에 관한 물건의 구입시에 이미 그러한 교체가 예정되어 있었고 특허권자측에 의하여 그러한 부품이 따로 제조·판매되고 있다면, 그러한 물건은 특허권에 대한 이른바 간접침해에서 말하는 '특허 물건의 생산에만 사용하는 물건'에 해당한다"고 판시하였다.

(다) '타용도' 유무의 판단기준

'특허 물건의 생산에만 사용하는 물건'에 해당하기 위하여는 사회통념상 통용되고 승인될 수 있는 경제적, 상업적 내지 실용적인 다른 용도가 없어야 하고, 이와 달리 단순히 특허 물건 이외의 물건에 사용될 이론적, 실험적 또는 일시적인 사용가능성이 있는 정도

---

144) 대법원 2009.9.10. 선고 2007후3356 판결 [권리범위확인(특)].
145) 대법원 2002.11.8. 선고 2000다27602 판결 [특허권침해금지 등] (특허발명의 증명서 자동피복장치에 사용되는 소모품인 일면에 접착제가 도포되어 롤에 감겨 있는 합성수지필름이 특허발명의 증명서 자동피복장치의 생산에만 사용되는 물건이라고 보기 어렵다고 한 사례).

에 불과한 경우에는 간접침해의 성립을 부정할 만한 다른 용도가 있다고 할 수 없다.[146]

(라) 반제품 수출의 간접침해 해당성 여부

특허권의 속지주의 원칙상 물건의 발명에 관한 특허권자가 그 물건에 대하여 가지는 독점적인 생산·사용·양도·대여 또는 수입 등의 특허실시에 관한 권리는 특허권이 등록된 국가의 영역 내에서만 효력이 미치는 점을 고려하면, 특허법 제127조 제1호의 '그 물건의 생산에만 사용하는 물건'에서 말하는 '생산'이란 국내에서의 생산을 의미한다고 봄이 타당하다. 따라서 이러한 생산이 국외에서 일어나는 경우에는 그 전 단계의 행위가 국내에서 이루어지더라도 간접침해가 성립할 수 없다.

판례[147]에 따르면 반제품의 수출행위가 특허권의 간접침해인지 여부가 쟁점이 된 사안에서, 피고(침해자라고 주장되는 자)가 국내에서 생산하여 수출한 반제품이 모두 국외에서 완성품으로 생산되었다고 하더라도, 특허법 제127조 제1호의 '그 물건의 생산에만 사용하는 물건'에서 말하는 '생산'이란 국내에서의 생산을 의미한다고 봄이 타당하므로, 속지주의 원칙상 반제품의 수출행위는 특허권의 간접침해에 해당하지 않는다고 판시하였다.

(마) 전용성 요건의 입증책임의 소재

전용성의 입증책임의 소재가 문제된다. 즉 '특허 물건의 생산에만 사용하는 물건'에 해당하기 위한 요건(전용성 요건)의 주장·입증책임의 소재가 문제되는데, 판례는 특허권자에게 있다고 한다. 판

---

146) 대법원 2009.9.10. 선고 2007후3356 판결 [권리범위확인(특)] (명칭이 "CMP용 연마 패드"인 확인대상발명의 물건은 명칭이 "개선된 연마패드 및 이의 사용방법"인 특허 물건의 생산에만 사용되는 것이므로, 업으로서 확인대상발명의 물건을 생산·판매한 행위는 권리범위확인심판의 심결시를 기준으로 위 특허권에 대한 간접침해에 해당한다고 한 사례)
147) 대법원 2015.7.23. 선고 2014다42110 판결 [손해배상(지)].

례[148]는 특허발명을 채택한 레이저 프린터에 사용되는 소모부품인 (가)호 발명의 감광드럼카트리지가 특허발명의 물건의 생산에만 사용하는 물건에 해당하여 (가)호 발명이 특허발명의 권리범위를 벗어날 수 없다고 한 사례에서, "특허발명의 대상이거나 그와 관련된 물건을 사용함에 따라 마모되거나 소진되어 자주 교체해 주어야 하는 소모부품일지라도, 특허발명의 본질적인 구성요소에 해당하고 다른 용도로는 사용되지 아니하며 일반적으로 널리 쉽게 구할 수 없는 물품으로서 당해 발명에 관한 물건의 구입시에 이미 그러한 교체가 예정되어 있었고 특허권자측에 의하여 그러한 부품이 따로 제조·판매되고 있다면, 그러한 물건은 특허권에 대한 이른바 간접침해에서 말하는 '특허 물건의 생산에만 사용하는 물건'에 해당하고, 위 '특허 물건의 생산에만 사용하는 물건'에 해당한다는 점은 특허권자가 주장·입증하여야 한다."고 판시하고 있다.

3. 직접침해와 간접침해의 관계 — 종속설과 독립설

간접침해와 직접침해의 관계를 어떻게 볼 것인지에 대하여, 우리 특허법 제127조의 해석에 비추어 종속설과 독립설 중 어느 것이 바람직한 것인지가 문제된다.

독립설은 간접침해는 직접적인 침해로부터 독립한 특허권의 침해형태라고 한다.[149] 독립설이 우리나라의 다수설 지위에 있다.[150] 이 견해에 의하면 특허법상 간접침해는 2단계로 구성되는 직접침해의 1단계에 해당하는 것으로 보아 직접침해가 없어도 간접침해

---

148) 대법원 2001.1.30. 선고 98후2580 판결 [권리범위확인(특)]; 대법원 2002.
  11.8. 선고 2000다27602 판결 [특허권침해금지 등].
149) 윤선희, 전게서, 130면.
150) 송영식·이상정·황종환·이대희·김병일·박영규·신재호, 전게서, 643~
  644면.

가 성립될 수 있다고 본다. 따라서 이 학설은 특허법 제127조 각 호의 요건을 만족시키는 행위가 이루어진 때에는 독립적으로 특허권 침해가 성립하고 직접침해의 유무를 묻지 않게 된다.

이에 반해 종속설은 법리상 당연히 직접침해의 존재가 간접침해의 성립의 전제가 되며, 직접침해가 성립하지 않을 때에는 특허법 제127조 각 호의 요건을 충족하는 실시행위를 하더라도 간접침해는 성립하지 않는다는 견해이다. 이 견해는 특허권이 독점배타권이며 금지청구권을 가지고 있는 점 등에 비추어, 간접침해를 직접침해와 단절하여 별개의 독립적인 것으로 보는 것은 적절하지 않다고 한다. 즉 처음부터 정당하게 실시권을 가진 자가 특허발명을 실시한 때와 같이 직접침해가 성립하지 않음이 명확한 경우에, 그에게 특허발명의 실시를 위한 부품을 공급하거나 특허발명의 실시를 교사·방조하였더라도 위법성이 있다고 볼 수 없으므로 이를 특허권의 침해로 보는 것은 특허권의 부당한 확장이라고 한다.[151]

한편 종속설과 독립설의 대립과 별개로 간접침해와 직접침해의 관계에 구애받지 않고, 간접침해의 유형별[152]로 각각의 경우에 맞추어 간접침해의 성립여부를 논하는 것이 타당한 것인지 여부도 문제된다. 이러한 접근방법을 지지하는 견해는 종속설과 독립설을 철저히 하면 오히려 현실의 적용에 있어서 불합리가 생기는 경우를 피할 수 없고 따라서 구체적 사례에서 권리자와 행위자의 이익형량에 기하여 수정하여 양설을 적용할 필요가 있다는 견해라 할

---

151) 곽민섭, "제127조(침해로 보는 행위)", 정상조·박성수 공편, 『특허법 주해(II)』, 박영사, 2010, 106~107면.

152) 예컨대, 유형별로 나누면 ① 직접행위자가 개인적·가족적 실시를 하는 경우(직접행위자가 일반 소비자인 경우로서 업으로서 실시하지 않은 경우), ② 직접침해자가 시험·연구를 위하여 발명을 실시하는 경우, ③ 직접행위자가 실시권자인 경우(직접침해자가 권리자로부터 실시허락을 받은 경우) 및 ④ 직접행위가 외국에서 행해진 경우 등이다.

수 있다.

일본에서는 간접침해와 직접침해의 관계에 관하여, 간접침해에 관해서는 이것을 직접침해규제의 실효성을 확보하기 위하여 규정한 것이라고 해석하는 입장에서 직접행위자에게 특허권침해가 성립하는 경우에만 간접침해가 인정된다는 견해(從屬說)153)와 특허권에 본래의 효력에 추가하여 별개의 효력이 인정된다고 해석하는 입장에서 직접행위자에게 특허권침해가 성립하지 않는 경우라도 간접침해를 긍정하는 견해(獨立說)154)의 대립이 있다.155)

4. 미해결 과제

(1) 우리 특허법 제127조를 해석함에 있어서, 특허발명의 일부 구성요소를 실시하는 태양인 구성요소적 간접침해의 유형이 우리 특허법상 간접침해에 포함되지 않는다고 보아야 하는지 여부가 문제된다. 구성요소적 간접침해의 유형이 우리 특허법상 간접침해에 포함되지 않는다는 견해를 취하면, 간접침해 제도의 근거에 비추어 볼 때 구성요소적 간접침해에 대해서도 특허권자를 보호할 필요성은 부인할 수 없는데, 우리 특허법 제127조의 적용대상은 아니기

---

153) 종속설의 근거는 직접침해행위가 성립하지 않는 경우에도 특허권보호를 실효적인 것으로 한다는 간접침해규정의 입법취지에 비추어 보면, 직접침해가 성립할 수 없는 경우에까지 간접침해의 성립을 인정하는 것은 특허권의 효력을 부당하게 확장하는 것이라고 한다. 종속설은 간접침해의 법적 성질에 관하여 특허권의 권리범위 자체를 확장하는 것이 아니라, 본래 가지고 있는 특허권의 효력을 향유하게 하는 것이라고 한다.

154) 독립설의 근거는 간접침해규정이 "~ 간주한다"고 규정하고 있는 것을 들고 있다. 또 간접침해의 법적 성질에 관하여 특허권의 본래의 효력 이외에 별개의 효력을 부가한 것이라고 한다.

155) 中山信弘·小泉直樹 編, 『新·註解 特許法[下卷]』, 靑林書院, 2011, 1476~1477頁(渡辺光 집필부분).

때문에 다른 법리에 의한 규제가능성(예컨대, 직접침해에 대한 교사·방조책임 또는 침해의 우려가 있음을 이유로 한 침해예방청구권의 행사가 이에 해당함)을 검토해 보아야 한다. 그런데 구성요소적 간접침해 행위 중에는 직접침해에 대한 교사·방조책임이나 침해예방청구권으로 규제할 수 없는 영역이 생기고 이는 결국 간접침해 규정의 개정을 통해 보완되어야 할 필요가 있다. 이와 달리 우리 판례의 태도와 같이 구성요소적 간접침해가 당연히 포함됨을 전제로 하여 해석론을 전개하여야 하는지 여부가 문제된다.

(2) 우리 특허법 제127조 제1호의 규정상 '침해품의 생산에만 이용하는 물건'이란 그 물건에 사회통념상 경제적, 상업적 또는 실용적인 다른 용도가 없는 것을 의미한다고 보면서, 문언해석보다는 규범적으로 해석하는 견해가 적지 않다. 그런데 복합적 기능 내지 다기능 제품의 경우에는 그러한 규범적 의미의 부여만으로는 그 외연이 분명하지 않은 문제점이 발생한다. 이런 문제점에 비추어 볼 때, 침해품의 기능과 침해되지 않는 기능을 겸비한 호환성이 있는 제품에 관하여는 바로 제1호의 '만'요건(전용품요건)을 충족하지 않은 것으로 판단[156]하는 것이 타당한지가 문제된다. 그렇지 않으면 다기능제품(대상제품이 특허발명을 실시하는 기능과 실시하지 않는 기능을 바꾸어 사용하는 것이 가능한 제품)의 경우, 특허발명을 실시하는 기능은 전혀 사용하지 않는 사용형태에 비추어 볼 때 대상제품의 경제적·상업적 또는 실용적인 사용형태로 인정되지 않는 한, 여기에 해당된다고 판단[157]하는 것이 타당한지 여부가 문제된다.

---

156) 東京地判昭和56·2·25 無體集13卷1号判139頁[交換レンズ事件] 참조.
157) 大阪地判平成12·10·24 判タ1081号241頁[製パン器事件] 참조.

5. 입법론

(1) 간접침해 인정범위의 확대 여부

현행법의 태도에 대해 종래 학계에서는 미국이나 일본의 특허법과 대비할 때 간접침해의 인정범위가 상대적으로 좁기 때문에 간접침해의 인정범위를 넓히는 방향으로 입법론적 개선이 필요하다는 취지의 비판적 견해가 있다.[158] 한편 이와 대립적인 견해를 보면, 정책적으로 결정된 각국의 고유한 입법 규정에 충실한 해석이 무엇보다 중요하므로, 우리 특허법상 간접침해가 성립하는지 여부는 제127조의 입법 규정을 충실하게 해석하여 결정하면 족하고, 이 과정에서 제 외국의 법리를 원용하는 것은 지양할 필요가 있다는 견해[159]도 있다.

(2) 반제품 수출행위의 간접침해 성립여부

반제품의 국외 수출행위가 특허권의 간접침해에 해당하는지 여부에 대한 입법론으로서, 다음과 같이 정리할 수 있다. 즉 ① 간접침해에 대해 구체적 행위유형을 추가로 신설함과 동시에 일반규정도 함께 신설하는 방안(미국방식),[160][161] ② 간접침해에 대해 구체

---

158) 신혜은, "특허권 간접침해 규정의 합리적인 해석방안 및 이를 위한 입법적 제언", 「안암법학」 제45권, 안암법학회, 2014; 문선영, "특허권 간접침해 규정의 문제점과 개선방안", 「법학논고」 제45집, 경북대학교 법학연구원, 2014 참조.

159) 강명수, "특허법상 간접침해에 관한 연구―특허법 제127조의 해석기준 및 개정방향을 중심으로", 한양대학교 대학원 박사학위논문, 2014 참조. 강명수 교수는 이처럼 제 외국의 입법례와 달리 우리나라 특허법상 간접침해는 직접침해를 전혀 고려하지 않는다는 점에서 특징이 있는 점에 반해, 미국 및 독일 등의 특허법상 간접침해는 직접침해의 존재를 전제로 한다는 점에서 특징이 있다고 한다.

160) 미국 특허법상 간접침해 규정인 제271조 (b)항의 유도침해 및 (c)항의 기여침해 규정과 우리 특허법 제127조는 그 규정 내용상 유사성을 찾아보기

적 행위유형만을 추가적으로 신설하는 방안(일본방식),[162] ③ 간접
침해의 일반규정을 신설하는 방안(독일방식), 그리고 ④ 현행법의
해석론으로서 대상판결의 쟁점도 해결할 수 있으므로, 미국이나 일
본과 같은 방식의 별도의 입법적 대안을 모색하지 않은 방안(해석론
적 대안제시 방안)[163] 등이 대립하고 있다.

쉽지는 않다. 미국 특허법상 간접침해 규정은 직접침해를 전제로 하여 그
러한 직접침해 행위에 관여한 경우(적극적으로 유도하거나 중요한 부품을
제공한 경우 등)를 규제하고 있다. 이에 반해, 우리 특허법상 간접침해는
직접침해에 대해서는 아무런 언급을 하지 않고 있고, 간접침해자의 행위만
을 요건으로 하며, 주관적 요건도 완전히 배제하고 있다는 특징이 있다.

161) 문선영, "특허권 간접침해 규정의 문제점과 개선방안", 「법학논고」 제45
집, 경북대학교 법학연구원, 2014 참조.

162) 신혜은, "특허권 간접침해 규정의 합리적인 해석방안 및 이를 위한 입법
적 제언", 「안암법학」 제45권, 안암법학회, 2014 참조. 신혜은 교수는 일본
특허법 제101조 3호와 6호의 도입에는 부정적인 것으로 보인다.

163) 간접침해는 특허권자 보호를 위해 탄력적으로 해석해야 할 침해유형이
아니라 입법정책적으로 결정된 각국의 고유한 입법 규정에 충실한 해석이
무엇보다 중요하므로, 따라서 우리 특허법상 간접침해가 성립하는지 여부
는 제127조의 입법 규정을 충실하게 해석하여 결정하면 족하고, 이 과정에
서 제 외국의 법리를 원용하는 것은 지양할 필요가 있다는 견해이다(강명
수, "특허법상 간접침해에 관한 연구―특허법 제127조의 해석기준 및 개정
방향을 중심으로", 한양대학교 대학원 박사학위논문, 2014 참조). 강명수
교수는 나아가, 간접침해를 인정하는 주된 근거는 간접침해 대상물이 특허
발명에 의해 새롭게 창출된 시장의 제품으로서 당해 제품 시장에서의 특허
권자의 투자 수익을 보호할 필요성에 있다는 것인데, 이러한 근거에 의하면
간접침해의 판단에 있어 직접침해를 중시하는 제 외국의 입법례보다는 직
접침해 여부를 불문하고 특허권자와 간접침해자를 중심으로 판단하는 우
리나라 입법이 보다 합리적임을 알 수 있다고 한다. 그리고 특허제도의 유
지를 위해 특허권의 직접침해를 규제해야 한다는 점은 부인할 수 없는 데
반해, 간접침해는 특허권의 효력범위를 벗어난 영역에서의 예외적인 보호
여서 이러한 행위로부터 특허권자를 반드시 보호해야만 하는 것은 아니라
고 한다. 또 실제로 간접침해를 인정하지 않는 국가들도 다수 있으며, 간접
침해를 인정하는 나라에서도 특허법의 제도초기부터 인정했던 것은 아니
라는 점이 이를 잘 반영하고 있는 점 등에 비추어 볼 때, 간접침해는 특허권

(3) 미국특허침해소송 실무

미국특허법에서는 간접침해에 관한 조문으로서 특허법 제271조 (b) 및 (c)를 두고 있고, 수출과 관련한 역외적용(Extra-territorialism) 문제로서 유도침해에 대응하는 특허법 제271조(f)(1)과 기여침해 에 대응한 특허법 제271조(f)(2)를 두고 있다. 즉 특허법 제271조 (f)(1)은 수출을 통해 유도침해를 부당하게 회피하는 경우를 방지 하기 위한 규정이고, 특허법 제271조(f)(2)는 수출을 통해 기여침해 를 부당하게 회피하는 경우를 막기 위한 규정이다.

미국에서는 간접침해가 인정되기 위해서 반드시 직접침해를 전 제로 하고 있다. 직접침해와 간접침해의 관계를 둘러싸고 이른바 종속설을 택한다고 이해되고 있다. 그런데 특허권의 대상물건의 부품을 미국에서 제조하여 외국으로 수출한 후 외국에서 조립하여 완성품을 만드는 경우 구성요소완비의 원칙상 미국 내에서는 직접 침해가 일어나지 않고 또 속지주의 원칙상 외국에서의 조립·제조 를 미국 특허권의 침해라고 할 수 없게 된다. 따라서 특허권의 대상 물건의 부품만을 미국에서 제조하여 수출하는 행위는 그 전제로서 미국 내에서 직접침해가 성립할 수 없으므로 간접침해로 규율할 수 없게 됨으로써 결국 특허권자의 통제범위를 벗어나게 된다. 이 러한 논리에 기하여 1972년의 Deepsouth Packing Co. v. Laitram Corp. 사건[164]에서는 특허권자의 침해주장을 배척하였다. 이러한 불합리를 피하기 위한 반성적 고려에서 미국은 1984년 특허법개정 에서 제271조(f)를 신설하여 수출에 있어서 유도침해와 기여침해 의 태양을 간접침해의 대상으로 포섭하고 있다.

그런데 2017년 선고된 Life Technologies v. Promega 사건[165][166]

자 보호를 위해 탄력적으로 해석해야 할 침해유형이 아니라 입법정책적으 로 결정된 각국의 고유한 입법 규정에 충실한 해석이 무엇보다 중요한 것이 라고 주장한다.

164) Deepsouth Packing Co. v. Laitram Corp., 406 U.S. 518 (1972).

의 판결(이하 '대상판결'이라 함)에서는 부품·반제품의 수출행위에 대하여 미국특허법상 간접침해가 성립하는지 여부를 주된 쟁점으로 다루었다. 원고 Promega는 피고의 이 사건 구성부품 '태그 폴리머라제(Taq polymerase)로 알려진 효소(enzyme)'의 수출행위는 미국특허법 제271조(f)(1)의 침해에 해당한다고 주장하면서 피고 Life Technologies를 상대로 소를 제기하였다. 이 사건의 1심법원(The United States District Court for the Western District of Wisconsin)에서는 원고가 패소하였으나, 항소심에서는 CAFC가 원고에게 승소판결을 내렸다. 이에 피고가 상고하자, 연방대법원은 피고 Life Technologies의 행위는 미국 특허법 제271조(f)(1)의 침해에는 해당하지 않는다고 판단하였다.

요컨대 대상판결에서 미연방대법원은 미국특허법 제271조(f)(1)의 "substantial portion(실질적인 부분)"의 의미에 대해 '정량적인(quantitative)' 즉 양적인 것을 말하고, '정성적인(qualitative)' 즉 질적인 것을 의미하는 것이 아니라고 판시하였다. 나아가 미국특허법 제271조(f)(1)의 적용범위에 있어서 다수 구성부품을 가진 특허에 대하여 하나의 구성부품의 국외 제공 즉 수출행위는 미국특허법 제271조(f)(1)이 정한 침해책임을 지지 않는다는 점을 분명히 판시하였다. 결국 대상판결에 따르면 해외에 있는 다른 구성부품들과 결합 내지 조립할 의도로 하나의 구성부품을 수출하는 행위는 미국특허법 제271조(f)(1)이 정한 특허침해책임을 지지 않는다는 점을 명백히 한 점에 대상판결의 의의가 있다.

---

165) Life Technologies Corp. v. Promega Corp., No. 14-1538, 580 U.S. ___ (Feb. 22, 2017).

166) 이 사건 판결의 평석으로는, 차상육, "부품·반제품의 수출과 특허법상 간접침해 성립여부", 「지식재산정책」 Vol.36, 한국지식재산연구원, 2018. 9, 92~108면 참조.

6. 2018년 특허법 개정안

특허청은 간접침해의 행위 유형 확대를 위하여 2018년 8월 특허 침해 규정에 대한 개정안을 마련하면서 9월 초순경에 이에 관한 공청회를 열었다. 4차 산업혁명 시대의 디지털·네트워크 환경에서 새롭게 등장 가능한 침해 유형에 대해 강력하고 유연하게 대응할 수 있도록 간접침해 행위 유형을 확대하는 개정안을 마련하였다. 그 개정안의 주요 골자를 보면, ⅰ) 非 전용물 기여침해 신설−입법 취지: 타 용도가 있는 물품에 대한 간접침해 유형의 신설, ⅱ) 정보통신망 이용 기여침해 신설−입법취지: 3D 프린팅 데이터 등 전송에 의한 침해에 대응, ⅲ) 유도침해 신설−입법취지: 디지털·네트워크환경에서 새롭게 등장하는 유형의 침해에 대응 등이라고 한다.

V. 특수한 청구항의 해석

1. 제법한정 물건청구항(Product by Process Claim)

(1) 의 의

특허법 제2조 제3호에서는 발명의 범주를 '물건의 발명', '방법의 발명', '물건을 생산하는 방법의 발명'으로 구분하고 있다. 특허청구범위가 전체적으로 물건으로 기재되어 있으면서 그 제조방법의 기재를 포함하고 있는 발명을 '제조방법이 기재된 물건발명'이라고 하며,[167] 그러한 청구항을 '제법한정 물건청구항'(PbP Claim)이라 한다.

특허출원실무에서는 특허청구범위에 발명의 대상이 되는 물건의 구성을 직접적으로 기재하여 특정하는 것이 불가능하거나 곤란

---

[167] 대법원 2015.1.22. 선고 2011후927 전원합의체 판결.

한 경우에 출원인의 권리보호를 위하여 예외적으로 그 물건의 제조방법에 의하여 물건 구성을 특정할 수 있는 것을 허용하고 있다. 주로 화학이나 생명공학 분야의 발명에서 유용하게 이용되고 있으며, '… 방법으로 제조되는 물건' 내지 '… 공정으로부터 제조되는 물건' 또는 '… 장치로 제조되는 물건' 등의 형태로 청구범위를 표현하여 작성하는 사례가 적지 않다.

문제는 실무의 한쪽에서는 구성만으로도 청구항을 표현할 수 있는 발명임에도 불구하고, 물건을 특정하기 위하여 '방법' 표현을 청구항에 포함시키는 경우가 적지 않은데, 이러한 경우에도 종래와 동일하게 '제법한정 물건청구항'으로서 규범적으로 평가할 수 있느냐 하는 것이다. 한편 종래 이른바 '진정 PBP 청구항'이란 물건을 구조 또는 성질에 의해 직접적으로 특정하는 것이 불가능하거나 극히 곤란한 경우를 말하며, 그렇지 않은 경우를 '부진정 PBP청구항'이라 하여 구별하기도 하였다. 그러나 미국의 심사지침서에는 '진정 PBP 청구항'과 '부진정 PBP 청구항'을 구별하지 않고 PBP 청구항의 특허성 여부를 판단하고 있는 점을 유의할 필요가 있다.

(2) 제법한정 물건청구항의 해석론 일반[168]

첫째, 물건동일성설(物件同一性說)[169]이다. 제법한정 물건청구항

---

168) 최성준, "Product by Process Claim에 관하여", 『민사재판의 제 문제』 제19권, 한국사법행정학회, 2010, 660~661면; 윤태식, "제조방법 기재 물건 청구항의 청구범위 해석과 관련된 쟁점", 「특별법연구」 제11권, 사법발전재단, 2014, 397~398면; 유영선, "'제조방법이 기재된 물건발명 청구항(Product by Process Claim)'의 특허청구범위 해석", 한국특허법학회 편, 『특허판례연구』 제3판, 박영사, 2017, 349~350면.

169) '동일성설', '물건자체설' 또는 '물(物)동일성설'의 명칭으로 불리기도 한다. 이러한 물건동일성설에 대해서는 ⅰ) 청구항에 기재된 제조방법을 전혀 고려하지 않고 제외하여 해석한다는 의미인지, 아니면 ⅱ) 제조방법을 고려하되 제조방법에 의해 영향을 받는 물건의 구조나 성질을 물건의 구성

도 결국 물건의 청구항인 이상, 물건으로서 동일성이 있다면 기재
된 제조방법과 다른 방법으로 생산된 물건까지를 발명의 기술적
구성에 포함시키는 견해이다. 제법한정 물건청구항에 기재된 제조
방법은 어디까지나 물건을 특정하기 위한 수단에 불과하다는 점을
그 근거로 든다.

둘째, 제법한정설(製法限定說)[170]이다. 제법한정 물건청구항에 기
재된 '제조방법에 의해 제조되는' 물건으로 발명의 기술적 구성이
한정된다는 견해이다. 특허청구범위의 기술적 구성은 특허청구범
위의 기재에 근거하여 해석되어야 한다는 점을 그 이유로 든다.

양 학설의 기본적 차이점은 물건의 구조나 특성과는 직접적 관
련성이 없는 제조방법 자체를 발명의 구성요소로 인정할 것인지
여부에 대해서 물건동일성설은 부정적임에 반하여, 제법한정설은
긍정적인 태도를 취하는 데 있다. 즉 학설의 일반론으로서는 PBP
청구항에 기재된 제조방법을 한정사항으로 보지 않고 물건으로서
동일성이 있는 이상 해당 제조방법과 다른 제조방법으로 생산된
물건도 동일한 발명으로 해석하는 견해인 물건동일성설과, 제조방
법을 한정사항으로 보고 제조방법이 다른 경우에는 다른 발명으로
보는 제법한정설로 크게 나눌 수 있다.[171]

양 학설이 다른 점을 구체적으로 보면, 우선 물건동일성설의 경
우 물건의 청구항인 이상 제법한정 물건청구항의 특허권은 당연히
물건으로서의 권리를 향유하고, 물건으로서의 동일성이 있는 한 그
제조방법과 다른 제조방법에 의해 제도된 물건에도 그 권리가 미
치게 된다. 또 권리부여단계에서 신규성이나 진보성의 판단은 제

으로서 고려한다는 의미인지 여부에 대해서 의견 대립이 있었다.

170) '한정설'이라고도 한다.

171) 좌승관, "제조방법이 기재된 물건의 발명의 최근 대법원 판결에 대한 고
　　 찰―대법원 2015.1.22. 선고 2011후927 판결을 중심으로", 「지식재산연구」
　　 제11권 제1호, 한국지식재산연구원, 2016.3, 77면.

조방법에 구애됨이 없이 어디까지나 물건 그 자체를 기준으로 하게 된다. 이에 반하여 제법한정설은 특허청구범위의 기술적 범위는 청구범위의 기재에 근거하여 해석되어야 하므로 특별한 사정이 없는 한 청구범위에 기재된 제조방법을 의미 없는 것으로 해석하여서는 안 된다. 또 권리부여단계에서는 신규성이나 진보성의 판단도 물건 그 자체가 아니라 제조방법도 함께 고려하여 판단하게 된다.172)

(3) 종래 우리 학계의 태도 및 종래 판례의 태도

(가) 우선 우리 학설은 ⅰ) 특허성 판단 시에는 동일성설을 취하고, 침해 판단 시에는 동일성설을 원칙으로 하되 예외를 인정하는 견해,173) ⅱ) 특허성 판단 시에는 동일성설, 침해 판단 시에는 한정설을 취하는 견해,174) ⅲ) 특허성 판단 시 및 침해 판단 시 모두 한정설을 취하는 견해,175) ⅳ) 특허성 판단 중 그 기재로부터 물건으로서의 객관적 구성이 파악될 수 있는 발명에 대하여는 한정설을, 그 기재로부터 물건으로서의 객관적 구성이 파악되지 않는 발명에 대하여는 동일성설을 취하고, 침해판단에서는 금반언을 적용하여 한정설을 취하는 견해,176) ⅴ) 특허성 및 침해 판단 모두에서 동일

---

172) 최성준, "Product by Process Claim에 관하여", 「민사재판의 제 문제」 제19권, 한국사법행정학회, 2010.12, 680~687면.

173) 윤태식, "프로덕트 바이 프로세스 청구항(Product By Process Claim)에 관한 소고," 「사법논집」 제45집, 법원도서관, 2007; 조영선, "Product by Process Claim을 둘러싼 법률 관계," 한국특허법학회 편, 『특허판례연구』, 박영사, 2009; 최성준, "Product by Process Claim에 관하여," 「민사재판의 제 문제」 19권, 한국사법행정학회, 2010,

174) 조현래, "Product by Process Claim에 대한 특허침해판단," 「법학연구」 제50권 제1호, 부산대학교, 2009.6.

175) 김관식, "제조방법에 의한 물건 형식(Product-by-Process) 청구항의 해석,"『정보법학』제14권 제2호, 한국정보법학회, 2010.

176) 최성준, "Product by Process Claim에 관하여", 「민사재판의 제 문제」 제

성설을 취하는 견해[177] 등으로 나누어져 있다.[178]

(나) 다음으로 우리의 종래 판례(2004후3416)는 제법한정 물건청구항의 신규성 내지 진보성 판단 시 다음과 같이 제법한정 물건청구항의 해석을 하였다.

종래 판례[179]는 "물건의 발명의 특허청구범위는 특별한 사정이 없는 한 발명의 대상인 물건의 구성을 직접 특정하는 방식으로 기재하여야 하므로, 물건의 발명의 특허청구범위에 그 물건을 제조하는 방법이 기재되어 있다고 하더라도 그 제조방법에 의해서만 물건을 특정할 수밖에 없는 등의 특별한 사정이 없는 이상 당해 특허발명의 진보성 유무를 판단함에 있어서는 그 제조방법 자체는 이를 고려할 필요 없이 그 특허청구범위의 기재에 의하여 물건으로 특정되는 발명만을 그 출원 전에 공지된 발명 등과 비교하면 된다."

위 종래 판례에 대해서는 ⅰ) 예외사유로써 설시된 "제조방법에 의해서만 물건을 특정할 수밖에 없는 등의 특별한 사정"이 과연 어떠한 의미인지 불명확한 점, ⅱ) 현재의 고도화된 분석기술 등을 고려할 때 물건의 구조나 특성을 제대로 파악할 수 없는 경우가 실제로 있는지 의문인 점,[180] 또 ⅲ) 출원실무상 그러한 특별한 사정

19권, 한국사법행정학회, 2010.12.

177) 김병필, "최근 미국과 일본의 판례를 통해 살펴본 '제법한정 청구항'의 해석론에 관한 고찰,"「발명특허」Vol.436, 한국발명진흥회, 2012.

178) 강경태, "제조방법을 기재한 물건발명 청구항(Product by Process Claim)의 해석,"「LAW & TECHNOLOGY」제9권 제5호, 서울대학교 기술과법센터, 2013.9, 29면.

179) 대법원 2006.6.29. 선고 2004후3416 판결 [등록무효(특)] (명칭을 '시트벨트장치용 벨트결합금구 및 그 제조방법'으로 하는 특허발명의 특허청구범위 대상이 그 구성을 직접 특정함에 어려움이 없다고 보아, 특허청구범위에 기재된 제조방법 자체를 고려하지 않은 채 그 방법에 의하여 얻어진 물건만을 비교대상발명들과 비교하여 진보성을 부정한 원심의 판단을 수긍한 사례).

180) 생명공학 분야나 고분자, 혼합물, 금속 등의 화학 분야 등에서의 물건의

을 기초로 판단한 예외적 판결을 실제 찾아보기 어렵다는 점 등에서 의문이 제기되어 왔다.

(4) 최근 변경된 대법원 판례의 태도

(가) 특허부여단계(특허성 판단 시) ― "동일성설"

특허부여단계에서의 제법한정 물건청구항의 해석과 관련하여, 최근 전원합의체 판결(2011후927)[181]은 다음과 같이 판시하였다.

"특허법 제2조 제3호는 발명을 '물건의 발명', '방법의 발명', '물건을 생산하는 방법의 발명'으로 구분하고 있는바, 특허청구범위가 전체적으로 물건으로 기재되어 있으면서 그 제조방법의 기재를 포함하고 있는 발명(이하 '제조방법이 기재된 물건발명'이라고 한다)의 경우 제조방법이 기재되어 있다고 하더라도 발명의 대상은 그 제조방법이 아니라 최종적으로 얻어지는 물건 자체이므로 위와 같은 발명의 유형 중 '물건의 발명'에 해당한다. 물건의 발명에 관한 특허청구범위는 발명의 대상인 물건의 구성을 특정하는 방식으로 기재되어야 하는 것이므로, 물건의 발명의 특허청구범위에 기재된 제조방법은 최종 생산물인 물건의 구조나 성질 등을 특정하는 하나의 수단으로서 그 의미를 가질 뿐이다.

따라서 제조방법이 기재된 물건발명의 특허요건을 판단함에 있어서 그 기술적 구성을 제조방법 자체로 한정하여 파악할 것이 아니라 제조방법의 기재를 포함하여 특허청구범위의 모든 기재에 의하여 특정되는 구조나 성질 등을 가지는 물건으로 파악하여 출원

발명 중에는 어떠한 제조방법에 의하여 얻어진 물건을 구조나 성질 등으로 직접적으로 특정하는 것이 불가능하거나 곤란하여 제조방법에 의해서만 물건을 특정할 수밖에 없는 사정이 실제 존재할 수 있는지 문제와 관련하여 현재의 고도화된 분석기술 등을 고려할 때 부정적이라는 비판도 제기되고 있다.

181) 대법원 2015.1.22. 선고 2011후927 전원합의체 판결.

전에 공지된 선행기술과 비교하여 신규성, 진보성 등이 있는지 여부를 살펴야 한다.

한편 생명공학 분야나 고분자, 혼합물, 금속 등의 화학 분야 등에서의 물건의 발명 중에는 어떠한 제조방법에 의하여 얻어진 물건을 구조나 성질 등으로 직접적으로 특정하는 것이 불가능하거나 곤란하여 제조방법에 의해서만 물건을 특정할 수밖에 없는 사정이 있을 수 있지만, 이러한 사정에 의하여 제조방법이 기재된 물건발명이라고 하더라도 그 본질이 '물건의 발명'이라는 점과 특허청구범위에 기재된 제조방법이 물건의 구조나 성질 등을 특정하는 수단에 불과하다는 점은 마찬가지이므로, 이러한 발명과 그와 같은 사정은 없지만 제조방법이 기재된 물건발명을 구분하여 그 기재된 제조방법의 의미를 달리 해석할 것은 아니다.

… 원심은 … 제조방법에 관한 발명의 진보성이 부정되지 않는다는 이유만으로 곧바로 그 제조방법이 기재된 물건의 발명인 이 사건 제9, 10항 발명의 진보성도 부정되지 않는다고 판단하였으니, … 위법이 있다."라고 판시하였다.

(나) 특허침해단계(침해 판단 시) – "원칙적 동일성설이지만 예외 인정"

특허침해단계에서의 제법한정 물건청구항의 해석과 관련하여, 대법원 2011후927 전원합의체 판결이 선고된 후 약 20일 뒤 후속 판결(2013후1726)[182]은 다음과 같이 판시하였다.

"제조방법이 기재된 물건발명에 대한 위와 같은 특허청구범위의 해석방법은 특허침해소송이나 권리범위확인심판 등 특허침해 단계에서 그 특허발명의 권리범위에 속하는지 여부를 판단하면서도 마찬가지로 적용되어야 할 것이다. 다만 이러한 해석방법에 의하여 도출되는 특허발명의 권리범위가 명세서의 전체적인 기재에 의하여 파악되는 발명의 실체에 비추어 지나치게 넓다는 등의 명백

---

182) 대법원 2015. 2. 12. 선고 2013후1726 판결.

히 불합리한 사정이 있는 경우에는 그 권리범위를 특허청구범위에
기재된 제조방법의 범위 내로 한정할 수 있다."

(5) 외국의 판례 및 특허청의 태도

(가) 우선 제법한정 물건청구항의 해석과 관련하여, 특허부여단
계와 특허침해단계를 구분하여 주요국의 판례태도를 우리 판례의
태도와 비교하면 아래 〈표〉와 같이 정리할 수 있다. 주요국 판례나
주요국의 특허청의 동향은 대체로 '동일성설'에 접근하고 있다고
보여진다. 다만 미국의 경우 특허침해단계에서만은 한정설을 취하
고 있는 것으로 보인다. 이러한 입법례 차이의 근간에는 특허성 판
단 시와 권리범위(특허침해) 판단 시 청구항 해석론을 일치시키는
것이 올바른 청구항 해석방법(일원론)인지 아니면 미국에서처럼 특
허성 판단 시에는 '최광의 해석원칙'에 기하여 넓게 해석하고, 권리
범위(특허침해) 판단 시에는 가능한 한 그 범위를 제한하는 청구항
해석방법(이원론)이 바람직한지 여부에 있다고 본다.

〈표〉 주요국 판례의 제법한정 물건청구항(PbP Claim)의 해석

주요국	특허부여단계	특허침해단계
미국	동일성설[183]	한정설[184]
유럽 (독일)	동일성설(유럽)[185]	원칙적 동일성설 / 예외 인정(독일)[186]
일본	동일성설(物同一説)[187]	동일성설(物同一説)[188]
한국	동일성설[189]	원칙적 동일성설 / 예외 인정[190]

---

183) In re Thorpe, 777 F.2d 695, 227 USPQ 964 (Fed. Cir. 1985); In re
　　Marosi, 710 F.2d 798, 218 USPQ 289 (Fed. Cir. 1983). 미국 특허청 심사
　　기준(USPTO MPEP)도 동일성설을 취한다.
184) Abbott Laboratories v. Sandoz, Inc., 566 F.3d 1282 (Fed. Cir. 2009). 이
　　Abbott사건에서 CAFC는 제조방법기재 물건청구항의 경우 그 제조방법은

(나) 다음으로 외국 특허청의 심사기준을 정리하면 이하와 같다. 우선 미국 특허청의 심사기준(Manual of Patent Examining Procedure)에는 PbP 청구항이 방법(Process)에 의하여 청구항을 한정하고 있다 하더라도 그 특허성(Patentability)은 물건(Product) 그 자체에 기초하여 판단되어야 한다고 명확하게 기재되어 있다. 또 제조방법 단계들에 의해 함축되어 있는 구조는 선행기술과 대비해서 PbP 청

특허의 권리범위를 한정하는 요소로 작용하므로 이와 다른 방법을 사용하는 경우 그 결과로서 물건이 동일하더라도 침해를 구성하지 않는다고 판시하였다.

185) 특허부여단계에서 제법한정 물건청구항의 해석과 관련하여, 유럽 특허심판원의 T 205/83 결정(OJ 1985, 363)과 유럽 특허청(EPO) 심사가이드라인 모두 '동일성설'을 취하고 있다.

186) 특허침해단계에서 제법한정 물건청구항의 해석과 관련하여, 독일 연방대법원은 원칙적으로 동일성설을 취하면서, 그 청구항에 기재된 제조방법이 최종 생산물에 미치는 특별한 작용효과가 보호범위를 정함에 있어 고려되어야 한다는 입장을 취한다(윤태식, "제조방법 기재 물건 청구항의 청구범위 해석과 관련된 쟁점", 「특별법연구」 제11권, 사법발전재단, 2014, 418면).

187) 最高裁平成27年6月5日判決 平成24年(受)第2658号. 일본 최고재판소는 2015년 6월 5일 선고한 特許権侵害差止請求事件에서 지적재산고등재판소의 판결(真正PBP청구항은 물동일설(物同一説)을, 不真正PBP청구항은 제법한정설(製法限定説)을 취함)을 파기환송하였다.

188) 最高裁平成27年6月5日判決 平成24年(受)第1204号. 일본 최고재판소는 2015년 6월 5일 선고한 特許権侵害差止請求事件에서 지적재산고등재판소의 판결(知財高裁平成24年1月27日判決, 判時2144号51頁)을 파기환송(破棄差戻し) 하였다. 지적재산고등재판소의 판결은 진정(真正)PBP청구항(物의 構造 또는 特性에 의해 物을 特定하는 것이 出願時에 不可能하거나 또는 困難한 事情이 存在하는 경우)는 물동일설(物同一説)을, 부진정(不真正)PBP청구항(上記事情이 存在하지 않은 경우)는 제법한정설(製法限定説)을 취하면서, 이 사건 발명은 부진정(不真正)PBP청구항이어서 침해는 성립하지 않는다고 판단하였다.

189) 대법원 2015.1.22. 선고 2011후927 전원합의체 판결.

190) 대법원 2015.2.12. 선고 2013후1726 판결.

구항의 특허성을 평가할 때 고려되어야 한다고 되어 있다. 청구된
물건과 선행기술의 물건이 비록 다른 방법에 의해 제조된 것이라
고 해도 심사관이 두 물건이 동일 또는 유사하다는 것을 보여 주는
논거를 제시하면 입증책임은 출원인에게 전환되고, 출원인은 청구
된 물건과 선행기술의 물건의 차이가 자명한 것이 아니라는 증거
를 제출해야 한다고 하고 있다. 나아가 선행기술이 PbP 청구항에
서 청구된 물건과 동일하거나 약간만 다른 것으로 보여지는 물건
을 개시하고 있는 경우라면 신규성 또는 진보성에 의한 거절은 정
당하고 수긍할 수 있다고 하고 있다.[191]

또 유럽 특허청의 심사 가이드라인(Guidelines for Examination in
the European Patent Office)에도 제조방법에 의해 한정된 물건의 청
구항은 단지 그 물건 자체가 특허성의 요건(특히, 신규성 및 진보성)
을 충족한 경우에만 등록될 수 있다고 기재되어 있다. 또한 알려진
물건과 구별되는 PbP 청구항의 특징에 관한 입증책임은 출원인에
게 있으며, 출원인은 방법의 변경으로 인해 다른 물건이 생산된다
는 증거, 예를 들어, 물건들의 성질에 뚜렷한 차이가 존재한다는 증
거를 제출함으로써 등록이 가능하다고 하고 있다.[192]

또 일본은 최근 최고재판소 판결[193]을 통해 특허성 판단을 위한
발명의 요지 인정에 있어서, "물건 발명 특허에 관한 특허청구범위
에 그 물건의 제조방법이 기재된 경우라도 그 발명의 요지는 그 제
조방법에 의해 제조된 물건과 구조, 특성 등이 동일한 물건으로서

---

191) USPTO, Manual of Patent Examining Procedure, "2113 Product-by-
    Process Claims".
192) Guidelines for Examination in the European Patent Office, June 2012,
    Part F-Chapter IV 15, "4.12 Product-by-process claim".
193) 일본 최고재판소는 2015.6.5. PBP 청구항을 진정 PBP 청구항과 부진정
    PBP 청구항으로 나누어 판단하였던 원심(일본 지적재산고등재판소 판결)
    을 파기하면서, 특허성 판단 시 및 권리범위 판단 시 모두 물동일성설(物同
    一性說)에 기초해서 PBP 청구항을 해석해야 한다고 판시하였다.

인정된다고 해석함이 상당하다"라고 판시하였다. 이러한 태도는
미국, 유럽과 마찬가지로 제조방법에 의해 제조된 최종 물건을 대
상으로 하여 특허성 여부를 판단하도록 한 것이다.

　(다) 우리 특허청 심사기준에 의하면 제법한정 물건청구항에 대
한 심사지침[194]은 다음과 같다. (8) 물건발명 청구항에는 물건의
구조나 특성 등으로 기재할 수 있을 뿐 아니라, "… 방법으로 제조
된 물건", "… 장치로 제조된 물건" 등의 형식으로 제조방법을 이용
하여 물건에 관한 청구항을 기재할 수 있다. 물건의 발명을 방법적
으로 기재하였다고 하더라도 그러한 기재에 의하여 발명의 대상이
되는 물건의 구성이 전체로서 명료하다면 방법적 기재만을 이유로
기재불비는 아니다[2008허11484]. 다만, 심사관은 명세서 및 도면,
출원 시의 기술상식을 고려하더라도 제법한정 물건발명에 기재된
제조방법(출발물질 또는 제조공정 등)이 불명확하다고 인정되는 경우
특허법 제42조 제4항 제2호 위반으로 거절이유를 통지할 수 있다.
또한 명세서, 도면 및 출원 시의 기술상식을 고려하더라도 물건의
구조나 특성 등을 파악할 수 없을 정도로 불명확한 경우에는 제42
조 제4항 제2호 위반으로 거절이유를 통지할 수 있다. 다만, 출원
인이 그 제조방법에 의해서만 물건을 특정할 수밖에 없는 등의 특
별한 사정이 있다거나 그 제조방법이 물건의 구조나 성질에 어떠
한 영향도 미치지 않음을 입증한 경우에는, 그 거절이유는 해소 된
것으로 보고 거절결정하지 않는다.

(6) 우리 대법원 판례의 검토

　제법한정 물건청구항의 해석과 관련하여, ⅰ) 우선 특허부여단계
에서 대법원 2015.1.22. 선고 2011후927 전원합의체 판결에서는 동
일성설을 취하였다. 종래의 판결들[195]은 제조방법이 기재된 물건발

---

194) 특허청, 『특허 · 실용신안 심사지침서(2018)』, 제2부 제4장 4. (8).

명을 그 제조방법에 의해서만 물건을 특정할 수밖에 없는 등의 특별한 사정이 있는지 여부로 나누어, 이러한 특별한 사정이 없는 경우에만 그 제조방법 자체를 고려할 필요가 없이 특허청구범위의 기재에 의하여 물건으로 특정되는 발명만을 선행기술과 대비하는 방법으로 진보성 유무를 판단해야 한다는 취지로 판시하였다.

결국 전원합의체 판결은 제조방법에 의해서 물건을 특정할 수밖에 없는 특별한 사정이 있는 경우에는 선행기술과 대비 시에 그 제조방법을 고려할 수 있다는 취지의 종전의 판례들을 모두 폐기한 것이라 할 수 있다. 특허부여단계에서는 제조방법에 의해서만 물건을 특정할 수밖에 없는 등의 특별한 사정은 이제 더 이상 고려요소가 될 수 없다.

또 ⅱ) 특허침해단계에서도 특허부여단계와 마찬가지로 대법원은 위 2015년 전원합의체 판결의 후속판결로서 '원칙적 동일성설을 택하고 예외를 인정'하는 견해를 취하였다. 후속판결 즉 대법원 2015.2.12. 선고 2013후1726 판결에서는 원칙적 동일성설을 택하면서 대법원 2015.1.22. 선고 2011후927 전원합의체 판결의 법리를 그대로 원용하였다.

정리하면 위 전원합의체 판결이나 그 후속판결을 보면 우리 대법원이 특허부여 단계뿐만 아니라 특허침해단계에서도 원칙상 동일성설을 일관되게 취하였다는 점이다. 특히 위 전원합의체 판결은 제조방법에 의해서 물건을 특정할 수밖에 없는 특별한 사정이 있는 경우에는 선행기술과 대비 시에 그 제조방법을 고려할 수 있

---

195) 대법원 2006.6.29. 선고 2004후3416 판결; 대법원 2007.5.11. 선고 2007후449 판결; 대법원 2007.9.20. 선고 2006후1100 판결; 대법원 2008.8.21. 선고 2006후3472 판결; 대법원 2009.1.15. 선고 2007후1053 판결; 대법원 2009.3.26. 선고 2006후3250 판결; 대법원 2009.9.24. 선고 2007후4328 판결 등.

다는 취지의 종전의 판례들을 모두 폐기하였으므로, 결국 제법한정 물건청구항이라도 신규성이나 진보성 판단 시 오로지 물건으로만 파악하는 태도를 분명하게 한 데서 그 의의를 찾을 수 있다.

요컨대 위 전원합의체 판결은 특허부여 단계에서 '진정' 제법한 정청구항과 '부진정' 제법한정청구항을 구분하지 않고, 모두 동일 성설을 취하면서 기존의 대법원판례를 변경한 점에 의의가 있다. 이러한 우리 대법원의 태도는 학설 중 특허부여단계의 특허성 판 단 시에는 동일성설을 취하고, 특허침해단계의 침해 판단 시에는 동일성설을 원칙으로 하되 예외를 인정하는 견해에 접근하고 있다 고 할 수 있다.

(7) 대법원 판결의 의의와 과제

우리 대법원은 제법한정 물건청구항의 해석에 관하여 종래의 혼 선을 정리하면서 특허부여단계나 특허침해단계에서 원칙상 동일성 설(物同一說)을 취하는 것으로 입장을 분명히 하였다. 대법원의 이 러한 태도는 진정 PBP 청구항과 부진정 PBP 청구항으로 구별하여 전자의 경우 한정설, 후자의 경우 동일성설을 적용하던 종래의 태 도를 변경한 것으로서, PBP 청구항의 해석과 관련하여 기본적으로 일본, 미국, 유럽 등 세계적인 추세에 부합하는 판시로 이해된다.

다만 특허부여단계(특허성 판단 시)에서는 2011후927 전원합의체 판결에서 물건동일성설을 예외 없이 택하였고, 특허침해단계에서 는 후속판결인 2013후1726 판결에서 원칙적으로 물건동일성설을 택하면서 예외적으로 제법한정설을 적용할 수 있는 여지를 남겨 두었다. 즉 물건동일성설의 해석방법에 의하여 도출되는 특허발명 의 권리범위가 명세서의 전체적인 기재에 의하여 파악되는 발명의 실체에 비추어 지나치게 넓다는 등의 명백히 불합리한 사정이 있 는 경우에는 그 권리범위를 특허청구범위에 기재된 제조방법의 범 위 내로 한정할 수 있다는 것이다.

요컨대 대법원 2013후1726 판결은 물건동일성설에 의할 때에도 "발명의 실체에 비추어 지나치게 넓다는 등의 명백히 불합리한 사정이 있는 경우"에는 특허권의 행사범위를 제한할 수 있는 여지를 남겨 두었는데, 문제는 그 예외사유인 명백히 불합리한 사정이 구체적으로 무슨 의미를 가지는지가 불명확하다는 점이다. 즉 이러한 대법원의 예외사유의 설시내용은 예외적인 사정이 있는 경우 제법한정설을 취하여 '제조방법'을 발명의 구성으로 확정하겠다는 의미로 파악할 수 있는지가 문제된다. 그렇지 않으면 발명의 구성은 '제조방법'을 고려하여 물건의 구조나 특성으로 파악하여 특정하되 다만 권리행사범위만을 청구항에 기재된 '제조방법으로 생산된 물건'으로 한정하고 물건 전체를 대상으로 하는 것이 아니라고 볼 것인지가 문제된다. 이러한 해석의 문제는 향후 후속 판례의 축적으로 해결해야 하는 대법원 2013후1726 판결의 과제라고 할 것이다.

(8) 실무에의 영향 − 증명책임의 문제 등

대법원 전원합의체 판결에 따라 제법한정 물건청구항이라 하더라도 특허성 판단 시에는 완전한 물건동일성설에 따라서 제조방법에 따라 생산된 최종물의 특허성을 판단하기 위해서는 발명의 상세한 설명으로부터 물건의 구성이나 성질 등 실체를 파악해야 한다. 나아가 특허침해 판단 시 권리범위를 판단할 때에도 원칙상 이러한 접근방법을 택할 것으로 전망된다. 다만 특허발명의 권리범위가 명세서의 전체적인 기재에 의하여 파악되는 발명의 실체에 비추어 지나치게 넓다는 등의 명백히 불합리한 사정이 있는 경우에는 그 권리범위를 특허청구범위에 기재된 제조방법의 범위 내로 한정할 수 있을 뿐이다.

결국 이러한 대법원의 태도는 특허청구범위에 발명의 대상이 되는 물건의 구성을 직접적으로 기재하여 특정하는 것이 불가능하거나 비실제적인 사정이 존재하지 않는 한(다만 이러한 예외적인 경우조차 논란이 될 수 있음), 화학이나 생명공학 분야의 발명에서조차 제법한정 물건청구항은 청구항 기재 자체가 불명확하다고 판단될 가능성이 상당히 높아졌다. 우리 대법원 판례의 태도변경으로 특허출원의 향후 실무에서는 제법한정 물건청구항을 이용하기 어렵게 되었다고 생각된다.

또한 최종 생산물건의 구조나 성질에 관한 입증책임이 누구에게 있는지 검토할 필요가 있다. 심사 단계에서는 심사관이 특허발명과 선행문헌의 제조방법이 상이하더라도 최종 생산물의 구조나 성질이 동일 내지 유사할 것이라는 합리적인 의심이 든다면 그 이유를 들어 거절이유를 통지할 수 있을 것이며, 이때 출원인은 최종 생산물의 구조나 성질은 서로 다르다는 점을 입증해야 할 것이다. 심판단계에 서는 청구인이 양 발명의 최종 생산물의 구조나 성질이 동일 내지 유사할 것이라는 논거를 제시하면 권리자가 이를 반박하는 방식으로 진행될 수 있을 것이다.

미국과 유럽에서도 심사단계에서 PbP 청구항이 선행문헌과 차이가 있다는 것에 대한 입증책임을 출원인에게 부담시키고 있다. 미국에서는 청구된 물건과 선행기술의 물건이 비록 다른 방법에 의해 제조된 것이라고 해도 심사관이 두 물건이 동일 또는 유사하다는 것을 보여 주는 논거를 제시하면 입증책임은 출원인에게 전환되고, 출원인은 청구된 물건과 선행기술의 물건의 차이가 자명한 것이 아니라는 증거를 제출해야 한다고 하고 있다.[196] 유럽에서도 마찬가지로 알려진 물건과 구별되는 PbP 청구항의 특징에 관한 입증책임은 출원인에게 있으며, 출원인은 방법의 변경으로 인해 다른 물건이 생산된다는 증거를 제출해야 하는데, 예를 들어, 물건들의

---

196) USPTO, Manual of Patent Examining Procedure, "2113 Product-by-Process Claims".

성질에 뚜렷한 차이가 존재한다는 것을 보여 줌으로써 등록이 가
능하다고 하고 있다.197)

2. 기능식 청구항(Means plus Function Claim)

(1) 의 의

기능식 청구항(Means plus Function Claim)이란 특허청구범위의 청
구항 가운데 일부 요소를 구체적 구성으로 기재하지 않고 일정한
기능이나 성질, 작용, 특성, 효과 등으로 추상화하여 표현한 청구항
을 말한다.198) 예컨대 목적달성이 가능한 " ~ 수단" 등과 같이 기능
적으로 표현된 청구항을 말한다. 일반적으로 기능식 청구항은 어
떤 기능(function)과 이를 수행하기 위한 수단(means or step)이라는
문구로 표현되는 경우가 많지만 이에 구애되는 것은 아니고 실질
적으로 판단하면 족하다. 이러한 기능식 청구항은 기술적 구성을
직접적으로 구체적으로 기재한 것이 아니기 때문에 기능이나 성질,
작용, 특성, 효과 등을 통한 간접적 기재만으로 청구항 기재 자체에
서 기술적 구성을 명확하게 이해할 수 없는 경우가 많다.

문제는 기능식 청구항을 문언 그대로 해석하면 해당 기능을 수
행하는 모든 구성을 포함하여 해석함으로써 결국 발명의 보호범위
가 발명의 상세한 설명에 의해 뒷받침되는 것에 대비해 지나치게
넓어질 수 있다는 우려가 있다. 즉 기능식 청구항의 경우 특허청구
범위의 기재문언대로 기술적 범위를 인정하면 당업자가 발명의 상
세한 설명의 기재로부터 이해하는 범위를 넘어서서 특허권의 효력
이 미치게 되는 경우가 발생할 수 있는 것이다. 이러한 경우는 특허

---

197) Guidelines for Examination in the European Patent Office, June 2012,
　　Part F-Chapter IV 15, "4.12 Product-by-process claim".
198) 조영선, 전게서(각주 28), 52면.

발명의 기술적 범위를 당업자가 이해할 수 있는 범위 내로 한정하여 해석하는 방법이 채용되어야 함이 타당하다. 가령 발명의 상세한 설명에서는 특수한 형태의 볼트만을 개시하였음에도 불구하고 특허청구범위에서는 단순히 '각 재료를 접합하는 수단'으로서 기능적으로 기재되어 있는 경우, 접합수단으로서는 발명의 상세한 설명에서의 개시 이외에도 얼마든지 범위는 확대할 수 있을 듯하지만 출원인이 개시하고 있는 특수형태의 볼트에 유사한 범위 내로 한정하여 기술적 범위를 인정해야 하는 경우가 있는 것이다.[199]

특허청구범위에는 발명이 명확하고 간결하게 기재되어야 한다(특허법 제42조 제4항 제2호). 또 발명의 설명에 의하여 뒷받침되어야 한다(같은 항 제1호). 따라서 원칙상 구성요소를 불명확하게 하는 기능식 표현은 바람직하지 않다. 다만 BM발명, 컴퓨터 프로그램 발명이나 ICT관련 기술(전자, 통신, 정보통신) 등에서처럼 기술분야에 따라 발명의 특성상 청구범위를 구체적인 구조의 기재만으로 표현하기 어려운 경우가 있다. 이처럼 기능식청구항이 불가피하거나 더 효율적인 경우에는 일정한 요건과 한도 내에서 유효한 것으로 인정함이 타당하고 세계적인 추세라 할 수 있다.

2007년 특허법 개정에 따라 특허청구범위의 기재요건이 완화되었다. 즉, '특허청구범위에는 발명의 구성에 없어서는 아니 될 사항 '만'이 기재하여야 한다'는 요건이 삭제되었다. 2007년 특허법 개정 이전에는 이러한 요건에 따라 기능식 청구항은 인정하기 쉽지 않았다. 또 2007년 특허법 개정에 따라 제42조 제6항을 신설하여 "특허청구범위를 기재할 때에는 보호받고자 하는 사항을 명확히 할 수 있도록 발명을 특정하는 데 필요하다고 인정되는 구조·방법·기능·물질 또는 이들의 결합관계 등을 기재하여야 한다."고 규정함으로써 기능식 청구항을 정면으로 인정하고 있다.

---

199) 高林龍, 前揭書, 135頁.

미국 특허법 제112조 제6항에서는 ⅰ) 결합(combination) 청구항
의 경우 구조, 재료 또는 작용을 기재하지 않고 그 대신에 특정한
기능을 달성하는 수단 내지 공정으로 기재하여 표현할 수 있다고
규정하고 있으며, ⅱ) 그러한 청구항은 명세서의 발명의 상세한 설
명에 개시된 상응하는 구조(corresponding structure), 재료 또는 작용
과 이들과 등가 내지 균등한 범위를 보호하는 것으로 해석되어야
한다고 규정하고 있다.200) 미국의 경우 해당 청구항이 기능식 청구
항인지 여부에 따라 미국특허법 제112조 제6항의 균등론을 적용할
것인지 아니면 일반적인 균등론을 적용할 것인지 여부를 결정하게
된다. 따라서 미국에서는 해당 청구항이 기능식 청구항인지 아니
면 일반적인 청구항인지 여부부터 먼저 판단해야 한다. 미국 판례
중 Mas-Hamilton 사건201)에서 CAFC는 기능식 청구항의 특성에 의
해 이 사건 청구항은 명세서에 명확하게 연결 내지 관련된 구조만
이 침해의 범위에 포함된다고 판단하면서, 기능식 청구항의 해석은
발명의 상세한 설명에 개시된 상응하는 구조, 재료 또는 작용과 이
들의 균등물로만 한정하여야 하므로 결국 이 사건의 경우 침해가
성립되지 않는다고 판시하였다.

　한편 일본은 1994년 개정특허법에서 특허청구범위의 기재요건
이 완화되었고 또 발명의 상세한 설명의 기재요건도 실시가능요건
으로 보게 된 이후 기능식청구항의 기재에 대해 그 허용성이 넓혀

---

200) 따라서 미국의 경우 기능식 청구항인지 여부를 판단하는 요건사실로서는
　　① 결합(combination) 청구항일 것, ② 기능(function)이 기재될 것, ③ 수
　　단(means or step)이라는 문구로 표현될 것, ④ 명세서의 발명의 상세한 설
　　명에 개시된 상응하는 구조(corresponding structure) 등이 기재되지 않을
　　것을 들 수 있다. 이러한 요건사실 예컨대 명세서에 상응하는 구조가 개시되
　　지 않은 경우에는 기능식 청구항의 요건사실을 충족하지 못함으로써 미국
　　특허법 제112조 제1항 또는 제2항에 의하여 등록거절결정이 이루어진다.

201) Mas-Hamilton Group v. LaGard, Inc., 156 F.3d 1206, 48 USPQ2d 1010
　　(Fed.Cir.1998).

지게 되었다. 1994년 개정 특허법 이전에는 "발명의 구성에 없어서
는 아니되는 사항'만'을 기재"하도록 규정하고 있었다. 그러나 이러
한 기재의 강제가 국제적 추세에 반하는 점과 최근 기술의 다양화
에도 맞지 않는 점도 있으므로 현행법과 같이 개정되었다고 한다.
또 일본은 1994년 개정에 따라 기능식 청구항도 인정되기 쉬워졌
고, 나아가 문언상 균등론을 채용하기도 쉬워졌다고 한다. 종래
1994년 개정전에는 "발명의 구성에 없어서는 아니되는 사항'만'을
기재"하도록 되어 있었으므로 기능에 의해 구성된 특허청구범위는
인정받지 못했다고 한다.202) 다만 기능식 청구항의 기재로 허용되
기 위해서는 명세서의 발명의 상세한 설명에 기재된 발명이 특허
청구범위에 기재되었다고 말할 수 있다는 점과 발명의 상세한 설
명이나 도면을 참조하면 특허청구된 발명의 외연이 명확하게 되는
경우이어야 한다(일본 특허법 제36조 제6항 제2호).203) 그리고 특허청
구범위에 기재된 기능이 의미하는 바가 당업자가 잘 알 수 있고 그
기능을 나타낼 수 있는 구체적 수단을 바로 인식할 수 있는 경우 등
이 기능식 청구항의 기재가 허용되는 경우에 해당한다.204) 일본의
경우 판례는 미국특허법 제112조 제6항과 마찬가지로 해석하고 있
다고 보여진다. 이른바 '자기매체리더'사건205)에서 동경지방법원은

---

202) 中山信弘, 前揭書, 176頁.

203) 일본 특허법 제36조 제6항에서는 특허청구범위의 기재는 특허를 받으려
고 하는 발명이 발명의 상세한 설명에 기재한 것일 것(이른바 서포트 요건,
제36조 제6항 제1호), 발명이 명확할 것(동항 제2호), 기재가 간결할 것(동
항 제3호)을 필요로 한다고 규정하고 있다. 또 청구항마다 특허출원인이 특
허를 받으려고 하는 발명을 특정하기 위해 필요한 사항을 모두 기재하여야
한다고 규정하고 있다(일본특허법 제36조 제5항).

204) 高林龍, 前揭書, 135頁.

205) 東京地判平10·12·22 判時1674号152頁[磁氣媒體リーダー 事件]. 이 사건
은 예금통장에 접착되어 있는 자기매체(磁氣媒體)를 읽고 기록하는 '자기매
체리더'라는 등록고안에 대한 침해에 따른 손해배상청구의 여부가 쟁점이
된 사안이다. 동경지방법원은 이 사건 고안의 구성요건에 있어서 '회동규제

명세서에 개시된 구성이나 발명의 상세한 설명의 기재로부터 당업
자가 실시할 수 있는 범위에까지 구성을 한정하여 해석해야 타당
하다고 판시하고 있다.

(2) 판 례

(가) 대법원 2007.9.6. 선고 2005후1486 판결[등록무효(특)]

특허청구범위가 기능, 효과, 성질 등에 의한 물건의 특정을 포함
하는 경우, 그 발명이 속하는 기술분야에서 통상의 지식을 가진 자
가 발명의 상세한 설명이나 도면 등의 기재와 출원 당시의 기술상
식을 고려하여 특허청구범위에 기재된 사항으로부터 특허를 받고
자 하는 발명을 명확하게 파악할 수 있다면 그 특허청구범위의 기
재는 적법하다.

(나) 대법원 2009.7.23. 선고 2007후4977 판결[거절결정(특)]

특허출원된 발명이 특허법 제29조 제1항, 제2항에서 정한 특허
요건, 즉 신규성과 진보성이 있는지를 판단할 때에는, 특허출원된
발명을 같은 조 제1항 각호에서 정한 발명과 대비하는 전제로서 그
발명의 내용이 확정되어야 한다. 따라서 특허청구범위는 특허출원
인이 특허발명으로 보호받고자 하는 사항이 기재된 것이므로, 발명
의 내용의 확정은 특별한 사정이 없는 한 특허청구범위에 기재된
사항에 의하여야 하고 발명의 상세한 설명이나 도면 등 명세서의
다른 기재에 의하여 특허청구범위를 제한하거나 확장하여 해석하
는 것은 허용되지 않으며, 이러한 법리는 특허출원된 발명의 특허
청구범위가 통상적인 구조, 방법, 물질 등이 아니라 기능, 효과, 성
질 등의 이른바 기능적 표현으로 기재된 경우에도 마찬가지이다.

수단'에 대해서는 이 사건 명세서에 개시된 구성에 구체적 개시가 없었고
이를 시사하는 표현도 없었으므로, 결국 위와 같은 명세서에 개시된 구성과
발명의 상세한 설명의 기재로부터 당업자가 실시할 수 있는 구성에 한정하
여 해석함이 타당하다고 판시하였다.

따라서 특허출원된 발명의 특허청구범위에 기능, 효과, 성질 등에 의하여 발명을 특정하는 기재가 포함되어 있는 경우에는 특허청구 범위에 기재된 사항에 의하여 그러한 기능, 효과, 성질 등을 가지는 모든 발명을 의미하는 것으로 해석하는 것이 원칙이나, 다만, 특허 청구범위에 기재된 사항은 발명의 상세한 설명이나 도면 등을 참 작하여야 그 기술적 의미를 정확하게 이해할 수 있으므로, 특허청 구범위에 기재된 용어가 가지는 특별한 의미가 명세서의 발명의 상세한 설명이나 도면에 정의 또는 설명이 되어 있는 등의 다른 사 정이 있는 경우에는 그 용어의 일반적인 의미를 기초로 하면서도 그 용어에 의하여 표현하고자 하는 기술적 의의를 고찰한 다음 용 어의 의미를 객관적, 합리적으로 해석하여 발명의 내용을 확정하여 야 한다.

(3) 특허청 심사지침[206]

청구항에 발명의 기능이나 효과를 기재한 기능적 표현이 포함된 경우 그러한 기재에 의하더라도 발명의 구성이 전체로서 명료하다 고 보이는 경우가 아니면 허용될 수 없다.[207] 여기서 기능적 표현 에 의하더라도 발명의 구성이 전체로서 명료하다고 인정되는 경우 라고 함은, ① 종래의 기술적 구성만으로는 발명의 기술적 사상을 명확하게 나타내기 어려운 사정이 있어 청구항을 기능적으로 표현 하는 것이 필요한 경우(BM발명이나 컴퓨터관련 발명 등 기술분야에 따 라 발명의 특성상 청구범위를 구체적인 구조의 기재만으로 표현하기 어려운 경우가 있다), ② 발명의 설명과 도면의 기재에 의하여 기능적 표현 의 의미 내용을 명확하게 확정할 수 있는 경우 등을 가리킨다.[208]

---

206) 특허청, 『특허 · 실용신안 심사지침서(2018)』, 제2부 제4장 4. (7).
207) 대법원 1998.10.18. 선고 97후1344 판결.
208) 특허법원 2006.11.23. 선고 2005허7354 판결.

청구항이 기능적 표현을 포함하는 경우, 심사관은 그 발명이 속하는 기술분야에서 통상의 지식을 가진 자의 입장에서 발명의 설명이나 도면 등의 기재와 출원 당시의 기술상식을 고려하여 청구범위에 기재된 사항으로부터 특허를 받고자 하는 사항을 명확하게 파악할 수 있는지를 판단하여 그렇지 않다고 인정되는 경우 특허법 제42조 제4항 제2호 위반으로 거절이유를 통지한다.[209]

---

209) 대법원 2007.9.6. 선고 2005후1486 판결.

제5장
권리자의 특허권 행사

Ⅰ. 들어가기

특허권은 업으로서 그 특허발명을 독점적으로 실시할 수 있는 권리이다(특허법 제94조). 타인이 특허발명을 권원 없이 실시하고 특허권의 원활한 향수를 손상하게 하는 경우 권리자는 이 실시를 배제하고 무권원의 실시에 의하여 생긴 손해를 침해자에게 배상하게 함으로써 특허권의 충분성을 회복할 수 있다. 특허분쟁으로부터 생긴 민사소송의 대다수를 차지하는 특허권침해금지청구소송, 특허권침해에 기한 손해배상청구소송은 특허권에 기하여 금지청구권, 손해배상청구권을 소송물로 하는 급부소송(給付訴訟)이다.

특허권에 기한 금지청구권은 광의로는 특허법 제126조 제1항에 규정한 침해의 정지 또는 예방청구와 같은 조 제2항에 규정한 침해(방해) 조성물 폐기 또는 제거청구권을 포함하는 의미로 이용되고 있다. 그렇지만 협의로는 전자 즉 특허권·전용실시권을 침해한 자 또는 침해할 우려가 있는 자에 대하여 침해를 하지 말 것을 요구할 수 있는 부작위청구권(不作爲請求權)을 말한다. 이것은 권리의 존속기간 중 침해를 하지 말아야 할 의무의 이행을 요구하는 계속

적 부작위청구권이다. 따라서 시간이 경과와 함께 이행기가 시시
각각 도래하고 그 순간에 현실화하여 소멸한다. 이행기가 판결의
기준 시까지 도래한 청구권의 행사라는 의미에서 현재의 급부의
소는 부작위의무위반의 결과의 제거청구 또는 부작위의무위반의
결과 생긴 손해배상청구에 관한 것이라고 할 수 있지만, 계속적 부
작위청구권인 금지청구권에 관해서는 그 본질과 상용하지 않는다.
현실의 침해정지를 구하는 청구라 하더라도 그 내용은 현재의 침
해행위와 동일한 태양의 침해행위를 판결의 기준 시 이후에 하지
말 것을 요구하는 장래의 급부청구이다. 이 의미에서 침해예방청
구와 다른 것은 아니다. 장래의 급부를 구하는 소는 미리 그 청구를
할 필요가 있는 경우에 한하여 제기할 수 있는 것이지만, 특허법은
현재 이미 침해가 이루어진 경우 및 침해의 우려가 있는 경우에는
미리 예방의 필요성이 있는 것으로 하고 있다.

이에 대하여 특허권침해에 기한 손해배상청구권은 침해행위에
의하여 판결의 기준 시까지 권리자에게 생긴 손해의 배상을 민법
제750조 이하의 규정에 기하여 구하는 현재의 급부의 소이다. 특허
권의 보호대상인 발명은 기술적 사상의 창작이라는 무형의 정보이
고, 제3자가 권리자에게 무단으로 발명을 실시함으로써 생긴 권리
자의 손해를 정확하게 파악하는 것은 물리적으로 관리할 수 있는
유체물을 보호대상으로 하는 소유권의 경우와 달리 현저히 곤란하
다. 그래서 특허법에서는 특허권침해에 기한 손해배상청구에 관하
여 몇 가지 특칙을 두고서 권리자의 보호를 도모하고 있다.[1]

---

1) 牧野利秋·飯村敏明 編, 『新·裁判實務大系(4) 知的財産關係訴訟法』, 靑林書
院, 2006, 52~53頁(牧野利秋 執筆部分).

II. 침해금지청구권

1. 서 언

특허법 제126조 제1항에서는 특허권자 또는 전용실시권자는 자기의 권리를 침해한 자 또는 침해할 우려가 있는 자에 대하여 그 침해의 금지 또는 예방을 청구할 수 있다고 규정하고 있다. 특허법은 등록특허에 관하여 배타적 독점권으로서 물권적 권리를 부여함으로써 권리침해에 대한 금지청구 및 예방청구 등을 인정하는 것을 목적으로 하고 있다. 이러한 의의를 살린 대표적인 규정이 바로 특허법 제126조이다. 특허법 제126조에 규정한 금지청구권은 민법상 소유권에 기한 반환청구 등과 마찬가지로 물권적 청구권 유사의 권리라 할 수 있고, 권리침해에 관하여 침해의 고의 · 과실을 요건으로 하지 않는다. 다만 특허권의 존속기간이 경과한 후에는 특허권자가 소멸된 특허발명에 터잡아 특허법 제126조에 따른 특허침해금지 및 특허침해제품의 폐기를 주장할 수 없다.[2] 이 점은 손해배상청구권과 차이점이다.

보전처분에 대한 자세한 내용은 제8장 특허침해금지가처분을 참조하기 바란다.

2. 금지 등 청구소송의 청구취지

원고는 소장에 아래와 같이 청구취지를 기재할 수 있다.

1. 피고는 별지목록기재의 물건을 제조 · 판매를 하여서는 아니 된다.

---

2) 대법원 2009.10.15. 선고 2007다45876 판결 [손해배상(기)].

2. 피고는 그 점유하는 별지목록기재의 제품을 폐기하라.

3. 피고는 원고에게 금 100,000,000원 및 이에 대하여 2018.1.1.부터 완제일까지 연(年) 5%의 비율에 의한 금원을 지급하라.

4. 소송비용은 피고의 부담으로 한다.

5. 제1항 내지 제3항은 가집행할 수 있다.

라는 재판을 구합니다.

또, 물건을 제조하는 방법의 발명의 경우에는 청구의 취지 제1항은 아래와 같이 된다.

1. 피고는 별지목록기재 제조방법으로 별지목록기재의 제품을 제조·판매하여서는 아니 된다.[3]

앞서 본 바와 같이 금지청구소송의 청구취지에서는 피고가 실시하는 대상물건(제품)이나 대상방법은 사회통념상 다른 제품이나 방법과 구별될 수 있을 정도로 구체적으로 기재하여야 한다. 다만 원고의 특허발명의 구성과 대비될 수 있을 정도로 그 물건의 상세한 구조까지 특정할 필요가 없다. 이런 점에서 청구원인사실에서 특정되어야 하는 피고의 물건 또는 방법의 기재방법과 다르다. 후자는 원고의 특허발명의 구성과 대비할 수 있을 정도로 구체적으로 기재되어야 한다. 나아가 금지대상인 피고의 행위 역시 명확하고 구체적으로 기재하여야 한다. 금지대상으로서의 행위는 다른 행위와 구별할 수 있을 정도로 구체적으로 기재되어 있으면 충분하다. 실무상 특허법 제2조 제3호의 발명의 실시행위에 대응하는 행위태양을 구체적으로 기재하는 방식으로 특정하고 있다.[4]

---

[3] 방법의 발명의 또 다른 청구취지는 "1. 피고는 별지목록기재 제조방법으로 별지목록기재의 제품을 판매하여서는 아니된다."

[4] 임석재·한규현, 『특허법』, 박영사, 2017, 631면.

3. 금지 등 청구소송에서 청구원인과 요건사실

(1) 청구원인

앞서 보듯이 소장에서는 통상 위의 요건사실을 전제로 하여 특허권의 특정과 피고가 제조판매하고 있는 대상제품·대상방법의 특정이 이루어진다. 이어서 대상제품·대상방법과 특허발명과의 대비 즉, 대상제품·대상방법이 원고의 특허발명의 기술적 범위에 포함되었는지 여부에 관한 원고의 주장이 기재된다. 이러한 대비적 주장은 통상 당해 특허발명에 관한 특허청구의 범위(청구항, claim)을 그 기술요소 마다 분석하여, A, B C 등의 항목(구성요건)으로 나누어 기재한 뒤(이것을 '구성요건의 분설 혹은 대비'라 함), 대상제품 등의 구조를 위의 구성요건의 내용에 대응시켜 설명하고, 대응하는 원고의 특허발명의 구성요건의 내용과 대상제품 등의 구성의 내용과 비교하여 대상제품 등이 원고의 특허발명의 각 구성요건을 각각 충족한다는 취지를 주장한다.

특허발명의 내용은 명세서를 읽고 비로소 이해할 수 있기 때문에 소장(訴狀)에서는 기본적인 서증인 특허공보가 반드시 첨부되어야 하지만, 소장에서 특허발명의 내용의 개요와 그 작용효과를 이해하기 쉽게 기재하는 경우도 있다. 특허발명의 내용에 관해 법관의 이해를 도와주는 것이고 바람직한 운용이라고 할 수 있다.

이처럼 금지청구의 청구원인에는 금지청구의 대상(물건 또는 방법, 행위), 폐기청구의 대상, 원고의 권리, 피고의 행위가 구체적으로 기재되어야 한다. 이를 공격방어방법으로서의 특정이라고도 한다. 청구원인사실에는 금지청구의 기초가 되는 원고의 권리가 무엇인지 나타나 있어야 한다. 피고의 물건이나 방법은 원고의 특허발명의 구성과 대비할 수 있을 정도로 구체적으로 기재되어야 한다.[5]

(2) 요건사실

특허법 제126조 제1항에서는 특허권자 또는 전용실시권자는 자기의 권리를 침해한 자 또는 침해할 우려가 있는 자에 대하여 그 침해의 금지 또는 예방을 청구할 수 있다고 규정하고 있다. 따라서 특허침해소송의 금지청구에서 원고는 이하와 같은 요건사실을 주장할 것이 요구된다.

(①) 원고는 다음의 특허권을 가진다(특허번호, 발명의 명칭, 출원일 등을 기재한다. 이하, '이 사건 특허발명'이라 함).

(②) 피고는 업으로서 별지목록기재의 물건(대상제품)을 제조·판매하고 있다.

(③) 대상물건(제품)은 이 사건 특허발명의 기술적 범위에 속한다.

(④) 피고가 원고의 특허권을 침해 또는 침해할 우려가 있다.

우선, 원고에게 특허권이나 전용실시권이 있어야 한다. 특허권이 공유인 경우에는 단독으로 금지청구소송을 제기할 수 있다.[6] 특허권 전부에 대하여 전용실시권이 설정된 경우에는 전용실시권자와 함께 특허권자도 금지청구권을 행사할 수 있다고 보는 것이 통설이다. 통상실시권자는 금지청구권에 대해서 원칙상 원고적격이 없다.

금지청구소송에서 유의할 점은 소송 중에 특허권의 존속기간이 만료되는 경우가 발생하는 데, 이 부분에 대해서는 청구기각이 된다는 점에 유의할 필요가 있다. 금지청구권의 존부는 사실심 변론종결 당시를 기준으로 판단한다. 원고는 변론종결당시를 기준으로

---

5) 임석재·한규현, 상게서, 631~632면.
6) 이 점에 대해서는 후술하는 공유관계소송에서 상론한다(제13장 공유관계소송 참조).

금지청구권이 존재한다는 점을 주장·입증하여야 한다.

관련 판례7)로는, "명칭을 '방직기용 실 저장 및 공급장치'로 하는 이 사건 특허발명(특허번호 제29468호)은 원심 변론종결일인 2007.4. 10. 이전인 2007.1.20.에 존속기간이 경과하여 소멸하였음을 알 수 있으므로, 원고는 이미 소멸된 이 사건 특허발명에 터잡아 피고들을 상대로 특허법 제126조에 따른 특허침해금지 및 특허침해제품의 폐기를 주장할 수 없다. 그럼에도 원심은 이 사건 특허발명의 존속기간에 관하여 심리·판단하지 아니한 채 피고들에게 특허침해금지 및 특허침해제품의 폐기를 명하였으니, 이러한 원심판단에는 특허침해금지 등에 관한 법리를 오해하여 필요한 심리를 다하지 아니함으로써 판결에 영향을 미친 위법이 있다."고 판시하였다. 대법원은 원심판결 중 특허침해금지 및 특허침해제품의 폐기에 관한 피고들 패소 부분을 원심에 파기·환송하였다.

다음으로, 피고는 업으로서 이 사건 특허발명을 실시하여야 한다. 여기서 '업으로서'란 특허법 제94조의 '업으로서'와 같은 의미이다. 따라서 통상적으로 '사업목적으로'라는 의미이고, 사업에는 영리사업뿐만 아니라 비영리사업도 포함한다.

또 침해하거나 침해할 우려가 있어야 한다. 여기서 침해란 정당한 권원 없이 타인의 특허발명을 무단으로 실시하는 것을 말한다. 또 침해할 우려란 현재 침해행위가 발생하고 있지는 아니하지만 장래에 발생할 개연성이 있으면 족하다. 실시준비행위가 객관적으로 완성되면 침해의 개연성은 인정될 여지가 있고 침해할 우려가 있다고 볼 수 있다.

마지막으로 유의할 점은 금지청구권의 요건사실로는 피고의 고의 또는 과실을 요하지 아니한다는 점이다. 이것은 손해배상청구권의 요건사실과 구별된다.

---

7) 대법원 2009.10.15. 선고 2007다45876 판결 [손해배상(기)].

4. 물건을 생산하는 방법발명의 추정

특허법 제129조에서는 '생산방법의 추정' 규정을 두고 있다. 물건을 생산하는 방법의 발명에 관하여 특허가 된 경우에 그 물건과 동일한 물건은 그 특허된 방법에 의하여 생산된 것으로 추정한다. 다만, 그 물건이 ⅰ) 특허출원 전에 '국내'에서 공지되었거나 공연히 실시된 물건이거나, ⅱ) 특허출원 전에 '국내 또는 국외'에서 반포된 간행물에 게재되었거나 전기통신회선을 통하여 공중이 이용할 수 있는 물건 중 어느 하나에 해당하는 경우에는 생산방법이 추정되지 않는다.

5. 자료제출명령제도

원고가 피고 측이 개시한 피고물건의 수량 등을 다투는 경우에는, 피고는 원고에 대하여 그 근거로 되는 회계자료 등을 개시한다. 한편 2016년 개정특허법에서는 특허법 제132조에서 자료제출명령제도[8]를 두고 있는데 종래의 서류제출명령제도를 보완한 것이다. 이에 따라 법원은 특허권 또는 전용실시권 침해소송에서 당사자의 신청에 의하여 상대방 당사자에게 해당 침해의 증명 또는 침해로 인한 손해액의 산정에 필요한 자료의 제출을 명할 수 있다(동조 제1항). 이 경우 자료소지자는 그 자료 제출을 거절할 정당한 이유가 있는 경우에는 자료제출명령에 불응할 수 있다.[9] 제출명령위반의

---

8) 2016년 개정 특허법은 기업의 영업비밀이라도 손해액 산정에 필요한 자료는 강제로 제출할 수 있도록 하고 있다. 즉, 손해배상소송에서 법원의 자료제출 요구에 대한 기업의 제출의무를 규정한 것이다. 이른바 '한국판 디스커버리 제도'로 불리는 자료제출명령제도는 미국의 디스커버리 제도인 자료제출명령을 참고한 제도라 할 수 있다.

9) 2016년 개정특허법(개정 2016.3.29.) 이전에는 제132조에서 서류제출명령

효과로서, 피고가 법원의 자료제출명령에 응하지 아니하는 경우에는 법원은 그 자료의 기재에 관한 원고의 주장을 진실한 것으로 인정할 수 있다(특허법 제132조 제4항 및 민사소송법 제349조). 기타의 점은 손해배상청구권의 행사와 동일하므로, 후술한다.

Ⅲ. 폐기 · 제거 등 청구권

특허법 제126조 제2항에서는 특허권자 또는 전용실시권자가 제1항의 금지청구를 할 때에는 침해행위를 조성한 물건(물건을 생산하는 방법의 발명인 경우에는 침해행위로 생긴 물건을 포함한다)의 폐기, 침해행위에 제공된 설비의 제거 기타 침해의 예방에 필요한 행위를 청구할 수 있다고 규정하고 있다.

침해금지청구에 따른 부작위명령의 실효성을 확보하기 위해서는 금지청구와 동시에 하는 조치로서 침해조성물(실시에 의하여 생산된 것)의 폐기청구, 침해제공설비(실시를 위해 이용한 물건 예컨대 금형, 촉매, 공장설비 등)의 제거청거도 할 수 있게 한 것이다.

앞서 보았듯이, 폐기 · 제거청구소송의 청구취지에서도 폐기 등 대상물을 다른 물건과 구별할 수 있을 정도로 구체적, 개별적으로 기재하여야 한다. 예컨대 그 밖의 장소 또는 기타의 장소에 보관 중인 물건은 어느 장소에 보관된 물건인지 명확히 파악될 수 있어야 특정되었다고 볼 수 있다. 반제품은 당사자나 집행관이 명확히 인식할 수 있을 정도로 특정하여야 한다.[10)]

제도를 두었으나 개정법에서는 자료제출명령제도로 변경하였다. 즉 2016년 개정특허법에서는 특허침해소송에서 법원의 증거제출 명령대상 범위를 서류에서 자료로 확대하고 침해에 대한 증명자료를 포함하도록 하며, 증거제출명령에 불응한 경우 해당 자료의 기재에 의하여 증명하고자 하는 사실에 관한 주장을 진실한 것으로 인정할 수 있도록 하였다(제132조).

다만 특허에 관한 물건 이외에도 사용할 수 있는 반제품은 침해 조성물로서 폐기청구의 대상으로 할 수 없다. 마찬가지로 다른 용도로도 이용할 수 있는 금형, 촉매나 공장설비 등은 침해제공설비로서 제거청구의 대상으로 할 수 없다.

폐기 · 제거 청구는 침해금지 및 예방청구의 부대청구 내지 부수처분으로서의 성격을 가지기 때문에 금지 등 청구와 부대해서 청구하여야 하고, 이와 독립적으로 청구할 수 없다.[11]

IV. 표준필수특허와 금지청구권 행사 제한 문제[12]

1. 문제의 소재

ICT 분야에서는 최근까지 미국에서 애플 대 삼성, 애플 대 마이크로소프트, 애플 대 모토롤라, 마이크로소프트 대 모토롤라 등 표준필수특허에 의한 권리행사를 둘러싸고 대형 특허분쟁이 다수 제기되었다. 표준필수특허에 의한 금지청구소송은 우리나라 사례에서 보듯이, 2012년 삼성 대 애플사건[13]에서 FRAND(Fair, reasonable and non-discriminatory) 선언을 하였음에도 불구하고 성실교섭의무를 다하였는지 여부의 쟁점이 다투어졌다. 서울중앙지방법원은 이 사건에서 FRAND 선언을 하였음에도 불구하고 성실교섭의무를 다

---

10) 임석재 · 한규현, 전게서, 631면.
11) 김기영 · 김병국,『특허와 침해』, 육법사, 2012, 119면; 임석재 · 한규현, 전게서, 631면.
12) 이에 관한 상세한 논의는, 차상육, "표준필수특허에 기초한 금지청구권 행사의 제한 가능성―한국과 미국 판례의 대비적 분석을 중심으로",「지식재산연구」제10권 제4호, 한국지식재산연구원, 2015.12, 61~108면 참조.
13) 서울중앙지방법원, 2012.8.24. 선고 2011가합39552 판결.

하지 않은 손해배상청구는 권리남용이라는 항변을 제기한 애플 측의 주장을 배척하였고, 그러한 권리행사의 바람직한 방향에 관한 논의를 탐구할 필요성을 매우 높게 하였다.

표준필수특허에 기한 권리행사 특히 금지청구권의 행사는 금지해야 하는가. 반드시 그렇지는 않다. 금지청구권의 존재에 대해서 미국 특허법 제284조와 달리 우리 특허법 제128조에서는 '3배 배상제도' 내지 '징벌적 손해배상제도'가 없으므로,[14] 해당 특허의 이용기업이 사전에 FRAND 조건의 라이선스로 교섭하는 중요한 유인으로서 작용할 수 있다. 표준필수특허에 기한 금지청구권의 허용 여부를 다룬 미국의 2006년 eBay 사건[15]의 미연방대법원판결과 그 이후 연방순회항소법원(U.S. Court of Appeals for the Federal Circuit, 이하 "CAFC"라 함) 등 하급심의 주요 판결에 비추어, 표준특허권의 침해에 기한 금지청구권 행사 제한의 판단기준에 관하여 그 시사점을 알아보는 것이 필요하다.

금지청구권의 행사제한 문제는 소송실무상 피고의 방어수단에 해당할 수 있으나, 이해의 편의를 도모하기 위하여 여기서 침해금지청구권에 뒤이어 설명한다.

2. 미국판례의 동향

(1) eBay 판결과 금지청구권 행사의 요건

미국특허법 제283조(35 U.S.C. §283)는 특허권침해에 대한 구제책으로서 법원이 침해자에게 금지명령을 할 수 있다는 것을 정하고 있다. 즉, 제283조에서는 "이 법에 기한 사건에 관하여 관할권을 가

---

14) 차상육, "미국특허침해소송에서 손해배상액 산정에 관한 최근 동향", 「IT와 法 연구」 2015년 제10집, 경북대학교 IT와 法연구소, 2015.2, 1~3면.
15) eBay Inc. v. MercExchange, L.L.C., 547 U.S. 388, 126 S. Ct. 1837, 164 L. Ed. 2d 641 (2006).

진 법원은 형평의 원칙에 따라서 특허에 의하여 보장된 권리의 침해를 방지하기 위하여 법원이 합리적이라고 인정하는 내용으로 금지명령을 내릴 수 있다."고 규정하면서, 형평법상의 구제를 명령할 것인지 여부를 전적으로 법원의 재량에 맡기고 있다. 미국특허법 제283조는 금지명령을 발령하기 위해서 형평법상 요건을 고려할 것을 요구하고 있는 점에서 우리특허법 제126조에는 그러한 요건에 관하여 아무런 규정을 하고 있지 않은 점과 차이가 있다.[16]

　미국특허법 제283조에 "형평의 원칙에 따라서"(in accordance with the principles of equity)라고 명기되어 있듯이, 특허권침해에 기한 구제로서 금지청구권에 관해서도 마찬가지이다. eBay사건[17]의 연방대법원판결에서는 종래 일반이론인 이른바 '4요소테스트'(the four-factor test)를 다시 확인하여 적용하면서, 당해 사건에서 금지청구권을 인정할 수 있는지 여부를 판단하였다. 즉 금지청구권이 인정되기 위해서 원고 특허권자는 이하의 4가지 요소를 입증할 필요가 있다. 즉, ① 원고(특허권자)가 회복할 수 없는 손해(irreparable injury)를 입었을 것, ② 금전배상과 같은 보통법상 법적으로 이용가능한 구제로는 손해의 구제로서 충분하지 않을 것, ③ 원고와 피고의 고통(hardship)의 균형면에서 보아 형평법상의 구제가 정당화될 것, ④ 영구적 금지명령(permanent injunction)이 공익에 반하지 않을 것,[18] 등이다.[19] 한편 CAFC는 2006년의 eBay 연방대법원 판결 이

16) 정상조·박성수 공편, 「특허법 주해 II」, 박영사, 2010, 11면(김기영 집필 부분).

17) eBay, Inc. v. MercExchange, L.L.C., 547 U.S. 388, 391 (2006).

18) MercExchange, L.L.C. v. eBay, Inc., 401 F.3d 1323, 1338 (Fed. Cir. 2005), vacated, 126 S. Ct. 1837 (2006).

19) Lance Wyatt, "Rebuttable Presumption of Public Interest in Protecting the Public Health --The Necessity for Denying Injunctive Relief in Medically-Related Patent Infringement Cases after Ebay v. ercexchange", 13 Chi. -Kent J. Intell. Prop. 298 (2013).[Available at: http://scholarship.

전에는 예외적인 상황을 제외하고 특허권이 침해되면 기본적으로 금지청구권을 인정한다는 일반원칙(general rule)을 관행처럼 적용하였다. 그러나 2006년의 eBay 연방대법원 판결에서는 이러한 일반원칙(general rule)을 적용하는 것을 부정하고, 금지명령의 구제책이 특허분쟁에도 또한 적용되는지 여부를 고려할 때, 형평법원은 전통적인 4요소테스트(the four-factor test)를 적용한다고 판시하였다.[20]

(2) eBay 판결 이후 하급심 동향

우선, Apple v. Motorola 사건이다. 2014.4.25. 선고된 CAFC 항소심 판결[21]은 1심[22] 판결의 *per se* rule 즉 표준필수특허는 항상 금지청구를 할 수 없다는 법리는 배척하면서, eBay 판결의 기준이 표준필수특허의 경우에도 적용된다는 점을 분명히 하였다. CAFC는 표준필수특허에 기한 금지청구라 하더라도 특허침해자가 일방적으로 FRAND 실시료를 거절하거나 협상을 지연시켜 동일한 효과를 보는 경우 그러한 금지청구권의 행사는 정당화될 수 있다고 판시하였다. CAFC는 FRAND 확약을 한 특허권자의 경우 회복할 수 없는 손해(irreparable harm)의 입증에 곤란을 겪을 것임을 지적하고 한편 FRAND 실시료를 일방적으로 거절하거나 협상을 부당하게 지연하는 침해자에 대한 금지명령은 정당화될 수도 있음을 설시하였다. Apple 사건에서는 표준필수특허인가 아닌가를 묻지 않고, 다투어진 특허권 전부에 관해서 금지가 부정되었다. 그중, 표준필수특허에 관해서는 FRAND 선언을 한 것이 제1요소(회복할 수 없는 손해) 및 제2요소(금전배상의 불충분성)을 부정하는 방향으로 참

---

kentlaw.iit.edu/ckjip/vol13/iss1/12].

20) eBay, 547 U.S. at 391.

21) Apple Inc. v. Motorola, Inc., No. 2012-1548 (Fed. Cir. Apr. 25, 2014).

22) Apple, Inc. v. Motorola, Inc., 869 F. Supp. 2d. 901 (N.D. Ill. 2012).

작되었다. CAFC 항소심 판결의 의의는 1심 판결의 'per se rule' 즉
표준필수특허는 항상 금지청구를 할 수 없다는 법리는 배척하면서,
eBay 판결의 기준이 표준필수특허의 경우에도 적용된다는 점을 분
명히 한 점이다. 즉 표준필수특허에 기한 금지청구라 하더라도 특
허침해자가 일방적으로 FRAND 로열티를 거절하거나 협상을 지연
시켜 그와 동일한 효과를 보는 경우에는 표준필수특허권에 기한
금지청구권의 행사는 정당화될 수 있다고 판시한 것에 의의가 있
다 하겠다. 다만, FRAND 로열티의 지불을 거부하거나 싫어하지
않는 자 즉 이른바 'willing licensee'(라이선스를 받을 의사가 있는 자)
의 정의가 무엇인지 여부에 대한 객관적 판단기준은 불명한 채로
남겨 두었기 때문에 한계도 지적되고 있다.

다음으로 Microsoft v. Motorola 사건[23]이다. 이 사건에 대해서
는 여러 차례의 판결이 있었으나, 최종적으로 2012년 11월 30일의
워싱턴주 서부지구 연방지방법원의 판결[24]에서는, RAND 조건부
로열티율과 정도에 관하여 양 당사자의 희망으로 배심원이 아니라
법관에 의한 사실심리(bench trial)가 행해졌다. 법원의 판단에 기초
하여 배심원은 Motorola에 의한 계약위반 유무에 관해서 심리하였
다. 원고 Motorola가 주장하는 3건의 H.264규격 필수특허의 침해
에 관하여 eBay 판결의 4요소테스트 중 제1요소와 제2요소에 관해
서 살핀 뒤, 최종적으로 Motorola의 특허침해의 금지청구를 부정
하였다(제3요소와 제4요소에 관해서는 판단되지 않았다). 이 Microsoft
v. Motorola 사건은 복잡한 경위를 거쳤다. Microsoft v. Motorola
사건의 판결의미로서 주목되는 것은 표준필수특허의 특허권자가
표준화기관(SSO)에 대하여 RAND 선언함으로써 표준화기관과 사

---

23) Microsoft Corp. v. Motorola Inc., 854 F.Supp.2d 993 (W.D. Wash.
    2012).
24) Microsoft Corp. v. Motorola Inc., 2012 U.S. Dist. Lexis 170587 (W.D.
    Wash., November 30, 2012).

이에 제3자를 위한 계약이 성립하고, 표준기술의 이용자는 수익자인 제3자로서 해당 필수특허의 라이선스를 받을 수 있다는 것을 법원이 정면으로 인정한 점이다.

(3) 미국 판례태도의 정리

2006년 eBay 사건의 미연방대법원 판결에서는 특허권침해에 기한 금지청구권의 허용여부에 관해 형평법에 기초한 이른바 4요소테스트(즉, ① 회복할 수 없는 손해, ② 금전배상의 불충분성, ③ 고통의 균형성, ④ 공익)를 적용하여 판단해야 하는 것을 확인하였다. eBay 판결 이후 약 4분의 1의 지방법원 판결에서 금지가 부정되었다. 특히 특허권자가 특허권행사전문기업(Patent Assertion Entity; PAE)라고 불리는 자인 경우에 금지명령이 내려진 경우는 거의 없다. 이에 대하여 특허권자와 침해자가 직접적인 경쟁관계에 있는 경우는 일반적으로 금지가 인정되기 쉽다. 한편, 이와 달리 미국무역위원회(International Trade Commission: ITC)가 관할하는 관세법 제337조에 기한 수입배제명령신청사건에서는 이른바 eBay 판결의 4요소테스트는 적용되지 않고, 특허침해로 판단되면 기본적으로 수입배제명령(ITC exclusion order)을 내리고 있음에 유의할 필요가 있다.[25]

요컨대 미국의 eBay 사건 이후 판결(Post-eBay 사건 판결) 중에는 표준필수특허에 기한 금지의 허용여부가 다투어진 경우 특허권자

---

25) 대표적 사례로서는 Apple Corp. v. Motorola Mobility, Inc., 2012 WL 5416941 (W.D. Wis. Oct. 29, 2012). 이 사건의 개요를 보면, Motorola Mobility가 ITC에 Apple의 iPhone Pad 등이 이동통신장치에 관련한 다수 특허권을 침해하였음을 이유로 수입배제명령을 신청하였는데, 이에 Apple 은 오히려 Motorola Mobility가 표준필수특허에 관하여 침해금지청구를 하는 것은 RAND 선언에 위반되므로 결국 RAND 확약이라는 계약위반에 해당한다는 취지의 확인을 구하는 반소를 제기하였다. Crabb 판사는 Motorola Mobility가 표준필수특허에 관하여 침해금지청구권을 행사하였다는 사정만으로는 RAND 선언에 위반된다고 할 수 없다고 판시하였다.

가 표준필수특허에 관하여 RAND 선언을 한 경우 그 접근방법은 다
르지만 금지청구권의 행사를 제한하는 판결이 최근 나타나고 있다.
전술한 Apple v. Motorola 사건과 Microsoft v. Motorola 사건 모두
가 대표적인 사례이다. 양 사건을 종합적으로 고찰하면, RAND 선언
에 기초한 성실하고 공정한 교섭의무를 위반함을 이유로 Motorola
의 표준특허권에 기한 금지청구권의 행사는 제한되고 있음을 확인
할 수 있다. 다만 현시점에서는 앞서 살펴본 판결들이 모두 연방지
방법원 차원의 판단이 중심이기 때문에 향후 상황은 유동적이라
할 수 있고 앞으로 다른 판결례의 추이를 지켜보아야 할 필요성은
있다.

3. AIPPI 보고서(2014.3.)에 따른 각국 입법례

2014.3. 발간된 AIPPI 보고서에 의하면, 영미법계 국가 예컨대
미국을 비롯하여, 영국, 캐나다, 오스트레일리아 등에서는 금지청
구는 형평법상 구제이므로 본질적으로 재량권이 법원에 있으며, 한
편 중국의 경우에도 법원에 재량권을 부여하고 있다고 한다.[26) 이
와 달리 대륙법계 국가 예컨대 독일, 네덜란드, 프랑스, 이탈리아,
스페인, 오스트리아, 스웨덴, 스위스뿐만 아니라 브라질, 태국 그리
고 우리나라와 일본의 경우에는 예외적인 경우를 제외하고, 금지명
령은 법률문제로서 침해선고 시 자동적으로 부여된다고 한다. 그
러므로 결국 대륙법계 국가에서는 지적재산권 침해 시 금지명령의
부여에 대해서 법원에 재량이 거의 인정되지 않는다고 한다.[27)

---

26) AIPPI, "Report: Availability of injunctive relief for standard essential
    patents", AIPPI SC Q222, p.7 (March 2014).
27) Ibid., pp.7~8.

4. 우리 특허법상 금지청구권 행사의 제한 가능성

(1) 침해금지청구권의 제한 가능성

우리 특허법 제126조에 의하면, 침해금지청구의 요건사실은 ① 원고가 특허권 등의 권리자일 것, ② 피고의 실시행위가 있을 것, ③ 피고의 실시행위가 특허발명의 보호범위에 속할 것, ④ 현재의 침해행위 또는 장래의 침해행위의 개연성이 있을 것이며, 손해배상청구와 달리 고의나 과실이 필요하지 않다.[28] 즉, 우리 특허법 제126조는 제1항에서 좁은 의미의 침해금지청구권과 침해예방청구권에 관하여 규정하고 있고, 동조 제2항에서 폐기, 제거 청구권에 관하여 규정하고 있다.[29]

우리 특허법에서는 특허권자가 침해자의 실시태양이 특허발명의 모든 구성요소를 포함하는 것을 증명하면 법원은 침해금지명령을 내려야 한다고 해석한다. 그렇기 때문에 특허권침해가 인정됨에도 불구하고 금지청구가 인정되지 않았던 판례를 찾아보는 것은 쉽지 않다. 다만 최근 침해금지청구에 관하여 특허가 무효라는 항변이 있는 경우에 그 무효가 명백하다고 인정되는 경우에는 침해금지청구는 허용되지 않는다고 판시한 대법원 전원합의체판결이 등장하였다.[30]

---

28) 김기영·김병국, 전게서, 95면. 이러한 금지청구권의 요건사실과 달리, 손해배상청구의 요건사실은 ① 원고가 특허권 등의 권리자일 것, ② 피고의 실시행위가 있을 것, ③ 피고의 실시행위가 특허발명의 보호범위에 속할 것, ④ 침해자의 고의나 과실, ⑤ 인과관계와 손해발생, ⑥ 발생한 손해액 등이 요구된다.

29) 정상조·박성수 공편, 전게서, 4면.

30) 대법원 2012.1.19. 선고 2010다95390 전원합의체판결.

(2) 삼성전자 대 애플 사건[31]

ICT분야의 표준필수특허의 권리행사에 관한 특유의 대응을 한 사례로서는 삼성전자와 애플코리아 사이의 특허권침해금지 등 사건이 우리나라에서 최초의 사례라 할 수 있다. 법원은 FRAND 선언의 효과와 관련하여 FRAND 선언이 이루어진 표준특허의 경우에도 침해금지청구권을 행사할 수 있다는 취지로 판단하였다. 이 사건에서는 원고가 FRAND 선언을 한 표준필수특허에 기하여 같은 표준을 실시하는 피고에 대하여 금지 및 손해배상을 청구하였다. 서울중앙지방법원은 침해금지청구를 하는 것이 'FRAND 선언'에 위반한 행위로서 권리남용에 해당하는지 여부의 관점에서 검토하였다. 법원은 상대에 대한 특허권의 행사가 특허제도의 목적이나 기능을 일탈하고 공정한 경쟁질서와 거래질서를 어지럽히며 수요자 또는 상대에 대한 관계에서 신의성실의 원칙에 위배하는 등 법적으로 보호할 가치가 없다고 인정되는 경우에는 그 특허권의 행사는 예를 들어 권리행사의 외형만 취하였다고 하더라도 등록특허에 관한 권리를 남용하는 것으로서 허용될 수 없다고 설시하였다. 또 FRAND 선언을 한 경우에는 그 표준특허에 대하여는 산업발전이라는 특허법의 목적과 이념 등에 비추어 표준특허권자의 권리행사를 제한할 필요성이 있다고 판시하였다. 다만 이 사건에서는 여러 사정을 상세히 검토한 결과 원고가 금지청구를 하는 것이 FRAND 선언에 위반한 행위로서 권리남용에 해당한다고 할 수 없다고 결론을 내렸다.

나아가 법원은 "특허권의 성질 및 특성상 그 특허발명에 대하여 존속기간 동안 독점적·배타적으로 실시할 수 있는 권리를 가지지

31) 서울중앙지방법원, 2012.8.24. 선고 2011가합39552 판결. 이 사건에 대한 판례평석으로서는, 나지원, "삼성전자와 Apple사 간 특허침해소송에서 나타난 권리남용의 항변", 「변호사」 제44집, 서울지방변호사회, 2013, 359~398면 참조.

만, 표준특허와 같이 특정 기술분야에서 해당 기술발명을 실시하지 않고서는 표준 기술이나 규격에 맞는 장치나 방법을 구현할 수 없게 되거나 매우 곤란한 경우, 또는 표준화기구에서 표준으로 채택한 규격을 기술적으로 구현하는 과정에서 필수적으로 이용, 실시해야 하는 표준선언 특허에 대하여 FRAND 선언을 한 경우에는 그 표준특허에 대하여는 산업발전이라는 특허법의 목적과 이념 등에 비추어 표준특허권자의 권리를 제한할 필요성이 있다"고 하면서 금지청구권 행사의 제한 필요성 자체는 인정하였다. 그리고 표준필수특허의 행사와 관련하는 한, 민법의 틀(민법상 권리남용의 법리)을 벗어나 특허법 자체에서의 고유의 논리(예컨대 특허법상 특허권 남용 법리)를 바탕으로 공공의 이익을 고려한 법리상 제한이 폭넓게 인정될 수 있는 여지를 인정한 점에서[32] 대상판결은 그 의의가 적지 않다고 평가할 수 있다.

요컨대, 우리 하급심이 판단한 '삼성전자 대 애플' 사건의 판결내용은 표준필수특허의 실시과정, 제소의 목적이나 경위, 실시료율과 관련한 그때까지의 교섭과정 등을 포함한 권리남용의 구체적 기준에 대하여 표준필수특허에 관한 침해소송에서 우리 법원이 최초로 적용한 판결이라는 점에 그 의의가 있다.

(3) 학 설

표준필수특허의 금지청구권 행사와 그 제한에 대한 학설로서는, 크게 ① 소극설[33]과 ② 적극설[34]이 대립하고 있다. 생각건대 특허

---

32) 차상육, "특허침해소송과 권리남용항변", 「정보법학」 제11권 제2호, 한국 정보법학회, 2007, 169~170면.

33) 정상조·박성수 공편, 전게서, 25~26면(김기영 집필부분); 설민수, "표준 특허의 명암: 스마트폰 특허분쟁에서 특허알박기(Patent Holdup) 우려를 중심으로(하)", 「저스티스」 통권 제141호, 한국법학원, 2014.4, 75~76면; 이수진, "표준특허의 Unwilling Licensee와 역홀드업에 관한 연구", 「산업

제도의 의의는 특허법의 목적인 발명의 장려로써 산업의 발달에 기여하는 것이다. 특허권이 배타적·독점적 권리인 것에 비추어보면, 특허권의 본질에 관한 금지청구권의 행사를 제한하는 것에는 신중한 대응이 요구된다. 그러나 특허권의 강한 보호를 요구한 나머지 산업의 발달이 저해되는 결과를 초래하는 것은 제도의 방향으로서 바람직한 것은 아니다. 결국, 산업발달에 기여한다는 특허제도의 목적에 서서 표준필수특허에 기한 금지청구권의 행사가 그 목적에 반하는 경우에는 금지청구권의 행사가 제한될 수밖에 없다는 인식이 중요하다. 종래 기계적인 도식으로써 우리법원을 지배하고 있는 '특허권침해=금지명령인정'이라는 법리는 적어도 ICT분야의 표준필수특허사건에 관한 한, 앞으로 합리적으로 수정 내지 조정될 필요성이 있다고 본다.[35) 요컨대 필자는 적극설의 전반적인 태도와 근거를 지지한다.

(4) 결 어

표준필수특허분쟁은 복잡하고 그 원인도 많으며 또 빠르게 변하기 때문에 이러한 분쟁에는 유연한 해결책이 반드시 강구되어야할 것이라고 생각한다. 입법론[36)에 갈음한 가장 접근 가능한 해석

재산권」제44호, 사단법인 한국지식재산학회, 2014.8, 123~129면 등.

34) 송재섭, "표준특허에 근거한 권리행사의 한계―침해금지청구권과 손해배상청구권을 중심으로", 「저스티스」 통권 제140호, 한국법학원, 2014.2, 243~244면; 박영규, "삼성과 애플의 분쟁에 대한 경제적, 특허법적 그리고 경쟁법적 고찰―표준특허, FRAND 조건을 중심으로", 「비교사법」 제19권4호(통권59호), 한국비교사법학회, 2012.11, 1370면; 오승한, "표준필수기술 선정절차에서 기만적 FRAND 확약을 제출한 특허권자의 권리실행 제한에 관한 연구", 「지식재산연구」 제7권 제4호, 한국지식재산연구원 · 한국지식학회, 2012.12, 23면.

35) 같은 취지, 조영선, 「특허법 2.0」 제6판, 박영사, 2018, 420~421면.

36) 조영선, 상게서, 421면(조영선 교수는 궁극적으로는 특허법 제126조를 개정하여 특허침해로 인한 금지명령 자체를 아예 법관의 합리적 재량판단 사

론이라면, 표준특허분쟁에 관한 재판실무와 관련하여 우리특허법 제126조의 적용에 있어서 특허법의 목적인 '산업의 발달'에 기여하는 범위 내로 한정하는 해석론을 적극 도입하는 것이다. 즉 우리 특허법에 내재된 대륙법계의 특성에 비추어 금지청구권 행사의 제한 문제는 원칙상 법원의 재량권을 널리 인정하기 어렵다고 할 것이다. 그러나 예외적으로 적어도 FRAND(RAND) 선언을 한 표준필수특허에 기한 금지청구권의 행사 관련 분쟁에서는 특허법의 목적인 '산업의 발달'에 기여하는 범위 내에서 계약법적인 새로운 해석론을 재판실무의 운용상 시도함으로써 권리구제방안의 유연성을 펼쳐야 할 것이다.

V. 손해배상청구권

1. 손해액 산정의 특칙 규정의 개관

특허권자 등은 고의 또는 과실에 의하여 특허권 등을 침해한 자에 대하여 그 침해로부터 자기가 받은 손해배상을 청구할 수 있다. 종래 특허권자 등의 손해배상청구권은 민법 제750조를 근거로 발생하였다. 2016년 개정특허법에서는 제128조 제1항[37]을 신설하여 특허권침해로 인한 손해배상청구권의 근거조문을 두었다. 다만 제128조 제1항의 신설 의미는 민법 제750조에 대비할 때 확인적 규정 내지 선언적 규정에 불과하지 않는가 하고 생각한다. 종래 민법 제750조에 의하여 청구할 수 있는 손해로서는 소극적 손해(일실이

항으로 명문화하는 것도 고려할 필요가 있다고 주장한다).

[37] 특허법 제128조(손해배상청구권 등) ① 특허권자 또는 전용실시권자는 고의 또는 과실로 자기의 특허권 또는 전용실시권을 침해한 자에 대하여 침해로 인하여 입은 손해의 배상을 청구할 수 있다. 〈신설 2016.3.29.〉

익), 적극적 손해, 정신적 손해가 있지만, 특허법 제128조는 특허권 침해에 따라서 발생하는 손해 중 권리자 측의 판매감소에 따른 일 실이익 상당의 손해에 대해 손해액 산정에 관한 특칙을 둔 것이다.

특허법은 특허권자 등의 보호를 위하여 손해액 산정에 관한 특 별규정(제128조 제2항 내지 제6항)이나 손해액 산정이 곤란한 경우 구 제규정(제128조 제7항)을 두고서 입증책임의 어려움을 덜어주고 있 다. 나아가 정보재의 특수성으로 인하여 다른 불법행위와 비교할 때 생기는 입증의 곤란성을 피하여 권리자의 입증 용이화에 이바 지하는 또 다른 제도로서 과실의 추정 규정(특허법 제130조)과 함께 생산방법의 추정 규정(특허법 제129조)도 두고 있다. 모두 손해배상 에 관한 특별규정으로서의 의미를 가진다.

지적재산권은 타인에 의하여 침해되더라도 그사이에 권리자 자 신의 실시가 불가능하지 않고, 중첩적인 이용이 가능하다. 따라서 유체물과 같이 상대방이 이용한 것이 곧 권리자 자신이 이용할 수 없었던 것으로 되지 않는다. 또한 특허발명을 실시한 상품과 이것 을 실시하지 않는 대체품이 시장에서 경합하는 경우도 많고, 권리 자의 생산능력이 낮은 경우도 있기 때문에, 가사 상대방이 침해행 위를 하지 않았다고 하더라도 같은 양의 특허발명의 실시품을 권 리자가 제조판매할 수 있었는지 여부는 바로 결정되지 않는 경우 가 많다. 이와 같이 지적재산권침해를 이유로 한 손해액의 주장·입증 및 산정에는 무체의 재산권인 점에 따른 곤란성이 필연적으로 수반된다.[38)]

결국 특허권의 보호대상이 무체인 정보재인 점에서 특허권침해 의 불법행위는 다른 유형의 불법행위와 대비할 때 침해의 발견도 어렵고 침해행위에 따른 손해액의 입증도 쉽지 않다. 나아가 손해 배상액 산정에 있어서도 일반불법행위이론에 의할 경우 인과관계

---

38) 高林龍, 『標準 特許法』 第3版, 有斐閣, 2008, 257頁.

와 손해액이 입증이 거의 불가능에 가까운 경우도 있으므로 특허
권침해는 발생했지만 손해배상청구는 청구기각으로 끝날 가능성
이 매우 높다는 불합리가 소송실무상 오래전부터 지적되었다. 이
러한 실무상 문제점에 대한 반성과 전보배상(塡補賠償)의 실효적인
담보를 위해서 특허법에 손해액 산정에 특칙을 두게 된 것이다. 요
컨대 불법행위의 구제책으로서 손해배상제도의 틀을 유지하면서
권리자 측의 입증책임을 경감하여 권리구제의 실효성을 제고하기
위해서 현재의 손해액 산정의 특칙 등의 규정이 신설되었다.39)

나아가 2016년 개정특허법에서는 종래의 서류제출명령제도를
보완하여 자료제출명령제도(제132조)40)를 두었다. 법원은 특허권
또는 전용실시권 침해소송에서 당사자의 신청에 의하여 상대방 당
사자에게 해당 침해의 증명 또는 침해로 인한 손해액의 산정에 필
요한 자료의 제출을 명할 수 있다(동조 제1항). 또한 제128조의2(감
정사항 설명의무)를 신설하였다. 이 규정에 의하면, 특허권 또는 전
용실시권 침해소송에서 법원이 침해로 인한 손해액의 산정을 위하
여 감정을 명한 때에는 당사자는 감정인에게 감정에 필요한 사항을
설명하여야 한다고 규정하고 있다. 이 규정을 신설한 취지는 손해
액 산정을 위하여 법원이 감정을 명한 경우 당사자는 감정인에게
필요한 사항을 설명하도록 의무화한 것이다.41) 감정사항 설명의무

---

39) 中山信弘, 『特許法』, 弘文堂, 2010, 340頁.

40) 2016년 개정 특허법은 기업의 영업비밀이라도 손해액 산정에 필요한 자료
는 강제로 제출할 수 있도록 하고 있다. 즉, 손해배상소송에서 법원의 자료
제출 요구에 대한 기업의 제출의무를 규정한 것이다. 이른바 '한국판 디스
커버리 제도'로 불리는 자료제출명령제도는 미국의 디스커버리 제도인 자
료제출명령을 참고한 제도라 할 수 있다.

41) 일본 특허법 제105조의2의 이른바 '계산감정인 제도'는 1999년 개정 특허
법에서 신설한 것이다. 이 계산감정인 제도에 의하면, 법원이 손해액의 입
증을 위한 감정을 명한 경우에는 당사자는 감정인에 대하여 필요한 사항을
설명하여야 한다고 규정하고 있다. 이처럼, 한국과 일본 양 국가의 제도는

제도는 일본 특허법상 이른바 '계산감정인 제도'(제105조의2)와 유사한 점이 많다고 여겨지고 입법례상 영향을 받은 것으로 보인다.

한편, 손해배상청구권은 침해금지청구권과 달리,[42] 특허권이 소멸되거나 존속기간이 경과한 이후에도 소멸시효가 완성되지 않았다면 행사할 수 있다.

〈표〉 민법과 특허법[43]의 손해배상액 산정의 비교

청구근거조문	내용	손해배상액 산정
민법 제750조(원칙형)	일실이익	침해행위가 없었다면 특허권자 등이 제조·판매할 수 있었을 수량 × 특허권자 등의 단위수량당 이익
특허법 제128조 제2항, 제3항 (※2001.2.3. 신설) (※구법 제128조 제1항)	일실이익 추정형	(2항) 침해자의 양도수량 × 특허권자 등의 단위수량당 이익
		(3항) [(특허권자 등이 생산가능 물건의 수량 - 실제 판매 물건의 수량) - 침해행위 외의 사유로 판매할 수 없었던 수량] × 단위수량당 이익을 제2항 손해액의 한도로 함. (= 특허권자 등의 실시능력 초과 불가이므로, 반대사유로 인한 손해액 감경 가능)

신속한 재판과 적정한 재판의 이념을 구현하기 위한 것으로 보인다.

42) 대법원 2009.10.15. 선고 2007다45876 판결 [손해배상(기)].

43) 특허법은 법률 제14112호, 2016.3.29. 일부개정 된 것을 말함. 2016년 개정특허법은 특허법 제128조 제1항을 신설하여 손해배상청구권에 대해 선언적 규정을 두었다. "① 특허권자 또는 전용실시권자는 고의 또는 과실로 자기의 특허권 또는 전용실시권을 침해한 자에 대하여 침해로 인하여 입은 손해의 배상을 청구할 수 있다. 〈신설 2016.3.29.〉"

특허법 제128조 제4항 (※ 구법 제128조 제2항)	침해자이익 반환형	침해자가 침해행위로 얻었을 이익액을 권리자의 손해액으로 추정 (= 즉, 침해자의 제조·판매수량×침해자의 단위수량당 이익)
특허법 제128조 제5항 (※ 구법 제128조 제3항)	실시료 상당액형	특허발명의 실시에 대하여 통상적으로 받을 수 있는 금액
특허법 제128조 제6항 (※ 구법 제128조 제4항)	일실이익형	(1문)제5항에도 불구하고 손해액이 같은 항에 따른 금액을 초과하는 경우에는 그 초과액 (2문)침해한 자에게 고의 또는 중대한 과실이 없을 때에는 법원의 재량에 의한 손해배상액 감액 가능
특허법 제128조 제7항 (※ 2001.2.3. 신설) (※ 구법 제128조 제5항)	법원의 재량	손해 발생은 인정되나 그 손해액을 증명하기 위하여 필요한 사실을 증명하는 것이 성질상 극히 곤란한 경우에는, 법원은 변론 전체의 취지와 증거조사의 결과에 기초하여 상당한 손해액을 인정 가능

요컨대 특허권 침해로 인한 손해배상청구는 그 실질이 민법 750조에 따른 불법행위에 기초한 손해배상청구로서 민법 763조는 불법행위로 인한 손해배상의 범위에 관하여 채무불이행으로 인한 손해배상의 범위에 관한 규정인 민법 393조를 준용하도록 규정하고, 이에 따르면 불법행위로 인한 손해배상은 불법행위로 인한 통상의 손해를 그 한도로 하며, 특별한 사정으로 인한 손해는 가해자가 그 사정을 알았거나 알 수 있었을 때에 한하여 배상의 책임이 있다. 그리고 특허법 128조는 특허권이 침해되었다고 인정되는 경우에 그로 인한 손해를 산정함에 있어서 그 손해액에 관한 특허권자의 입증의 부담을 경감하려는 취지에서 마련된 규정이다.

따라서, ① 당해 권리를 침해한 자가 그 침해행위를 하게 한 물건을 양도한 때에는 그 물건의 양도수량에 특허권자가 당해 침해행위가 없었다면 판매할 수 있었던 물건의 단위수량당 이익액을 곱한 금액을 특허권자가 입은 손해액으로 할 수 있고, 이 경우 손해액은 특허권자가 생산할 수 있었던 물건의 수량에서 실제 판매한 물건의 수량을 뺀 수량에 단위수량당 이익액을 곱한 금액을 한도로 하며, 특허권자가 침해행위 외의 사유로 판매할 수 없었던 사정이 있는 때에는 당해 침해행위 외의 사유로 판매할 수 없었던 수량에 따른 금액을 빼야 하고(128조 2항, 3항), ② 특허권을 침해한 자가 그 침해행위에 의하여 이익을 받은 때에는 그 이익의 액을 특허권자가 받은 손해의 액으로 추정하며(128조 4항), ③ 특허권자는 그 특허발명의 실시에 대하여 통상 받을 수 있는 금액에 상당하는 액을 특허권자가 받은 손해의 액으로 하여 그 손해배상을 청구할 수 있다(128조 5항). 이때 특허권자는 특허법 128조의 각항에 규정되어 있는 각각의 손해액 산정방식을 선택적 또는 중첩적으로 주장할 수 있다.[44]

한편 미국 특허법 284조는 법원이 특허침해를 확정하고, 손해의 배상을 명함에 있어 손해배상액은 법원에 의해 결정된 이자 및 비용을 모두 포함하여 그 특허침해를 보상하기에 적정한 금액이어야 하고, 어떤 경우에도 침해자가 만일 라이선스를 받았다면 부담하였어야 할 합리적인 로열티(reasonable royalty)보다는 작을 수는 없다고 규정하고 있다. 이처럼 우리나라 특허법과 민법은 실제로 발생한 손해를 원상회복하는 전보적 손해배상을 원칙으로 하고 있고, 미국 특허법 284조도 마찬가지로 전보배상을 원칙으로 하고 있다. 다만 미국 특허법 284조는 예외적으로 고의침해(willful infringement)의 경우에는 가중적인 손해배상(enhanced damages)이 가능하도록

---

44) 서울고등법원 2014.12.11. 선고 2014나1463 판결 [집행판결청구].

하여 3배까지 배상할 수 있도록 하고 있다. 논자에 따라서는 징벌적 손해배상(punitive damages)이라고 그 성격을 규정짓기도 한다.

2. 소장의 청구취지

원고는 소장에 아래와 같이 청구취지를 기재할 수 있다.

1. (금지청구)
2. (폐기 · 제거청구)
3. 피고는 원고에게 금 100,000,000원 및 이에 대하여 2018.1.1.부터 완제일까지 연(年) 5%의 비율에 의한 금원을 지급하라.
4. 소송비용은 피고의 부담으로 한다.
5. 제1항 내지 제3항은 가집행할 수 있다.
라는 재판을 구합니다.

3. 청구원인의 요건사실

(①) 원고는 다음의 특허권을 가진다(특허번호, 발명의 명칭, 출원일 등을 기재한다. 이하, '이 사건 특허발명'이라 함).

(②) 피고는 별지목록기재의 물건(대상제품)을 제조판매하고 있다.

(③) 대상물건(제품)은 이 사건 특허발명의 기술적 범위에 속한다.

(④) 피고는 2010년 1월 1일부터 2017년 12월 31일까지 사이에 대상물건(제품)을 합계 ○○개 제조 · 판매하였지만, 그 매출액은 합계 ○○○○원이다.

(⑤) 〈ⅰ〉 원고가 이 사건 특허발명의 실시품인 △△△△(원고제품)을 제조 · 판매함으로써 얻을 수 있는 이득의 액은 금 ○○○○

원이다(제128조 제2항의 청구).

〈ii〉 피고의 이익률은 ㅇ%이고, 피고는 대상물건(제품)의 상기 제조판매행위에 따라서, 합계 ㅇㅇㅇㅇ원의 이익을 얻었다(128조 제4항의 청구, 다만 특허권자가 실시를 하고 있는 것도 주장할 필요가 있다).

〈iii〉 이 사건 특허발명의 실시에 대하여 얻을 수 있는 실시료는 매출액의 ㅇ%이다(제128조 제5항의 청구).

특허침해소송의 금지청구의 요건사실인 (①)항 내지 (③)항에, 위 (④)항과 (⑤)항이 추가된 것이다. 또, 과실은 우리 특허법 제130조에 의하여 추정되기 때문에 주장이 불필요하다. 손해배상청구를 행한 경우에는 위와 같이 손해액 및 그 근거를 기재한다(우리 특허 법 제128조 제2항 내지 제5항의 추정규정 등을 이용하는 것이 많지만, 어떤 규정을 근거로 하는가를 명시한다). 다만 실무상 신속한 심리를 구하기 위하여 애초부터 손해배상청구를 행하지 않고 금지청구만으로 그치는 사안도 있다. 또 손해배상청구가 이루어진 경우에도 침해론에 관해서 선행하여 심리하고, 침해가 성립한다는 심증을 얻은 후에 손해론으로 들어가기 때문에, 소장의 단계에서는 손해에 관하여서는 개괄적인 주장에 그치는 경우가 많다.

4. 특허법 제128조의 입법취지

특허법 제128조가 존재함으로써 권리자는 특허권 침해의 불법행위에 기하여 일실이익 상당의 손해에 관하여, ① 침해자의 판매수량(양도수량)에 권리자가 그 침해행위가 없었다면 판매할 수 있었던 물건의 단위수량당 이익액을 곱한 액을, 권리자의 실시능력에 따른 액을 초과하지 않는 한도 내에서, 권리자가 받은 손해액으로 하여 청구할 수 있게 한 것이고(제128조 제2항·제3항－일실이익 추정형), ② 침해자가 얻은 이익액을 권리자가 받은 손해액으로 청구할 수 있도록 한 것이며(제128조 제4항－침해자 이익 반환형), ③ 침해된 특허발명의 실시에 대해 받아야 하는 금전액에 상당하는 액의 금전을 자기가 받은 손해액으로서 청구할 수 있게 한 것이다(제128조 제5항 – 실시료상당액형). 이 실시료상당액형의 산정방법은 권리자에게 손해가 없는 경우에도 항상 인정되는 최저한도의 배상액이라는 점에서 종래 권리침해와 일실이익과의 사이에 인과관계가 존재함을 필요로 하는 일실이익 배상제도 즉 종래의 차액설(差額說)적 손해개념의 틀과는 근본적으로 다른 것이라 할 수 있다. 요컨대 실시료상당액형은 독일의 kraßer에 의한 시장기회론(市場機會論)을 중심으로 한 규범적 손해개념론(規範的 損害槪念論)에 입각하면 잘 설명될 수 있는데, 종래의 차액설(差額說)적 손해개념의 사고의 틀 속에서 생기는 논리적 부정합성 문제를 보다 잘 극복할 수 있다고 평가된다.45)

위와 같은 제128조 각항 중 제128조 제2항·3항과 제4항은 손해의 입증 시 인과관계에 대한 요건을 크게 완화하거나(2항·3항) 또는 입증책임 경감을 통하여(4항) 모두 권리구제의 실효성을 높인 것으로 평가받는다. 또 제128조 제5항은 권리자가 특허발명을 실제로 실시하지 않아 구체적인 일실이익이 발생하지 않더라도 일정 금액의 손해배상을 인정한다는 점에서 권리자 보호를 도모하고 있는 규정이라는 점에서, 인과관계의 요건 완화와는 또 다른 측면에서의 입증책임 완화에 따른 권리구제의 실효성 보장책이라 할 수 있다.46)

또한 제128조 각 항에 의한 주장의 관계에 관해서는 각 항마다 상이한 청구권이 있는 것은 아니고, 민법 제750조의 불법행위에 기한 손해배상청구권으로서는 1개의 것이고, 일실이익상당의 손해에 관한 손해액의 산정방법이 3종류 존재한다는 것이라 할 것이다.47)

45) 안원모,『특허권의 침해와 손해배상』, 세창출판사, 2005, 111~112면.
46) 안원모, 상게서, 29면.
47) 中山信弘 編,『注解特許法』第3版(上卷), 靑林書院, 2000, 980頁.

또 권리자는 특허법 제128조 제2항부터 제5항까지를 이용하여 손해액을 계산하여 주장하든지 아니면 민법 제750조에 따라 통상의 방법으로 일실이익을 계산하여 손해액으로서 주장하는지는 임의로 선택할 수 있다.[48)

5. 제128조 제2항·제3항의 해석과 적용례

(1) 제128조 제2항[49)·제3항[50)

특허법 제128조 제2항은 특허권자 또는 전용실시권자가 판매하고 있는 제품과 특허권의 침해제품이 시장에서 경합제품으로 되는 경우에 있어서 특허권의 침해제품의 판매수량에 '권리자가 침해행위가 없었다면 판매할 수 있었던 물건'[51)의 '단위수량당 이익률'을

---

48) 高林龍, 前揭書, 257頁.

49) ② 제1항에 따라 손해배상을 청구하는 경우 그 권리를 침해한 자가 그 침해행위를 하게 한 물건을 양도하였을 때에는 그 물건의 양도수량에 특허권자 또는 전용실시권자가 그 침해행위가 없었다면 판매할 수 있었던 물건의 단위수량당 이익액을 곱한 금액을 특허권자 또는 전용실시권자가 입은 손해액으로 할 수 있다. 〈개정 2016.3.29.〉

50) ③ 제2항에 따라 손해액을 산정하는 경우 손해액은 특허권자 또는 전용실시권자가 생산할 수 있었던 물건의 수량에서 실제 판매한 물건의 수량을 뺀 수량에 단위수량당 이익액을 곱한 금액을 한도로 한다. 다만, 특허권자 또는 전용실시권자가 침해행위 외의 사유로 판매할 수 없었던 사정이 있으면 그 침해행위 외의 사유로 판매할 수 없었던 수량에 따른 금액을 빼야 한다. 〈개정 2016.3.29.〉

51) 권리자가 침해행위가 없었다면 판매할 수 있었던 물건이란 침해된 특허발명의 실시품일 필요가 있는지 여부에 관하여 학설이 나뉘어 있다. 실시품일 필요는 없다는 판례(東京高判平11·6·15 判時1697号 96頁[蓋熱材事件])도 있고, 권리자제품은 침해품의 수요가 적어도 마주보는 성질의 것이면 족하다는 견해도 유력하다. 그러나 권리자제품과 침해제품이 동일상품이 아니라 가령 원자재와 가공품인 경우에도 양 제품이 시장에서 경합관계에 있다고 인정되면 좋다고 할 수 있다(東京地判平13·7·17 LEX/DB 28061454 [記錄紙事件] 참조). 그렇지만 모두 특허발명을 실시한 권리자제품과 침해제

곱한 것이므로,[52] 권리자의 실시능력에 따른 액을 초과하지 않은 액[53]을 손해액으로 한 것이다. 다만, 권리자에게는 침해자와 동등한 판매능력이 없는 경우도 있기 때문에, 침해자가 이 점을 주장·입증하면 손해액이 일부 감액된다. 특허권자는 특허제품을 시장에서 독점적으로 판매할 수 있는 지위에 있으므로, 침해품이 판매되지 않았다면 이것에 대체할 수 있는 특허제품은 특허권자만이 판매할 수 있는 것이라는 이해를 전제로 구성된 규정이다. 종래 특허법 제128조 제4항의 추정규정이 '전부 아니면 전무(all or nothing)'로서 운용되었던 실무의 반성에서 인정액을 감액하는 때의 고려요소

품이 경합하는 점, 특허법 제128조 제2항에 의한 계산이 성립해야 한다. 따라서 권리자 스스로가 특허발명을 실시하지 않는 것에 특허법 제128조 제2항의 계산이 성립하는 경우라는 것은 권리자 제품과 침해품과 사이에 대체성이 인정되는 듯한 특수한 경우에 한정된다고 해석되어야 한다.

52) 권리자의 이익률을 산정하기 위하여는 원재료비나 매입가격 등 권리자가 침해수량분을 추가적으로 판매하기 위하여 필요로 한 경비(이른바 '변동경비')만이 공제된다. 따라서 권리자가 해당 발명을 위하여 요한 연구개발비 등은 공제의 대상으로는 되지 않는다. 만일 침해자로서는 신규한 설비비나 연구개발비 등의 제 경비가 필요하였다고 하더라도, 이들 침해자 측의 사정도 공제대상으로는 당연히 되지 않는다.

53) 권리자 측에서 주장하는 손배액이 스스로의 실시능력에 따른 손배액을 초과해서는 않았다는 점을 주장·입증한다. 거꾸로 침해자 측에서 권리자에게는 양도수량의 전부 또는 일부를 판매할 수 없었다고 하는 사정이 있다는 점을 주장·입증한다. 다만 권리자 측의 실시능력은 잠재적인 능력으로 족하다. 특단의 사정이 없는 한 실시능력을 갖추고 있는 것으로 유연하게 해석될 수 있다. 한편 판매할 수 없었다는 사정으로서는 침해자 측의 영업능력, 시장에서 침해품 이외의 대체품이나 경합품의 존재(東京地判平12·6·23 LEX/DB 28070540[血液採取機事件]) 등의 제반 사정이 있다. 그렇지만 이들 사정은 판매할 수 없었던 사정으로는 인정되지 않는다고 하는 일련의 동경지방법원 판결 참조(가령 東京地判平 14·3·19 判時1803号78頁[ス ロットマシン事件]. 이 판결은 위 제반사정으로서 침해품이 그 성질상 한정된 기간내에만 수요되고, 해당 기간 내에 소비되는 것인 경우, 가령 생선식료품인 경우 등을 지적하고 있다)도 있고, 판례의 입장은 일관되지 않는 점에 주의할 필요가 있다.

를 규정하고 있는 점에 특징이 있다.[54]

특허권의 침해제품의 판매개수를 입증하는 것은 자료제출명령의 신청을 활용하는 등으로써, 권리자로서도 어느 정도는 가능하다. 그렇지만 침해제품을 판매함으로써 침해자가 얻은 이익액을 입증하는 것은 타인의 품속을 들여다보지 않으면 안 되는 것만큼 어렵다. 그래서 외형적으로 분명하게 하는 것이 가능한 침해제품의 판매개수에 권리자 스스로 판매함으로써 얻은 단위수량당 이익률(이것은 권리자 측의 내부자료로 용이하게 입증할 수 있다)을 곱함으로써, 권리자가 입은 손해액을 계산할 수 있도록 한 것이 바로 제128조 제2항이다.

다만 권리자 측에 따라서 스스로의 제품판매 시의 이익률을 분명하게 하는 것이 영업비밀등에 관련되기 때문에 꺼려지는 경우에는 특허법 제128조 제4항이나 제5항을 이용하든지 혹은 원칙대로 민법 제750조에 기하여 청구할 수밖에 없다.[55]

(2) 판 례

이른바 '기저귀 사건'의 하급심 판결[56]에서는 제128조 제2항·제3항[57]에 따라서 손해액을 산정하면서 한계이익설에 따라 원고의 단위수량당 이익액을 산정하였다. 법원은 침해기간으로 인정된 1996년부터 2001년까지의 원고가 자체 생산라인으로 추가생산할 수 있었던 수량범위 내의 피고 판매수량에 대하여 원고의 연도별 단위당 이익액(단위당 판매가격 ― 단위당 변동경비)을 각각 곱한 금액의 합(약 589억 원) 등을 손해액으로 인정하여 배상을 명하였다.[58]

---

54) 高林龍, 前揭書, 257頁.

55) 高林龍, 前揭書, 258~259頁.

56) 서울남부지방법원 2003.2.7. 선고 2001가합8692, 2001가합11162(병합) 판결.

57) 구 특허법 제128조 제1항.

6. 제128조 제4항의 해석과 적용례

(1) 제128조 제4항[59]의 해석[60]

(가) 특허법 제128조 제4항은 특허권의 침해제품을 제조·판매함으로써 침해자가 얻은 이익액을 바로 권리자의 특허권침해에 의해 입은 손해액으로 추정하고 있다. 이 규정의 추정의 성질은 법률상(法律上)의 사실추정규정(事實推定規定)이라 할 수 있다.[61][62] 이에 대해 잠정적 진실설[63]과 손해평가설[64]이 주장되고 있다. 학설대립의 차이는 추정의 복멸이 본증을 통하여 이루어져야 할 것인지(법률상 사실추정설) 아니면 반증을 통해서도 이루어질 수 있는지(잠정적 진실설)에 차이가 있다. 결국 '법률상 사실추정설'에 의할 때. 추정규정의 성격상 침해자는 자신이 침해행위로 인하여 얻은 이익보다 침해가 없었을 경우 권리자가 실제로 얻을 수 있었을 이익이 더

---

58) 전효숙, "특허권 침해로 인한 손해배상", 손경한 편저, 『新특허법론』, 법영사, 2005, 804면 각주 96 참조.

59) ④ 제1항에 따라 손해배상을 청구하는 경우 특허권 또는 전용실시권을 침해한 자가 그 침해행위로 인하여 얻은 이익액을 특허권자 또는 전용실시권자가 입은 손해액으로 추정한다. 〈개정 2016.3.29.〉

60) 高林龍, 前揭書, 259~261頁.

61) 같은 취지는 전효숙, "특허권 침해로 인한 손해배상", 손경한 편저, 『新특허법론』, 법영사, 2005, 802면.

62) 中山信弘, 前揭書, 349頁; 高林龍, 前揭書, 259頁.

63) 田村善之, 『知的財産權と損害賠償』[新版], 弘文堂, 2004, 35頁. 이 '잠정적 진실설'은 특허법 제128조 제5항(구 특허법 제128조 제3항, 일본 특허법 제102조 제3항)에 있어서 시장기회상실설에 기한 손해의 성격과 대비할 때, 제128조 제4항(구 특허법 제128조 제2항, 일본 특허법 제102조 제2항)의 추정은 사실추정이 아니라 잠정적 진실에 해당한다는 견해이다.

64) 박성수, 『특허침해로 인한 손해배상액의 산정』, 경인문화사, 2007, 264~265면. 이 '손해평가설'의 요지는 제128조 제4항(구 특허법 제128조 제2항)의 추정도 특허권자의 손해를 금전적으로 평가하는 차원에서 적용되는 평가규범이므로 금액의 일부 복멸을 허용하는 것이 옳다는 견해이다.

욱 작다는 점을 주장·입증하면 위 추정 전체를 깨트릴 수 있는 것
이다. 요컨대 이론상으로는 특허법 제128조 제4항은 사실추정규정
이므로 침해자 측이 추정을 번복하는 사정의 주장·입증에 성공하
면 전면적으로 본항의 적용이 배척된다. 권리자 측은 민법 제750조
에 기하여 자기의 손해를 주장·입증하든지, 특허법 제128조 제5
항에 따라 실시료상당의 손해금을 청구할 수밖에 없는 '전부 아니
면 전무(all or nothing)'의 해석이 채용될 수 있다. 그러나 제128조
제2항이 비율적으로 손해배상액을 인정하는 길을 열었으므로 제
128조 제4항에 관해서도 추정의 양적인 일부 복멸(覆滅)을 허용하
는 해석론이 구체적 타당성에 부합하고 사실추정이라는 형식논리
에만 집착하여 모순되고 불합리한 결론을 내리는 오류를 피할 수
있을 것으로 본다.[65] 즉 소송실무상 추정의 일부가 깨어지면 손해
액 추정이 전무(全無)가 되도록 재판운영을 할 것이 아니라 평가규
범의 성격상 금액의 일부 복멸을 인정하면 족할 것이다.[66]

  (나) 문제는 현행 특허법 제128조 제2항·제3항[67]과 마찬가지
로, 제128조 제4항[68]도 권리자의 생산, 판매능력을 한도로 하여 손
해액을 산정할 것인지 여부이다. 이와 관련하여 종래 학설·판례
는 대체로 긍정적이다. 이 문제는 결국 '권리자의 불실시'가 법률상
사실추정의 복멸사유에 해당하는지 여부가 쟁점이다. 즉 제128조
제4항도 제3항과 같은 명문의 규정은 없으나 권리자가 제품의 제
조·판매 행위를 스스로 하고 있지 않은 경우에는 스스로의 제
조·판매행위에 의하여 얻을 수 있었을 이익의 상실이라는 손해
또한 발생할 여지가 없으므로, 스스로 제품의 제조·판매를 하고
있지 않은 권리자는 특허법 제128조 제4항을 원용할 여지가 없다

---

65) 東京地判平11·7·16 判時1698号143頁[惡路脱出具事件].
66) 같은 취지는 박성수, 전게서, 265면.
67) 구 특허법 제128조 제1항.
68) 구 특허법 제128조 제2항.

고 해석하는 견해가 주장되었다.[69]

우리 판례[70]도 "이 규정은 특허권자에게 손해가 발생한 경우에 그 손해액을 평가하는 방법을 정한 것에 불과하여 침해행위에도 불구하고 특허권자에게 손해가 없는 경우에는 적용될 여지가 없"다는 태도를 취하고 있다. 이 견해에 따르면 손해발생 자체에 대해서는 권리자인 원고가 주장·입증해야 하고, 구체적으로는 권리자가 스스로 특허발명을 실시하지 않은 경우에는 소극적 손해(일실이익)의 발생 자체를 생각할 수 없으므로 제128조 제4항[71]의 추정규정은 적용 여지가 없게 된다.[72]

그리고 손해의 발생에 관한 주장·입증의 정도에 있어서는 제128조 제4항[73] 규정의 취지에 비추어 경업관계 등으로 인하여 손해 발생의 염려 내지 개연성이 있음을 주장·입증하는 것으로 족하다고 보아야 할 것이다.[74]

침해자가 받은 이익액의 입증책임은 권리자에게 있으나 인과관계까지 입증을 요하지는 않는다고 해석된다. 즉 침해행위에 의하여 이익을 받았을 때에는 그 이익의 액은 권리자가 받은 손해액으로 추정되므로 권리자는 침해자가 받은 이익을 입증하면 되고, 그 밖에 침해행위와 손해의 발생 사이의 인과관계에 대해서는 이를 입증할 필요는 없다. 상표에 관한 판례[75]이지만 법원은 "구 상표법

---

69) 안원모, 전게서, 203면; 권택수, "특허권의 침해로 인한 손해배상", 「민사재판의 제 문제」 제11권, 한국사법행정학회, 2002, 557면.

70) 대법원 2006.10.12. 선고 2006다1831 판결 [특허권침해금지 등].

71) 구 특허법 제128조 제2항.

72) 中山信弘, 前揭書, 347頁.

73) 구 특허법 제128조 제2항.

74) 대법원 2006.10.12. 선고 2006다1831 판결 [특허권침해금지 등]; 대법원 1997.9.12. 선고 96다43119 판결 참조(구 특허법 제128조 제1항과 같은 취지의 상표법 제67조 제1항에 관한 사안이다).

75) 대법원 1992.2.25. 선고 91다23776 판결 [손해배상(기)].

(1990.1.13. 법률 제4210호로 전문 개정되기 전의 것) 제37조 제2항에 의하면 상표권자가 상표권 침해자에 대하여 손해배상을 청구하는 경우 그 자가 침해행위에 의하여 이익을 받았을 때에는 그 이익의 액은 상표권자가 받은 손해액으로 추정되므로 상표권자는 상표권 침해자가 취득한 이익을 입증하면 되고 그 밖에 침해행위와 손해의 발생 간의 인과관계에 대하여는 이를 입증할 필요가 없다."고 판시한 바 있다.

특허법 제128조 제4항의 적용과 관련하여 권리자의 실시 여부가 문제된다. 우리 다수설에 의하면 특허발명을 실시하고 있지 않으면 권리자에게는 본 조항의 손해를 인정할 수 없다고 한다. 이에 따르면 권리자는 특허발명을 실시하고 있다는 점을 입증하여야 본 조항의 추정규정을 적용받을 수 있다.76) 한편 같은 취지의 일본특허법 제102조 제2항의 해석과 관련하여 일본의 경우에도 동 조항이 손해액을 추정하는 것이어서 손해발생 사실 자체를 추정하는 것은 아니므로, 권리자 스스로 특허발명을 실시하고 있는 경우에만 적용이 가능하다는 견해77)가 있고, 이것이 일본의 판례·다수설이라고 한다.78)79)

　(다) 침해자가 침해제품을 제조·판매하는 것으로 얻은 이익이

---

76) 임석재·한규현, 전게서, 646면.

77) 高林龍, 前揭書, 259頁.

78) 中山信弘, 前揭書, 346~347頁.

79) 특허법 제128조 제4항은 추정규정이므로 침해자 측이 추정을 번복하는 사정의 주장·입증에 성공하면, 전면적으로 본항의 적용이 배척된다. 권리자 측은 민법 제750조에 기하여 자기의 손해를 주장·입증하든지, 특허법 제128조 제5항에 따라 실시료상당의 손해금을 청구할 수밖에 없는 'all or nothing'의 해석이 채용되었다. 그러나 제128조 제2항이 비율적으로 손해배상액을 인정하는 길을 열었던 것을 계기로 제128조 제4항에 관해서도 추정의 양적인 일부 복멸(覆滅)을 인정하는 판례(東京地判平11·7·16 判時1698号143頁[惡路脫出具事件]도 나타났다.

란 총이익(total profit, 粗利益)(=판매가격과 제조원가의 차액)이나 순이익이 아니라, 한계이익(限界利益)이라고 해석하는 것이 최근 우리의 유력한 학설80)의 흐름으로 보인다. 이에 대해 종래 학설상으로는 순이익설,81)82) 총이익설83) 및 한계이익설이 대립되어 왔다.84) 이와 같이 학설대립이 심하지만 그 대립하는 주장의 핵심 요지를 보면, 우선 총이익설은 총매출액에서 직접비만 공제하자는 견해이고, 이에 반해 순이익설은 간접비총액을 공제하자는 견해이며, 한계이익설은 간접비 중 침해와 관련되어 추가적으로 투입한 항목만을 공제하자는 견해라 할 수 있다.

한계이익설의 구체적 설명에는 ⅰ) 침해자의 매출액에서 침해품의 제조·판매를 위하여 추가적으로 투입된 비용을 공제한 것을 한계이익이라고 보는 견해,85) ⅱ) 침해자의 매출액에서 변동비만을 공제한 것을 한계이익이라고 보는 견해,86) ⅲ) 침해자의 매출액에서 재료비 등의 직접비와 간접비 중 침해제품을 제조·판매하기

---

80) 안원모, 전게서, 212~213면; 박성수, 전게서, 277~279면; 정차호·장태미, 『특허법의 손해배상론』, 동방문화사, 2016, 78~79면.

81) '순이익설'이란 침해자도 특허권자와 마찬가지로 침해제품의 제조·판매에 있어서 재료비와 같은 직접비뿐만 아니라 판매비·관리비 등 간접비도 필요하므로 이들로 모두 공제하는 것이 타당하다는 견해이다(정차호·장태미, 『특허법의 손해배상론』, 동방문화사, 2016, 76~77면 참조. 필자는 순이익설에서의 '이익'에 대해 '순이익'이란 용어보다 회계학상 '영업이익'이 더 적절한 용어라고 주장한다).

82) 윤선희, 『특허법』 제5판, 법문사, 2012, 814면(침해자도 영업에 필요한 경비가 들어가므로 순이익설이 타당하다고 주장한다); 배대헌, 『특허침해와 손해배상』, 세창출판사, 1997, 95~97면.

83) '총이익설'이란 침해제품의 총매출액에서 제조·판매 원가와 같이 제조·판매에 직접적으로 필요한 비용인 직접비만 공제하여 산정한 액을 침해자의 이익액으로 본다는 견해이다(정차호·장태미, 전게서, 76면).

84) 이에 관한 상세는 정차호·장태미, 전게서, 75~79면.

85) 안원모, 전게서, 212~213면.

86) 박성수, 전게서, 277~279면.

위하여 추가적으로 투입된 비용 즉 증분비용을 공제한 이익을 한
계이익라고 하면서 간접비를 변동비와 고정비로 나누지 말고 간접
비 중에서 침해제품을 제조·판매를 위해 사용된 부분을 배분하여
공제할 수 있다는 견해[87]로 나뉘고 있다. 결국 제128조 제4항[88]을
적용하는 경우에 한계이익설에 의하면, 침해자 제품의 매출액에서
그 제품의 판매를 위하여 추가적으로 들어간 비용을 공제하여 이
를 침해자 제품의 수량으로 나눈 것을 단위수량당 이익액으로 계
산하여 산정할 수 있게 된다.

한편 소송실무를 보면 침해자의 이익산정과 관련하여 판례는 순
이익설에 기초한 판결,[89] 한계이익설에 기초한 판결[90]이 있었다.
또 대법원 1997.9.12. 선고 96다43119 판결(구 특허법 제128조 제1항
과 같은 취지의 상표법 제67조 제1항에 관한 사안이다)에 대해서는 '순이
익설'을 택하였는지 여부에 대해서 학계의 견해가 갈리고 있다.[91]

(라) 이와 관련하여 일본에서는 한계이익설이 현재 일본의 판

---

87) 정차호·장태미, 전게서, 78면.
88) 구 특허법 제128조 제2항.
89) 서울중앙지방법원 2004.5.21. 선고 2002가합71707 판결(이 사건에서는 연
구개발비 등을 공제한 경상이익액을 기준으로 손해배상액 등을 산정하였
다).
90) 서울중앙지방법원 2004.2.13. 선고 2002가합30683 판결(이 사건에서는 판
매 및 일반관리비를 공제하였다. 다만 일반관리비 중 특허매출과 관계없는
고정비의 성격을 갖는 임원급여와 감가상각비를 제외하였다.)
91) 첫째, 긍정설로서 위 대법원의 판시내용에 대해 순이익설을 택한 것이라는
견해(윤선희, "특허권침해에 있어 손해배상액의 산정", 「저스티스」 제80호,
한국법학원, 2014, 119면)와 둘째, 부정설로서 긍정설을 비판하면서 위 판
결이 순이익설을 채택한 것으로 단정하기 어렵고, 상표권자인 원고회사 자
신이 침해자인 피고의 순이익률이 그의 '영업이익률'보다 작지 않다고 주장
하여 이를 기준으로 침해자이익을 산정한 것을 그대로 수긍한 것에 그친다
는 견해(양창수, "특허권 침해로 인한 손해배상 시론: 특허법 제128조 제1
항의 입법취지와 해석론", 「법조」 제588호, 법조협회, 2005, 63면)가 대립
하고 있다.

례·통설[92] 내지 유력설[93]이라고 한다. 한계이익설은 해당 침해품의 제조에 관하여 필요하였던 상당한 인과관계가 있는 비용만을 공제해야 한다는 견해라 할 수 있다.[94] 일본의 논의를 상세히 설명하면 다음과 같다.[95] 즉 1998년(平成10年) 특허법 개정으로 제102조 제1항(우리특허법 제128조 제2항·3항)이 신설되기 이전에는 "권리자 측(權利者側)의 한계이익설(限界利益說)"이라는 입장이 판례의 주류[96]이었다고 한다. 이 권리자 측(權利者側)의 한계이익설(限界利益說)은 권리자가 특허발명의 실시를 위해 새로운 설비투자나 종업원의 고용을 필요로 하지 않은 상태하에서 침해자에 의해 특허권의 침해제품이 제조·판매된 것이므로, 침해자가 얻은 이익액의 산정에 있었더라도 침해제품의 매출액으로부터 그 제조·판매 자체를 위해 추가적으로 필요로 한 경비(이른바 '변동경비')만을 공제해야 한다(권리자에 따라서는 필요하지 않는 경비는 공제하지 않는다)는 설이다. 그러나 신설된 제102조 제1항(우리 특허법 제128조 제2항·제3항에 해당함)에서는 권리자 측의 이익률산정에 있어서 침해자 측이 침해제품의 제조·판매을 위해 필요한 연구개발비나 설비투자비 등은 당연하게 공제되지 않는 것과의 대비로부터, 제102조 제2항(우리특허법 제128조 제4항에 해당함)에서는 침해자 측이 제조·판매를 실현하기 위해 추가적으로 필요한 경비(변동경비)인 한, 권리자 측의 사정에 관계없이 공제한다(설비투자비 등도 공제한다)는 "침해자 측(侵害者

---

92) 高林龍, 前揭書, 259~260頁.

93) 中山信弘, 前揭書, 348頁.

94) 東京地判平19年4月24日(判例集未登載)[富士フイルムレンズ付きフイルムユニット 事件](이 사건에서는 공헌이익(광의의 한계이익)이라 칭하고 있다. 판시내용에서는 "공헌이익(貢獻利益)의 산정에서는 … 다양 요소를 전체적으로 고려하여 침해품의 제조 내지 판매에 상당한 인과관계가 있는 비용(변동비 및 개별고정비)을 산정할 필요가 있다"고 판시하였다.

95) 高林龍, 前揭書, 259~260頁.

96) 가령 東京地判平10·10·7 判時1657号122頁[負荷装置システム事件].

側)의 한계이익설(限界利益說)"이라는 입장이 판례의 주류97)로 되었다고 한다. 또 종전은 조이익설(粗利益說) 이외에, 침해자가 침해제품을 제조·판매하기 위해 필요로 한 인건비(人件費)나 설비투자비 등의 모든 경비를 매출액에서 차감 내지 공제하여야 한다는 순이익설(純利益說)도 있었다고 한다. 순이익설은 현실에서 입은 손해를 배상하게 하는 제도이므로 손해란 순이익(net profit)이라고 해석된다는 견해이다. 이 순이익설에 의하면 총이익에서 변동경비만이 아니라 일반 경비도 공제되어 인정된 손해액이 낮게 되었고 또 순이익을 증명할 수 없어 이익액의 입증이 없으므로 일본 특허법 제102조 제2항의 적용이 부정되는 경우가 많아서 추정규정을 둔 의의가 몰각되기도 하였다고 한다.98)

(마) 특허법 제102조 제2항 및 제4항에 공통하는 문제로서, 특허발명과 관계없는 상품디자인 등이 판매량 증대에 공헌한 경우, 혹은 하나의 제품이 해당 특허발명 이외에도 몇 가지 다른 특허발명을 실시하고 있거나, 상표권이나 디자인권을 침해하고 있는 경우에, 침해제품 매출에 대한 해당 특허발명의 기여(寄與)와 그 나머지 요소의 기여율을 고려해야 하는가[고려해야 한다는 설은 '기여율고려설'(寄與率考慮說)이라 부른다], 혹은 고려할 필요는 없는가[고려할 필요가 없다는 설은 '전체이익설'(全體利益說)이라 부른다] 라는 문제가 있다.

하나의 제품을 판매함으로써 얻은 이익이 각각의 지적재산권 또는 기타 요인에 의하여 산출되는 경우에는 그중 하나의 특허권 침해를 이유로 하여 이 이익의 회수를 주장하는 자가 청구할 수 있는 상대방 이익액은 해당 특허발명이 이 이익을 산출한 것에 대한 기여율에 따라서 배분되는 부분에 한정되어야 한다. 먼저 청구한 권리자가 전체이익의 모두를 스스로의 손해로서 취득할 수 있다고 하

---

97) 예컨대 東京地判平13·2·8 判時1773号130頁[モデルガン 事件].
98) 中山信弘, 前揭書, 348頁.

거나, 혹은 침해자는 전체이익액을 각각의 권리자에게 중복하여 토해 내야 한다는 것을 이론적으로 설명하는 것은 곤란하다.99) 그래서 현재는 기여율고려설이 통설·판례100)로 되었다고 할 수 있다.

다만, 소송의 장면에서는 침해자이익에 대한 해당 특허권의 기여율을 당초부터 권리자 측에게 주장·입증하게 하는 것은 곤란하기 때문에, 우선은 전체이익액의 입증을 가지고 원고측 입증은 일응 종료한 것으로 하고, 상대방에게 전체이익액 중의 해당 특허권의 기여분이 어느 정도인가를 입증하게 한 뒤 그 한도에서 감액한 액을 가지고 권리자가 입은 손해액으로 인정하는 것이 타당하다고 해석된다.101)

(2) 판 례

대법원은 특허발명의 기술적 특징을 갖춘 감광드럼을 특허권자의 허락 없이 업(業)으로서 생산하였다면 그 감광드럼을 화상형성장치 등에 결합하여 사용하지 않았더라도 특허침해가 성립한다고 본 사례102)에서, "특허법 제128조 제2항은 특허권자가 고의 또는 과실로 자기의 특허권을 침해한 자에 대하여 그 침해에 의한 손해

---

99) 가령 해당 특허발명의 실시품이기 때문에 제품을 판매할 수 있다는 사정이 있는 경우도 있지만 이 경우는 특수한 사정을 참작함으로써 해당 제품에 관한 특허발명의 기여율이 100%로 인정됨에 지나지 않고, 기여율고려설도 다르지 않다.

100) 가령 東京地判平6·5·30 LEX/DB 28021942〈內視鏡用フィルムカセット事件〉, 東京地判平15·12·26 判時1851号138頁〈液體充塡裝置事件〉등.

101) 특허법 제128조 제2항(일본 특허법 제102조 제1항)에 규정한, 판매할 수 없었던 사정으로서 침해자 측의 영업능력, 시장에서 침해품 이외의 대체품이나 경합품의 존재 등의 제반사정을 고려한 것, 말하자면 판매총수에 대한 특허발명의 기여율을 고려하는 한 장면이라 할 수 있다. 따라서 제128조 제2항의 해석과 마찬가지로 기여율을 고려한 감액도 침해자 측에게 주장입증책임을 부담하게 하여야 할 것이다.

102) 대법원 2006.10.12. 선고 2006다1831 판결 [특허권침해금지 등].

배상을 청구하는 경우에, 권리를 침해한 자가 침해행위에 의하여 이익을 받은 때에는 그 이익의 액을 특허권자의 손해액으로 추정한다고 규정하고 있고, 여기서 말하는 이익이란 침해자가 침해행위에 따라 얻게 된 것으로서 그 내용에 특별한 제한은 없으나, 이 규정은 특허권자에게 손해가 발생한 경우에 그 손해액을 평가하는 방법을 정한 것에 불과하여 침해행위에도 불구하고 특허권자에게 손해가 없는 경우에는 적용될 여지가 없으며, 다만 손해의 발생에 관한 주장·입증의 정도에 있어서는 위 규정의 취지에 비추어 경업관계 등으로 인하여 손해 발생의 염려 내지 개연성이 있음을 주장·입증하는 것으로 족하다고 보아야 할 것이다"[103]고 판시하였다.

또 위 판례[104]에서 대법원은, 피고의 특허침해행위로 인한 수입액에서 그에 상응하는 비용을 공제하는 방법으로 원고의 손해액을 산정함에 있어서 피고 주장의 비용산출 계산방식이 특허법 제128조 제2항의 적용에 있어서 주요사실(主要事實)에 해당한다고는 할 수 없을 뿐만 아니라 피고의 준비서면 전체의 취지에서 원고가 주장하는 특허침해행위로 인한 이익액을 다투는 것으로 볼 수 있으므로, 재판상 자백이 성립되지 않았다고 판시하였다.

한편 한계이익 또는 순이익의 개념을 특허권자가 증명하기 어렵거나 침해자가 제출하는 증거에서조차 분명하지 않은 경우에는 법원은 침해자의 이익 산정에 있어서 해당업계의 표준소득률[105] 또는 기준경비율(단순경비율)이란 개념을 이용하기도 한다. 예컨대 하

---

103) 대법원 1997.9.12. 선고 96다43119 판결 참조(구 특허법 제128조 제1항과 같은 취지의 상표법 제67조 제1항에 관한 사안이다).

104) 대법원 2006.10.12. 선고 2006다1831 판결 [특허권침해금지 등].

105) 부정경쟁방지법 사안이지만 표준소득률을 사용한 판례로서는 서울고등법원 2005.3.16. 선고 2004나53922 판결이 있다(표준소득률 중 일반율 4.6%를 이용하여 피고의 매출액 × 4.6%의 방법으로 손해배상액을 산정하였다).

급심 판결106)에서는 특허법 제128조 제2항(현행 특허법 제4항)에 의하여 손해액을 산정하면서, 침해제품인 프린터 카트리지용 감광드럼에 대해 침해기간 동안 피고의 매출액에 국세청이 발표한 '컴퓨터 및 그 주변기기 제조업'의 표준소득률(약 10% 내외)을 곱한 액을 피고가 얻은 이익으로 보았다.107)

그리고 위 대법원 판례(2006다1831)의 항소심108)에서는 침해행위로 인한 이익액 산정에 있어서 구체적인 이익액 산정 방법으로서, 소득세법 제80조 제3항, 시행령 제143조 제3항에 기하여 소득세법이 정한 소득금액 추계방식에 따라 피고의 침해행위로 인한 이익의 액을 산출하는 산식으로서, "침해행위로 인한 이익의 액 = 침해제품 매출액 − 침해제품에 관련된 주요경비(매입비용 + 임차료 + 인건비) − (침해제품 매출액 × 기준경비율 15%)"을 이용하여 손해배상액을 산정하였다.

7. 제128조 제5항의 해석과 적용례

(1) 제128조 제5항109)의 해석110)

특허법 제128조 제5항111)은 권리자가 무단 실시자(침해자)에 대

---

106) 수원지방법원 2002.12.13. 선고 2001가합10062 판결. 위 수원지방법원 2002.12.13. 선고 2001가합10062 판결은 항소심(서울고등법원 2004.6.22. 선고 2003나12511 판결)에서 특허권침해가 부정되어 결국 판결이 취소되었다. 그 뒤 상고되었다(대법원 2005다13882 판결).

107) 전효숙, 전게논문, 805면 각주 99 참조.

108) 서울고등법원 2005.12.7. 선고 2003나38858 판결.

109) ⑤ 제1항에 따라 손해배상을 청구하는 경우 그 특허발명의 실시에 대하여 통상적으로 받을 수 있는 금액을 특허권자 또는 전용실시권자가 입은 손해액으로 하여 손해배상을 청구할 수 있다. 〈개정 2016.3.29.〉

110) 高林龍, 前揭書, 261~262頁.

111) 구 특허법 제128조 제3항.

하여 특허발명의 실시에 대하여 받을 수 있는 금전의 액(실시료상당액)을 손해배상으로서 청구할 수 있는 것이고, 배상액의 최저한도를 법정하고 있는 것이라 할 수 있다.[112]

특허법 제128조 제5항의 법적 성질에 대해서는 ① 손해액계산규정설(損害額計算規定說)과 ② 손해발생의제설(損害發生擬制說)이 대립하고 있다.[113] 우선 손해액계산규정설은 특허법 제128조 제5항[114]은 특허법 제128조 제4항[115]과 마찬가지로 손해액의 계산에 관한 규정이며 손해의 발생을 전제로 하여 실시료상당액을 최저한도의 손해액으로 법정한 것이라고 한다. 이에 대해 손해발생의제설은 특허권침해의 경우 손해액의 증명이 곤란한 것을 감안하여 특허권의 침해행위가 있으면 항상 최저한도의 실시료상당액의 손해가 발생한 것으로 간주하는 규정이라고 한다.

소송실무상 논의의 실익을 보면, 우선 어느 설에 의하더라도 권리자가 침해사실과 실시료상당액만을 입증하면 최소한 실시료상당액을 손해로 배상받을 수 있는 점에서는 같다. 그러나 손해발생의제설과 달리 손해액계산규정설은 침해자가 권리자에게 손해가 발생하지 않았다는 사실을 항변으로 내세울 수 있는 점에서 차이가 있다. 구체적으로 보면 손해액계산규정설은 권리자는 특허권

---

112) 특허법 제128조 제5항(구 특허법 제128조 제3항)의 입법취지와 관련하여 소유권과 특허권을 대비하여 설명되기도 한다. 즉 일본에서는 토지의 무단 사용자에 대하여 토지소유자가 임료상당의 손해금을 불법행위에 의한 손해배상으로서 당연히 청구할 수 있는 것과 마찬가지의 의미라고 설명되고 있지만, 이에 반하여 토지의 경우는 침해종료 후 권리자가 사용수익하는 것을 방해하지 않지만 특허권의 경우는 침해행위로 인하여 해당 시장을 이용할 기회를 잃은 만큼 특허권의 가치는 감쇄되었다고 설명하면서 차이점이 논해지고 있다(田村善之, 前揭書, 213頁).

113) 안원모, 전게서, 235~236면.

114) 구 특허법 제128조 제3항.

115) 구 특허법 제128조 제2항.

침해 및 실시료상당액만 주장·입증하면 족하고, 손해액 자체가 법정되어 있으므로 손해 발생을 요건사실로 주장할 필요는 없지만 손해가 발생하지 않았다는 것을 침해자가 항변사유로 내세울 수 있다고 한다.116) 이에 반해 손해발생의제설은 손해액이 의제되므로 권리자가 스스로 특허발명을 실시하지 아니하고 제3자로부터 실시료를 받더라도 실시료 상당액의 손해배상청구를 인용하여야 하며, 이에 따라 피고는 손해가 발생하지 않았다는 사실을 항변할 수 없게 된다고 한다.

생각건대 우리 특허법 제128조 제5항에서는 일본 특허법 제102조 제3항117)과 달리 "제1항에 따라 손해배상을 청구하는 경우 …"라고 명시하고 있으므로 손해의 발생을 전제로 하고 있다고 해석되는 점118)과 전용실시권설정계약에 따른 전용실시권자의 존재는 설정계약의 범위 내에서는 특허권자의 실시권 상실을 의미하고 이경우 특허법 제128조 제5항은 전용실시권자에게만 적용되며 결국 특허권자에게 제5항에 따른 손해가 발생하지 않은 것으로 보아야 하므로 전용실시권자의 존재는 제5항의 적용배제를 위한 피고(침해자)의 항변사유라고 보아야 할 것인 점119)에 비추어 보면, '손해액 계산규정설'이 타당하다고 본다.

---

116) 전효숙, 전게논문, 808~809면; 안원모, 전게서, 235~236면.
117) 일본 특허법 제102조 제3항에서는 "특허권자 또는 실시권자는 고의 또는 과실에 의하여 자기의 특허권 또는 전용실시권을 침해한 자에 대하여 그 특허발명의 실시에 대하여 받아야 하는 금전의 액에 상당하는 금전을 자기가 받은 손해의 액으로서 그 배상을 청구할 수 있다."[特許権者又は専用実施権者は、故意又は過失により自己の特許権又は専用実施権を侵害した者に対し、その特許発明の実施に対し受けるべき金銭の額に相当する額の金銭を、自己が受けた損害の額としてその賠償を請求することができる。(改正、平10法律51)]고 규정하고 있다.
118) 전효숙, 전게논문, 809면.
119) 안원모, 전게서, 236면.

(2) '실시에 대하여 통상적으로 받을 수 있는 금액'의 의미

특허법 제128조 제5항[120]의 '실시에 대하여 통상적으로 받을 수 있는 금액'의 의미에 관해서는 학설의 대립이 있었다.[121] 종래 통설은 통상실시권의 실시료 상당액으로서 객관적으로 상당한 액을 의미하고 여기서 객관적으로 상당한 액이란 침해자에게 실시를 허락하였다면 받을 수 있었을 액이 아니라 일반적으로 타인에게 실시허락을 하였더라면 받을 수 있었을 액을 의미한다고 한다.[122] 즉 통상실시권을 설정할 경우 받을 수 있는 실시료에 상당하는 금액이며, 현실적으로 통상실시권이 설정되어 있지 않은 경우에는 동종 기술에 대한 실시료의 일반적 기준, 국유특허권의 사용허락 방식에 의한 산정, 순이익 3분법에 의한 산정 등을 동원할 수 있다고 해석하였다.[123] 이에 대해 최근 유력설은 특허법 제128조 제5항[124]의 '상당 실시료'는 이를 '통상실시료'의 의미로 해석할 것이 아니라 당사자간의 개별 구체적 사정을 모두 고려하여 침해자가 정상적인 실시권설정계약자와 비교하여 같거나 유리한 지위에 놓이지 않도록 통상실시료보다 무거운 '상당한' 금액의 배상을 명하는 방향으로 해석되어야 한다는 입장이다.[125]

요컨대 실시료란 침해 개시 시의 상당한 실시료 즉 침해 시에 침

---

120) 구 특허법 제128조 제3항.

121) 안원모, 전게서, 252~269면; 조영선, 『특허법』 제4판, 박영사, 2013, 510~ 512면; 송영식·이상정·황종환·이대희·김병일·박영규·신재호, 『송영식 지적소유권법(상)』 제2판, 육법사, 2013, 668~670면.

122) 전효숙, "특허권 침해로 인한 손해배상", 손경한 편저, 『新특허법론』, 법영사, 2005, 811면.

123) 전효숙, "특허권 침해로 인한 손해배상", 「저스티스」 제30권 제1호, 한국법학원, 1997.3, 32면 이하.

124) 구 특허법 제128조 제3항.

125) 안원모, 전게서, 268~269면; 조영선, 전게서, 510~ 511면; 송영식·이상정·황종환·이대희·김병일·박영규·신재호, 전게서, 669~670면.

해자이든 일반적인 타인이든 실시계약을 체결하였다면 지급하였을 금액이라고 해석한다면, 특허발명을 무단실시한 자도 사전에 특허권자와 특허발명의 실시허락계약을 체결한 자도 결국은 같은 액의 실시료를 권리자에게 지급하면 족하다는 것이고 이러한 해석은 권리구제의 측면에서 명백히 부당한 결론으로 흐를 위험이 높고, 특허권 침해행위를 조장하거나 침해로의 동기부여로서 기능하게 될 우려가 있다는 점을 고려할 때, 유력설의 견해가 더 타당하다고 본다.

종래 통설은 특허의 무효 시 기지급 실시료의 반환 여부와 관련해서 더욱 부당한 결론을 초래한다. 특허는 성질상 특허등록 이후에 무효로 될 가능성이 내재되어 있는 점을 감안하면, 즉 실제로 특허는 사후에 등록무효로 될 가능성이 적지 않고 만약 등록특허가 무효로 된 경우 실시료약정에 의해 이미 지급한 실시료는 특허가 무효로 되더라도 부당이득을 이유로 돌려받을 수조차 없다. 판례126)에 따르면 특허발명 실시계약 체결 이후에 특허가 무효로 확정되었더라도 특허발명 실시계약이 원시적으로 이행불능 상태에 있었다거나 그 밖에 특허발명 실시계약 자체에 별도의 무효사유가 없는 한 특허권자가 특허발명 실시계약에 따라 실시권자로부터 이미 지급받은 특허실시료 중 특허발명 실시계약이 유효하게 존재하는 기간에 상응하는 부분을 실시권자에게 부당이득으로 반환할 의무가 있다고 할 수 없다는 점을 명백히 하고 있다. 이런 점에서 정당하게 실시계약을 맺고 실시료를 지급하면서 발명을 실시한 자는 기지급 실시료를 반환받지 못함에 반하여 무단으로 발명을 실시한 불법행위자는 침해당시의 통상실시료 상당액만 손해배상금으로 지급하면 되고 여기서 특허가 무효로 확정되면 기지급 손해배상금

---

126) 대법원 2014.11.13. 선고 2012다42666, 42673 판결 [주식양도 등 · 계약 무효확인].

을 부당이득으로 반환받을 여지도 있으므로 이러한 결론은 명백히 불합리하다.

일본의 경우도 '통상'이란 문구가 가져온 권리구제의 불합리성 등을 고려하여 1999년 특허법 개정 시 제102조 제3항에서 '통상'이라는 문구를 삭제하였다. 또 독일 판례도 상당실시료형의 손해액 산정 시 재판시점에 명백하게 밝혀진 개별 구체적 사정을 충분히 고려하고 있다. 나아가 미국에서도 합리적(reasonable) 실시료액을 산정할 때 마찬가지다.[127] 우리 특허법의 해석도 이러한 국제적 경향과 조화롭게 해석함이 타당하다.

결국 특허법 제128조 제5항에 규정한 실시료상당액은 구체적으로는 권리자의 실시상황이나 시장개발노력, 특허발명의 기술적 내용이나 중요성, 다른 자에 대한 실시허락의 상황 등을 고려하여 결정하는 것이지만, 침해자가 특허발명을 실시하여 얻은 이익액도 중요한 고려요소로 된다.[128] 따라서 제128조 제5항에 '통상'이라는 문언의 유무에 관계없이, 이러한 문구에 얽매이지 않고 당사자 간의 개별 구체적인 사정을 충분히 고려하여 손해액을 산정하는 태도가 바람직하다. 더구나 침해자가 정상적인 실시권설정계약자와 비교하여 유리한 지위에 놓이지 않도록 상당한 실시료액의 산정에 있어 이를 고려하는 방향으로 나아가는 것이 이 규정의 취지에 부합하는 것이라 할 것이다.[129]

---

127) 안원모, 전게서, 268면.
128) 高林龍, 前揭書, 262頁(특허발명을 실시하도록 하여 계약을 체결하는 때에 결정하는 약정실시료율과 침해행위가 이미 행해지고 이에 따라서 침해자의 매출액 등도 판명한 후에 산정되어야 하는 실시료율이 다를 수 있다는 점도 고려대상이라고 본다).
129) 안원모, 전게서, 269면.

(3) 일본 특허법과 대비

일본 특허법의 경우 우리 특허법 제128조 제5항과 거의 유사한 내용을 가지고 있었으나, 1998년(平成10年) 개정특허법 제102조 제3항에서는 종래의 문언에서 '통상'이라는 문언이 삭제되었다. 일본의 '통상'이라는 문언이 삭제된 이유는 같은 항(同項)에서 청구할 수 있는 실시료상당액은 해당 사건의 특수성을 고려하여 결정하여야 하고, 반드시 세상 일반에서 통용되고 있는 실시료율 등에 의한 것이 아니라는 취지를 명확하게 하려 한 것이다.

일본 1998년(平成10年) 개정특허법 이전의 제102조 제2항(현재의 3항)에서는 실시에 대하여 '통상'받을 수 있는 금전액을 손해로 청구할 수 있다고 규정하고 있었다. 그러나 당시 일본의 판례·다수설은 이러한 실시료란 침해 개시 시의 상당한 실시료 즉 침해 시에 실시계약을 체결하였다면 지급하였을 금액이라고 해석하였고, 구체적으로 해당 특허권에 대하여 과거에 이루어진 실시계약, 업계의 시세나 국유 특허의 실시료 등을 참고하여 계산한 것이 많았고, 낮은 금액으로 되기 쉬웠다. 즉 개정전에는 침해행위에 따라서 권리자가 받아야 하는 통상의 금액으로서 세상 일반으로 실시허락계약이 이루어진 경우의 약정에 따른 실시료율을 참고로 하여 산출되는 율(가령 판매가격의 3%)을 손해배상 시에도 이용하는 하급심 판례가 많았다. 또한 구체적인 실시허락계약에 따라서 실시권자로부터 수령한 실시료보다도 낮은 금액을 이 항에 따른 손해액으로 한 판례[130]도 있었다. 그 결과 사후적으로 침해가 발각된 경우에 지급할 배상액과 사전 라이선스 계약을 체결하여 지급할 라이선스료가 같은 금액이라는 것이어서, 침해가 발견되지 않을 가능성이나 권리자의 소송에 대한 주저 등을 고려하면 오히려 사후 손해배상이 침해자 입장에서는 더 이득이 되어 버리는 결과가 될 수밖에 없었다. 다

---

130) 東京地判平成2年2月9日 判時1347号111頁[クロム酸鉛顔料事件].

시 말하면, 특허발명을 무단실시한 자도 사전에 특허권자와 특허발명의 실시허락계약을 체결한 자도 결국은 동액의 실시료를 권리자에게 지급하면 족하다고 하는 것은 권리침해행위를 조장하거나 침해로의 동기부여로서 기능하는 것으로 될 우려가 있다는 비판을 받았다.131) 이러한 비판을 수용하여 일본 1998년(平成10年) 개정특허법에서는 종래 제102조 2항을 동조 3항으로 이동하면서 '통상'이라는 문언을 삭제하였다. 나아가 실시료의 개념에 대해 침해 시가 아닌 재판 시에 있어서 상당한 실시료라고 해석하는 것도 가능하게 됨으로써 변론종결 시까지의 모든 사정 예컨대 침해자의 악성 등과 같은 개별 사건마다의 구체적 사정을 참작하여 결정할 수 있게 되었다고 평가되었다. 이러한 1998년(平成10年) 개정특허법의 개정방향에 대해 권리자는 일반적으로 실시계약 시에 실시료를 비롯한 다양한 조건을 부과하여 그것을 통해 시장을 통제할 수 있음에도 불구하고 법원에 의해 침해 시의 업계의 통상실시료 상당액밖에 인정되지 않는 것은 권리자에게 너무 불리하므로 개정은 당연한 것이라면서 긍정적으로 평가받고 있다.132)

그러나 종전의 일본 하급심판례의 동향을 감안하여 동향의 취지를 더욱 명확하게 하기 위하여 '통상'이라는 문언을 삭제한 개정이 이루어졌던 것이라 할 수 있다.

특허법 제128조 제2항·제3항으로 손해배상을 청구하였지만, 권리자가 판매할 수 없었던 사정이 있다고 하여 청구가 기각되었던 부분에 관하여, 다시 동조 5항에 의한 손해배상을 청구할 수 있는가에 관하여는 이것을 긍정하는 견해133)와 부정하는 견해134)가

---

131) 中山信弘, 前揭書, 352頁; 高林龍, 前揭書, 261~262頁.

132) 中山信弘, 前揭書, 352~253頁.

133) 東京高判平11·6·15 判時1697号 96頁[蓋熱材事件].

134) 知財高判平18·9·25 LEX/DB 28112096[エアマッサージ裝置事件], 大阪地判平19·4·19 判時1983号126頁[水中眼鏡事件].

있다. 일본 판례의 최근 동향은 부정설에 서 있는 것으로 보인다.

(4) 제128조 제5항과 제6항의 관계

특허법 제128조 제5항[135])은 동조 제6항[136])과 관계에서 특허발명의 실시료 상당액을 최소한도의 배상액으로 법정하여 그 보전(補塡)을 보장하고 있는 것이라 할 수 있다.[137]) 또 제6항 후단에서는 제5항에도 불구하고 손해액이 같은 항에 따른 금액을 초과하는 경우에는 그 초과액에 대해서도 손해배상을 청구할 수 있는데(제6항 전단), 이 경우 특허권 또는 전용실시권을 침해한 자에게 고의 또는 중대한 과실이 없을 때에는 법원은 손해배상액을 산정할 때 그 사실을 고려할 수 있다고 규정하고 있다. 이 규정의 의미와 관련하여 제128조 제5항[138])의 배상액은 최저보상의 의미가 있으므로, 동조 제6항[139]) 후단에서 감액하더라도 제5항 소정의 금액을 하회할 수는 없다고 해석된다.[140])

(5) 판 례

판례[141])에 의하면, 구 특허법 제128조 제3항(현행 특허법 제128조 제5항)에 의한 손해배상액의 산정 방법에 관하여, "특허법 제128조 제3항에 의하여 특허발명의 실시에 대하여 통상 받을 수 있는 금액에 상당하는 액을 결정함에 있어서는, 특허발명의 객관적인 기술적 가치, 당해 특허발명에 대한 제3자와의 실시계약 내용, 당해 침해

---

135) 구 특허법 제128조 제3항.
136) 구 특허법 제128조 제4항.
137) 조영선, 『특허법』 제4판, 박영사, 2013, 510면.
138) 구 특허법 제128조 제3항.
139) 구 특허법 제128조 제4항.
140) 中山信弘, 前揭書, 354頁.
141) 대법원 2006.4.27. 선고 2003다15006 판결 [손해배상(기)].

자와의 과거의 실시계약 내용, 당해 기술분야에서 같은 종류의 특
허발명이 얻을 수 있는 실시료, 특허발명의 잔여 보호기간, 특허권
자의 특허발명 이용 형태, 특허발명과 유사한 대체기술의 존재 여
부, 침해자가 특허침해로 얻은 이익 등 변론종결시까지 변론과정에
서 나타난 여러 가지 사정을 모두 고려하여 객관적, 합리적인 금액
으로 결정하여야 하고, 특히 당해 특허발명에 대하여 특허권자가
제3자와의 사이에 특허권 실시계약을 맺고 실시료를 받은 바 있다
면 그 계약 내용을 침해자에게도 유추적용하는 것이 현저하게 불
합리하다는 특별한 사정이 없는 한 그 실시계약에서 정한 실시료
를 참작하여 위 금액을 산정하여야 하며, 그 유추적용이 현저하게
불합리하다는 사정에 대한 입증책임은 그러한 사정을 주장하는 자
에게 있다."고 판시하였다.

8. 제128조 제6항의 해석과 적용례

(1) 제128조 제6항[142] 전단(前段)의 해석[143]

제128조 제6항 전단(前段)에서는 제5항[144]에도 불구하고 손해액
이 같은 항에 따른 금액을 초과하는 경우에는 그 초과액에 대해서
도 손해배상을 청구할 수 있다고 규정하고 있다. 특허권침해에 따
른 손해배상은 민법 제750조에 기하는 것 이외, 특허법 제128조 제
2항 내지 제5항을 이용하여 청구할 수 있다. 이 경우 특허법 제128
조 제5항이 최저한도의 배상액을 규정한 것을 주의적으로 나타내

---

142) ⑥ 제5항에도 불구하고 손해액이 같은 항에 따른 금액을 초과하는 경우에
는 그 초과액에 대해서도 손해배상을 청구할 수 있다. 이 경우 특허권 또는
전용실시권을 침해한 자에게 고의 또는 중대한 과실이 없을 때에는 법원은
손해배상액을 산정할 때 그 사실을 고려할 수 있다. 〈개정 2016.3.29.〉

143) 高林龍, 前揭書, 262~263頁.

144) 구 특허법 제128조 제3항.

는 것이 바로 제128조 제6항 전단의 규정이다.[145] 즉 특허법 제128조 제6항 전단의 규정은 특별한 의미를 가지지 않는 주의적 규정에 불과하다.[146]

(2) 제128조 제6항 후단(後段)의 해석

또한 제128조 제6항 후단(後段)에서는 특허권 또는 전용실시권을 침해한 자에게 고의 또는 중대한 과실이 없을 때에는 법원은 손해배상액을 산정할 때 그 사실을 고려할 수 있다고 규정하고 있다. 침해자가 배상액감경을 받으려면 자기에게 고의 또는 중과실이 없었다는 점에 대하여 주장·입증할 책임이 있다.[147] 즉 침해자가 권리침해에 관하여 고의 또는 중과실이 없었다는 점 즉 경과실만 있다는 점을 주장·입증하는 경우는 특허법 제128조 제5항의 배상액(최저한도의 배상액)을 상회하는 부분에 관하여 법원은 배상액을 감액할 수 있는 것이다. 그러나 법원이 경과실을 고려하더라도 제5항 소정의 실시료상당액보다 적은 금액을 손해액으로 정할 수는 없다. 제128조 제6항 후단(後段)은 침해자의 과실 정도를 가지고 손해액을 감경할 수 있다는 규정이고 결국 침해자에게 경과실이 있는 경우에 감액할 수 있는 여지를 준 경우이며, 침해자 보호를 목적으로 하는 규정이라 할 수 있으므로 민법 제763조 내지 제396조의 과실상계 규정과는 제도상 다른 것으로 이해함이 타당하다. 과실상계 규정은 당사자 쌍방의 형평의 이념으로부터 손실의 공평한 분

---

145) 일본의 경우, 특허법 제102조 제3항(우리특허법 제128조 제5항)과 같은 취지의 일본 상표법 제38조 제3항의 해석에 있어서, '소승스시사건'(最三小 判平9·3·11 民集51卷3号1055頁[小僧寿司事件])은 침해자는 손해발생이 있을 수 없다고 항변으로서 주장·입증하고 손해배상의 책임을 면할 수 있다고 하였다. 이것은 상표권의 가치에 주목한 뒤의 판단이어서, 성질이 다른 특허권의 경우에도 같은 원리가 반드시 적용되는 것은 아니다.
146) 조영선, 전게서, 513면.
147) 안원모, 전게서, 271면.

담을 목적으로 청구권자의 과실을 손해액 산정에 참작함으로써 양
당사자 사이의 이해 조정을 꾀하려는 것이기 때문에 양자는 제도
의 목적이 다르다.[148]

미국특허법은 고의침해(willful infringement)의 경우에 3배까지 손
해배상액을 증액할 수 있다고 규정하고 있다. 그렇지만 우리 특허
법 제128조 제6항은 경과실에 의한 침해의 경우에는 권리자의 손
해를 완전히 전보할 필요가 없다는 취지로 규정하고 있는 것이다.
고의·중과실에 관해서만 책임을 지게 하고 경과실에 관해서는 면
책을 인정하는 실화책임에 관한 법률의 규정이 현대에는 그대로
적합하지는 않게 된 것처럼 재검토가 반드시 필요한 규정이 아닌
가 생각한다.[149] 이런 점에서 특허권 보호의 강화라는 세계적 추세
와 특허권 침해로 인한 손해액 산정 시 그 입증이 매우 어렵다는
점, 우리나라의 경우 징벌적 손해배상제도나 미국식의 고의침해 시
3배증액배상제도가 없는 점, 실제 실무상 손해배상액이 저액인 점
이 문제로 지적되고 있는 점 등을 고려하면 경과실 침해자에 대해
감액를 고려할 수 있는 재량을 법원에 부여한 제128조 제6항 후단
은 균형을 잃은 입법으로서 적용에 신중을 기하여야 할 것이다.[150]
이와 달리 특허권침해에 관한 침해자의 개별적 사정을 감안함이
없이 고액의 손해배상을 통해 특허권자를 두텁게 보호하는 것만이
최선이라고 할 수 없다는 견해[151]도 없지 않다. 그러나 우리나라의
특허침해소송의 재판례를 외국의 재판례와 대비할 때 실제로 고액
의 손해배상을 인정한 예는 극히 드물다는 점에서 후자의 견해를
선뜻 지지하기 어렵다고 생각한다.

한편 이 규정은 상당실시료를 초과하는 금액에 관한 배상을 명

---

148) 안원모, 전게서, 270~271면.
149) 高林龍, 前揭書, 263頁.
150) 안원모, 전게서, 274면.
151) 조영선, 전게서, 513~514면 각주 264 참조.

하는 경우를 대상으로 하고 있어서 실시료 상당액에 대해서는 제
128조 제6항 후단의 경과실을 고려할 여지가 없다고 해석된다.[152]

9. 제128조 제7항의 해석과 적용례

(1) 제128조 제7항[153]의 해석[154]

특허법 제128조 제7항에서는 손해가 발생된 것은 인정되나 그
손해액을 증명하기 위하여 필요한 사실을 증명하는 것이 해당 사
실의 성질상 극히 곤란한 경우에는 법원이 변론 전체의 취지와 증
거조사의 결과에 기초하여 상당한 손해액을 인정할 수 있다고 규
정하고 있다. 법원의 재량에 의한 상당한 손해액의 인정을 할 수 있
도록 한 것이다. 이 규정은 일본의 1999년 개정특허법 제105조의3
과 거의 내용이 같다.

우선 요건사실로서 '손해액을 증명하기 위하여 필요한 사실을 증
명하는 것이 해당 사실의 성질상 극히 곤란한 경우'라고 규정한 것
이지, '손해의 성질상 그 액을 입증하는 것이 극히 곤란한 경우'(민
사소송법 관련 규정)가 아니라는 점이다. 가령 피고의 특허권침해제
품의 판매수량의 입증이 곤란한 경우에도 법관의 자유심증에 맡긴
다는 취지를 명확하게 한 것이라 할 수 있다. 후자 즉 '손해의 성질
상 그 액을 입증하는 것이 극히 곤란한 경우'가 요건사실이라면 그
해당여부가 불명하다. 그래서 제128조 제7항의 취지는 법관이 이

---

152) 조영선, 전게서, 514면.
153) ⑦ 법원은 특허권 또는 전용실시권의 침해에 관한 소송에서 손해가 발생
    된 것은 인정되나 그 손해액을 증명하기 위하여 필요한 사실을 증명하는 것
    이 해당 사실의 성질상 극히 곤란한 경우에는 제2항부터 제6항까지의 규정
    에도 불구하고 변론 전체의 취지와 증거조사의 결과에 기초하여 상당한 손
    해액을 인정할 수 있다. 〈개정 2016.3.29.〉
154) 高林龍, 前揭書, 263頁.

와 같은 안이한 처리를 막은 것이라 할 수 있다.[155)]

(2) 판 례

판례[156)]는, 특허법 제128조 제7항(구 특허법 제128조 제5항)에 기초하여 특허침해로 인한 손해액의 증명이 어려운 경우 손해액의 산정 방법과 관련하여, "특허침해로 손해가 발생된 것은 인정되나 특허침해의 규모를 알 수 있는 자료가 모두 폐기되어 그 손해액을 입증하기 위하여 필요한 사실을 입증하는 것이 어렵게 된 경우에는 특허법 제128조 제5항을 적용하여 상당한 손해액을 결정할 수 있고, 이 경우에는 그 기간 동안의 침해자의 자본, 설비 등을 고려하여 평균적인 제조수량이나 판매수량을 가늠하여 이를 기초로 삼을 수 있다고 할 것이며, 특허침해가 이루어진 기간의 일부에 대해서만 손해액을 입증하기 어려운 경우 반드시 손해액을 입증할 수 있는 기간에 대하여 채택된 손해액 산정 방법이나 그와 유사한 방법으로만 상당한 손해액을 산정하여야만 하는 것은 아니고, 자유로이 합리적인 방법을 채택하여 변론 전체의 취지와 증거조사의 결과에 기초하여 상당한 손해액을 산정할 수 있다."고 판시하였다.

다른 판례[157)]에 의하면, 특허권 또는 전용실시권 침해에 관한 소

---

155) 일본의 경우, 이전의 일본 하급심 판례 중에는 손해의 발생 자체를 인정하면서 그 액의 입증이 없다고 하여 청구를 기각한 예도 있었다. 일본의 1999년 개정특허법 제105조의3(상당한 손해액 인정)는 법관의 이러한 안이한 처리를 금하고자 한 것이다.

156) 대법원 2006.4.27. 선고 2003다15006 판결 [손해배상(기)].

157) 대법원 2011.5.13. 선고 2010다58728 판결 [특허전용실시권침해금지등] (갑 회사가 특허기술이 적용된 공사를 직접 수주받아 시공함으로써 이익을 얻고자 특허권자인 을 회사에게서 전용실시권을 취득하였는데, 을 회사가 위 전용실시권을 침해하여 제3자로 하여금 공사를 수주하도록 한 후 이를 하도급받아 시공하여, 갑 회사가 위 공사를 수주받아 시공할 수 없게 된 사안에서, 을 회사의 전용실시권 침해행위로 인하여 갑 회사가 입은 손해는, 특허법 제128조 제5항에 의하여 손해액을 산정할 수밖에 없더라도, 위 전

송에서 손해 발생 사실은 인정되나 손해액을 증명하기가 곤란한 경우, 특허법 제128조 제7항(구 특허법 제128조 제5항)에 의한 구체적 손해액 산정 방법에 관하여, "법원은 특허권 또는 전용실시권 침해에 관한 소송에서 손해 발생 사실은 입증되었으나 사안의 성질상 손해액에 대한 입증이 극히 곤란한 경우 특허법 제128조 제1항 내지 제4항의 규정에도 불구하고 같은 조 제5항에 의하여 변론 전체의 취지와 증거조사 결과에 기초하여 상당한 손해액을 인정할 수 있으나, 이는 자유심증주의하에서 손해가 발생된 것은 인정되나 손해액을 입증하기 위하여 필요한 사실을 입증하는 것이 해당 사실의 성질상 극히 곤란한 경우에는 증명도·심증도를 경감함으로써 손해의 공평·타당한 분담을 지도원리로 하는 손해배상제도의 이상과 기능을 실현하고자 하는 데 취지가 있는 것이지, 법관에게 손해액 산정에 관한 자유재량을 부여한 것은 아니므로, 법원이 위와 같은 방법으로 구체적 손해액을 판단할 때에는 손해액 산정 근거가 되는 간접사실들의 탐색에 최선의 노력을 다해야 하고, 그와 같이 탐색해 낸 간접사실들을 합리적으로 평가하여 객관적으로 수긍할 수 있는 손해액을 산정해야 한다."고 판시하였다.

10. 과실의 추정

(1) 특허법 제130조의 의의와 취지

특허법 제130조에서는 타인의 특허권 또는 전용실시권을 침해한 자는 그 침해행위에 대하여 과실이 있는 것으로 추정한다고 규정하고 있다. 이 규정의 취지는 특허발명의 내용은 특허공보 또는 특

용실시권 침해로 인하여 갑 회사가 위 공사를 수주·시공하지 못하여 얻지 못한 이익을 기준으로 산정하는 것이 합리적이고, 을 회사가 특허기술이 적용되어 설계된 공사를 수주한 회사로부터 받기로 한 실시료를 기준으로 산정할 수 없다고 한 사례).

허등록원부 등에 의해 공시되어 일반 공중에게 널리 알려져 있을
수 있고, 또 업으로서 기술을 실시하는 사업자에게 당해 기술분야
에서 특허권의 침해에 대한 주의의무를 부과하는 것이 정당하다는
데 있다.158)

특허권침해를 이유로 한 손해배상청구의 근거는 불법행위의 성
립이 전제되어야 하는바, 민법 제750조의 불법행위가 성립하려면
침해자의 고의·과실이 요건으로 되어 있다. 통상의 불법행위에는
불법행위를 주장하는 자가 고의·과실을 입증해야 한다. 그런데
특허법 제130조에서는 타인의 특허권이나 전용실시권을 침해한 자
는 그 침해행위에 관하여 과실이 있었던 것으로 추정하는 규정을
두고 있는 데, 이는 입증책임을 전환한 것이라 할 수 있다.159)

침해자의 과실이 추정되는 근거는 특허청에서 실체심사를 거쳐
특허결정이 이루어지고 특허원부에 등록되어 성립한 특허권의 존
재와 특허발명의 내용이 특허공보에 의하여 공중에 널리 알려져 있
기 때문이다. 등록된 특허권은 모두 공시되고 과실이 추정되는 근
거는 여기에 있다.160) 공시가 있으면 침해자는 그 내용을 모두 알고
있는 것으로 추정할 수 있으므로 입증책임의 전환을 유도한 것이
다. 나아가 업으로서의 실시만이 침해의 대상이므로 관계자 대부분
은 전문가이거나 당업자라는 것에서 과실을 추정할 근거가 생긴
다.161)

(2) 추정의 번복

특허법 제130조에 의하면 특허권의 존재를 알지 못했던 점에 대
해서는 과실이 추정된다. 따라서 침해자가 특허법 제130조 규정에

---

158) 대법원 2006.4.27. 선고 2003다15006 판결 [손해배상(기)].
159) 高林龍, 前揭書, 254頁.
160) 高林龍, 前揭書, 255頁.
161) 中山信弘, 前揭書, 336頁.

따른 과실 추정을 번복하려면, 즉 타인의 특허발명을 허락 없이 실시한 자에게 과실이 없다고 하기 위해서는 특허권의 존재를 알지 못하였다는 점을 정당화할 수 있는 사정이 있다거나 자신이 실시하는 기술이 특허발명의 권리범위에 속하지 않는다고 믿은 점을 정당화할 수 있는 사정이 있다는 것을 주장·입증하여야 한다.[162]

이론상으로는 침해자가 특허권이 존재한다는 인식을 결여하였다는 점에 상당한 이유가 있었다는 점 혹은 권리를 침해하지 않는다고 믿었다는 것에 상당한 이유가 있었다는 점을 입증하면 과실의 추정은 번복될 수 있다. 그렇지만 소송실무상 이 추정이 번복되는 경우는 거의 드물다고 할 수 있다.[163] 일본의 경우에도 현실적으로 무과실의 항변은 거의 성공하지 못한다고 한다.[164] 가령 변리사의 비침해와 감정의견을 믿었다는 등의 주장도 이러한 추정을 번복하기 쉽지 않다.

실무상 문제되는 것으로, 하급심 판례[165]는 특허권의 진보성을 부정한 환송 전 특허법원 판결이 있었다는 사정만으로는 피고가 피고 제품을 판매하더라도 그 특허발명을 침해하지 않는다고 믿은 것을 정당화할 수 없다고 한다. 또 특허권을 침해하는 제품을 생산·판매한 이후에 특허발명의 특허청구범위를 정정하는 심결이 확정되었더라도, 정정심결의 확정 전·후로 특허청구범위에 실질적 변경이 없다면 정정을 전·후하여 특허법 제130조 과실추정의 법리는 그대로 유지된다.[166]

판례[167]에 의하면, 실시고안과 동일한 기술을 자신의 실용신안

---

162) 조영선, 전게서, 519면.

163) 高林龍, 前揭書, 255頁.

164) 中山信弘, 前揭書, 336頁.

165) 특허법원 2018.2.8. 선고 2017나2332 판결: 상고 [손해배상(지)].

166) 대법원 2009.10.15. 선고 2007다45876 판결 [손해배상(기)].

167) 대법원 2009.1.30. 선고 2007다65245 판결 [손해배상(지)].

권으로 등록받았더라도 그 실용신안권의 등록무효심결이 확정된 경우, 등록고안의 침해 당시 실시고안이 등록된 자신의 실용신안권에 기해 제작한 것이라고 믿었던 점만으로는 과실 추정이 번복되지 않는다고 한다.

(3) 과실 추정의 내용 － 특허권의 조사의무의 부과여부

제조업자만이 아니라 유통업자라 하더라도 "업으로서의 양도"에 관하여 과실이 추정된다. 특허권의 효력은 생산뿐만 아니라 사용과 양도 등에도 미치기 때문에(제2조 제3호), 생산업자뿐만 아니라 그 제품을 업으로서 사용하거나 판매하는 행위도 특허권침해가 된다. 여기서 실제문제로서 사용자에게 특허권의 조사의무를 부과하는 것이 타당하지 않는 경우도 많다는 점이다. 예컨대 택시회사는 업으로서 자동차를 사용하고 있으므로 특허권을 침해하는 자동차를 운행하는 것은 침해가 되지만, 택시회사에게 자동차에 관한 특허조사의무를 부과하는 것은 사실상 어려울 것이다. 또한 소매업자도 침해품을 판매하면 침해가 되어 과실도 추정되는 것이지만 소매업자가 특허권조사를 하는 것도 기대할 수 없는 경우가 많다. 이러한 경우에는 구체적 · 개별적 사정을 종합적으로 고려하여 손해배상에 대한 과실의 추정이 번복될 여지가 있다고 해석함이 현실적이다. 소송실무상 소장송달 후의 과실은 인정될 것이므로 금지청구의 대상으로 된다는 점에서는 변함이 없다. 또 그 소장송달 이후의 손해배상도 인정되겠지만 손해배상액이 감소될 수 있다.[168]

그러나 가령 특허권침해를 이유로 손해배상청구를 제기하고 1심에서 권리침해라고 인정되지 않는다고 하여 청구가 기각되었지만 항소심에서 결론이 역전되어 청구가 인용된 경우에, 1심 판결부터 항소심판결에 이르기까지의 피고의 실시행위 등 과실의 추정이 번

---

168) 中山信弘, 前揭書, 336~337頁.

복되어도 좋은 장면도 상정할 수 있다.169)

(4) 일본특허법 제103조(과실의 추정)의 해석

일본의 中山信弘 교수에 의하면 실무상 특허권의 권리범위에 속한다는 것을 알지 못한 것에 대한 과실도 추정되는 지 문제되지만 원칙적으로 추정된다고 해석해야 한다고 주장한다.170) 이 견해는 만약 그렇지 않으면 특허청구범위와 완전히 동일한 침해형태(예컨대 문언침해) 이외에 대해서는 과실의 입증이 현저히 곤란하게 되어 특허권이 사실상 무의미하게 되는 경우가 많을 것이라고 한다. 또 침해유무에 대한 변호사와 변리사 등의 전문가 의견을 구한 경우에 있어서는 과실을 인정해서는 안 된다는 견해도 있지만, 현실에서는 과실이 없다고 인정되는 경우는 거의 없다고 한다.

결국 中山 교수는 일본특허법 제103조(우리 특허법 제130조와 거의 동일한 내용임)에 대해서 평가하면서, 과실 추정의 내용으로서 우선 특허권의 존재를 알지 못했다는 점에 대해서 과실이 추정되고, 또한 특허권의 권리범위에 속한다는 것을 알지 못했다는 점에 대한 과실도 추정되므로 이러한 양자의 추정이 인정된다고 한다. 또 양자의 추정이 인정되는 이상 권리침해가 인정되면 침해자의 무과실 주장은 사실상 인정되기에는 상당히 곤란하므로, 일본특허법 제103조의 과실추정규정은 법률상 사실추정이지만 복멸이 곤란한 사실상 간주규정에 가깝다고 한다.171)

이러한 해석은 우리 판례172)의 태도와도 일치한다. 우리 판례도 과실 추정의 내용으로서 우선 특허권의 존재를 알지 못했다는 점에 대해서 과실이 추정되고, 또한 특허권의 권리범위에 속한다는

---

169) 高林龍, 前揭書, 255頁.
170) 中山信弘, 前揭書, 337頁.
171) 中山信弘, 前揭書, 337頁.
172) 대법원 2006.4.27. 선고 2003다15006 판결 [손해배상(기)].

것을 알지 못했다는 점에 대한 과실도 추정된다는 점을 전제로 하
여, 타인의 특허발명을 허락 없이 실시한 자에게 과실이 없다고 하
기 위해서는 특허권의 존재를 알지 못하였다는 점을 정당화할 수
있는 사정이 있다거나 자신이 실시하는 기술이 특허발명의 권리범
위에 속하지 않는다고 믿은 점을 정당화할 수 있는 사정이 있다는
것을 주장·입증하여야 할 것이라고 판시하고 있다.

(5) 미국의 특허침해소송실무

미국의 소송실무에서는 특허법상 고의로 특허권이 침해된 경우
에 3배증액배상 내지 징벌적손해배상이 부과될 수 있다는 점은 주
지의 사실이다. 즉 미국의 경우 특허침해소송에서 침해자가 문제
된 특허의 존재를 알면서 또 본인의 행위가 합법적인라고 믿을 말
한 합리적 근거가 없이 침해행위를 감행하는 경우에는 고의침해
(willful infringement)가 성립할 수 있고 3배증액배상의 대상이 된다.
이러한 고의 침해를 회피하기 위하여 사용자는 그 실시에 있어서
사전에 전문가의 의견을 듣는 등의 절차를 거치는 경우가 적지 않
다. 고의침해를 회피하기 위한 적절한 주의의무를 다하려는 것이
다. 재판에서도 이러한 전문가(특허변호사, 변리사)로부터 의견 등 자
문 절차를 거쳤다는 이유로 적어도 고의침해는 아니라는 주장이
이루어지기도 한다. 그 주장을 뒷받침하는 증거로서 비침해 또는
무효의견이 담긴 의견서 내지 감정서(expert opinion)을 제출하기도
한다. 그러나 이 전문가 감정서만을 가지고 고의가 없다거나 과실
이 없다는 입증이 완전히 성립하는지 여부는 미국 판례의 태도가
일치된 흐름을 보여 주지 못하고 있었다. 다만, 2011년 개정특허법
(AIA) 제298조(Advice of Counsel)에 의하면 전문가 의견서 내지 감정
서(expert opinion)의 부존재가 특허권의 고의침해의 근거로 할 수
없다고 규정하였다. 이러한 AIA의 태도는 CAFC의 Seagate 사건[173]
판결의 내용을 그대로 따른 것이라고 할 수 있다. CAFC의 2007년

Seagate 사건에서는 종래 1983년 Underwater Devices 사건[174]판결을 뒤집었다.[175]

Seagate 사건의 연방순회항소법원(CAFC)은 Underwater Devices 사건의 고의 침해의 판단기준을 폐기하면서, 잠재적 침해자는 변호사의 의견을 취득해야 할 적극적 주의의무는 없다고 판시하였다.[176] CAFC는 고의 침해를 이유로 미국특허법 제284조 소정의 3배 증액배상을 요구하기 위해서는 적어도 침해자의 행위가 '객관적 무모성'(Objective Recklessness) 기준을 충족하여야 하는데, 이를 위해서 두 가지 요건(2단계 테스트)을 충족해야 한다고 판시하였다. 이 2단계 테스트 중 우선 객관적 요건(The First Objective Prong of the Seagate Test)으로서, 특허권자는 ① 침해자(피고)의 행위가 타인의 특허 침해로 될 가능성이 객관적으로 높음에도 불구하고 그 행위에 이른 것을 증명해야 하고, 또 주관적 요건(The Second Subjective Prong of the Seagate Test)으로서, ② 피고가 행위 시 이러한 특허 침해의 객관적 위험에 대한 높은 가능성을 침해자가 알았거나 적어도 알 수 있었다는 점을 증명해야 한다는 것이다. 나아가 그 증명정도는 모두 명백하고 설득력 있는 증거(clear and convincing evidence)로 증명할 것을 요구하였다.

그런데 미연방대법원은 2016.6.13. Halo Electronics, Inc. v.

---

173) In re Seagate Technology, LLC, 497 F.3d 1360 (Fed. Cir. 2007).

174) Underwater Devices Inc. v. Morrison-Knudsen Co., 717 F.2d 1380 (Fed. Cir. 1983). Underwater Devices 사건에서 CAFC는 사용자의 적극적 조사의무를 전제로 하여, 타인의 특허권의 존재에 대해 알고 있는 경우 자신이 타인의 특허권을 침해하고 있는지 여부를 성실히 조사할 적극적인 의무가 있다고 판시한 뒤, 신의성실에 의한 적극적 의무로서 특허침해를 회피하기 위하여 전문가의 법률적 의견을 구하는 것도 포함된다고 판시하였다.

175) 차상육, "미국특허침해소송에서 손해배상액 산정에 관한 최근 동향", 「IT와 법 연구」 제10호, 경북대학교 IT와 법 연구소, 2015, 1~42면 참조.

176) Seagate, 497 F.3d 1360, 1371 (Fed. Cir. 2007).

Pulse Electronics, Inc. 사건[177]과 Stryker Corp. v. Zimmer, Inc. 사건을 병합심리하면서,[178] 위 Seagate 사건의 CAFC 판결이 제시한 고의 침해를 위한 엄격한 요건을 폐기하였다. 특히 고의침해 판단 시 Seagate 사건의 객관적 요건의 채용을 배척하면서 미국특허법 제284조의 문언에도 맞지 않는다고 판시하였다. 연방대법원은 Seagate 사건의 객관적 요건은 행위자의 인식내용과 관계가 없으므로 행위자의 책임은 행위 당시 인식한 내용에 의해 결정하는 것이 타당하다고 판시하였다. 연방대법원은 침해자가 통상적인 경우를 뛰어넘는 악의적인 특허침해행위를 하였더라도, 법원이 객관적으로 침해가능성이 높은 상황에서 특허침해가 이루어졌다는 점을 확인하기 이전에는 침해자에게 고의 침해에 따른 3배까지의 증액배상을 부과하는 것에 대해, 법원이 재량으로 명할 수 없는 상황을 매우 우려하였다. 요컨대 연방대법원은 미국특허법 제284조 소정의 3배 증액배상을 요구하기 위해서는 침해자의 주관적 인식내용 즉 전형적인 특허침해를 넘는 악의적인 침해행위가 있었는지 여부 (egregious cases of misconduct beyond typical infringement)에 따라 결정할 것과, 이에 대한 증명도 개연성이 높은 증거(preponderance of evidence)에 의한 증명으로 족하며, 굳이 명백하고 설득력 있는 증거에 의한 증명까지 요할 것은 아니라고 판시하였다. 결국 최근 미국의 특허침해소송의 실무는 2016년 Halo 사건의 연방대법원의 판결의 영향으로 인하여 Seagate 사건 때와 비교할 때 고의 침해에 따른 3배 증액배상을 받는 것은 한결 용이하게 된 것으로 보인다.

---

177) Halo Electronics, Inc. v. Pulse Electronics, Inc., 579 U.S. ___, 136 S.Ct. 1923 (2016).

178) Together with No. 14-1520, Stryker Corp. et al. v. Zimmer, Inc. et al., also on certiorari to the same court.

(6) 판 례

(가) 대법원 판례179)에 따르면, 특허법 제130조의 규정 취지 및 타인의 특허발명을 허락 없이 실시한 자가 과실의 추정을 벗어나기 위하여 주장·증명하여야 할 사항과 관련하여, "특허법 제130조는 타인의 특허권 또는 전용실시권을 침해한 자는 그 침해행위에 대하여 과실이 있는 것으로 추정한다고 규정하고 있고, 그 취지는 특허발명의 내용은 특허공보 또는 특허등록원부 등에 의해 공시되어 일반 공중에게 널리 알려져 있을 수 있고, 또 업으로서 기술을 실시하는 사업자에게 당해 기술분야에서 특허권의 침해에 대한 주의의무를 부과하는 것이 정당하다는 데 있는 것이고, 위 규정에도 불구하고 타인의 특허발명을 허락 없이 실시한 자에게 과실이 없다고 하기 위해서는 특허권의 존재를 알지 못하였다는 점을 정당화할 수 있는 사정이 있다거나 자신이 실시하는 기술이 특허발명의 권리범위에 속하지 않는다고 믿은 점을 정당화할 수 있는 사정이 있다는 것을 주장·입증하여야 할 것이다."고 판시하였다.

대법원 판례180)에 따르면, "피고들이 원심 판시 실시제품들을 생산, 판매하여 원고의 특허권을 침해하였으므로 특허법 제130조에 의하여 피고들은 그 침해행위에 과실이 있는 것으로 추정되는바, 피고들이 원심 판시 실시제품들을 생산, 판매한 이후에 원심 판시와 같은 경위로 이 사건 제1항 발명의 특허청구범위를 정정하는 심결(2002당2405)이 확정되었더라도, 이 사건 제1항 발명은 정정심결의 확정 전·후로 특허청구범위에 실질적인 변경이 없었으므로, 이 사건 제1항 발명의 특허권을 침해한 피고들의 행위에 과실이 있는 것으로 추정하는 법리는 정정을 전·후하여 그대로 유지된다고 봄이 옳다."고 판시하였다.

---

179) 대법원 2006.4.27. 선고 2003다15006 판결 [손해배상(기)].
180) 대법원 2009.10.15. 선고 2007다45876 판결 [손해배상(기)].

(나) 대법원 판례[181]에 의하면, 타인의 등록고안을 허락 없이 실시한 자가 과실의 추정을 벗어나기 위하여 주장·증명하여야 할 사항과 관련하여, "원고가 피고들에게 피고들이 제작, 판매하는 이 사건 실시고안은 원고의 실용신안권을 침해한다는 경고장을 발송하여 그 제조 금지 등을 요구하자, 피고들은 이 사건 실시고안은 등록받은 피고 1의 실용신안권에 기하여 제작, 판매된 것이라고 주장하면서 원고의 제조 금지 등의 청구에 응하지 않았고, 이에 원고가 피고 1의 실용신안권에 대한 등록무효심판을 제기하여 결국 위 실용신안권의 등록을 무효로 하는 심결이 확정된 사실을 인정할 수 있다. 따라서 이 사건 실시고안과 동일한 기술이 실용신안권으로 등록받았더라도 구 실용신안법 제49조 제3항에 의해 그 실용신안권은 처음부터 없었던 것으로 보게 되었고, 피고들 자신이 위 침해 당시 이 사건 실시고안을 등록된 자신의 실용신안권에 기해 제작한 것이라고 믿었더라도 그러한 점만으로는 이 사건 실시고안이 이 사건 등록고안의 권리범위에 속하지 않는다고 믿었던 점을 정당화할 수 있는 사정 등에 해당한다고 할 수 없다. 그렇다면 이 사건 실시고안이 실용신안권으로 등록받았던 점을 내세워 위 과실 추정이 번복되어야 한다는 피고들의 주장은 이유가 없어 배척될 경우임이 명백하다"고 판시하였다.

(다) 특허법원의 최근 판례[182]는 피고가 환송 전 특허법원 판결을 신뢰하여 피고 제품을 판매하였으므로 특허법 제130조 규정에 따른 과실 추정이 번복된다고 주장한 데 대해, 위 대법원 판례를 인용하면서, "이 사건에서 보건대, 환송 전 특허법원 판결에서 심결취소소송의 대상이 된 특허심판원 심결에서는 이 사건 특허발명의 신규성과 진보성이 부정되지 아니하였던 점, 피고가 피고 제품들을

---

181) 대법원 2009. 1. 30. 선고 2007다65245 판결 [손해배상(지)]
182) 특허법원 2018. 2. 8. 선고 2017나2332 판결: 상고 [손해배상(지)].

출시할 당시에는 환송 전 특허법원 판결에 대해 일라이 릴리의 상고로 사건이 대법원에 계속 중이었던 점에 비추어 보면, 이 사건 특허권의 진보성을 부정한 환송 전 특허법원 판결이 있었다는 사정만으로는 피고가 피고 제품을 판매하더라도 이 사건 특허발명을 침해하지 않는다고 믿은 것을 정당화할 수 없고, 달리 이를 증명할 만한 자료가 없다. 따라서 피고의 위 주장은 이유 없다.”고 판시하였다.

11. 물건을 생산하는 방법발명의 추정

(1) 제129조 규정의 의의 및 취지

특허법 제129조에서는 ‘생산방법의 추정’ 규정을 두고 있다. 물건을 생산하는 방법의 발명에 관하여 특허가 된 경우에 그 물건과 동일한 물건은 그 특허된 방법에 의하여 생산된 것으로 추정한다. 다만, 그 물건이 ⅰ) 특허출원 전에 ‘국내’에서 공지되었거나 공연히 실시된 물건이거나, ⅱ) 특허출원 전에 ‘국내 또는 국외’에서 반포된 간행물에 게재되었거나 전기통신회선을 통하여 공중이 이용할 수 있는 물건 중 어느 하나에 해당하는 경우에는 생산방법이 추정되지 않는다.

제129조 단서는, 권리자가 특허법 제129조 본문의 생산방법의 추정규정을 이용하여 특허권 침해를 주장하는 경우에, 물건을 생산하는 방법의 발명에 있어서의 물건이 특허출원 전에 신규성을 가지지 않으면 특허법 제129조(생산방법의 추정) 규정의 적용을 제외하고 있다.

원칙상 물건을 생산하는 방법발명의 특허권자는 자신의 특허품과 동일한 물건에 대해서도 그 생산방법이 다르면 특허권을 행사할 수 없으므로, 따라서 실무상 침해자가 실시하는 방법이 자기의 특허방법과 동일하다는 점을 입증하여야 한다.

그런데 물건을 생산하는 방법의 특허권자로서는 침해자가 실제로 사용하고 있는 제조방법을 입증하는 것이 곤란한 경우가 많다. 예컨대 침해자의 실시품의 생산방법에 관하여는 침해자의 공장 내에서 행해지는 경우가 많고, 침해의 발견이 어려울 뿐만 아니라 침해가 의심되는 경우에도 그 입증이 어려운 경우가 많다. 물건의 발명의 경우에는 시판되어 있는 물건을 분석함으로써 침해를 발견할수 있는 경우가 많지만 이에 대비하여 물건의 생산하는 방법의 발명의 경우에는 물건을 분석하는 것만으로는 생산방법의 발명의 침해인지 여부를 판단하기 어려운 경우가 많다고 할 수 있다. 이러한점을 고려하여 침해사실은 침해주장자가 입증책임을 부담하는 것이 원칙이지만, 입증의 곤란성을 극복하기 위하여 물건을 생산하는 방법의 특허의 경우에는 입증책임을 전환한 것이다.183)

'생산방법의 추정' 규정에 따른 입증책임을 보면, 물건을 생산하는 방법의 발명의 특허권자는 특허품과 침해자의 실시품(침해품)이 동일하다는 점과 그 물건이 특허출원 전에 국내에서 공지·공연히 실시된 물건 등이 아니라는 점(물건의 신규성)을 주장·입증하여야한다. 이에 대해 침해자는 특허법 제129조의 '생산방법의 추정'을 번복하기 위해서 반대사실로서 자신의 실시품이 특허된 방법이 아닌 다른 방법으로 제조된 것이라는 점을 주장·입증하여야 한다. 예컨대 피고(침해자)는 특허발명의 방법을 실시하면 반드시 생성되는 중간생성물이 피고방법에서는 생기지 않기 때문에 특허방법과는 다르다고 항변할 수 있다.

소송실무상으로는 피고가 피고방법 자체에 대해서는 영업비밀이라는 이유로 전면적으로 개시하지 않고 소송단계에서 조금씩 소량을 개시하기 때문에 소송이 장기화하는 경향이 현저하게 된다는 문제점이 발생할 수 있다.184) 일본의 경우 1975년 특허법 개정으로

---

183) 中山信弘, 前揭書, 357~358頁.

물질특허제도가 도입된 이후 특허법 제104조의 생산방법의 추정규
정이 소송에서 이용되는 장면은 상당히 감소되었다고 한다.[185]

비교법적으로 보면, 특허법 제129조(생산방법의 추정) 규정과 동
일·유사한 내용을 가진 미국특허법 제295조와 TRIPs 제34조 제1
항에서는, 생산방법의 추정 요건으로서 ⅰ) 침해품이 특허방법으
로 만들어졌을 실질상 가능성의 존재와 ⅱ) 권리자의 합리적 노력
에도 불구하고 침해자의 실시품이 어떤 방법으로 실제로 사용되었
는지 알 수 없었을 경우를 요구하고 있는 점에 특색이 있다. 일본
특허법 제104조에서도 우리 특허법 제129조(생산방법의 추정) 규정
과 동일·유사한 내용을 담고 있지만, 물건의 신규성과 관련하여
그 물건이 특허출원 전에 '일본 국내에 공연히 알려지지 않을' 것(その物が特許出願前に日本国内において公然知られた物でないときは)만을
요건으로 하고 있는 점에서 우리 특허법과 대비된다. 이런 점에서
우리 특허법 제129조는 일본 특허법 제104조와 대비할 때 국내공

---

184) 東京地判平12·3·27 判時1711号137頁[トラニラスト生産方法事件]은 피
고의 반증으로써 특허법 제104조의 생산방법의 추정의 번복을 인정하고,
원고의 청구를 기각한 사안이다. 그렇지만 소송 중에 피고가 피고방법에
관한 정보를 소량 제출함으로써 소송을 지연시키는 것은 부적절한 소송활
동이었다고 하여 승소한 피고에게 소송비용을 부담시킨다는 이례적 판단
을 내렸다. 사안을 구체적으로 살펴보면, 원고 키세이(Kissei)약품공업주식
회사(キッセイ薬品工業株式会社)는 신규(의약)물질 Tranilast(トラニラス
ト)의 생산방법의 발명에 관하여 특허권을 가지고 있는바, Tranilast를 제
조, 판매한 피고 제약회사 9社의 행위가 위 특허권침해에 해당한다고 주장
하며 피고에 대하여 일본특허법 제104조의 추정규정의 적용을 전제로 하여
손해배상을 구하였다. 이에 대해 피고들은 그 제조, 판매한 Tranilast(トラ
ニラスト)는 위 특허발명에 속하지 않는 방법에 의해 생산되었다고 주장하
며 다투었다. 판결은 원고의 청구를 기각하였지만, 그때 "피고들의 소송활
동은 이하와 같이 증거제출의 순서, 시기 및 방법의 모든 점에 있어서 공정
성을 결하고 신의성실에 현저히 반한다"고 하면서 피고들(후에 제소된 피
고2社는 제외)에게 원고에게 생긴 소송비 중 5분의 4의 부담을 명하였다.
185) 高林龍, 前揭書, 270~271頁.

지요건 이외에도 다른 적용제외 요건을 가지고 있는 점에 특색이 있다.

'생산방법의 추정' 규정에 대해서는 금지청구의 경우뿐만 아니라 손해배상청구의 경우에도 적용된다. 형사사건에는 적용되지 않는다는 견해와 적용된다는 견해가 대립하고 있다.186)

(2) 판 례

대법원 판례187)에 의하면, 채무자가 생산한 부직포가 이미 채권자의 특허출원 전에 공지되었거나 공연히 실시된 물건에 해당하여 특허법 제129조의 생산방법의 추정을 받지 않으므로 특허권의 침해를 주장하는 채권자가 채무자의 생산방법을 증명하여야 한다고 한 사례에서, "특허법 제129조에 의하면 물건을 생산하는 방법의 발명에 관하여 특허가 된 경우에 그 물건과 동일한 물건은 그 특허된 방법에 의하여 생산된 것으로 추정하되, 다만 그 물건이 특허출원 전에 국내에서 공지되었거나 공연히 실시된 물건 또는 특허출원 전에 국내 또는 국외에서 반포된 간행물에 게재된 경우에는 그러하지 아니하다고 규정하고 있어 동일한 물건이 위 규정에 따라 생산방법의 추정을 받으려면, 그 출원 전에 공개되지 아니한 신규한 물건이라야 할 것이다."고 판시하였다.

12. 입증 용이성과 편의를 위한 특별규정

(1) 자료제출명령제도(특허법 제132조)

원고가 피고 측이 개시한 피고물건의 수량 등을 다투는 경우에는, 피고는 원고에 대하여 그 근거로 되는 회계자료 등을 개시한다.

---

186) 中山信弘, 前揭書, 358頁.
187) 대법원 2005.10.27. 선고 2003다37792 판결 [가처분이의].

한편 2016년 개정특허법에서는 특허법 제132조에서 자료제출명령 제도[188]를 두고 있는데 종래의 서류제출명령제도를 보완한 것이다. 이에 따라 법원은 특허권 또는 전용실시권 침해소송에서 당사자의 신청에 의하여 상대방 당사자에게 해당 침해의 증명 또는 침해로 인한 손해액의 산정에 필요한 자료의 제출을 명할 수 있다(동조 제1항). 이 경우 자료소지자는 그 자료 제출을 거절할 정당한 이유가 있는 경우에는 자료제출명령에 불응할 수 있다.[189] 그런데 소송실무상으로는 법원의 요구에 따라 피고가 임의로 자료를 제출하거나 혹은 소송 외에서 원고에 대하여 필요한 자료의 열람을 허용하고, 손해론에 관한 심리를 간략화하게 하는 경우도 적지 않다. 제출명령위반의 효과로서, 피고가 법원의 자료제출명령에 응하지 아니하는 경우에는 법원은 그 자료의 기재에 관한 원고의 주장을 진실한 것으로 인정할 수 있다(특허법 제132조 제4항 및 민사소송법 제349조).

(2) 감정사항 설명의무 제도(특허법 제128조의2)

2016년 개정특허법에서는 제128조의2(감정사항 설명의무)를 신설하였다. 이 규정에 의하면, 특허권 또는 전용실시권 침해소송에서

---

188) 2016년 개정 특허법은 기업의 영업비밀이라도 손해액 산정에 필요한 자료는 강제로 제출할 수 있도록 하고 있다. 즉, 손해배상소송에서 법원의 자료제출 요구에 대한 기업의 제출의무를 규정한 것이다. 이른바 '한국판 디스커버리 제도'로 불리는 자료제출명령제도는 미국의 디스커버리 제도인 자료제출명령을 참고한 제도라 할 수 있다.

189) 2016년 개정특허법(개정 2016.3.29.) 이전에는 제132조에서 서류제출명령 제도를 두었으나 개정법에서는 자료제출명령제도로 변경하였다. 즉 2016년 개정특허법에서는 특허침해소송에서 법원의 증거제출 명령대상 범위를 서류에서 자료로 확대하고 침해에 대한 증명자료를 포함하도록 하며, 증거제출명령에 불응한 경우 해당 자료의 기재에 의하여 증명하고자 하는 사실에 관한 주장을 진실한 것으로 인정할 수 있도록 하였다(제132조).

법원이 침해로 인한 손해액의 산정을 위하여 감정을 명한 때에는 당사자는 감정인에게 감정에 필요한 사항을 설명하여야 한다고 규정하고 있다. 2016년 개정특허법에서 제128조의2 규정을 신설한 취지는 손해액 산정을 위하여 법원이 감정을 명한 경우 당사자는 감정인에게 필요한 사항을 설명하도록 의무화한 것이다.[190] 이러한 설명의무를 위반한 당사자의 대응은 당연히 법관의 심증형성에 작용하게 될 것이다. 다만 이 설명의무위반에 대한 벌칙(형벌이나 과태료) 규정은 없다. 이처럼 개정법상 신설된 제128조의2(감정사항 설명의무)에 대한 평가를 하면, 소송실무상 종전부터 손해액 입증을 위하여 법원이 감정을 명하는 예는 있었지만, 이것이 법률에 규정되었기 때문에 이후에는 적극적으로 운용될 것으로 기대된다. 한편 일본도 특허법 제105조의2에서는 법원이 사안에 따라서 계산감정인을 선임하여 손해액의 계산을 하게 하는 제도를 두고 있다 (이른바 '계산감정인 제도').

(3) 비밀유지명령제도

2011.12.2. 개정특허법에서는 당사자의 영업비밀이 침해되지 않도록 비밀유지명령제도(특허법 제224조의3 내지 제224조의5, 제229조의2)를 도입하였다.

법원은 특허권 또는 전용실시권의 침해에 관한 소송에서 그 당사자가 보유한 영업비밀에 대하여 소정의 사유를 모두 소명한 경우에는 다른 당사자나 그 대리인, 그 밖에 그 소송으로 인하여 영업비밀을 알게 된 자에게 그 영업비밀을 그 소송의 계속적인 수행 외

---

190) 일본 특허법 제105조의2의 이른바 '계산감정인 제도'는 1999년 개정 특허법에서 신설할 것이다. 이 계산감정인 제도에 의하면, 법원이 손해액의 입증을 위한 감정을 명한 경우에는 당사자는 감정인에 대하여 필요한 사항을 설명하여야 한다고 규정하고 있다. 이처럼 한국과 일본 양 국가의 제도는 신속한 재판과 적정한 재판의 이념을 구현하기 위한 것으로 보인다.

의 목적으로 사용하거나 그 영업비밀에 관계된 이 항에 따른 명령을 받은 자 외의 자에게 공개하지 아니할 것을 명할 수 있다(법 제224조의3 제1항). 비밀유지명령 신청 시 당사자의 소명사유로는 ⅰ) 준비서면, 증거 또는 제132조 제3항 소정의 자료에 영업비밀이 포함되어 있다는 것, ⅱ) 영업비밀이 해당 소송수행 외의 목적으로 사용되거나 공개되면 당사자의 영업에 지장을 줄 우려가 있어 이를 방지하기 위하여 영업비밀의 사용 또는 공개를 제한할 필요가 있다는 것이다.

이처럼 비밀유지명령 신청은 특허권 등 침해소송에서 당사자가 서면으로 법정의 소정 사유를 소명하여 서면으로 신청하면 법원은 이를 판단한 후 결정의 형식으로 상대방에게 비밀유지명령을 내릴 수 있다. 비밀유지명령의 결정서가 상대방에게 송달된 때부터 효력이 발생한다(제224조의3 3항·4항).

그 외 비밀유지명령 신청요건을 갖추지 못하거나 사후 소멸하면 신청한 당사자나 상대방은 법원에 비밀유지명령 취소를 신청할 수 있다(제224조의4). 비밀유지명령의 실효성을 확보하기 위한 조치로서 비밀유지명령을 받지 않은 자가 소송기록 열람 등 청구 시 법원 사무관은 일단 열람·복사 자체를 불허하고 영업비밀보유자인 당사자에게 즉시 그 청구 사실을 통지하여 소정의 기간 내에 그 자를 상대로 비밀유지명령을 신청할 수 있게끔 하고 있다(제224조의5 1항·2항).

국내외에서 정당한 이유 없이 비밀유지명령에 위반한 자에 대해서는 비밀유지명령위반죄를 벌칙으로 하여 형사적 제재수단을 갖추고 있으며, 이 죄는 친고죄이다(제229조의2 1항·2항).

VI. 부당이득반환청구권

1. 특허권 침해 시 부당이득반환청구권 행사

민법 제741조에 의하면, 법률상 원인없이 타인의 재산 또는 노무로 인하여 이익을 얻고 이로 인하여 타인에게 손해를 가한 자는 그 이익을 반환하여야 한다. 우리 특허법에는 부당이득에 관한 명문의 규정은 존재하지 않지만, 타인의 특허권을 권원 없이 실시하면 원칙상 부당이득의 요건을 충족하게 되어 권리자에게 실시료 상당액의 반환청구를 인정하는 것이 부당이득의 법리상 당연한 해석이라 할 수 있다.[191] 부당이득반환청구권은 불법행위에 기한 손해배상청구권과 경합관계에 있다.[192] 그래서 소송실무상 불법행위에 기한 손해배상청구권을 행사할 경우 침해자에게 고의 · 과실이 인정되지 않아 패소판결을 받거나 그 손해배상청구권이 이미 시효로 소멸하였을 경우 실시료 상당의 부당이득반환청구권을 행사하게 될 실익이 있게 된다. 권리자에게는 부당이득반환청구권을 행사하는 경우 침해자의 고의 · 과실을 입증할 필요가 없고, 불법행위에 기한 손해배상청구권이 3년의 시효로 소멸한 후에도 민법 제162조에 따라 10년의 소멸시효기간을 적용받아 부당이득반환청구권을 행사할 수 있다는 점에서 불법행위에 기한 손해배상청구권에 비해 실익이 있다. 가령 권리자가 불실시하더라도 침해자가 실시하는 경우 실시료 상당액의 부당이득반환청구를 할 수 있다. 다만 특허법 제128조와 같은 손해액 산정에 있어 추정규정과 같은 특칙을 적

---

191) 송영식 · 이상정 · 황종환 · 이대희 · 김병일 · 박영규 · 신재호, 전게서, 678면; 中山信弘, 前揭書, 367頁. 일본의 경우에도 특허침해 시 부당이득반환청구권 행사를 인정하는 것이 판례 · 통설의 태도라고 한다.

192) 中山信弘, 前揭書, 367頁.

용받지 못하는 점과 특허권자의 손해액과 침해자의 이익액 사이에 인과관계의 입증이 곤란한 점은 권리자에게 불리한 점이라 할 수 있다.[193] 침해자의 이익액은 단순히 특허권에 의해서만 발생하는 것은 아니고 여러 가지 다양한 요소가 관계하고 있으므로 인과관계의 입증은 실무상 쉽지 않다. 이런 점을 고려하여 법원은 실시료 상당액을 기준으로 부당이득반환액을 산정하는 예가 적지 않다.

2. 특허권 무효 시 기지급 실시료의 반환 여부

특허발명 실시계약 체결 이후 계약 대상인 특허가 무효로 확정된 경우, 특허권자가 실시권자로부터 이미 지급받은 특허실시료 중 특허발명 실시계약이 유효하게 존재하는 기간에 상응하는 부분을 부당이득으로 반환할 의무가 있는지 여부가 문제될 수 있다.

판례[194]는 "특허발명 실시계약이 체결된 이후에 그 계약 대상인 특허가 무효로 확정되면 특허권은 특허법 제133조 제3항의 규정에 따라 같은 조 제1항 제4호의 경우를 제외하고는 처음부터 없었던 것으로 간주된다. 그러나 특허발명 실시계약에 의하여 특허권자는 실시권자의 특허발명 실시에 대하여 특허권 침해로 인한 손해배상이나 그 금지 등을 청구할 수 없게 될 뿐만 아니라 특허가 무효로 확정되기 이전에 존재하는 특허권의 독점적·배타적 효력에 의하여 제3자의 특허발명 실시가 금지되는 점에 비추어 보면, 특허발명 실시계약의 목적이 된 특허발명의 실시가 불가능한 경우가 아닌 한 특허무효의 소급효에도 불구하고 그와 같은 특허를 대상으로 하여 체결된 특허발명 실시계약이 그 계약의 체결 당시부터 원시

---

193) 조영선, 전게서, 526~527면; 中山信弘, 前揭書, 367~368頁.
194) 대법원 2014.11.13. 선고 2012다42666, 42673 판결 [주식양도 등·계약 무효확인].

적으로 이행불능 상태에 있었다고 볼 수는 없고, 다만 특허무효가 확정되면 그때부터 특허발명 실시계약은 이행불능 상태에 빠지게 된다고 보아야 한다. 따라서 특허발명 실시계약 체결 이후에 특허가 무효로 확정되었더라도 앞서 본 바와 같이 특허발명 실시계약이 원시적으로 이행불능 상태에 있었다거나 그 밖에 특허발명 실시계약 자체에 별도의 무효사유가 없는 한 특허권자가 특허발명 실시계약에 따라 실시권자로부터 이미 지급받은 특허실시료 중 특허발명 실시계약이 유효하게 존재하는 기간에 상응하는 부분을 실시권자에게 부당이득으로 반환할 의무가 있다고 할 수 없다."고 판시하였다.

VII. 신용회복조치청구권

특허법 제131조에 의하면, 법원은 고의나 과실로 특허권 또는 전용실시권을 침해함으로써 특허권자 또는 전용실시권자의 업무상 신용을 떨어뜨린 자에 대해서는 특허권자 또는 전용실시권자의 청구에 의하여 손해배상을 갈음하여 또는 손해배상과 함께 특허권자 또는 전용실시권자의 업무상 신용회복을 위하여 필요한 조치를 명할 수 있다. 예컨대 신용실추란 침해품의 품질이 조악하여 소비자 사이에 특허권의 이미지나 권리자의 평판을 해치는 경우를 상정할 수 있다.[195] 상표권 침해와 달리 특허권 침해사실이 있다는 사실만으로 업무상 신용이 실추되었다고 보기 어렵고 이에 대한 별도의 입증이 필요하다.[196] 따라서 특허권자 등이 업무상 신용을 실추당

---

195) 조영선, 전게서, 527면; 中山信弘, 前揭書, 369頁.
196) 송영식·이상정·황종환·이대희·김병일·박영규·신재호, 전게서, 673면.

하였다고 주장하려면, 침해에 의해 제조판매된 상품이 조악하다는 점과 이것이 해당 특허권과 관련성이 있다는 점을 모두 입증을 하는 특수한 경우에 한정된다.197) 헌법재판소의 한정위헌결정198)으로 양심의 자유 및 인격권을 침해하는 의미의 사죄광고는 이제 더 이상 신용회복방법으로 적당하지는 않다. 일본의 경우 신용회복방법으로서 사죄광고를 허용하고 있는 점과 차이가 있다.199) 이에 따라 특허침해죄나 형법상 신용훼손죄 등의 유죄판결을 신문, 잡지 등에 게재하는 방법을 택하여야 할 것이다.200)

---

197) 中山信弘, 前揭書, 369~370頁.

198) 헌법재판소 1991.4.1. 선고 89헌마160 판결. 헌법재판소는 민법 제764조는 명예훼손의 경우에 명예회복의 한 방법으로 명예회복에 적당한 처분을 명할 수 있도록 규정되어 있는데 여기에 사죄광고를 포함시켜 그 광고를 게재토록 명한 것은 위헌이 된다는 한정위헌의 결정을 냈다. 그 근거는 헌법 제19조(양심의 자유)에 위반되는 동시에 헌법상 보장되는 인격권의 침해라고 것이었다. 이 헌재결정으로 신문에 사죄광고 내는 판결집행은 종지부를 찍게 되었다.

199) 中山信弘, 前揭書, 369頁.

200) 송영식 · 이상정 · 황종환 · 이대희 · 김병일 · 박영규 · 신재호, 전게서, 674면.

제6장

상대방 당사자의 대응

I. 개 관

피고가 제출하는 답변서에는 상품명 등에서 특정된 대상제품의 제조판매 등에 관해서의 인부(認否)를 포함한 청구원인에 대한 인부(認否)가 이루어진다. 이와 함께 개괄적인 것이더라도 피고가 쟁점으로서 주장하는 바가 기재된다. 원고의 침해주장에 대한 상대방의 대응으로서는 크게 부인(否認)과 항변(抗辯)으로 나눌 수 있다.

우선 피고는 침해행위에 해당하지 않는다고 주장하거나 혹은 특허발명의 기술적 범위에 관하여 원고의 주장을 다투게 되는데, 이는 소송법상 부인(否認)에 해당하고, 그것을 위하여 제출하는 증거는 반증(反證)이다. 또 손해액 산정의 추정규정(제128조)은 이른바 사실추정의 규정이고 피고는 그 전제사실이 존재하더라도 추정사실이 존재하지 않는다는 것을 주장·입증할 수 있다.[1]

또 피고는 항변(抗辯)으로서, 특허발명의 실시에 관하여 정당한 권원이 있다는 점을 주장하고, 원고가 이 점을 다투는 경우는 그 사

---

1) 竹田 稔, 『知的財産權訴訟要論(特許·意匠·商標編)』第6版, 發明推進協會, 2012, 217頁.

실을 입증하여 그 책임을 면할 수 있다. 특허침해소송에서 원고의 특허권 침해주장에 대해 피고의 항변을 예시하면, 권리소멸항변, 권리남용항변, 자유실시기술항변, 문언침해에 대한 항변, 균등침해에 대한 항변, 특허권 효력의 제한, 계약에 의한 실시권, 법정통상실시권, 손해에 대한 항변 등이 있다. 그리고 본안전 항변으로서 비교대상발명(확인대상발명)이 소송물로서 불특정함을 주장하며 소각하(却下)를 구할 수 있다. 또 피고는 이 사건 실시특허가 실시불가능하다는 주장, 이 사건 실시특허가 신규성·진보성을 결여한 공지기술이라는 주장, 이 사건 실시특허가 명세서 기재요건을 갖추지 못하였다는 주장, 이 사건 소제기가 권리남용이라는 주장(이른바 특허권 남용 항변), 손해배상청구가 부적법하다는 주장, 국내 실시 요건이 결여되었다는 주장 등을 할 수 있다.[2]

한편 이들 항변을 굳이 같은 성격을 가진 것으로 볼 수 있는 카테고리(범주)로 분류하면, 우선 '적법성 항변'으로 분류할 수 있는 것으로서는, 특허권의 효력제한 항변(특허권의 효력이 미치지 않는 실시라는 항변), 특허권 소진 후 실시 항변, 정당한 실시권 존재의 항변, 선사용 항변(선사용에 의한 무상의 통상실시권이 있다는 항변) 등을 들수 있다. 또 '기술적 범위에 속한다는 원고의 주장에 대한 항변'으로서는 공지기술 등 참작의 항변, 출원경과 금반언(의식적 제외) 항변 등을 들 수 있다.

II. 권리소멸 항변

1. 권리소멸 항변 관련 사유

특허법상 권리소멸항변사유를 열거하면, ① 존속기간 만료(법 제88

---

2) 서울고등법원 2005.12.7. 선고 2003나38858 판결[특허권침해금지 등].

조 제1항),[3] ② 상속인 부존재(법 제124조 제1항),[4] ③ 특허권 포기(법 제101조 제1항),[5] ④ 특허료 불납(법 제79조·80조·제81조 제3항),[6] ⑤ 특허무효심결의 확정(법 제133조 제3항),[7] ⑥ 특허취소결정[8]의 확정(법 제132조의13 제3항),[9] ⑦ 특허권 수용(법 제106조)[10] 등이 있다. 다만 마지막의 특허권 수용은 특허권 자체의 절대적 소멸원인은 아니고 특허권자가 개인으로부터 국가로 바뀐다는 점에서 상대적 소멸원인이다.

---

3) 특허법 제88조 "① 특허권의 존속기간은 제87조 제1항에 따라 특허권을 설정등록한 날부터 특허출원일 후 20년이 되는 날까지로 한다."

4) 특허법 제124조 "① 특허권의 상속이 개시된 때 상속인이 없는 경우에는 그 특허권은 소멸된다."

5) 특허법 제101조 "① 다음 각 호의 어느 하나에 해당하는 사항은 등록하여야만 효력이 발생한다.
   "1. … 포기에 의한 소멸 …"

6) 특허법 제81조 "③ 추가납부기간에 특허료를 내지 아니한 경우(추가납부기간이 끝나더라도 제81조의2 제2항에 따른 보전기간이 끝나지 아니한 경우에는 그 보전기간에 보전하지 아니한 경우를 말한다)에는 특허권의 설정등록을 받으려는 자의 특허출원은 포기한 것으로 보며, 특허권자의 특허권은 제79조 제1항 또는 제2항에 따라 낸 특허료에 해당되는 기간이 끝나는 날의 다음 날로 소급하여 소멸된 것으로 본다."

7) 특허법 제133조 "③ 특허를 무효로 한다는 심결이 확정된 경우에는 그 특허권은 처음부터 없었던 것으로 본다. 다만, 제1항 제4호에 따라 특허를 무효로 한다는 심결이 확정된 경우에는 특허권은 그 특허가 같은 호에 해당하게 된 때부터 없었던 것으로 본다."

8) 2016.2.29. 개정특허법(2017.3.1.시행)에서는 제132조의2 등을 신설하여 '특허취소신청제도'를 두었다. 즉 누구든지 6개월까지 등록된 특허권이 신규성, 진보성, 선출원 등에 위반될 경우 특허심판원에 특허취소를 신청할 수 있게 한 것이다. 2017년 3월 1일 이후 설정등록된 특허권부터 적용된다.

9) 특허법 제132조의13 "③ 특허취소결정이 확정된 때에는 그 특허권은 처음부터 없었던 것으로 본다."

10) 특허법 제106조 "① 정부는 특허발명이 전시, 사변 또는 이에 준하는 비상시에 국방상 필요한 경우에는 특허권을 수용할 수 있다. ② 특허권이 수용되는 경우에는 그 특허발명에 관한 특허권 외의 권리는 소멸된다. ③ 정부는 제1항에 따라 특허권을 수용하는 경우에는 특허권자, 전용실시권자 또는 통상실시권자에 대하여 정당한 보상금을 지급하여야 한다."

2. 판 례

특허권의 존속기간이 경과한 후에는 특허권자가 소멸된 특허발명에 터잡아 특허법 제126조에 따른 특허침해금지 및 특허침해제품의 폐기를 주장할 수 없다고 한 사례가 있다.

판례[11]에 의하면, "명칭을 '방직기용 실 저장 및 공급장치'로 하는 이 사건 특허발명(특허번호 제29468호)은 원심 변론종결일인 2007.4. 10. 이전인 2007.1.20.에 존속기간이 경과하여 소멸하였음을 알 수 있으므로, 원고는 이미 소멸된 이 사건 특허발명에 터잡아 피고들을 상대로 특허법 제126조에 따른 특허침해금지 및 특허침해제품의 폐기를 주장할 수 없다. 그럼에도 원심은 이 사건 특허발명의 존속기간에 관하여 심리·판단하지 아니한 채 피고들에게 특허침해금지 및 특허침해제품의 폐기를 명하였으니, 이러한 원심판단에는 특허침해금지 등에 관한 법리를 오해하여 필요한 심리를 다하지 아니함으로써 판결에 영향을 미친 위법이 있다. 이 점을 지적하는 피고들의 상고이유 주장은 이유 있다."고 판시하였다.

Ⅲ. 권리남용 항변

1. 권리남용 항변의 의의와 구체적 요건

2004년 10월 선고된 대법원 2000다69194 판결은 방론에서 "침해소송을 심리하는 법원은 특허의 무효심결이 확정되기 이전이라도 득허에 무효사유가 있는 것이 분명한 때에는 그 특허권에 기초한 금지와 손해배상 등의 청구는 특별한 사정이 없는 한 권리남용에

---

11) 대법원 2009.10.15. 선고 2007다45876 판결 [손해배상(기)].

해당하여 허용되지 아니한다"고 설시하였다. 이에 따라 침해소송을 심리하는 법원도 특허의 무효심결이 확정되기 이전이라도 특허에 무효사유가 있는 것이 명백한지 여부에 대해 판단할 수 있는 길을 열어 주었다. 다만 이러한 설시내용은 기존의 대법원 판례와 배치되는 것이어서 그 취지에 대해 학계와 실무계에 많은 논란을 초래하였다. 특히 당해 사건의 해결과는 직접적인 관련이 없이 방론으로 설시된 것이었다.

이에 대하여 2012년 1월 선고된 대법원 2010다95390 전원합의체 판결에서는 진보성 없는 특허발명에 기한 권리행사를 권리남용으로 판단할 수 있다고 설시하면서 이에 배치되는 기존 판례를 파기함으로써 종래 논란에 종지부를 찍었다. 그 판단근거로써 공공의 이익, 특허법의 입법목적, 특허제도의 존재근거와 실질적 정의와 당사자 사이의 형평성 등을 고려하였다. 후속판례들도 전원합의체 판결과 그 태도를 같이하고 있다. 이에 따라 특허침해소송에서 일반법원이 특허발명에 대한 진보성 판단을 할 수 있게 되었다.

대법원 2010다95390 전원합의체 판결에 따르더라도 특허권자의 침해금지 등 청구가 권리남용에 해당하려면 다음과 같은 구체적 요건이 충족되어야 한다. 우선 객관적 요건으로서 첫째, 특허발명에 진보성이 없을 것, 둘째, 그 특허가 특허무효심판에 의하여 무효로 될 것임이 명백할 것('명백성'요건)을 충족하는 것이 필요하다. 문제는 주관적 요건의 요부(要否)이다. 일본의 킬비판결이나 이를 수용한 우리나라 대법원판결 어느 것이나 민법의 권리남용법리를 다룬 기존의 판례태도와 달리 권리남용항변에 주관적 요건이 필요하다는 취지는 명시하지 않았다. 생각건대 특허침해소송에서 특허무효사유가 존재하는 것이 명백한 경우에는 특허권 자체에 하자가 있고 이러한 특허권의 행사는 결코 용인되어서는 아니 될 것이기 때문에, 권리자체의 하자를 전제로 하지 않은 민법상 권리남용항변과 달리 보아야 할 것이다. 따라서 원칙상 주관적 요건을 요하지 않는다고 보는 것이 타당하다. 예외적으로 민법의 권리남용이론에서 필요로 하는 주관적 요건이 반드시 필요한 경우라 하더라도 완화하여 해석함이 타당하다. 따라서 그러한 예외적인 경우에도 특허권자의 권리행사가 특허제도의 목적과 기능을 일탈하는 것임을 인식하고 있으면 충족된다고 본다. 나아가 이러한 완화된 주관적 요건은 객관적 요건에 의하여 추인될 수 있다고 해석된다. 그 외 소극적 요건으로서 특별한 사정이 존재하지 않아야 한다.12)

한편 소송법상으로는 이러한 소극적 요건은 권리자의 재항변에 해당한다. 따라서 특허권자 등 권리자는 권리남용항변이 있다 하더라도 특별한 사정이 존재한다는 사실, 즉 ① 정정심판을 청구하여 그 심판이 계속 중인 사실과 ② 그 정정심판이 받아들여져 특허권이 유지될 것이 확실히 예측된다는 점과, ③ 정정될 특허청구범위와 상대방의 실시기술을 대비할 때 역시 권리범위에 속하여 결국 특허침해에 해당한다는 점을 주장·입증함으로써 특허권자의 권리행사가 권리남용에 해당하지 않는다는 취지로 재항변할 수 있다.

2. 특허무효항변의 인정여부

(1) 한편, 특허무효항변의 인정여부와 관련하여 보면, 우리나라 특허법은 특허등록된 발명이 소정의 무효사유를 갖고 있는 경우 별도로 마련된 특허심판원에서의 심판절차를 통하여 그 등록을 무효로 하도록 규정하고 있다(특§132의2, §133). 그 결과 법원은 특허등록의 유무효에 대한 심사권한을 갖고 있지 아니하며, 따라서 법원은 가사 특허에 무효사유가 있는 경우에도 심판절차를 통하여 그 등록을 무효로 한다는 심결이 확정되지 아니한 이상 당해 특허

---

12) 차상육, "특허침해소송과 권리남용항변",「정보법학」제11권 제2호, 한국정보법학회, 2007.12, 186~199면.

가 유효한 것을 전제로 심리하여야 하는 것이 원칙이다.[13] 이와 같이 우리 특허법 아래에서는 법원이 특허무효 여부에 대한 심사권한을 보유하지 못하는 것이 원칙이지만, 우리 법원은 특허침해 여부가 문제되는 민·형사소송에서 특허 무효사유가 있는 발명에 대해 직접적으로 무효선언을 하는 대신, 당해 특허발명의 권리범위를 부인하거나 권리남용의 법리를 채용하는 방식으로 간접적으로 특허의 무효 여부에 대하여 심사권한을 행사하고 있다.(이른바 '권리남용 항변')[14] 즉 우리 법원은 아래에서 살펴볼 대법원 2012.1.19. 선고 2010다95390 전원합의체 판결에서 종래 침해소송법원이 특허무효 심리 및 판단 가능 여부에 관한 학설 중 권리남용설을 취한 것이다.[15] 독일, 일본 그리고 우리나라와 같이 특허 침해소송과 특허무효소송이 분리된 입법체계를 가진 국가들의 경우에는 직접적으로 특허무효를 판단할 권한이 없는 침해소송법원에서 침해소송 진행 중 특허에 무효사유가 있는 것으로 보이는 경우 이를 판단하여 특허 침해를 부정할 수 있는지 여부에 관한 논란이 있었다. 이 점에 관한 종래의 학설로서는 ① 무효판단부정설, ② 특허청구범위 해석에 의한 학설(한정해석설, 기술적 범위 확정 불능설), ③ 자유기술의 항변설, ④ 권리남용설, ⑤ 무효항변긍정설 등이 대립하고 있었다.[16]

(2) 이에 반해 일본에서는 2005.4.1.부터 시행되는 개정특허법에서, 특허침해소송에서 원고가 가진 특허가 특허무효심판에 의하여 무효로 될 것으로 인정되는 때는 특허권자 등은 상대방에 대하여 그 권리를 행사할 수 없다는 것을 주장할 수 있도록 하였다(일본특

---

13) 대법원 1992.6.2.자 91마540 결정 등.
14) 임보경, "지적재산권 침해소송에서의 주요 항변사유", 『2010년 전문분야 특별연수/82기「지적재산권법」』, 대한변호사협회 변호사연수원, 2010, 152~153면.
15) 유영선, "침해소송법원에서 진보성의 심리·판단 가능 여부", 한국지식재산학회 편, 『특허 침해소송의 이론과 실무』, 법문사, 2016, 181면.
16) 유영선, 전게논문, 172~177면.

허법 제104조의3 제1항). 이 조항은 이른바 2000년 4.11. 선고된 이른
바 '킬비'(Kilby) 사건(キルビー事件) 판결17)에서 요구한 '명백성' 요
건을 철폐한 점에 의의가 있다. 그 명백성 요건을 철폐한 이유는
'킬비'(Kilby) 사건 판결의 후속판례들 사이에서 명백성 요건의 적용
범위를 둘러싸고 혼란이 생겼다는 점, 산업계에서 특허무효의 이유
가 있는 것이 명백한지 여부에 대한 예측이 곤란하므로 결국 무효
심판청구를 병행하여 제기할 수밖에 없었다는 점, 이로 인하여 무
효심판과 침해소송의 병행에 따른 재판지연과 법원 판단의 모순저
촉이 일어나는 경우가 발생하였고, 그 불합리성을 시정하기 위한
양 법원의 판단의 통일성의 요청이 강하였다는 점 등을 들 수 있
다. 이처럼 일본의 특허법에서는 이른바 '특허무효의 항변'을 정면
으로 인정하여 입법화한 점에서 우리 특허법과 차이가 있다.

3. 판 례

(1) 대법원 2004.10.28. 선고 2000다69194 판결18)

특허의 무효심결이 확정되기 이전이라고 하더라도 특허권침해
소송을 심리하는 법원은 특허에 무효사유가 있는 것이 명백한지
여부에 대하여 판단할 수 있고, 심리한 결과 당해 특허에 무효사유
가 있는 것이 분명한 때에는 그 특허권에 기초한 금지와 손해배상
등의 청구는 특별한 사정이 없는 한 권리남용에 해당하여 허용되
지 아니한다.

---

17) 最高裁判所 平成12年4月11日 平成10年(オ)第364号 債権不存在確認訴訟[キル
  ビー事件].

18) 대법원 2004.10.28. 선고 2000다69194 판결 [손해배상(기)].(특허권침해소
  송의 상고심 계속중에 당해 특허발명의 명세서에 대한 정정심결이 확정되
  어 원심판결에는 민사소송법 제451조 제1항 제8호에 정한 재심사유가 있으
  므로, 원심판결은 판결에 영향을 미친 법령위반의 위법을 이유로 파기되어
  야 한다고 한 사례.)

(2) 대법원 2012.1.19. 선고 2010다95390 전원합의체 판결[19]

특허법은 특허가 일정한 사유에 해당하는 경우에 별도로 마련한 특허의 무효심판절차를 거쳐 무효로 할 수 있도록 규정하고 있으므로, 특허는 일단 등록된 이상 비록 진보성이 없어 무효사유가 존재한다고 하더라도 이와 같은 심판에 의하여 무효로 한다는 심결이 확정되지 않는 한 대세적(對世的)으로 무효로 되는 것은 아니다.

그런데 특허법은 제1조에서 발명을 보호·장려하고 그 이용을 도모함으로써 기술의 발전을 촉진하여 산업발전에 이바지함을 목적으로 한다고 규정하여 발명자뿐만 아니라 그 이용자의 이익도 아울러 보호하여 궁극적으로 산업발전에 기여함을 입법목적으로 하고 있는 한편 제29조 제2항에서 그 발명이 속하는 기술분야에서 통상의 지식을 가진 자가 특허출원 전에 공지된 선행기술에 의하여 용이하게 발명할 수 있는 것에 대하여는 특허를 받을 수 없다고 규정함으로써 사회의 기술발전에 기여하지 못하는 진보성 없는 발명은 누구나 자유롭게 이용할 수 있는 이른바 공공영역에 두고 있다. 따라서 진보성이 없어 본래 공중에게 개방되어야 하는 기술에 대하여 잘못하여 특허등록이 이루어져 있음에도 별다른 제한 없이 그 기술을 당해 특허권자에게 독점시킨다면 공공의 이익을 부당하게 훼손할 뿐만 아니라 위에서 본 바와 같은 특허법의 입법목적에도 정면으로 배치된다. 또한 특허권도 사적 재산권의 하나인 이상 그 특허발명의 실질적 가치에 부응하여 정의와 공평의 이념에 맞게 행사되어야 할 것인데, 진보성이 없어 보호할 가치가 없는 발명

---

19) 대법원 2012.1.19. 선고 2010다95390 전원합의체 판결 [특허권침해금지 및 손해배상(기)] (명칭을 "드럼세탁기의 구동부 구조"로 하는 특허발명의 특허권자인 갑 주식회사가 을 주식회사를 상대로 특허침해금지 등을 청구한 사안에서, 진보성이 부정되어 특허가 무효로 될 것이 명백하다고 할 수 없는데도 위 청구가 권리남용에 해당한다고 본 원심판결에 법리오해의 위법이 있다고 한 사례).

에 대하여 형식적으로 특허등록이 되어 있음을 기화로 그 발명을 실시하는 자를 상대로 침해금지 또는 손해배상 등을 청구할 수 있도록 용인하는 것은 특허권자에게 부당한 이익을 주고 그 발명을 실시하는 자에게는 불합리한 고통이나 손해를 줄 뿐이므로 실질적 정의와 당사자들 사이의 형평에도 어긋난다.

이러한 점들에 비추어 보면, 특허발명에 대한 무효심결이 확정되기 전이라고 하더라도 특허발명의 진보성이 부정되어 그 특허가 특허무효심판에 의하여 무효로 될 것임이 명백한 경우에는 그 특허권에 기초한 침해금지 또는 손해배상 등의 청구는 특별한 사정이 없는 한 권리남용에 해당하여 허용되지 아니한다고 보아야 하고, 특허권침해소송을 담당하는 법원으로서도 특허권자의 그러한 청구가 권리남용에 해당한다는 항변이 있는 경우 그 당부를 살피기 위한 전제로서 특허발명의 진보성 여부에 대하여 심리·판단할 수 있다고 할 것이다.

이와 달리 신규성은 있으나 진보성이 없는 경우까지 법원이 특허권 또는 실용신안권침해소송에서 당연히 권리범위를 부정할 수는 없다고 판시한 대법원 1992.6.2.자 91마540 결정 및 대법원 2001.3.23. 선고 98다7209 판결은 이 판결의 견해에 배치되는 범위에서 이를 변경하기로 한다.

(3) 대법원 2012.3.15. 선고 2010다63133 판결[20]

특허발명에 대한 무효심결이 확정되기 전이라고 하더라도 특허발명의 진보성이 부정되어 그 특허가 특허무효심판에 의하여 무효

---

20) 대법원 2012.3.15. 선고 2010다63133 판결 [특허권침해금지] (명칭을 "해면 모양의 뼈에 공동을 형성하는 도구"로 하는 특허발명의 특허권에 기초하여 갑 주식회사가 을 주식회사를 상대로 특허침해금지 등을 구한 사안에서, 위 청구가 권리남용에 해당하지 않는다고 본 원심판결에 법리오해의 위법이 있다고 한 사례).

로 될 것임이 명백한 경우에는 그 특허권에 기초한 침해금지 또는
손해배상 등의 청구는 특별한 사정이 없는 한 권리남용에 해당하
여 허용되지 아니한다고 보아야 하고, 특허권침해소송을 담당하는
법원으로서도 특허권자의 그러한 청구가 권리남용에 해당한다는
항변이 있는 경우 그 당부를 살피기 위한 전제로서 특허발명의 진
보성 여부에 대하여 심리·판단할 수 있다.

(4) 대법원 2012.7.12. 선고 2010다42082 판결[21]

등록실용신안에 대한 무효심결이 확정되기 전이라고 하더라도
등록실용신안의 진보성이 부정되어 그 실용신안등록이 무효심판
에 의하여 무효로 될 것임이 명백한 경우에는 그 실용신안권에 기
초한 침해금지 또는 손해배상 등의 청구는 특별한 사정이 없는 한
권리남용에 해당하여 허용되지 아니한다고 보아야 하고, 실용신안
권침해소송을 담당하는 법원으로서도 실용신안권자의 그러한 청
구가 권리남용에 해당한다는 항변이 있는 경우 그 당부를 살피기
위한 전제로서 등록실용신안의 진보성 여부에 대하여 심리·판단
할 수 있다고 할 것이다.

---

21) 대법원 2012.7.12. 선고 2010다42082 판결 [실용신안권침해금지 및 손해배
상] (명칭을 "이중 지대용지 및 지대"로 하는 등록고안(등록번호 제253786
호)에 기초한 실용신안권침해금지 및 손해배상 등을 구한 사안에서, 위 등
록고안 중 일부가 진보성이 부정되어 그 실용신안등록이 무효로 될 것임이
명백하여, 이들 고안의 실용신안권에 기초한 원고의 이 사건 실용신안권침
해금지, 실용신안권침해제품과 그 제조설비 등의 폐기 및 손해배상 청구가
권리남용에 해당한다고 본 원심판결에 고안의 진보성 판단에 관한 법리오
해의 위법이 없다고 한 사례).

IV. 자유실시기술 항변

1. 자유실시기술 항변의 의의

자유실시기술 항변이란 특허권침해소송에서 권리자의 상대방이 제조 등을 하는 제품 또는 사용하는 방법(침해제품 또는 침해방법)이 공지의 기술만으로 이루어지거나 그 기술분야에서 통상의 지식을 가진 사람이 공지기술로부터 용이하게 실시할 수 있는 경우에는 특허발명과 대비할 필요 없이 특허발명의 권리범위에 속하지 않게 된다는 항변을 말한다.

독일연방대법원(BGH) 1986년 'Formstein'사건[22]에서 특허권자가 문언침해가 아닌 균등침해를 주장하는 경우에, 피고는 무효의 항변과 함께, 피고의 실시발명이 계쟁 특허의 보호범위에 속하는지 여부를 불문하고 그 실시발명이 공지기술이거나 공지기술로부터 쉽게 도출해 낼 수 있는 기술이므로 특허발명의 기술적 범위에 속하지 않는다는 항변을 주장할 수 있다고 판시하였다.

일본에서도 자유실시기술항변이란 침해품으로 주장되고 있는 피고물건이 특허출원 시에 공지기술와 동일하거나 당업자가 이것으로부터 용이하게 추고할 수 있는 경우 이러한 공지기술의 응용에 지나지 않는 피고물건에 대해서 특허권의 효력이 미치는 것은 신규하고 진보성이 있는 발명에만 특허권의 보호를 부여한다는 특허제도의 취지에 반한다는 이유로 해당 특허발명의 기술적 범위에 속하지 않는다고 주장하는 항변이라고 말한다.[23] 논자에 따라서는

---

22) BGH, 29.04.1986 - X ZR 28/85, BGH GRUR 1986, 803 -"Formstein". 이 사건 판결원문은 (https://www.jurion.de/urteile/bgh/1986-04-29/x-zr-28_85/) 참조.

23) 知的財産裁判實務研究會 編, 『知的財産訴訟の實務』 改訂版, 法曹會, 2014,

자유실시기술항변은 공지기술항변이라고 말해지기도 한다.

2. 판 례

(1) 대법원 2013.9.12. 선고 2012다36326 판결[특허침해금지 등]

특허발명의 특허권자인 갑 외국법인이 을 주식회사를 상대로 특허권침해금지 등을 구한 사안에서, 을 회사의 실시제품은 통상의 기술자가 비교대상발명들로부터 용이하게 실시할 수 있어 특허발명의 권리범위에 속하지 않는다고 한 사례에서, "특허권침해소송의 상대방이 제조 등을 하는 제품 또는 사용하는 방법이 공지의 기술만으로 이루어지거나 그 기술분야에서 통상의 지식을 가진 사람이 공지기술로부터 용이하게 실시할 수 있는 경우에는 특허발명과 대비할 필요 없이 특허발명의 권리범위에 속하지 않게 된다"고 판시하였다.

(2) 대법원 2011.1.27. 선고 2009후832 판결

확인대상발명은 비교대상발명 1에 이미 개시되어 있거나 이로부터 별다른 기술적 어려움 없이 부가 또는 변경할 수 있는 정도에 불과한 것들이므로, 자유실시기술에 해당한다고 한 사례에서, "어느 발명이 특허발명의 권리범위에 속하는지를 판단함에 있어서 특허발명과 대비되는 발명이 공지의 기술만으로 이루어지거나 그 기술분야에서 통상의 지식을 가진 자가 공지기술로부터 용이하게 실시할 수 있는 경우에는 특허발명과 대비할 필요 없이 특허발명의 권리범위에 속하지 않게 된다"고 판시하였다.

62頁(西森 みゆき 執筆部分).

(3) 대법원 2007.1.12. 선고 2006후2790 판결 [판례집미등재]24)

이 사건 특허발명에 대한 확인대상발명이 비교대상발명 1내지 4
로부터 용이하게 발명할 수 있는 것으로서 자유실시기술에 해당하
는지의 여부가 쟁점이 된 사안에서, "확인대상발명의 구성에 의하
면 휴대폰의 외관을 보호하면서 사용자의 취향에 맞게 장식할 수
있는 효과를 기대할 수 있을 것이나, 이는 비교대상발명 1, 3의 구
성에 의하더라도 쉽게 예측할 수 있는 효과로 보인다. 확인대상발
명은 비교대상발명 1, 3과 기술의 분야는 물론 발명의 목적도 동일
하고, 확인대상발명의 기술구성 또한 위 비교대상발명으로부터 용
이하게 발명할 수 있는 것이며, 확인대상발명의 효과도 위 비교대
상발명들로부터 충분히 예측할 수 있는 것이어서, 확인대상발명은
공지의 기술인 비교대상발명 1 또는 3으로부터 용이하게 발명할
수 있는 자유실시기술에 해당한다."고 판시하였다.

(4) 대법원 2004.9.23. 선고 2002다60610 판결 [손해배상(기)]

특허출원으로 공개된 제조기술 이외의 영업비밀로 주장하는 기
술상 정보가 구체적으로 무엇인지 주장 · 증명되지 않았음에도 만

---

24) 이 사건의 사안 개요는 다음과 같다. 이 사건은 발명의 명칭을 "휴대용전화
기 케이스"라고 하는 특허발명으로서 폴더형 또는 슬라이드형 휴대용 전화
기 외부에 덮어져 휴대용 전화기를 보호함과 동시에 외형을 아름답게 꾸밀
수 있는 휴대용 전화기 케이스에 관한 발명(이하 '이 사건 발명'이라 함)이
다. 확인대상발명은 휴대용 전화기 케이스를 제조 · 판매하고 있는 원고(피
상고인)는 이 사건 발명의 특허권자인 피고(상고인)을 상대로 소극적 권리
범위확인심판을 제기하였으나 특허심판원은 확인대상발명이 이 사건 특허
발명의 권리범위에 속한다는 이유로 심판청구를 기각하는 심결을 내렸다.
이에 원고는 심결취소소송을 특허법원에 제기하였고, 확인대상발명은 자
유실시기술에 해당하므로 이 사건 특허발명과 대비할 필요 없이, 확인대상
발명은 이 사건 권리범위에 속하지 않는다고 설시하면서 심결을 취소하는
판결을 내렸다. 이에 불복하여 피고(상고인)가 상고하였으나 심리불속행
기각되었다.

연히 생산방법에 대한 정보를 영업비밀이라고 인정한 원심을 파기한 사례에서, "어느 발명이 특허발명의 권리범위에 속하는지를 판단함에 있어서 특허발명과 대비되는 발명이 공지의 기술만으로 이루어지거나 그 기술분야에서 통상의 지식을 가진 자가 공지기술로부터 용이하게 실시할 수 있는 경우에는 특허발명과 대비할 필요도 없이 특허발명의 권리범위에 속하지 않게 된다"고 판시하였다.

(5) 대법원 2001.10.30. 선고 99후710 판결

확인대상발명[25]이 공지된 선행기술에 의하여 용이하게 발명할 수 있다는 이유로 특허발명과 대비할 필요도 없이 특허발명의 권리범위에 속하지 아니한다고 한 사례에서 "어느 발명이 특허발명의 권리범위에 속하는지를 판단함에 있어서 특허발명과 대비되는 발명이 공지의 기술만으로 이루어지거나 그 기술분야에서 통상의 지식을 가진 자(당업자)가 공지기술로부터 용이하게 실시할 수 있는 경우에는 특허발명과 대비할 필요 없이 특허발명의 권리범위에 속하지 않게 된다."고 판시하였다.

V. 기술적 범위에 속한다는 원고 주장에 대한 항변

1. 출원경과금반언(의식적 제외) 항변

이 항변은 특허출원인이 특허출원과정에서 피고물건이 특허발명의 기술적 범위에 속하지 않는다는 것을 승인하는 것처럼 주장하였음에도 불구하고, 일단 해당 발명이 특허등록된 이후에는 침해소송에서 피고물건이 특허권의 기술적 범위에 속한다고 주장하는

---

25) 판결원문에서는 확인대상발명을 '(가)호 발명'이라 칭함.

것은, 금반언(禁反言)으로서 신의칙상 허용되지 않는다는 것을 이유로 결국 피고실시 물건이 특허발명의 기술적 범위에 속하지 않으므로 특허권침해가 성립하지 않는다는 항변을 말한다. '포대금반언'(包袋禁反言) 항변이라고도 한다. 이것은 특허의 출원과정의 서류 일체를 포대라고 칭한 데에서 유래한다.

이러한 출원경과금반언의 항변은 문언침해뿐만 아니라 균등침해의 경우에도 성립한다.

2. 공지기술참작의 항변

이 항변은 원고의 해석에 따르면 특허발명에 공지기술이 포함되어 있는 것으로 되고, 특허무효이유가 있다는 점을 이유로 그러한 해석은 취할 수 없다는 주장을 하는 것을 말한다. 이에 따라 피고물건이 특허발명의 기술적 범위에 속한다는 규범적 요건에 대한 평가장애사실로서 피고의 항변사실에 해당한다고 볼 수 있다. 이는 공지기술참작 원칙이라 한다. 이와 같은 차원에서 과거에 공지기술배제원칙 내지 공지배제설이 주장되었는데, 일반적으로 특허청구범위에 기재된 구성요소 중 공지사항을 제외하고 특허발명의 보호범위를 해석하여야 한다는 이론을 말한다. 그러나 우리 특허법의 해석상 특허침해여부를 판단함에 있어서 특허발명의 구성요소 중 일부 공지된 부분이 있다 하더라도 그 부분을 제외하고 나머지 부분만으로 침해여부를 판단해서는 안 된다. 왜냐하면 발명은 구성요소의 상호 결합 내지 유기적 결합이라고 할 수 있으므로 그 구성요소 중 일부에 공지요소가 있더라도 이를 제외하면 발명의 일체성을 해칠 우려가 있고 경우에 따라서는 권리범위를 확대해석하여 적용할 수 있는데, 이러한 결과는 특허발명의 보호범위가 그 특허청구범위에 기대된 것보다 넓어지게 되므로 불합리한 해석이므로 그대로 채택하기 어려운 해석론이라 할 것이다.

특히 특허청구범위의 청구항을 복수의 구성요소로 구성한 경우에는 각 구성요소가 유기적으로 결합한 전체로서의 기술사상을 보호하는 것이라 볼 것이어서, 특허발명의 유기적 결합으로 이루어진 구성요소 중 일부가 공지되었다 하더라도 확인대상발명이 특허발명의 권리범위에 속하는지 여부를 판단함에 있어서 그 공지된 부분을 따로 제외하고 판단해서는 아니 될 것이다. 따라서 오늘날에는 공지기술참작원칙이란 특허청구범위의 의미를 명확하게 이해하기 위해서 출원 시의 기술수준 내지 공지기술을 참작해야 하는 것으로 이해하는 방향으로 접근함이 바람직하다고 생각한다.

과거 판례에서는 출원당시에 이미 공지, 공용에 관련한 기술이 포함된 경우는 그 권리범위를 확정함에 있어서 위 공지, 공용 부분을 제외하여 특허발명의 기술적 범위를 정해야 한다는 판례가 있었다.[26] 대법원 81후56 전원합의체 판결에서는 특허발명이 전부 공지되어 신규성이 없는 경우의 사안에서 "등록된 특허의 일부에 그 발명의 기술적 효과발생에 유기적으로 결합된 것이 아닌 공지사유가 포함되어 있는 경우 그 공지부분에까지 권리범위가 확장되는 것은 아니다"고 판시하였다. 다만 이 전원합의체 판결의 취지는 특허발명에 공지사유가 포함되어 있는 경우 그 부분에까지 특허발명의 권리범위를 확장하는 것을 막기 위한 것이어서 공지된 구성요소를 제외하고 권리범위에 속하는지 여부를 판단하여야 한다는 취지로 이해해서는 안 된다는 점에 유의할 필요가 있다.

그러나 일본의 '킬비'사건의 권리남용항변 또는 일본특허법 제104조의3 특허무효항변의 인정조항과 같은 취지에서, 최근 우리 대법원 전원합의체 판결에서 특허발명에 진보성이 없음이 명백한 경우 특별한 사정이 없는 한 권리남용항변이 성립한다고 판시하였다.[27]

26) 대법원 1983.7.26. 선고 81후56 전원합의체 판결.
27) 대법원 2012.1.19. 선고 2010다95390 전원합의체 판결; 대법원 2004.10.

따라서 이 공지기술참작의 항변 내지 공지기술배제 항변을 인정한 과거 판례는 권리남용항변을 인정한 대법원 판결(전원합의체)이 나오기 이전의 것인 점에 유의할 필요가 있다. 따라서 권리남용항변을 인정한 대법원 판결(전원합의체) 이후에는 특허발명에 공지기술이 존재한다는 것은 특허발명의 기술적 범위의 해석의 단계에서 청구항을 한정해석한 뒤 참작해야 하는 경우라기보다도, 과거와 달리 공지기술이 포함된 특허권은 신규성 또는 진보성을 결함이 명백하여 그러한 특허권의 행사는 권리남용에 해당하여 허용되지 않는다는 취지의 항변으로서 오늘날 그 의미를 자리잡아 가고 있다고 보인다.

VI. 특허권 효력 제한의 항변

1. 개 요

특허권 효력 제한의 항변이란 침해자라고 주장되는 자의 실시가 특허권의 효력이 미치지 않는 실시라는 항변이다.

우선 여기에는 특허법 제96조에서 규정하고 있는 사유가 대표적이다. 예컨대, ⅰ) 연구 또는 시험을 하기 위한 특허발명의 실시(제96조 제1항 제1호), ⅱ) 국내를 통과하는 데 불과한 선박·항공기·차량 또는 이에 사용되는 기계·기구·장치, 그 밖의 물건(제96조 제1항 제2호), ⅲ) 특허출원을 한 때부터 국내에 있는 물건(제96조 제1항 제3호), ⅳ) 「약사법」에 따른 조제행위와 그 조제에 의한 의약(제96조 제2항) 등이다. 동조 제2항은 둘 이상의 의약[사람의 질병의 진단·경감·치료·처치(處置) 또는 예방을 위하여 사용되는 물건을 말한

---

28. 선고 2000다69194 판결.

다]이 혼합되어 제조되는 의약의 발명 또는 둘 이상의 의약을 혼합하여 의약을 제조하는 방법의 발명에 관한 특허권의 효력에서 문제된다.

또한 해석에 기하여 특허권의 효력이 제한됨으로써 특허권의 효력이 미치지 않는 실시라는 것이 받아들여진 것이 있다. 뒤에서 항을 바꾸어 상론하는 바로 '특허권 소진 항변' 내지 '특허권소진 후의 실시 항변'이다.

2. 판 례[28]

특허권자(신청인)가 피신청인이 농약관리법에 의한 등록요건인 시험결과를 얻어 내기 위하여 이 사건 특허발명의 디페노코나졸 약제를 제조하고, 또한 이를 시험연구기관에 약효 및 약해 시험결과를 의뢰한 것은 이 사건 특허발명의 특허권을 침해한 것이라고 주장하면서 특허권침해금지가처분을 신청한 사안에서, "피신청인의 이러한 제조, 시험의뢰행위가 특허권 침해행위에 포함되는지 여부에 관하여 보건대, 특허법 제96조 제1항 제1호는 '연구 또는 시험을 하기 위한 특허발명의 실시'에 관해서는 특허권의 효력이 미치지 아니한다고 규정하고 있는바, 제3자가 특허권의 존속기간 만료 후에 특허발명이 농약품과 유효성분 등을 동일하게 만든 농약품을 제조, 판매할 목적으로 농약관리법 제8조 소정의 제조품목등록을 위하여 특허권의 존속기간 중에 특허발명의 기술적 범위에 속하는 화학물질 또는 의약품을 생산하고 그것을 사용하여 위 등록신청서에 첨부할 시험성적서를 얻기에 필요한 시험을 의뢰하는 것은 위

---

28) 서울남부지방법원 2001.6.15. 선고 2001카합1074 결정. 이 판례에 대한 평석으로는, 강춘원, "특허발명의 시험적 실시와 특허권 침해", 한국특허법학회 편, 『특허판례연구』 제3판, 박영사, 2017, 427~432면 참조.

특허법 제96조 제1항 제1호에서 규정하고 있는 '연구 또는 시험을 하기 위한 특허발명'에 해당하여 특허권의 침해가 되지 않는다고 봄이 상당하다고 할 것이고, 따라서 피신청인의 위와 같은 약제의 제작 및 시험의뢰행위는 신청인의 특허권을 침해한 것으로 되지 않는다고 할 것이므로 결국 신청인의 위 주장은 이유 없다."고 판시하였다.

Ⅶ. 특허권 소진 항변

1. 특허권 소진의 의의

특허권 소진(Exhaustion, 消盡)이란 특허권자의 동의를 얻어 특허발명의 실시품(특허제품)이 유통에 놓인 경우 해당 특허제품에 관하여 특허권자의 권리는 '소진'하게 되고 이에 따라 해당 제품에 관한 그 이후의 실시행위에 대해서 특허권을 행사할 수 없다는 이론이다. 특허침해소송에서 침해자 측은 특허권 소진이론을 원용하면서 자신의 실시는 특허권 효력이 제한되는 경우이므로 특허권의 권리범위에 속하지 않는다는 취지의 항변을 한다. 바로 '특허권소진 항변' 내지 '특허권 소진 후 실시 항변'이라 할 수 있다.

무권리자 A가 특허발명을 실시하고 B가 이것을 매수한 후 다시 C에게 전매하여 C가 사용하는 경우, 여기서 A, B, C의 행위는 모두 특허법 제2조 제3호 가목의 실시행위에 해당하고 A, B, C는 모두 특허권을 침해하는 자로 될 수 있다. 이에 반해 특허권자로부터 특허제품을 구입한 자가 스스로 이것을 사용하거나 전매하고 이것을 양수한 자가 해당 제품을 사용하더라도 특허권 침해로 되지 않는다. 특허법상 명문의 규정은 없지만 당연한 것으로 인정되고 있는데, 이것을 일반적으로 특허소진론이라 한다. 요컨대 특허소진론이란 특허권자 등이 특허제품을 양도한 경우에는 해당 특허제품에 관해서는 특허권은 그 목적을 달성하고 사용을 다한 것으로 되어 결국 권리를 행사하는 것이 허용되지 않는다는 해석론을 말한다.[29]

특허권 소진의 원칙은 국제적으로 널리 채용되고 있으나, 구체적인 적용조건에 관해서는 국가에 따라서 차이가 있다. 주요 쟁점 2가지를 보면, (1) 특허권자가 특허제품을 최초로 판매한 때 구입자와 사이에 재판매 금지 등의 제약조건(post-sale restrictions)을 합의한 경우에 구입자가 그 조건에 반하여 전매한 경우에도 소진이 인정되는 것인가, (2) 특허권자의 동의에 기하여 최초 판매가 국외에서 이루어진 후 그 제품이 국내에 수입된 경우에도 소진이 인정되는 것인가(국제소진의 성립여부)라는 점에 관해서 문제가 된다.

2. 국제적 동향

(1) 미 국

최근 미연방대법원은 Impression v. Lexmark 사건 판결[30]을 통해 위 2가지 쟁점에 관하여 특허권소진(특히 국제소진)을 확대하는 취지의 판결을 내렸다. 종전 미국에서는 1990년대 이후 연방순회항소법원(CAFC)이 위 2가지 쟁점에 관해 소진을 부정하는 판결을 내렸는데, 이에 대해 미국 법원은 특허권 소진을 비교적 한정적으로 인정하는 입장을 취하고 있다고 이해되었다. 그리고 국제통상 교섭의 장에서도 미국정부는 제약산업의 입장에 비추어 특허권의 국제소진에 반대하는 자세를 보이고 있었다.

과거 미연방대법원 「Boesch v. Gräff」 사건 판결[31]에서는 국제

---

29) 知的財産裁判實務研究會 編, 『知的財産訴訟の實務』 改訂版, 法曹會, 2014, 66頁(西森みゆき 執筆部分).

30) Impression Products, Inc. v. Lexmark International, Inc., 581 U.S. 1523 (2017).

적 특허권 소진의 문제를 다루었으나, 미국 외(독일)에서 특허제품
인 램프버너의 거래에 미국의 특허권자가 아무런 관여도 하지 않
은 경우에는 그 국외에서 판매는 미국 특허권자의 권리를 소진시
키지 않는다고 설시하면서 병행수입을 허용하지 않는다는 취지로
판단하였을 뿐이었다.

쟁점 중, 판매 후 사용·재판매에 관한 제한과 소진이 문제된다.
종래 미국 판례의 태도를 보면, 특허제품의 판매 시 양수인의 사용
등에 관해 조건을 부과하고 그 조건에 위반하는 행위를 행하는 경
우에, CAFC는 Mallinckrodt 사건[32]에서 특허권을 부정하는 판단
을 내렸다. 그 후 미연방대법원 Quanta v. LG 사건 판결[33]에서 상
기 CAFC 판결은 실질상 번복된 것이 아닌가라는 논의도 있었지만,
CAFC는 Impression v. Lexmark 사건의 항소심판결[34]에서 스스로
Mallinckrodt 사건 판결의 입장을 유지하는 것을 분명히 하였다.

그러나 미연방대법원은 Impression v. Lexmark 사건의 상고심
판결에서 CAFC의 견해를 명확하게 부정하였다. 상고심 판결은 특
허제품을 판매한 주체와 소진의 관계에서 다음과 같이 정리하였
다. 즉, ① 특허권자 자신이 판매한 경우, ② (라이선스 계약상 허락된
범위내의 행위로서) 라이선시가 판매한 경우, ③ 라이선시가 라이선
스 계약에 위반하여 판매한 경우로 나눈 뒤, 우선 ①과 ②는 동일하
게 취급하였다. 특허권자 또는 라이선시가 특허제품의 양수인에게

---

31) Boesch v. Gräff, 133 U.S. 697, 703(1890).

32) Mallinckrodt, Inc. v. Medipart, Inc., 976 F.2d 700, 24 U.S.P.Q.2d 1173 (Fed. Cir. 1992).

33) Quanta Computer, Inc. v. LG Electronics, Inc., 553 U.S. 617 (2008)(이 사건 상고심에서의 직접적인 쟁점은 방법특허의 특허권자가 방법의 사용에 제공한 시스템의 부품을 판매하고 있는 경우의 특허권 소진의 성립여부이었다).

34) Lexmark Int'l, Inc. v. Impression Products, Inc., 816 F. 3d 721 (Fed. Cir. 2016).

사용 등에 관한 제한을 부과하고 그 조건에 위반하는 행위가 행해지더라도 특허권 소진이 인정된다고 판시하였다. 한편 ③ 즉 라이선시가 라이선스 계약에 위반하여 판매한 경우에는 특허권은 소진되지 않는다고 판단하였다(③에 관해서는 미연방대법원에 의한 General Talking Pictures 사건[35]이 선례임).

다음으로, 국제소진의 쟁점이다. 특허제품(미국특허권에 관한 특허발명의 실시품)이 권리자에 의하여 미국 외에서 판매된 후에 다시 미국시장에 수입된 경우의 특허권침해의 성립여부가 문제되는데, CAFC는 Jazz Photo사건[36]에서 특허권의 국제소진을 부정한 판결을 내렸다. 그 후 미연방대법원은 Kirtsaeng 사건[37]에서 저작권에 관하여 국제소진을 긍정하는 판단을 제시하고, 이것이 특허권에 관한 국제소진의 성립여부에도 영향을 줄 수 있는지 여부도 주목되었다.

그러나 미연방대법원은 Impression v. Lexmark 사건에서 CAFC는 Jazz Photo사건 판결의 입장을 유지하면서 국제소진을 부정하였다. CAFC는 실정법 및 판례법의 해석이나, 특허권과 저작권의 차이에 기하여 미연방대법원의 Kirtsaeng 사건 판결의 사정거리는 특허권에 미치지 않는다는 점 등을 논하고, 미국이 체결한 자유무역협정(FTA)에 있어서 특허권의 국제소진이 부정되고 있는 점이나 국제소진을 긍정한 경우에 해외에서 싸게 판매된 약품이 미국에 수입되는 혼란(disruption)이 생길 수 있다는 점 등도 언급하였다.

---

35) General Talking Pictures Corp. v. Western Elec. Co., 305 U.S. 124 (1938).

36) Jazz Photo Corp. v. United States International Trade Commission, 264 F.3d 1094 (Fed. Cir. 2001).

37) Kirtsaeng v. John Wiley & Sons, Inc., 568 U.S. 519 (2013). [http://www.fitzpatrickcella.com/wp-content/uploads/Impression-Prods.-Inc.-v.-Lexmark-Int%E2%80%99l-Inc..pdf]

이것은 특허권의 국제소진의 성립여부가 단순히 특허법에 있어서 하나의 문제로 그치지 않고, 국제통상이나 (의약품의 경우와 같이) 공중위생 등의 정책에 관여하는 복잡한 문제라는 것을 반영한 것이라고 말할 수 있다.

이에 대하여 미연방대법원은 Impression v. Lexmark 사건의 상고심판결에서 간명하게 국제소진을 긍정하였다. 연방대법원은 CAFC에 의한 항소심판결과 달리, 오로지 법률론(法律論)을 설시함에 그치고 국제통상이나 실제 무역 등에의 영향 등에 관하여는 다루지 않았다.[38]

(2) 일 본

특허권자 등이 일본 국내에서 특허제품을 양도한 경우에 소진론이 적용된 것은 'BBS' 사건 상고심[39]이 방론으로 판시하고, 그로부터 10년 뒤 '잉크카트리지' 사건 상소심판결[40]이 BBS사건 판결을 인용하면서 정면으로 인정하였다.[41] 또 국제소진(國際消盡)의 근거에 관해서는 'BBS'사건 상고심에서는 '소유권론'을 포함한 '거래안전론'을 제시하였으며, 그리고 '묵시적허락론(默示的許諾論)'에 기하여 병행수입을 허용하였다.[42]

---

38) 다만 Ginsburg 대법관에 의한 소수의견도 특허권의 속지성(屬地性)을 중시하는 법률론(法律論)만을 설시하면서도 특허권의 국제소진을 인정하는 것에는 반대하였다.

39) 最高裁平成9年7月1日判決 民集51卷6号2299頁, 判例時報1612号3頁, 判例タイムズ951号105頁 ['BBS'事件].

40) 最高裁平成19年11月8日判決 民集61卷8号2989頁, 判時1990号3頁, 判タ1258号62頁 [インクカートリッジ事件],

41) 横山久芳, "判例評釈 特許製品のリサイクル品の販売に特許権侵害が認められた事例", 『特許研究』No.45, 2008.3, 55頁.

42) 이 BBS사건 최고재판소판결에 입각하여, "지적재산권침해물품의 단속에 관하여"(知的財産權侵害物品の取締りについて)(平成6年12月28日 藏關第1192号)가 1998년(平成10年) 3월 26일 일부 개정되었다.

3. 국내의 학설·판례

(1) 우리 특허법의 규정과 해석론

우리 특허법에서는 특허권자는 업으로서 그 특허발명을 실시할 권리를 독점한다고 규정하고 있고(제94조), 또 "수입"도 실시행위의 하나로서 규정하고 있다(제2조 제3호 가목, 다목). 이러한 특허법의 규정을 형식적으로 해석하면 병행수입은 특허권 소진이 적용되지 않고 특허권이나 전용실시권을 침해한다고 볼 여지가 없지 않다. 그러나 이중이익 금지나 특허제품의 원활한 유통의 촉진이라는 특허소진론의 근거43)에 비추어 보면 특허 제품이 국내에서 배포되었는지 아니면 외국에서 배포되었는지 여부는 중요하지 않을 수 있다(이른바 특허권의 국제소진론). 나아가 파리협약 제4조의2 제1항에 의하면, 특허권은 각국의 특허법에 의하여 취득되고 보호되므로, 특허권의 효력도 국내적 사실에 의해서만 정해지고 해당 국가의 영역 외에서 발생한 사실에 의해서는 어떠한 영향도 받지 않는다고 할 수 있다.

소진론은 애초 특허제품이 양도 시의 품질·성능을 유지한 채 재양도(再讓渡)·사용(使用)되는 경우를 염두에 두고 논해진 법리이다. 또한 특허제품을 사용하고 난 뒤 그 보수, 수리 등이 필요한 경우에 일정한 범위에서 부품을 교환하거나 가공을 하는 것은 위 소진론의 근거에서도 자유롭게 할 수 있다고 해석되어야 할 것이다. 다만 특허제품에 대한 가공이나 부품의 교환을 무제한하게 할 수 있다고 하면 신규의 특허제품의 수요가 감소되고, 특허권자가 발명의 대가를 적절하게 취득하는 것이 곤란하기 때문에, 어떠한 판단

---

43) 특허소진론의 근거에 관한 상세한 논의는, 윤선희, "특허권소진의 의의와 그 논거에 관한 연구", 한국지식재산학회 편, 『특허 침해소송의 이론과 실무』, 법문사, 2016, 338~357면 참조.

기준을 가지고 소진의 범위 밖의 행위로서 특허권의 행사를 인정
할 것인가가 문제된다.

이 점에 관해서는 종전 특허제품에 가공 내지 부품 교환이 새로
운 물건이 '생산'[청구항의 대상으로 되는 물건을 유형적으로 재제(再製)하
는 것]으로 평가할 수 있는 경우에 소진의 범위 밖으로 하여 특허권
자의 권리행사를 인정한다는 입장44)(이른바 '생산어프로치'라 함)과
또 특허제품을 둘러싼 특허권자의 이익과 제품취득자의 이익의 직
접적 형량에 의하여 소진의 적용범위를 한정하고자 하는 입장45)(이
른바 '소진어프로치'라 함)이 있었다.

(2) 판례의 태도

(가) 과거 하급심 판결46)(이하 '①판결')

각국에서의 특허권은 서로 독립적이고, 또 개개의 특허 실시 행
위는 서로 독립된 것이라 할지라도, 원고의 이 사건 특허권은 원고
가 특허약품을 독점적으로 제조하여 적법하게 스위스에 수출함으
로써 이미 행사되어 소진된 것이고, 그 후에 위 약품이 어떻게 유
통·소비되는가 하는 점은 원고의 제조·판매행위에 기초를 두고
그 제품이 실수요자에게 분배되는 과정에 불과하여 원고가 관여할
사정이 아니며, 피고(병행수입업자)가 위 약품을 적법하게 수입한 제
3국에서 다시 수입하는 경우에까지 추급권을 행사하여 특허권자로
서의 권리를 주장할 수는 없다고 판시하면서, 특허권 침해를 부정
하였다.

---

44) 東京高判平13·11·29 判時1779号89頁[アシクロビル事件控訴審判決], 東京
地判平16·12·8 判時1889号110頁 [インクカートリッジ事件第一審].

45) 知財高判平18·1·31 平成17年(ネ)10021 民集61巻8号3103頁、判時1922号
30頁 [インクカートリッジ事件控訴審判決].

46) 서울지방법원 동부지원 1981.7.30. 선고 81가합466 판결(항소취하 확정).

(나) 대법원 판결[47](이하 '②판결')

대법원은 "(가)호 발명의 감광드럼카트리지는 전체적으로 이 사건 특허발명을 채택한 레이저 프린터에 꼭 맞는 구성을 취하고 있고, 현재 (가)호 발명의 감광드럼카트리지는 전량 이 사건 특허발명을 채택한 레이저 프린터에만 사용되고 있으며, 이 사건 특허발명을 채택하지 아니한 레이저 프린터 중 (가)호 발명의 감광드럼카트리지를 사용할 수 있는 것은 없는 사실, …(중략)… 을 인정한 다음, 위 감광드럼카트리지는, 이 사건 특허발명의 본질적인 구성요소이고, 다른 용도로는 사용되지도 아니하며, 일반적으로 널리 쉽게 구입할 수도 없는 물품일 뿐만 아니라, 레이저 프린터의 구입시에 그 교체가 예정되어 있었고, 특허권자인 피고측에서 그러한 감광드럼카트리지를 따로 제조·판매하고 있으므로, 결국 (가)호 발명의 감광드럼카트리지는 이 사건 특허발명의 물건의 생산에만 사용하는 물건에 해당하며, 원고의 주장과 같이 (가)호 발명의 기술사상을 채택하되 설계변경에 의하여 (가)호 발명과 다른 제품을 만드는 경우에 그것이 이 사건 특허발명의 실시물건 이외의 물건에 사용될 가능성이 있다는 것만으로는, (가)호 발명이 이 사건 특허발명의 권리범위를 벗어날 수는 없다고 판단"하였다.

(다) 최근 특허법원 판결[48](이하 '③판결')

이 사건은 명칭이 "마찰이동 용접방법 및 마찰이동 용접용 프로브"인 특허발명의 특허권자인 갑 외국회사가 을 주식회사와 을 회사가 특허발명을 실시하는 데 적합한 장비를 제조·판매할 수 있도록 하는 실시권설정계약을 체결하였고, 그 후 병 주식회사가 을 회사로부터 마찰교반용접기를 매수하여 사용하였는데, 갑 회사가 병 회사는 정당한 권한 없이 위 용접기를 이용하여 업으로 특허발

---

47) 대법원 2001.1.30. 선고 98후2580 판결 [권리범위확인(특)].
48) 특허법원 2017.11.10. 선고 2017나1001 판결(상고중).

명을 실시함으로써 갑 회사의 특허권을 침해하였다고 주장하며 병 회사를 상대로 손해배상을 구한 사안이었다.

특허법원은, 특별한 사정이 없는 한 방법의 발명(이하 '방법발명'이라 한다)을 실질적으로 구현한 물건(이하 '방법발명 제품'이라 한다)의 경우에도 특허권자 등에 의하여 적법하게 양도되는 때에는 특허권이 소진되어 이후 그 제품의 사용에 대해서는 특허권의 효력이 미치지 아니하고, 이때 방법발명 제품이 방법발명을 실질적으로 구현한 것인지는 사회통념상 인정되는 제품의 본래 용도가 방법발명의 실시뿐이고 다른 용도가 없는지 여부, 제품에 방법발명의 특유한 해결수단이 기초한 기술사상의 핵심에 해당하는 구성요소가 모두 포함되었는지 여부, 제품을 통해서 이루어지는 공정이 방법발명의 전체 공정에서 실질적으로 차지하는 비중 등을 종합적으로 고려하여 판단하여야 하는데, 제반 사정에 비추어 위 용접기는 특허발명을 실질적으로 구현한 물건에 해당하고, 을 회사가 특허권자인 갑 회사로부터 용접기의 생산·판매에 대한 허락을 받고 병 회사에 이를 판매하여 병 회사가 적법하게 용접기의 소유권을 취득하였으므로, 위 용접기에 대해서는 갑 회사의 특허권이 소진되었고, 병 회사의 프로브 교체행위는 용접기의 사용의 일환으로서 허용되는 수리의 범주에 해당하여 여전히 특허권 소진의 효력이 미치므로, 병 회사가 갑 회사의 특허권을 침해하였다고 볼 수 없다고 판시하였다.

(3) 판례의 검토

종전의 하급심판례('① 판결')의 태도는 권리자가 특허에 관련된 물건을 적법하게 배포함으로써 해당 물건에 관하여 특허권은 목적을 달성하여 국제적으로도 소진된다고 본 태도라고 이해될 수 있다.[49] 또 대법원 판결('② 판결')은 확인대상발명의 감광카트리지의

---

49) 박태일, "특허부품의 간접침해와 권리소진", 2018년 한국지식재산학회 춘

교체는 특허물품의 핵심물품을 교체하는 행위로서 특허물품 전체의 '생산'에 해당하여 권리소진의 예외에 해당한다고 판단한 것이며 이른바 '생산어프로치'입장을 택한 것이라 볼 수 있다.[50] 그리고 최근 특허법원 판결('③ 판결')의 태도는 물건의 발명에 관한 특허에 대해 권리가 소진된다는 점에서는 의문이 없으나 방법발명의 특허에 대해서도 권리가 소진되는지 여부에 대해 종래 상반된 하급심 판결이 있었으나,[51] 방법발명도 물건발명과 마찬가지로 해석한다고 본 점에서 그 의의가 있다.[52]

Ⅷ. 실시권 존재의 항변

1. 전용실시권과 통상실시권

(1) 전용실시권

특허권자는 그 특허권에 대하여 타인에게 전용실시권을 설정할 수 있다(제100조 제1항). 특허권이 공유인 경우에는 각 공유자는 다른 공유자 모두의 동의를 받아야만 그 특허권에 대하여 전용실시

계학술대회─부품산업에서의 지식재산 이슈와 쟁점─발표자료(2018.5.11. 자) 제9면.

50) 조영선,『특허법』제4판, 박영사, 2013, 553면.

51) 종래 방법발명에 대한 특허권소진 여부에 대해, 소진을 부정한 하급심 판결(서울고등법원 2000.5.2. 선고 99나59391 판결─심리불속행 확정)과 소진을 긍정한 하급심 판결(서울중앙지방법원 2008.1.31. 선고 2006가합58313 판결─항소장각하 확정 및 특허법원 2009.12.18. 선고 2008허13299 판결─상고기각)이 대립하였다.

52) 박태일, "특허부품의 간접침해와 권리소진", 2018년 한국지식재산학회 춘계학술대회─부품산업에서의 지식재산 이슈와 쟁점─발표자료(2018.5.11. 자), 제11면 및 제54면.

권을 설정할 수 있다(제99조 제4항). 전용실시권을 설정받은 전용실시권자는 그 설정행위로 정한 범위에서 그 특허발명을 업으로서 실시할 권리를 독점한다(제100조 제2항). 전용실시권의 설정이나 이전, 변경, 소멸 또는 처분의 제한은 등록을 하여야만 효력이 생긴다(특허법 제101조 제1항 제2호).

이처럼 전용실시권은 당사자 간 설정계약과 등록에 의해서 성립한다. 따라서 전용실시권 설정계약만 체결하고 설정등록이 안 되어 있는 경우에는 특허법이 규정한 전용실시권은 성립하지 않는다. 다만 당사자 간에 독점적 통상실시권이 성립한 것으로 해석할 수 있는 경우가 있다.

(2) 통상실시권

특허권자는 그 특허권에 대하여 타인에게 통상실시권을 허락할 수 있다(제102조 제1항). 특허권이 공유인 경우에는 각 공유자는 다른 공유자 모두의 동의를 받아야만 그 특허권에 대하여 통상실시권을 허락할 수 있다(제99조 제4항). 전용실시권자도 특허권자의 동의를 받으면 그 전용실시권을 목적으로 하는 통상실시권을 허락할 수 있다(제100조 제4항).

통상실시권자는 특허법에 따라 또는 설정행위로 정한 범위에서 특허발명을 업으로서 실시할 수 있는 권리를 가진다(제102조 제2항).

통상실시권 설정계약에 의한 통상실시권은 계약내용에 따라 특허권을 실시할 수 있는 채권적 권리이므로 당사자의 설정계약에 의하여 발생하고 등록은 대항요건에 지나지 않는다. 즉 통상실시권을 등록한 경우에는 그 등록 후에 특허권 또는 전용실시권을 취득한 자에 대해서도 그 효력이 발생한다(제118조 제1항). 등록 이후의 효력은 대항요건이라고 해석된다. 문언해석상 전용실시권의 설정이 등록을 하여야만 효력이 생긴다(특허법 제101조 제1항 제2호)는 법문과 대비하면 통상실시권의 설정이 효력발생요건이라고 단정하기 어렵다.

법정실시권이나 강제실시권도 통상실시권으로서의 성격을 가지며[53] 각각 특수한 필요에 따라서 특허권자와의 합의 없이 발생 또는 설정되므로 가사 등록이 없더라도 그 후에 특허권 또는 전용실시권을 취득한 자에 대해서도 대항할 수 있다(제118조 제2항). 통상실시권의 이전·변경·소멸 또는 처분의 제한, 통상실시권을 목적으로 하는 질권의 설정·이전·변경·소멸 또는 처분의 제한은 이를 등록하여야만 제3자에게 대항할 수 있다(제118조 제3항).

(3) 일본특허법상 당연대항제도의 도입

일본특허법에서도 전용실시권과 통상실시권에 관한 규정을 두고 있다. 우선 전용실시권은 설정등록을 하지 않으면 효력이 발생하지 않는다(법 제98조 제1항 제2호). 종래 2011년 개정 전 특허법(平成23年 法律 第63号로 개정되기 전의 것)에서는 통상실시권에 관해서는 설정등록을 하지 않는 것을 통상실시권 발생 후의 특허권, 전용실시권취득자에 대항할 수 없다고 하였다(개정전 제99조 제1항). 그러나 2011년 개정 특허법(平成23年 法律 第63号로 개정된 것)에서는 통상실시권의 설정등록을 요하지 않고 당연히 대항할 수 있는 것으로 하였다(당연대항제도, 제99조).

종전 개정전 등록제도가 등록은 공동신청주의인데도 특허권자에게 등록의무가 없고 또 비용의 관점에서 거의 이용되지 않았기 때문에 특허권자인 라이선서가 특허권을 양도한 경우에 통상실시권자가 양수인으로부터 금지청구나 손해배상청구를 받을 우려가 있는 점 및 특허권자가 파산한 경우에 대항요건을 구비하지 않았

---

53) 법정실시권이나 강제실시권은 제81조의3 제5항, 제103조부터 제105조까지, 제122조, 제182조, 제183조 및 「발명진흥법」 제10조 제1항에 따른 통상실시권을 말한다.

기 때문에 해제권이 제한되지 않는 점(일본 파산법 제56조 제1항)이 염려되었다. 그래서 통상실시권을 적절하게 보호하기 위해서 당연대항제도(當然對抗制度)가 도입되었다.

2. 실시권 존재의 항변

권리자로부터 침해의 의심을 받는 자는 약정실시권이나 법정실시권, 강제실시권, 재정실시권 등 실시권이 성립하여 정당하게 존재한다는 항변을 할 수 있다. 실시권에는 다음과 같은 범주의 것이 상정될 수 있다.

ⅰ) 계약에 의한 실시권　여기에는 앞서 보았던 ① 전용실시권(제100조), ② 통상실시권(제102조)을 들 수 있다.

ⅱ) 법정실시권　여기에는 ① 선사용에 의한 통상실시권(특허법 제103조), 이에 관해서는 후술한다. 또 ② 특허권의 이전청구에 따른 이전등록 전의 실시에 의한 통상실시권(제103조의2), ③ 무효심판청구 등록 전의 실시에 의한 통상실시권(특허법 제104조),[54] ④ 디자인권의 존속기간 만료 후의 통상실시권(특허법 제105조), ⑤ 질권행사로 인한 특허권 이전에 따른 통상실시권(특허법 제122조), ⑥ 재심에 의하여 회복한 특허권에 대한 선사용자의 통상실시권(특허법 제182조), ⑦ 재심에 의하여 통상실시권을 상실한 원권리자의 통상실시권(제183조), ⑧ 특허권의 효력제한기간 중 선의의 실시에 의한 통상실시권(제81조의3 제5항), ⑨ 직무발명이 특허된 경우의 사용자 등의 통상실시권(발명진흥법 제10조 제1항) 등이 있다.

ⅲ) 강제실시권　여기에는, ① 특허권의 수용(제106조), ② 정부 등에 의한 특허발명의 실시(제106조의2), ③ 통상실시권 허여의 심판(제138조 제1항, 제98조).

---

54) 특허법 제104조의 통상실시권을 강학상 '중용권'(中用權)이라 한다.

ⅳ) 재정(裁定)실시권   통상실시권 설정의 재정(裁定)이 특허법 제107조에 규정되어 있다. 이에 따른 ① 불실시 경우의 통상실시권(제107조 제1항 제1호, 제2호), ② 공공의 이익을 위한 통상실시권(제107조 제1항 제3호) 등.

IX. 선사용의 항변

1. 특허법 제103조의 규정

(1) 선사용권의 의의와 규정의 취지

특허출원 시에 그 특허출원된 발명의 내용을 알지 못하고 그 발명을 하거나 그 발명을 한 사람으로부터 알게 되어 국내에서 그 발명의 실시사업을 하거나 이를 준비하고 있는 자는 그 실시하거나 준비하고 있는 발명 및 사업목적의 범위에서 그 특허출원된 발명의 특허권에 대하여 통상실시권을 가진다(특허법 제103조). 이 규정의 요건을 충족하는 경우에는 특허권이 성립한 후에도 실시하고 있는 사업을 그대로 무상으로 계속할 수 있게 된다. 이 무상(無償)의 통상실시권을 '선사용권'이라 한다. 즉 선사용권이란 후행 특허발명과 동일한 발명을 그 특허출원 이전부터 선사용자가 선의로 실시 등을 하고 있는 경우 그 실시자인 선사용자에게 일정한 범위 내에서 특허발명과 동일한 기술적 사상을 무상으로 실시할 수 있게 하는 통상실시권을 말한다. 이 선사용권은 대인적인 특허권 효력의 제한사유에 해당한다고 볼 수 있다.[55]

동일한 발명에 대하여 특허출원이 경합되는 경우 '먼저 출원한 자'에게 특허를 부여하는 것을 '선출원주의'라고 한다. 이와 같이 특허

---

55) 대법원 2012.3.15. 선고 2011후3872 판결 [권리범위확인(상)].

법은 선출원주의를 채용하고 있다(특허법 제36조 제1항). 선출원주의에 위반한 특허출원은 등록거절 사유에 해당하고(제62조 제1호), 일단 등록되더라도 등록무효의 사유에 해당한다(제133조 제1항 제1호).

이 선출원주의로 인하여 특허출원인이 특허출원할 때 독자적으로 동일한 특허발명을 완성시켜 실시의 준비를 하고 있는 경우라 하더라도 그 자는 특허권을 취득할 수 없지만, 어떤 출원된 특허에 의한 기여나 공헌도 받아 두지 않고, 또 특허출원 되기까지는 어떤 제약도 받지 않고 실시할 수 있는 기술인데, 특허권이 성립한 후에는 일체 해당 기술의 이용이 금지되는 것은 그때까지의 노력이나 투하자본을 무(無)로 돌리는 것으로 되고 마는데, 이것은 특허권자와 공평을 잃는 것이다.[56] 그래서 특허권자와 선사용자의 공평을 도모하고자 한 것이 바로 선사용권 제도의 취지이다(이른바 '공평·경제설').

(2) 요건사실의 주장·입증

특허권침해소송에서 피고가 선사용의 주장을 하는 경우에는 그 성립요건과 관련하여 다음과 같은 사실을 주장·입증하게 된다.

(가) 특허출원 시에 그 특허출원된 발명의 내용을 알지 못하고 그 발명을 하거나 그 발명을 한 사람으로부터 알게 될 것(이른바 '선의의 이중 발명').

이와 같이 선사용의 항변을 주장하기 위해서는 '특허출원 시' 즉 특허출원을 할 때에 발명이 완성하여야 한다는 점은 주의를 요한다. 따라서 특허출원 전에 실시한 실적이 있다는 것만으로는 선사용권의 대상이 되지 못한다. 나아가 특허출원 시 이후 출원공개 이전까지 사이에 타인이 특허출원된 발명의 시제품을 생산하고 판매하는 등 실시사업을 하고 있는 경우에도 선사용권의 요건은 충족

---

56) 最一小判昭52·10·13 民集31卷6号805頁[藥物製品事件].

되지 못한다.57) 발명이란 "자연법칙을 이용한 기술적 사상의 창작으로서 고도한 것"(법 제2조 제1호)을 말하고, 발명이 완성하였다고 하기 위해서는 특허제도의 취지에 비추어 살피면 그 기술내용은 해당 기술분야에서 통상의 지식을 가진 자가 반복실시하여 목적하는 기술효과를 거둘 수 있을 정도로까지 구체적·객관적인 것으로서 구성되어야 한다.

(나) 특허출원을 할 때 현재 국내에서 그 발명의 실시사업을 하거나 이를 준비하고 있을 것.

사업의 실시란 특허법 제2조 제3호의 '실시'의 정의에 있는 대로, 특허발명의 '물건의 발명'인 경우는 그 생산, 사용, 양도 등을 말한다. 사업이 실시되기까지 이른 경우에는 비교적 그 증명은 쉽다.

한편 '사업의 준비'를 하고 있다는 요건에 관해서는 어떠한 단계에 이르고 있으면 '사업의 준비'에 해당하는 것인가가 문제된다. 이 점에 관해서는 일반적으로는 해당 발명을 즉시 실시할 의사를 가지고, 즉시 실시가 가능할 정도의 객관적 여건을 갖춘 정도를 말하지만 구체적으로는 해당 발명이 속한 기술분야나 발명의 성질 등에 따라 탄력적으로 판단하여야 할 것이다.58) 결국 발명완성 후에 그 사업의 실시를 현재 목표로 하고 있고 그 의사가 단순히 내심에 있는 것만이 아니라 타인이 객관적으로 인식할 수 있을 정도의 태양에 있는 경우라야 할 것이다. 따라서 어느 정도의 행위라면 '사업의 준비'라고 말할 수 있는지 여부는 일률적으로 말할 수는 없다. 선사용권 제도가 주로 선사용권자와 특허권자의 공평을 도모하는 것인 이상, 사업의 준비의 유무도 공평의 이념에 따라서 판단하는

---

57) 헌법재판소 2004.12.16. 선고 2002헌마511 판결 참조(이 '불기소처분취소'에 대한 헌법소원사건에서 피고소인들이 선사용권을 주장하였으나, 특허출원 시 발명의 실시사업을 하거나 그 사업의 준비를 하고 있다는 요건을 충족하는 증거를 제시하지 못함으로써 선사용권이 없다는 취지로 판단하였다).
58) 조영선, 전게서, 448면.

것이 상당하다고 사료된다. 이에 따라서 '사업의 준비'에 해당 여부
는 발명의 내용, 성질, 발명에 요하는 시간, 노력, 자금 등의 투하를
종합적으로 판단하여야 할 것이다.

　일본의 판례 중에는 견적사양서 및 설계도를 의뢰처에 제출하였
던 사안인데, '사업의 준비'가 이루어졌다고 인정된 경우가 있다.[59]
한편, 시작품(試作品)을 작성하였다고 하더라도 그 후에 개량을 실
시한 사례에서는 '사업의 준비'가 이루어졌다고는 할 수 없다고 판
단된 사안도 있다.[60]

　실무상 문제로는 선사용의 항변의 입증에서는 피고가 선사용발
명의 개발부터 사업화까지의 경위를 시계열적에 따라서 입증할 필
요가 있다. 그렇지만 침해소송을 상정하여 증거로 되는 자료를 수
집하여 장기간에 걸쳐 보관하여 두는 것은 아직 일반적이지 않기
때문에 입증이 곤란한 경우가 있다. 또한 보관된 자료도 개발 및 사
업화의 경위 중 어느 단계에서 작성된 것인 가가 쟁점으로 되는 사
례도 있을 수 있다.

　또 특허발명을 출원하여 해당 기술을 독점하는지 여부 혹은 영
업비밀로서 관리하는지 여부는 중요한 특허전략 중 하나이고, 영업
비밀로서 관리하는 것을 선택한 경우에는 선사용권에 의한 보호를
염두에 두고 입증준비를 하는 것이 실무상 중요하다. 이 점에 관해
서는 최근 우리나라에서 '기술자료 임치제도'나 '영업비밀 원본증명
서비스' 등이 도입되어 운영되고 있는데, 사후에 영업비밀의 내용
이 된 발명의 성립시기가 문제될 때를 대비하여 영업비밀의 실체
정보를 제공하지 않고도 그 시점을 공적으로 확인받을 수 있는 제
도이므로 소송실무상 활용가치가 높다 할 것이다.

　(다) 선발명자가 후발명자가 설정등록한 특허청구범위의 전부

---

59) 最二小判昭.61・10・3 民集40卷6号1068頁[ウォーキングビーム事件].

60) 大阪地判昭63・6・30 昭和58年(ワ)第7562号 [墜落防止安全帶用尾錠事件].

또는 일부를 실시하여야 한다. 선발명이 설정등록된 후발명을 그대로 실시하거나 선발명이 하위개념인 데 반하여 후발명이 상위개념으로 설정등록된 경우에도 선발명자의 실시형태에 대해서는 선사용권이 성립할 수 있다.[61]

(3) 선사용권의 효과

선사용에 의한 통상실시권을 무상으로 취득한다(제103조). 등록이 없더라도 특허권자, 전용실시권자 등에게 대항할 수 있다(제118조 제2항). 양도에 대해서는 특별한 규정이 없으나 선사용에 의한 통상실시권도 원칙상 특허권자의 동의를 받아야 이전할 수 있다(제102조 제5항).

선사용권은 후행 특허발명의 특허 출원 당시에 존재하였던 실시나 실시준비 형태 그대로만 인정되는 것이 아니라 사후에 실시형태가 다소간 변경되더라도 인정될 수 있다고 해석함이 타당하다(이른바 '발명사상설'이라 함). 앞서 언급한 일본의 최고재판소 판결[62]에서는 "여기서 말하는 '실시 또는 준비를 하고 있는 발명의 범위'란 특허발명의 특허출원 시(우선권주장일)에 선사용권자가 현재 일본 국내에서 실시 또는 준비를 한 실시형식에 한정되는 것은 아니고, 그 실시형식에 구현되어 있는 기술적 사상 즉 발명의 범위를 말하는 것이며, 따라서 선사용권의 효력은 특허출원 시(우선권주장일)에 선사용권이 현재 실시 또는 준비를 한 실시형식이 아니라, 여기에 구현된 발명 또는 동일성을 잃지 않는 범위 내에서 변경한 실시형식에도 미친다고 해석함이 상당하다"고 판시하면서 이른바 '발명사상설'을 택하고 있다. 생각건대 특허출원 시에 선사용권자가 현재 실시하거나 준비를 하고 있는 실시형식 이외로 변경하는 것을 일

---

61) 조영선, 전게서, 449면.
62) 最二小判昭.61・10・3 民集40卷6号1068頁[ウオーキングビーム事件].

절 인정하지 않는 것은 선사용권자에 따라서는 가혹하고 특허권자
와 선사용권자의 공평을 도모하려는 선사용권제도의 취지에 비추
어 상당하지 않다고 하여야 할 것이다. 결국 선사용권의 성립범위
는 특허발명의 범위의 일부에 그치는 경우도 있지만 인정된 기술
적 사상이 출원된 특허발명의 범위와 일치하는 경우에는 선사용권
의 효력은 해당 특허발명의 모든 범위에 미친다고 해석할 것이다.
이러한 해석은 후행 특허권자의 예측가능성을 크게 해하지 않고
후행 특허권자의 범위가 균등물에까지 미치는 것을 감안하면 형평
에도 부합한다고 본다.[63]

2. 판 례

우선 선사용자의 통상실시권이 인정된 경우로서, 하급심 법원은
과거 의장권에 관한 사안에서, "피고가 본건 의장등록출원 이전에
타 회사로부터 납품의뢰를 받고 그 회사로부터 교부받은 제작도면
에 의거하여 본건 제품을 제조납품하였고 한편 위 회사가 교부한
제작도면은 그 소속직원이 유사한 외국제품을 모방하여 만든 것이
라면 피고는 본건 의장등록출원 당시에 선의로 국내에서 그 의장
의 실시사업을 한 자라고 할 것이므로 그 사업의 목적범위 내에서
통상실시권을 가진다."고 판시하였다.[64]

또 대법원은 "피고들은 이 사건 등록고안의 출원일인 1985.9.23.
이전에 이미 이와 유사한 (나)호 고안의 실시를 시작하였으므로 선
사용에 의한 통상실시권이 있다고 주장하였는바, 원심은 피고들이
이 사건 등록고안의 출원 전에 (나)호 고안과 같은 자동화된 지관

---

63) 조영선, 전게서, 449~450면.
64) 서울민사지방법원 1984.4.26. 선고 83가합7487 판결: 항소 [손해배상청구
   사건].

가공장치를 제작·사용하였다고 인정할 증거가 없다고 판단하여 피고들의 위 주장을 배척하였다. 원심판결 이유를 기록에 비추어 살펴보면 원심의 판단은 정당하다"고 판시하였다.[65]

X. 손해에 대한 항변

1. 손해부존재의 항변

침해자는 특허권자에게 피고가 확인대상발명 내지 대상제품을 실시함으로 인하여 손해가 발생한 사실이 없다고 항변할 수 있다.[66] 특허법 제128조 제4항에서는 침해자가 받은 이익을 권리자가 일실한 손해액으로 추정하고 있으나, 제4항에 의하더라도 손해발생 사실까지는 추정하지 않는다. 따라서 권리자는 손해의 발생 사실을 입증하여야 한다. 결국 침해자가 손해발생사실 자체를 다투어 진위불명의 상태로 만들면 위 추정규정을 적용할 수 없다.[67] 판례[68]는 "원고가 피고로부터 금전을 지급받기로 하는 약정이 있다고 주장하고 그러한 약정의 존재를 입증한 경우, 약정금 범위 내에서 구체적인 액수 등에 대하여는 더 심리해야 할 것이라 하더라도 원고로서는 일응 그 권리발생의 근거에 대한 주장·입증을 한 것이므로 그 약정에 따른 채무가 불발생한다거나 소멸하였다는 주장은 피고의 항변사항에 속한다."고 판시한 바 있다.

한편 원고의 손해발생의 주장·입증 정도에 대해 판례[69]는 "경

---

65) 대법원 2003.3.11. 선고 2000다48272 판결 [손해배상 등].

66) 서울고등법원 2005.12.7. 선고 2003나38858 판결 [특허권침해금지 등].

67) 임석재·한규현, 『특허법』, 박영사, 2017, 645면.

68) 대법원 1997.3.25. 선고 96다42130 판결 [손해배상(기)].

69) 대법원 2006.10.12. 선고 2006다1831 판결.

업관계 등으로 인하여 손해 발생의 염려 내지 개연성이 있음을 주장 · 입증하는 것으로 충분하다"고 판시하였다.

2. 제128조의 추정복멸사유

(1) 일실이익형 — 판매할 수 없었던 사정(현행 특허법 제128조 제3항 단서)

권리자가 침해행위 외의 사유로 판매할 수 없었던 사정이 있는 경우에는 제128조 제2항에 의한 배상액에서 해당 침해행위 외의 사유로 판매할 수 없었던 수량에 따른 금액을 공제하여야 한다. 제3항 단서의 규정은 손해액에 대한 추정을 복멸하기 위한 것이므로 그 입증책임은 침해자에게 있다. 여기서 침해행위 외의 사유로 판매할 수 없었던 사정이란 침해자의 영업능력, 시장에서의 대체품의 존재 등을 의미한다.[70]

판례[71]에 의하면, "구 특허법 128조 1항 단서(현행 특허법 제128조 제3항)는 특허권자가 침해행위 외의 사유로 판매할 수 없었던 사정이 있는 때에는 그 수량에 따른 금액을 손해배상액에서 빼야 한다고 규정하고 있고, 이는 구 128조 1항 본문(현행 특허법 제128조 제3항)에 따른 손해액에 대한 추정을 복멸하기 위한 것으로서 그 증명책임은 침해자에게 있다."고 판시하였다.

따라서 예컨대 침해자인 피고는 "제3자가 시장의 50%를 점유하고 있기 때문에 원고는 피고가 판매한 1,000개 중 500개를 판매할 수 없다."고 항변할 수 있다. 나아가 특허권자 등이 생산할 수 있었던 수량이 아닌 점과 기여율 등을 기초로 항변할 수 있다.

---

70) 임석재 · 한규현, 전게서, 644면.
71) 서울고등법원 2014.12.11. 선고 2014나1463 판결 [집행판결청구].

(2) 침해자이익반환형 — 기여율(기여도) (현행 특허법 제128조 제4항)

특허법 제128조 제4항에서는 침해자가 침해행위로 얻은 이익액은 권리자의 손해액으로 추정하고 있다. 이 조항은 입증책임의 전환을 가져오는 추정규정이라 할 수 있고, 여기서의 추정은 이른바 법률상의 사실추정에 해당한다. 침해자는 반증에 의해 침해행위에 의한 이익을 다툴 수 있다. 그 성격은 추정의 복멸이라기보다는 추정규정의 적용배제라고 봄이 더 타당하다. 나아가 침해행위에 의한 이익이 증명된 경우에는 침해행위와 인과관계가 있는 손해액의 부존재를 증명(본증)하여 추정을 복멸할 수 있다.[72]

저작권에 관한 사건이지만, 판례[73]는 "물건의 일부가 저작재산권의 침해에 관계된 경우에 있어서는 침해자가 그 물건을 제작 · 판매함으로써 얻은 이익 전체를 침해행위에 의한 이익이라고 할 수는 없고, 침해자가 그 물건을 제작 · 판매함으로써 얻은 전체 이익에 대한 당해 저작재산권의 침해행위에 관계된 부분의 기여율(기여도)을 산정하여 그에 따라 침해행위에 의한 이익액을 산출하여야 할 것이고, 그러한 기여율은 침해자가 얻은 전체 이익에 대한 저작재산권의 침해에 관계된 부분의 불가결성, 중요성, 가격비율, 양적 비율 등을 참작하여 종합적으로 평가할 수밖에 없다."고 판시하였다.

다만, 우리나라의 특허법 체계하에서도 침해된 특허기술이 제품 구입의 결정적 계기가 된 경우에는 해당 특허의 기여율이 100%로 인정될 수 있는데, 이는 특허 부분이 소비자의 수요의 기초를 구성하는 경우 제품 전체의 가치를 기준으로 손해액을 산정하는 미국 법상의 전시장가치법과 본질적으로 차이가 없다는 점에 유의할 필요가 있다.[74]

---

72) 임석재 · 한규현, 전게서, 644~645면.
73) 대법원 2004.6.11. 선고 2002다18244 판결 [손해배상(지)].
74) 대법원 2015.10.15. 선고 2015다1284 판결 [집행판결청구].

특허법 제128조 제4항에서 '그 침해행위로 인하여 얻은 이익'이라고 규정한 것은 권리자의 손해액과 침해자의 이익액 사이에 상당인과관계가 있어야 한다는 것을 의미한다. 따라서 침해자의 능력으로 인한 판매이익의 증가분은 '그 침해행위로 인하여 얻은 이익'에서 공제해야 한다.[75]

침해자의 이익액이 제128조 제2항의 권리자의 일실 판매이익보다 더 큰 경우에 침해자는 제2항의 권리자의 일실판매 이익액을 증명함으로써 제4항의 추정을 일부 복멸할 수 있는지 문제된다. 긍정설[76]과 부정설[77]이 대립하고 있다.

3. 경과실 참작에 따른 손해액감경 내지 과실상계 항변

특허법 제128조 제6항에 의하여 침해자가 고의 또는 중과실이 없다는 사실에 대해 입증하면 신의칙과 형평의 원칙상 부당할 때에는 이를 참작하여 법원은 손해액을 감경할 수 있다. 경과실을 참작하더라도 제128조 제5항 소정의 통상실시료 상당액보다는 적은 금액으로 정할 수 없다.

한편 손해의 발생 및 확대에 특허권자의 과실이 기여한 경우에는 일반 민법상 과실상계의 법리에 따라서 침해자의 주장 또는 법원의 직권으로 그 손해액을 적당한 액으로 감액할 수 있다(민법 제763조, 제396조 참조).

4. 손해배상청구권의 소멸시효 완성

민법 제766조 제1항은 불법행위로 인한 손해배상의 청구권은 피

---

75) 임석재·한규현, 전게서, 646면.
76) 안원모, 『특허권의 침해와 손해배상』, 세창출판사, 2005, 198~199면.
77) 박성수, 『특허침해로 인한 손해배상액의 산정』, 경인문화사, 2007, 286~287면.

해자나 그 법정대리인이 그 손해 및 가해자를 안 날로부터 3년간 이를 행사하지 아니하면 시효로 인하여 소멸한다고 규정하고 있다. 여기서 '손해 및 가해자를 안 날'이란 피해자나 그 법정대리인이 손해 및 가해자를 현실적이고도 구체적으로 인식한 날을 의미하며, 그 인식은 손해발생의 추정이나 의문만으로는 충분하지 않고, 손해의 발생사실뿐만 아니라 가해행위가 불법행위를 구성한다는 사실, 즉 불법행위의 요건사실에 대한 인식으로서 위법한 가해행위의 존재, 손해의 발생 및 가해행위와 손해 사이의 인과관계 등이 있다는 사실까지 안 날을 뜻한다. 그리고 피해자 등이 언제 불법행위의 요건사실을 현실적이고도 구체적으로 인식한 것으로 볼 것인지는 개별 사건의 여러 객관적 사정을 참작하고 손해배상청구가 사실상 가능하게 된 상황을 고려하여 합리적으로 인정하여야 하고, 손해를 안 시기에 대한 증명책임은 소멸시효 완성으로 인한 이익을 주장하는 자에게 있다.[78]

또 민법 제766조 제2항에 의하면, 불법행위를 한 날부터 10년을 경과한 때에도 손해배상청구권이 시효로 소멸한다고 규정되어 있다. 그런데, 가해행위와 이로 인한 손해의 발생 사이에 시간적 간격이 있는 불법행위에 기한 손해배상청구권의 경우, 위와 같은 장기소멸시효의 기산점이 되는 '불법행위를 한 날'은 객관적·구체적으로 손해가 발생한 때, 즉 손해의 발생이 현실적인 것으로 되었다고 할 수 있을 때를 의미하고, 그 발생 시기에 대한 증명책임은 소멸시효의 이익을 주장하는 자에게 있다.[79]

따라서 피고는 단기소멸시효항변으로서 "원고 특허권자의 이 사건 손해배상청구는 그 손해 및 가해자를 안 날로부터 3년간 이를 행사하지 아니하여 시효로 소멸하였다."고 주장할 수 있다. 또 피

---

78) 대법원 2013.7.12. 선고 2006다17539 판결 [손해배상(기)].
79) 대법원 2013.7.12. 선고 2006다17539 판결 [손해배상(기)].

고는 "원고 특허권자의 이 사건 손해배상청구는 피고의 불법행위를 한 날로부터 10년이 경과하였으므로 시효로 소멸하였다."고 항변할 수 있다.

XI. 본안전 항변

1. 일반론

소송요건 중 변론관할(민소법 제30조), 부제소합의,[80] 소취하계약 등 항변사항을 제외하면 나머지 소송요건은 법원의 직권조사사항이다. 소송요건은 본안판결의 요건이기 때문에 본안판결에 앞서 먼저 조사하여야 한다. 본안문제에 앞서 소송요건의 흠결이 있다고 피고가 다투는 경우 이를 실무상 '본안전 항변'이라 한다. 소송요건의 조사결과 흠결이 드러나면 법원은 본안에 들어가 판단할 것 없이 종국판결로 소를 부적법각하(却下)하여야 함이 원칙이다.

다만 최근 판례는 소송요건의 흠이 있어도 바로 소각하할 것이 아니라 당사자 간에 쟁점이 되지 아니하였다면 예상 밖의 불의의 타격이 되지 않도록 그 관점에 관하여 당사자에게 의견진술의 기회를 주어야 한다는 태도를 취하고 있다.[81] 따라서 법원은 이를 보

---

80) 대법원 2017.6.29. 선고 2017다8388 판결 [소유권보존등기말소]

81) 대법원 2013.11.28. 선고 2011다80449 판결 [낙찰자지위확인 등] ("부제소 합의는 소송당사자에게 헌법상 보장된 재판청구권의 포기와 같은 중대한 소송법상의 효과를 발생시키는 것으로서 그 합의 시에 예상할 수 있는 상황에 관한 것이어야 유효하고, 그 효력의 유무나 범위를 둘러싸고 이견이 있을 수 있는 경우에는 당사자의 의사를 합리적으로 해석한 후 이를 판단하여야 한다. 따라서 당사자들이 부제소 합의의 효력이나 그 범위에 관하여 쟁점으로 삼아 소의 적법 여부를 다투지 아니하는데도 법원이 직권으로 부제소 합의에 위배되었다는 이유로 소가 부적법하다고 판단하기 위해서는

정할 수 있는 것이면 상당한 기간을 정하여 보정을 명하여 기다려 보고 소각하를 하여야 한다. 그러나 그 흠을 보정할 수 없는 경우에는 변론을 열지 않고 판결로 소를 각하할 수 있다(민소법 제219조).[82]

2. 특허침해소송에서 본안전 항변

피고는 침해대상발명(확인대상발명)이 불특정되어 있어, 소장이 소송요건을 구비하지 못하고 있으므로 소각하(訴却下)판결을 구하는 취지의 본안전항변을 할 수 있다.

예컨대 피고는 "① 특허권의 침해금지 및 손해배상청구(특허권의 권리범위확인심판의 청구)를 함에 있어서 침해대상발명(심판대상이 되는 확인대상발명)이 당해 특허발명과 서로 대비할 수 있을 만큼 구체적으로 특정되어 있지 않다. ② 왜냐하면 그 특정을 위하여 대상물의 구체적 구성을 전부 기재할 필요는 없지만, 적어도 특허발명의 구성요건과 대비하여 그 차이점을 판단함에 필요할 정도로 특허발영의 구성요건에 대응하는 부분의 구체적인 구성을 기재하여야 하기 때문이다. ③ 따라서 이 사건 물건의 발명인 침해대상발명(확인대상발명)이 방법을 청구하는 당해 특허발명과 대비할 수 있을 만큼 구체적으로 특정되어 있지 않으므로, 이 사건 소(訴)는 각하(却下)되어야 한다."는 취지로 기술함으로써 본안전 항변을 할 수 있다.

그와 같은 법률적 관점에 대하여 당사자에게 의견을 진술할 기회를 주어야 하고, 부제소 합의를 하게 된 동기 및 경위, 그 합의에 의하여 달성하려는 목적, 당사자의 진정한 의사 등에 관하여도 충분히 심리할 필요가 있다. 법원이 그와 같이 하지 않고 직권으로 부제소 합의를 인정하여 소를 각하하는 것은 예상외의 재판으로 당사자 일방에게 불의의 타격을 가하는 것으로서 석명의무를 위반하여 필요한 심리를 제대로 하지 아니하는 것이다).
82) 이시윤, 『신 민사소송법』 제11판, 박영사, 2017, 212~219면.

제7장

판결과 화해·조정 및 상소

Ⅰ. 침해소송의 판결

1. 판결의 효력

(1) 기판력

침해소송의 판결에는 기판력이 인정된다. 기판력이란 소송물에 관한 확정한 종국판결의 내용인 판단의 통용력 내지 구속력을 말한다. 양 당사자는 종국판결 중의 소송물에 관한 판단을 다투는 것이 허용되지 않고, 다른 법원도 그 판단에 구속되어야 한다.

금지청구권의 소송물은 원고의 특허권에 기하여 피고의 실시행위(대상제품의 제조판매행위 등)에 관한 금지청구권의 존부이다. 또 손해배상청구권의 소송물은 일정기간 내의 피고의 실시행위에 따른 특허권침해에 기한 손해배상청구권이다. 그러므로 판결이 확정되면 그 판단은 기판력에 따라서 이후 당사자 사이의 법률관계를 규율하는 기준이 된다. 그리고 후소(後訴)에서 동일 사항이 문제된 경우에는 당사자는 이것과 모순되는 주장을 할 수 없다. 법원도 모순되는 판단을 내릴 수 없다.[1]

(2) 집행력 — 간접강제와 대체집행

금지청구나 손해배상청구를 인용한 확정판결 및 가집행선고부 판결에는 집행력이 있다. 집행력이란 급부판결 등에서 급부의무의 실현을 집행기관에 대하여 구하는 지위의 부여를 의미한다.

금지청구를 인용하는 판결은 피고에게 대상이 된 실시행위를 해서는 아니 된다는 부작위의무(不作爲義務)를 부과하는 판결이다. 부작위의무의 집행은 간접강제(間接强制)(민사집행법 제261조 제1항)에 의한다. 부작위의무 자체는 성질상 대체성이 없는 하는 채무로서 부작위의무 자체의 이행을 강제하기 위해서는 대체집행을 할 수 없다. 간접강제는 1심 법원의 관할에 속한다. 간접강제의 신청은 서면으로 한다(민사집행법 제4조). 신청서에는 채무자가 하여야 할 부작위를 구체적으로 명시하여야 한다. 신청서에 배상금의 액수 등을 적을 필요는 없고 이를 적더라도 법원을 구속하지 않는다. 법원은 집행권에 표시된 부작위의무와 신청된 부작위의무가 동일한지, 채무자의 위반행위가 있는지를 심리한다. 위반행위 유무에 다툼이 있는 경우에는 채권자가 입증한다.[2] 법원이 간접강제결정을 하려면, 채무자가 그 부작위의무에 위반할 우려가 있다는 점을 입증하면 족하고, 채무자가 현재 그 부작위의무에 위반하는 점을 입증할 필요는 없다.[3] 법원은 심리결과 간접강제 요건을 갖추었다고 판단되면 간접강제를 명하는 결정을 한다(민사집행법 제261조 제1항). 불복 시 즉시항고 할 수 있다(동조 제2항). 법원의 간접강제를 명하는 결정에는 집행권원에서 명하여진 부작위의무를 특정하고, 위 의무를 위반하는 경우에 회당 지급하여야 할 배상금을 정한다.[4]

---

1) 高部眞規子, 『實務詳說 特許關係訴訟』 第2版, 金融財政事情硏究會, 2012, 96頁.

2) 임석재·한규현, 『특허법』, 박영사, 2017, 635면.

3) 高部眞規子, 전게서, 96~97頁.

4) 김기영·김병국, 『특허와 침해』, 육법사, 2012, 121면.

폐기청구를 인용하는 판결에 관해서는 부작위의무의 의무위반이 있었던 경우의 결과의 제거와 마찬가지로 대체집행(代替執行)에 의한다(민사집행법 제260조 제1항, 민법 제389조 제3항). 대체집행이란 채권자가 집행법원에 대해 채무자의 비용으로 채무자가 한 행위의 결과인 침해물의 제거를 하는 것을 제3자에게 실시하게 하는 것을 채권자에게 수권하는 수권결정의 신청을 함으로써 행한다. 집행수준은 특히 폐기의 대상이 객관적으로 식별할 수 있도록 특정하는 것이 필요하다. 반제품의 폐기를 명하는 경우에도 그것이 무엇인지를 정의하여 두는 것이 필수불가결하다. 예컨대 "반제품(별지목록의 구성을 구비하였지만 제품으로서 완성되지 못한 것"이라는 형식을 취한다.5) 이처럼 원고로서는 대체집행명령에 의해 피고의 위반행위로 인하여 발생한 물건을 제거할 수 있으므로 청구취지에 피고의 물건의 특정을 구체적으로 특정하는 것이 매우 중요하다. 원고는 법원으로부터 대체집행에 관한 수권결정을 받아 피고의 비용으로 위반행위로 인한 완제품, 반제품 및 금형 등을 제거할 수 있다. 수권결정은 1심법원의 관할에 속하고, 가집행선고부 판결이 집행권원인 경우 사건이 상소심에 계속 중이더라도 관할법원은 제1심 수소법원이 된다. 한편 신청취지는 "신청인(또는 집행관)은 별지목록 기재의 물건을 피신청인의 비용으로 제거할 수 있다."는 내용의 수권결정이다.6)

한편, 손해배상청구를 인용하는 판결은 금전집행(金錢執行)의 대상이 된다.

---

5) 高部眞規子, 前揭書, 96~97頁.
6) 김기영·김병국, 전게서, 120면(따라서 신청취지가 "피신청인은 별지목록 기재 물건을 피신청인의 비용으로 제거하라"는 취지가 아니다).

2. 중간판결의 활용 문제

법원은 침해로 심증을 얻은 경우 먼저 침해론에 관해서 중간판결을 행하는 것도 고려될 수 있다. 그렇지만 중간판결을 하더라도 원고가 그 후 종국판결을 얻기까지 피고의 제조판매행위를 금지할 수 없기 때문에 그다지 실익은 없다(종국판결전에 금지를 실현하려면 원고는 금지가처분을 신청하여 법원이 이것에 관하여 결정을 하면 족하다). 다른 한편, 피고는 중간판결에 의하여 특허권침해라는 판단이 공개적으로 알려져, 실제거래 등에 지장을 가져오는 사태로 될 수 있다. 그럼에도 불구하고, 피고는 중간판결에 대하여 항소할 수 없기 때문에 제1심 판결이 이루어지기까지 불복 신청할 수 없다는 불이익을 입는다. 그래서 실무에서는 중간판결이 이루어지는 것이 극히 적은 실정이다.

다만, 실무상으로는 드물게 특허침해금지사건에서 중간판결이 내려진 경우도 있다. 서울고등법원은 중간판결의 필요성과 그 판단대상에 대하여, "이 사건에서는 먼저, 피고 실시발명이 원고가 들고 있는 이 사건 각 특허발명 중 청구항들을 침해하고 있는지의 여부가 판명되어야 할 것인데, 이 사건과 같이 '청구의 원인'과 '액수'에 관하여 다툼이 있는 때에는 종국판결에 앞서 '청구의 원인'에 관하여 중간판결을 할 수 있고(민사소송법 제201조 제2항), 또한 원고와 참가인들은 당심에서 특히 피고의 특허침해를 원인으로 한 손해배상청구 부분에 관한 청구취지를 확장하려고 하고 있으므로 이 사건에 있어서는 그와 같은 중간판결을 할 필요성도 있다고 인정된다. 그리고 여기서 말하는 '청구의 원인'이란 단지 소장의 필요적 기재사항인 청구를 특정하기 위한 사실이나 청구의 이유를 구성하는 사실이 아니라 실체법상 청구권의 존부에 관한 사실로서 손해배상액을 제외한 사실 전부를 말하는 것이므로, 이 중간판결에서는, ① 피고 실시발명이 이 사건 각 특허발명의 권리범위에 속하는

지 여부와 ② 이 사건 각 특허발명이, 피고 주장대로, 기재불비 또
는 선행발명에 비하여 신규성이나 진보성이 없는 등의 이유로 무
효인 특허발명에 해당하거나 선행발명에 의하여 피고 실시발명이
이 사건 특허발명의 권리범위에 속하지 아니하는지 여부를 판단하
기로 한다."고 판시하면서 중간판결을 내렸다.[7]

II. 화해 · 조정

1. 화해 · 조정의 의의

침해소송의 적지 않은 수가 화해나 조정으로 종국되기도 한다.
소송상화해란 소송계속중에 당사자쌍방이 권리 또는 법률관계에
관하여 상호 주장을 양보하고, 그것에 관한 일정한 내용의 실체법
상 합의와 소송종료에 관하여 소송법상 합의를 하는 것을 말한다.

원고에게 유리한 판단이 예상된 사례에서 화해에 의해 해결한
경우, 원고는 ① 조기에 원고가 구하는 해결에 가까운 내용의 해결
을 할 수 있는 점(가사 제1심에서 승소판결을 얻더라도 상대방으로부터
항소되어 최종적 해결은 늦어지고, 항소심에서 제1심판결이 번복될 위험도
있다), ② 피고도 합의한 뒤의 해결이기 때문에 피고에 의한 임의적
이행의 가능성이 매우 높아지고, 금지판결에서 얻게 되는 제조, 판
매의 중지와의 해결 이외의 방법(장래의 설계변경 등)에 관해서도 결
정하는 것이 가능하고, ③ 무효심판청구를 하지 않는다는 약속에
의해 원고의 권리의 불안정을 해결할 수 있는 등 장점이 있다. 한편
피고에게는 ① 패소판결이 나옴으로써 영업상의 불이익을 회피할

---

7) 서울고등법원 2008.2.19. 선고 2001나60578 중간판결 [특허권침해금지
   등].

수 있고, ② 손해배상 등의 조건에 관해서도 판결보다 유리한 해결이 가능하게 되는 등 장점이 있다.

또한 원고에게 불리한 판단이 예상되는 경우, 원고에게는 불이익한 판결에 의한 영업상의 불이익을 회피할 수 있고, 사안에 따라서는 피고의 무효심판청구를 취하하게 하여, 권리의 존속을 도모할 수 있는 장점이 있고, 피고에게는 피고제품에 대한 권리행사가 이루어지지 않는 것을 확보하면서, 조기에 사건을 해결하고, 소송의 장기화에 따른 소송비용의 부담을 경감할 수 있다.

특허침해소송의 경우 예컨대, 스마트폰을 둘러싼 삼성과 애플 소송과 같이, 원고와 피고와 사이에 당해소송의 대상으로 되는 것 이외에도 또 다른 다툼이 있을 수 있다. 최근 경제의 국제화, 기술 등의 교류의 글로벌화에 의하여 동일한 기술내용의 특허나 관련기술에 관해서, 해외에서도 소송 등의 분쟁으로 되는 것도 많다. 화해의 경우에는 이들의 관련 분쟁도 포함한 총합적인 해결이 도모되는 것도 있다. 다만, 화해의 부작용으로서는 스마트폰을 둘러싼 삼성과 애플의 특허침해소송과 같이, 한 나라에서 화해가 결렬되거나 일방에게 유리한 판결이 내려지면, 다른 나라에서도 화해의 성립을 어렵게 하는 경우도 있어 양날의 칼로서 작용도 한다고 생각된다. 예컨대 삼성과 애플의 특허침해소송에서 미국의 ITC가 애플의 특허침해 와 관련하여 금지청구를 기각하자, 2014년 2월 국내의 삼성과 애플의 특허침해소송의 항소심에서 화해시도가 체결직전까지 갔다가 한순간에 결렬되었다고 전해진다. 다만 2014년 6월 삼성과 애플의 CEO는 극적으로 화해하였고, 미국 이외의 지역에서 모든 소를 취하하는 결단을 내렸다.

한편 일본의 경우 지재소송은 그 다수는 기업 간의 분쟁인바, 화해에 의한 해결에는 상기와 같은 이점이 있고, 경제적 합리성에 적합한 경우가 많기 때문에, 적극적으로 화해가 시도되고 있고, 화해율도 높다고 한다[예를 들면, 東京地裁知財部의 2004년(平成16년)의 이미

종료한 사건(既濟事件) 중 화해로 종료한 것의 비율은 47.7%이다].8)

2. 화해 · 조정의 방법

화해를 가능하게 하기 위해서는 위와 같은 화해의 장점, 경제적 합리성을 당사자가 충분히 이해하는 것이 필요하다. 그 때문에 지재소송에서는 법원이 쟁점에 관한 심증을 상당정도 얻어서 그것을 보이면서 당사자에게 화해의 방침, 장점 등을 설명하고, 화해를 시도하는 것이 많다. 법원의 심증을 보이면서 화해를 시도하는 것은 화해의 공정 및 투명성을 확보하고, 당사자에 대하여 법원의 판단(화해가 성립하지 않는 경우에 이루어질 판결의 내용)을 예측하고, 화해안의 구체적인 검토, 의사결정을 용이하게 하는 것과 동시에, 화해가 성립하지 않고 판결에 이르는 경우에도 판결로 납득하여 상소를 단념하게 하거나, 혹은 상소심에서의 화해의 참고로 되는 등의 의의가 있다. 따라서 지재소송에서 화해를 시도하는 기회는 쟁점에 관한 법원의 심증을 얻은 단계, 예를 들면 특허권침해소송에서 침해론의 종료단계라든가, 변론종결 전후가 많다. 법원이 화해의 기초로 된 심증 내지 법원의 화해안을 보인 경우, 구두로 보이는 것도 있지만, 서면으로 보이는 것도 있다(직무발명의 상당대가청구소송에서는 서면을 보이는 것이 많다).9)

---

8) 市川正巳「東京地裁에 있어서 知財訴訟의 現狀과 分析(知的財産權訴訟의 動向과 課題 知財高裁 1주년)」金版1236号[增版](2006), 17頁 참조.

9) 그 예로서, 東京高和解平 17 · 1 · 11 判時1879号141頁[청색다이오드소송에서 화해권고서].

Ⅲ. 상 소

상소(上訴)란 1심판결에 대한 불복신청인 항소와 항소심판결에 대한 불복신청인 상고를 포함하는 개념이다. 특허침해소송도 일반 민사소송의 상소절차와 기본적 내용은 같다.

1. 항소(抗訴)

1심판결에 대한 항소기간은 판결서의 송달을 받은 날로부터 2주간이다. 항소심은 1심과 동일하게 사실심법원이어서 증거로써 새로운 사실인정을 할 수도 있다. 이 점은 우리와 동일한 3심제를 채용하고 있지만 사실심은 1심에 한하고 항소심과 상고심 쌍방이 법률심인 미국연방법원과 다르다. 관할법원은 앞서 서술한 제2장 Ⅰ에서 특허법원의 전속관할을 다룬 바 있다.

2. 상고(上告)

1심이 지방법원 2심이 고등법원(특허법원)인 경우의 상고심은 우리나라에서는 대법원이 유일하다. 상고제기는 상고기간 내에 상고장을 원심법원인 특허법원에 제출하여야 한다. 상고장은 전자접수도 가능하다. 항소심판결에 대한 상고기간은 특허법원의 판결서를 송달받은 날로부터 2주 이내에 하여야 한다. 적법한 상고가 제기되면 원심판결인 특허법원의 판결의 확정은 차단된다. 상고장에 상고이유서를 적지 아니한 때에는 소송기록접수통지서를 받은 날로부터 20일 이내에 상고이유서를 제출하여야 한다(민소법 제427조). 이 기간을 어기면 직권조사사항이 아닌 한 상고기각 하여야 한다(민소법 제429조). 상고심은 법률심으로서 사실인정은 하지 않고 항소심에서 적법하게 확정된 사실에는 상고심도 구속한다. 상고법원은 상고가 이유 없는 경우에는 상고기각의 본안판결을 하고(민소법 제425조, 제414조), 상고에 정당한 이유가 있는 경우에는 원판결을 파기하여야 한다(민소법 제436조 제1항).

제8장
특허침해금지가처분

I. 금지가처분의 의의

지적재산권의 침해에 대하여 특허권자 등의 권리자는 본안소송을 제기하는 이외, 긴급하게 구제를 구하는 경우 침해행위의 금지를 구하는 가처분신청을 하는 것이 많다. 지적재산권과 관련한 '임시의 지위를 정하기 위한 가처분'[1]은 특허권, 상표권 등을 계쟁물로 하는 가처분의 경우와 달리, 가처분결정의 발령을 두고 당사자들 사이에 이해관계가 첨예하게 대립되어 가처분 심리단계에서 본안소송을 방불케 하는 공격·방어가 이루어지고 있는 것이 현실이다. 우리 민사집행법 제304조에서는 "임시의 지위를 정하기 위한 가처분의 재판에는 변론기일 또는 채무자가 참석할 수 있는 심문

---

1) '임시의 지위를 정하는 가처분'은 당사자 간에 현재 다툼이 있는 권리 또는 법률관계가 존재하고, 그에 대한 확정판결이 있기까지 현상의 진행을 그대로 방치한다면 권리자가 현저한 손해를 입거나 급박한 위험에 처하는 등 소송의 목적을 달성하기 어려운 경우에 그로 인한 위험을 방지하기 위하여 잠정적으로 권리 또는 법률관계에 관하여 임시의 지위를 정하는 보전처분이다.

기일을 열어야 한다."고 규정하고 있어, 실무상 심문절차를 거치지 아니하고 가처분결정을 발령하는 예는 거의 없다. 또한 심리에 있어서 변론절차에 관한 규정이 상당수 준용되고 있고, 그 심리과정이 본안소송과 본질적으로 다르다고 하기는 어렵다고 한다.[2]

우리 특허법 제126조 제1항에서는 특허권자 또는 전용실시권자는 자기의 권리를 침해한 자 또는 침해할 우려가 있는 자에 대하여 그 침해의 금지 또는 예방을 청구할 수 있다고 규정하고 있고, 같은 취지로 상표법 제107조와 부정경쟁방지법 제10조 역시 권리침해에 대한 금지청구권 및 예방청구권을 명문으로 규정하고 있다. 따라서 권리침해가 인정된다면 원칙적으로 부작위를 명하는 임시의 지위를 정하기 위한 가처분결정을 발령할 피보전권리가 있다고 해석되므로, 적어도 법리상 본안소송과 다른 해석론에 기하여 권리침해를 인정하고 있지 않다. 요컨대 특허법, 상표법 및 부정경쟁방지법 관련 임시지위를 정하기 위한 가처분 사건에서는 그 본안소송에서의 제 문제와 본질적으로 다르지 않다는 것이 실무이다.

민사집행법 제300조 제2항은 임시의 지위를 정하기 위한 가처분은 "현저한 손해를 피하거나 급박한 위험을 막기 위하여, 또는 그 밖의 필요한 이유가 있을 경우에 하여야 한다"고 규정하고 있다.[3] 보전의 필요성과 관련하여 고려할 사항[4]으로는, ① 당사자들의 사정(가처분신청의 인용여부에 따른 당사자 쌍방의 이해득실관계―채권자 측 사정 및 채무자 측 사정), ② 본안소송에서 장래 승패의 예상, ③ 공공

---

2) 박진수, "상표법 및 부정경쟁방지법 관련 가처분 소송의 실무상 제 문제", 『제49기 특별연수「상표법 및 부정경쟁방지법」』, 대한변호사협회 변호사연수원, 2008, 63면.

3) 일본의 경우도, 금지가처분은 임시지위를 정하는 가처분이고 잠정적인 것이라고 말하며, 신청인에게 만족적 지위를 부여하는 것이므로 '채권자에게 발생하는 현저한 손해 또는 급박한 위험을 피하기 위한 것을 필요로 하는 경우'(일본 민사보전법 23조 2항)에 한하여 인정되고 있다.

4) 대법원 2007.6.4.자 2006마907 결정.

복리, ④ 채무자의 태도, ⑤ 채무자의 지위 등 개별사건에서의 제반
사항 등이 제시되고 있다.[5] 생각건대 실무상으로는 본안의 승패여
부 즉 침해가 되는지 여부가 보전의 필요성과 관련하여 고려할 사
항의 핵심이라 할 것이다.

II. 금지가처분의 요건과 주문의 내용

1. 요 건

소명사항으로는 피보전권리와 보전의 필요성이 있어야 하며, 일
반사건과 대비할 때 특허침해금지가처분이라는 점을 고려하면 2가
지 요건은 모두 고도의 소명이 필요하다.[6]

우선 피보전권리가 있어야 한다. 채권자의 금지 또는 예방청구
권 및 채무자의 침해금지 부작위의무라는 권리의무관계가 현존하
고 다툼이 있어야 한다. 피보전권리가 인정되려면 채권자의 침해
금지 및 예방청구권이 존재하여야 한다. 특허권을 침해하거나 침
해할 우려가 있어야 금지 또는 예방청구권이 성립한다. 만족적 가
처분인 점을 고려하여 그 입증정도는 본안에 준하는 정도의 고도
의 소명이 필요하다. 피보전권리의 존부는 결국 채무자의 행위가
특허권침해행위를 구성하는지 여부에 달려 있다.

다음으로 보전의 필요성이 있어야 한다. 당사자 쌍방의 이해득
실관계, 본안소송에서의 장래 승패 예상, 기타 제반사정을 고려하
여 법원의 재량에 따라 합목적적으로 결정한다. 특허권 관련 분쟁

---

5) 박진수, 전게논문, 73면.
6) 임석재・한규현,『특허법』, 박영사, 2017, 636면; 김기영・김병국,『특허
   와 침해』, 육법사, 2012, 142~150면.

에서는 종래 가처분이 실질적으로 본안소송을 대체하는 수단으로 활용되고 있는 점, 특허권침해금지가처분은 임시지위를 정하는 보전처분이고 만족적 가처분에 속하는 점 등을 고려할 때 보전의 필요성에 관하여 보다 신중하게 심리하고 판단하여야 한다.

2. 가처분명령의 발령과 주문의 내용

피보전권리 및 보전의 필요성 요건이 소명되면 가처분명령이 발령된다. 재판은 결정으로 한다(민사집행법 제281조 제1항). 가처분신청이 소송요건을 흠결하였거나 법원의 담보제공명령을 이행하지 아니한 경우에는 신청을 각하한다. 그리고 피보전권리나 또는 보전의 필요성이 없는 경우에는 신청을 기각한다. 가처분명령의 담보는 가처분에 의해 채무자에게 생길 수 있다고 예상되는 손해의 액을 기준으로 정한다. 채권자에게만 담보를 세우게 하는 결정의 고지가 이루어진다. 즉 법원은 침해금지가처분에 대해 담보제공명령을 내릴 수 있다(민사집행법 제301조, 제280조 제3항).

가처분명령의 주문은 본안소송에서 금지를 인용하는 판결과 마찬가지이고, 고지에 의해 바로 집행이 가능하다.[7] 즉 가처분에 대한 재판의 집행은 채권자에게 재판을 고지하거나 송달한 날부터 2주 내에 하여야 한다(민사집행법 제301조, 제292조 제2항).

가처분명령의 주문은 기본적으로 "채무자는 별지도면 및 설명서 기재의 제품을 제조, 사용, 판매·양도, 대여 또는 수입하여서는 아니 된다."는 취지의 부작위를 명하는 가처분의 형태를 갖게 된다. 특허권 등의 침해금지가처분은 상대방에게 주는 피해가 크므로 가처분은 필요 최소한에 그쳐야 한다. 따라서 채무자가 생산하는 제품에서 채권자의 특허권을 침해하는 부분을 분리하여 제거할 수

---

7) 高部眞規子, 前揭書, 107頁.

있다면, 그러한 제품의 제조 등을 전면적으로 금지하는 가처분을 명하기보다는 침해가 되는 부분을 제거하거나 삭제하지 않으면 제조 등을 할 수 없다는 취지의 가처분신청을 하여야 한다.[8]

또 법원은 신청목적을 이루는 데 필요한 처분을 직권으로 정하고, 그 구체적인 방법으로 보관인을 명할 수 있으므로(민사집행법 제305조), 침해의 결과에 대하여 이를 배제하기 위하여 점유배제 및 집행관 보관의 가처분을 명할 수 있다. 또 특허권자 또는 전용실시권자가 침해행위를 조성한 물건(물건을 생산하는 방법의 발명인 경우에는 침해행위로 생긴 물건을 포함한다)의 폐기, 침해행위에 제공된 설비의 제거 기타 침해의 예방에 필요한 행위를 청구할 수 있다(특허법 제126조 제2항). 다만 실무상 가처분절차에서는 통상 점유를 해제하여 집행관에게 보관하는 것만으로도 그 목적을 달성할 수 있으므로, 이러한 집행관 보관형 가처분이 가능한 경우에는 침해행위를 조성하는 물건의 폐기나 설비의 제거까지 명하는 형태의 가처분은 뒤에 채무자가 본안소송에서 승소하더라도 그 회복이 불가능하다는 점에서 강하게 그 필요성이 요청되지 않는 한 허용되지 않는다.[9]

Ⅲ. 가처분사건의 한계와 유의점

침해금지가처분에서도 대상물건의 특정, 당해 특허발명의 기술적 범위와 그 포함 여부, 당해특허권의 무효 등, 본안소송에서 침해소송과 마찬가지의 쟁점이 문제로 된다.[10]

---

8) 권택수, "특허침해소송과 가처분", 『2010 전문분야 특별연수/제82기 「지적재산권법」』, 대한변호사협회 변호사연수원, 2010, 104면.

9) 권택수, 전게논문, 105면.

10) 한편, 일본의 경우 가처분에서 무효의 항변(日特제104조의3)에 관해서는

그러나 가처분절차에서 입증절차는 신속성의 관점에서 소명하면 족하고,[11] 소명은 즉시 조사할 수 있는 증거에 의하여야 한다.[12] 따라서 본안소송이라면 가능한 자료(문서)제출명령등을 이용할 수 없다. 영업비밀 등에 관한 사안의 경우 채권자는 피보전권리 및 보전의 필요성의 소명이 곤란하게 되고 그 결과 신청이 각하될 위험성도 있다. 가처분이라고 말해도 신청이 각하되면 채권자의 사업 활동에 불이익한 영향이 미치는 것은 충분할 수 있다.

한편 침해금지가처분은 본안판결이 확정하기까지의 잠정적인 것이라고 하더라도, 금지청구에 관해서 승소판결을 얻은 것과 마찬가지의 상태를 현출하고, 이른바 집행정지가 인정되는 것은 용이하지 않다. 그 때문에 침해금지가처분을 인용하는 취지의 결정이 이루어지면, 채무자는 여기에 따르고 그 사업활동을 현저하게 제한받게 되어 그 기업생명에 관계하는 것도 있을 수 있다. 그 때문에 가처분이라고는 해도 그 심리는 신중하여야 한다('가처분의 본안화' 등이라고 말해진다).

따라서 채권자로서는 수중에 가지고 있는 자료 등에 비추어, 가처분으로 예측되는 결과, 그것에 의한 장점, 단점을 충분히 고려한 뒤에, 가처분신청을 해야 하는가 여부, 가처분을 신청하더라도 어떤 채무자제품 등을 대상으로 하는가 등 쟁점을 엮어야 하는가 여부에 관해서 검토하고, 가처분신청 및 가처분절차에서의 대응을 해야 한다. 다른 한편 채무자로서는 타인의 특허권 등을 침해할 가능성이 있는 상품을 제조, 판매함에 있어서는 자기의 행위의 정당성에 관하여 사전에 법적인 관점에서 검토를 하고, 가사 법적분쟁에 이른 때는 정당성을 제시할 근거 내지 자료를 신속하게 제시할 수

무효이유가 존재함이 명백한 것이 소명되지 않더라도, 무효이유가 존재할 개연성이 높은 것이 소명되면 가처분신청이 각하될 것이라 본다.

11) 일본민사보전법 제13조 2항.
12) 일본민사소송법 제188조.

있도록 준비를 해 두어야 한다.[13]

IV. 본안소송과의 관계

지재소송에서는 위에서 언급한 이유에서, 채권자 내지 채무자의 준비에 시간을 요하고, 수회 심리가 행해지는 것도 있으므로, 가처분 신청에서와 동시 또는 그 심리 중에 본안소송도 제기하는 것이 종종 있다. 그 경우 법원은 가처분과 본안과를 병행하여 심리한 뒤, 가처분신청에 관해서 심증을 얻게 된 경우(그 경우 본안의 침해론에 관해서 심증을 얻게 되는 경우가 많다고 사료된다) 침해라는 심증을 얻게 된 경우에는 가처분결정을 하고, 비침해라는 심증을 얻게 된 경우에는 가처분 취하를 촉구하든가 아니면 각하결정을 내리는 것으로 한다.

V. 조정·화해

어떤 경우에는 가처분사건에서도 심증을 개시하여 화해를 시도하는 경우도 있다. 보전절차에서도 본안소송의 소송물에 관한 조정·화해가 가능하며 화해권고결정 및 강제조정에 관한 규정도 준용된다는 것이 현재 실무의 입장이다. 그러나 임시의 지위를 정하기 위한 가처분에 있어서는 채권자가 현저한 손해나 급박한 위험을 피하기 위하여 신청을 제기하는 것이므로, 양측에서 법정 외에서 조정·화해를 위한 접촉을 시도하여 어느 정도의 의견 접견을 이룬 후 조정 문안 작성을 위한 기일지정을 요구하는 경우 등에 한

---

13) 東京地決平11·9·20 判時1696号76頁 참조.

하여 조정기일을 지정하는 경우가 대부분이고, 재판부가 당사자들에게 조정, 화해를 적극 권유하는 예가 그리 많지는 않다.[14]

VI. 부당 가처분으로 인한 손해배상

1. 부당가처분과 손해배상책임

특허권자가 특허침해금지청구권을 피보전권리로 하여 가처분을 신청하고 보전의 필요성을 인정받아 가처분명령을 발령받은 후 집행에 이르는 경우가 적지 않다. 그런데 그 후 특허심판원에서 특허권이 무효라는 심결이 그대로 확정되면, 결국 부당가처분을 이유로 가처분채권자는 가처분채무자에 대하여 손해배상책임을 부담하게 되는 것이 통상적이다.[15]

한편 판례로서는 특허권침해를 원인으로 한 가처분신청이 인용되었다가 법원의 판결로 그 가처분결정이 취소·확정되었다거나 그 후 가처분채권자가 상대방을 상대로 한 손해배상 등 민사소송에서 패소판결이 선고되고 그 판결이 확정되었다 할지라도, 그 가처분신청채권자에게 부당가처분으로 인한 고의·과실까지 인정할 수 없는 특별한 사정이 존재한다고 본 사례[16]가 있다. 법원은 "원심은 … 이 사건 가처분신청 당시 피고들은 원고의 이 사건 후행발명에 관한 실시가 선행발명에 관한 피고 1 주식회사(이하 '피고 회사'라 한다)의 특허권을 침해한 것이거나 후행발명이 피고 회사에게 속하는 권리라고 믿었고, 그와 같이 믿을 만한 충분한 근거가 있었으

---

14) 박진수, 전게논문, 79면.
15) 김기영·김병국, 전게서, 330~332면.
16) 대법원 2007.4.12. 선고 2006다46360 판결 [손해배상(지)].

며, 더욱이 이 사건 가처분의 경우에는 법원이 그 결정 전에 쌍방의 주장과 입장을 듣고 충분히 심리한 후에 가처분결정 여부를 결정하였다고 보이는 점 등을 고려하여 보면, 피고들이 이 사건 가처분신청을 하고 그 집행을 함에 있어서 어떠한 고의나 과실은 없었다고 봄이 상당하다고 판단하여 원고의 부당가처분으로 인한 손해배상청구를 배척하였는바, 원고와 피고 회사와 사이의 이 사건 선행발명에 관한 양도계약의 내용, 원고와 피고 회사 사이의 그동안의 분쟁의 경과, 피고 회사가 이 사건 가처분신청을 하게 된 경위 등 기록에 나타난 제반 사정에 비추어 보면, 원심의 위와 같은 조치는 옳은 것으로 수긍이 가고…", 거기에 부당가처분의 고의·과실에 관한 법리오해 등의 위법이 없다고 판시하였다.

2. 일본의 경우[17]

일본의 판례 중에는, 금지가처분이 발령된 후 피보전권리가 존재하지 아니하기 때문에 당초부터 위법하다고 하여 취소된 경우에, "가처분명령이 취소되고, 본안소송에서 원고패소의 판결이 선고되어 그 판결이 확정된 경우에는 다른 특단의 사정이 없는 한 채권자에게는 과실이있었다고 추정되지만, 채권자에게 상당한 사유가 있었던 경우에는 상기 취소의 한 가지 일에 따라 동인(同人)에게 당연히 과실이 있었다고 할 수 없다"고 판시한 예가 있다.[18]

다른 판례에서는 특허권에 기하여 가처분명령이 발령된 후에 무효심결이 확정되는 등의 이유로 가처분명령이 취소되고, 본안소송에서 원고패소의 판결이 확정된 경우도 가처분명령신청 시까지는 선행기술을 알았던 것인가, 용이하게 지득하였는가를 검토하고 이

---

17) 高部眞規子, 前揭書, 108~110頁.
18) 最三小昭和43·12·24 民集22卷13号3428頁.

미 알고 있었거나 용이하게 지득한 선행기술에 기하여 특허권자가 진보성이 있다고 믿는 것에 상당한 근거가 있었는지 여부를 판단하고 결과적으로 특허권자의 과실을 긍정한 사례도 있다.[19]

금지가처분이 채무자에게 부여되는 경제적 영향을 고려하면 가처분명령의 결론이 본안소송에서 유지되지 않은 이상, 일정한 범위에서 손해의 전보가 이루어져야 할 것이고 그 때문에 채권자는 담보를 제공한다. 다만 본안소송에 가까운 주장이나 소명을 하고 심리를 거쳐 발령되는 가처분에 관하여 예컨대 본안소송에서도 그 결론이 유지되었음에도 불구하고, 가처분발령까지 주장되지 않았던 무효이유에 기하여 무효심결이 확정된 것을 이유로 담보액을 크게 초과하는 손해배상을 긍정하는 것은 문제가 없지 않다.

그래서 위와 같은 문제의식을 감안하여 일본은 2011년(平成23年) 개정특허법에서 제104조의4를 신설하고, 특허권침해에 관한 소송의 종국판결이 확정된 후에 무효심결이 확정된 때는 "당해 소송당사자이었던 자는 … 당해 소송을 본안으로 하는 가압류명령사건의 채권자에 대한 손해배상청구를 목적으로 하는 소송과 아울러 당해소송을 본안으로 하는 가처분명령사건의 채권자에 대한 손해배상 및 부당이득반환청구를 목적으로 하는 소에서 당해 심결이 확정한 것을 주장할 수 없다"고 규정하고 있다(동조 제1항). 우리가 참고할 만한 입법례이다.

이에 따라 가처분명령을 받은 채무자는 침해소송 등을 본안으로 하는 가처분명령 등이 무효심결의 확정에 따라 소급적으로 위법한 것이었다는 주장을 할 수 없으므로, 위법가처분을 이유로 하는 손해배상청구나 부당이득반환청구는 인정될 여지가 없다. 마찬가지로 보전집행에 따라 간접강제금을 지불한 경우에도 침해소송의 피고이었던 자는 가처분명령에서 피보전권리가 가처분명령의 발령

---

19) 大阪高判平成16・10・15 判時1912号107頁.

시까지 존재하지 않았다는 것을 주장할 수 없으므로, 가처분명령에 기하여 간접강제금에 관하여 부당이득반환청구를 할 수 없다.[20]

---

20) 또 일본의 개정특허법 제104조의4는 보전명령의 후 본안판결이 확정된 뒤에 무효심결이 확정된 경우에 관하여 규정하고 있다. 가압류명령이나 가처분명령의 본안으로 된 침해소송의 판결의 확정과 심결의 확정의 선후관계를 문제로 한 것이다. 보전처분 후 먼저 무효심결이 확정되고 그 후 침해소송의 본안판결이 내려진 경우에는 동조가 규정하는 바는 없다. 이 경우의 본안판결은 청구기각으로 되기 때문에 본안판결에 의하여 피보전권리가 없었다는 것이 확인된 것으로 된다.

제9장
심결취소소송

Ⅰ. 심결취소소송의 의의

법원조직법 제28조의4의 규정에 따라 특허법원의 전속관할로 되어 있는 소송(특허법 제186조 제1항, 실용신안법 제33조, 디자인보호법 제166조 제1항 및 상표법 제162조에서 정하는 제1심 사건과 다른 법률 예컨대 종자산업법 제105조 제1항에 의하여 특허법원의 관할에 속하는 사건)을 협의의 특허소송이라 하는바, 특히 특허법 제186조 제1항 등의 심결취소소송이 특히 문제된다.[1] 즉, 심결취소소송이란 특허심판원의 심판의 심결을 받은 자가 불복이 있을 때에는 그 심결이나 결정이 법령에 위반된 것을 이유로 하는 경우에 한하여 심결 또는 결정등본을 받은 날로부터 30일 이내에 특허법원에 그의 취소를 구하는

---

[1] 특허법원 지적재산소송실무연구회, 『지적재산소송실무』, 박영사, 2006, 3면. 일본의 경우, 심결취소소송에 관해서는 東京高裁(그 特別支部인 知財 高裁)의 전속관할로 되어 있고(특허법 제178조 1항, 실용신안법 제47조 1항, 의장법 제59조 1항, 상표법 제63조 1항), 知財高裁가 제1심으로 된다(飯村敏明・設樂隆一 編著, 『知的財産關係訴訟 : 3(リ-ガル・プログレッシブ・シリ-ズ)』, 靑林書院, 2008, 60~61면).

것을 말한다.[2]

1994년 7월 14일 임시국회에서 법원조직법과 특허법을 개정하여 특허청 내 항고심판소를 폐지하고, 1998년 3월 1일부터 고등법원급의 특허법원을 설치하였다.[3] 구법(舊法)에서의 당사자계 심판은 특허청 심판소 → 항고심판소 → 대법원이고, 결정계 심판은 특허청 항고심판소 → 대법원이었으나, 신법(新法)에서는 당사자계와 결정계 구별 없이, 특허심판원 → 특허법원 → 대법원으로 체계가 바뀌었다.[4] 이러한 체계는 형식상 종래의 항고심판소의 기능을 특허법원이 대체한 것으로 보이지만, 실제로는 종래와 같은 심판소 또는 항고심판소와 법원 사이의 직접적인 심급적 연결관계가 모두 단절되고, 종래 2심제의 행정소송과 같이 특허심판원의 행정처분(심결 또는 결정)에 대한 취소소송의 구조로 되었다.[5]

심결취소소송에는 취소의 대상이 된 심결의 종류에 따라서 ⅰ) 심사관의 특허거절결정에 대한 심판(특허법 제62조), 특허취소결정에 대한 심판(특허법 제74조 제3항), 정정심판(특허법 제136조)의 심결 등에 취소소송과 같이 특허청장을 피고로 하는 결정계 심결취소소송과, ⅱ) 특허무효 · 특허권의 존속기간의 연장등록의 무효 · 권리범위확인 · 정정무효 · 통상실시권허락의 심판(특허법 제133조 내지

---

2) 윤선희, 『지적재산권법』 9정판, 세창출판사, 2007, 158면. 일본의 경우, 특허권등에 관한 심결취소소송은 ① 특허권, 실용신안권, 디자인권, 상표권에 관한 심결의 취소를 구하는 소송 및 ② 심판 또는 재심의 청구서의 각하의 결정의 취소를 구하는 소송을 말한다(일본특허법 제178조 1항, 실용신안법 제47조 1항, 의장법 제59조 1항, 상표법 제63조 1항).

3) 1994년 법원조직법과 특허법 등의 개정에 의하여 특허법원을 설치함과 동시에 특허청 내의 심판소와 항고심판소를 통합한 특허심판원을 설치하는 등 특허쟁송에 관한 제도가 정비되었다.

4) 윤선희, 전게서, 158면.

5) 정상조 · 박성수 공편, 『특허법 주해 Ⅱ』, 박영사, 2010, 714면(김철환 집필 부분).

135조, 제137조, 제138조)의 심결 등에 대한 취소소송과 같이 특허권 자 또는 이해관계인을 피고로 한 당사자계 심결취소소송이 있다.[6]

심결취소소송은 기본적으로 행정소송의 일종으로 보는 것이 통설·판례의 입장이다. 심결취소소송 중 특허청장을 피고로 하는 결정계 사건은 행정소송법 제3조 제1호 소정의 항고소송이라는 데 다툼이 없다. 그러나 특허권자 또는 이해관계인을 상대로 하는 당사자계사건에 대해서는 학설[7]은 대립하고 있다. 다만 판례는 당사자계 사건에 관하여도 심결은 행정처분에 해당하므로 그에 대한 불복의 소송인 심결 취소소송은 항고소송이라고 판시하여 모두 항고소송으로 보고 있다(대법원 2005.7.28. 선고 2003후922 판결).[8] 이하, 실무상 가장 많은 특허권에 관한 심결취소소송을 염두에 두고 그 절차의 특색에 관하여 서술한다.

Ⅱ. 심결취소소송 절차의 특색

실질적으로는 특허심판원의 심결이 제1심으로서의 기능을 하고 특허법원의 심결취소송이 그에 대한 항소심으로서의 성질을 가진다는 점은 부인할 수 없다. 그렇지만 소송법적으로는 특허심판원과 특허법원 사이에 아무런 심급적 연결관계가 없으므로, 당사자가 심결에 대하여 불복의 소를 제기하면 특허법원은 속심으로서 사건기록을 송부받아 심리를 하는 것이 아니라, 제1심으로서 소장 및 관련 증거 등 소송자료를 모두 새로 제출받아야 한다. 즉 특허심판

---

6) 특허법원 지적재산소송실무연구회, 전게서, 3~4면.
7) 학설은 결정계 사건과 마찬가지로 항고소송이라는 견해, 당사자소송에 속한다고 보는 견해 및 항고소송의 실질을 가지는 형식적 당사자소송이라는 견해(다수설)가 대립한다.
8) 특허법원 지적재산소송실무연구회, 전게서, 4면.

원의 심판절차와 특허법원의 심결취소소송절차는 엄격하게 분리
되었다.[9]

심결취소소송은 행정소송으로서의 법률적 성질을 가지면서도,
특허법원이 관할하는 사건 중 특허청의 제1차적 처분을 직접 대상
으로 하는 "심판청구서나 재심청구서의 각하결정에 대한 소"를 제
외한 심결취소소송은 일반 행정소송과는 달리, 특허청의 제1차적
처분 그 자체를 직접적인 대상으로 하는 것이 아니라 제2차적 처분
인 특허심판원의 심결을 대상으로 한다는 점에서 행정소송과는 다
른 특수성을 가지고 있다. 즉 특허법 제186조 제6항은 심결취소소
송 가운데 심판을 청구할 수 있는 사항에 관한 소는 심결에 대한 것
이 아니면 이를 제기할 수 없다고 규정하고 있기 때문에, 특허청의
거절결정에 대하여 곧바로 특허법원에 그 취소를 구하는 소송을
제기할 수 없다. 또 특허청의 특허등록의 결정에 대하여도 곧바로
그 취소를 구하는 소송을 제기할 수 없으며, 반드시 특허심판원에
의한 심판절차를 거쳐야만 한다.[10]

원고적격과 관련하여, 특허법 제186조 제2항은 심결취소소송의
원고가 될 수 있는 자를 당사자, 참가인 또는 당해 심판이나 재심에
참가신청을 하였으나 그 신청이 거부된 자로 한정하고 있다. 또 피
고적격과 관련해서는 결정계심판에서는 특허청장을 피고로 하여
야 하고, 당사자계 심판에서는 청구인 또는 피청구인을 피고로 하
여야 한다(특허법 제187조).

특허법원에서의 심결 등 취소소송절차에는 변리사법 제8조의 규
정에 의하여 변호사 외에 변리사도 소송대리권이 부여되어 있다.
심결취소소송은 특허법원의 전속관할이므로 특허법원에 소를 제
기하여야 하고 만약 다른 법원에 소장이 접수되었을 경우에는 특

---

9) 정상조·박성수 공편, 전게서, 715면(김철환 집필부분).
10) 정상조·박성수 공편, 전게서, 717면(김철환 집필부분).

허법원으로 이송하여야 한다.

특허법원 판결에서 취소의 기본이 된 이유는 그 사건에 대하여 특허심판원을 기속한다(특허법 제189조3항). 즉 심결취소소송에서 그 청구가 이유가 있으면, 판결로써 해당 심결 또는 결정을 취소하여야 하고(특허법 제189조 1항), 심판관은 다시 심리하여 심결 또는 결정하여야 한다(특허법 제189조 2항). 특허법원의 판결에 불복이 있을 때에는 대법원에 상고할 수 있다(특허법 제186조). 상고제기는 특허법원의 판결서가 송달된 날로부터 2주일 내에 원심법원인 특허법원에 상고장을 제출하여`야 한다(민소법 제425조, 396조, 397조).

Ⅲ. 심결취소소송의 심리범위

앞서 본바와 같이 특허심판원이 내린 심결에 대한 소는 특허법원의 전속관할로 한다(제186조 제1항). 특허취소를 신청할 수 있는 사항 또는 심판을 청구할 수 있는 사항에 관한 소는 특허취소결정이나 심결에 대한 것이 아니면 제기할 수 없다(제186조 제6항). 심판전치주의를 규정하고 있다. 그리고 동조 제1항에 따른 특허법원의 판결에 대해서는 대법원에 상고할 수 있다(제186조 제8항).

한편 심결취소소송의 심리범위에 대해서는 특허법은 규정을 두고 있지 않다. 그래서 당사자가 심결취소소송에서 심판절차에서 다루어지지 아니하였던 일체의 위법사유를 주장입증할 수 있다고 보아야 할 것인지(무제한설), 아니면 당사자가 주장입증할 수 있는 위법사유를 심판절차에서 심리판단된 사유만으로 제한하여야 할 것인지(제한설) 여부의 쟁점에 대해 견해 대립이 있다.

우리 판례[11]는 "행정처분인 특허심판원의 심결에 대한 불복의

---

11) 대법원 2003.10.24. 선고 2002후1102 판결 [권리범위확인(실)]; 대법원 2002.

소송인 심결취소소송은 항고소송에 해당하여 그 소송물은 심결의 실체적·절차적 위법성 여부라 할 것이므로, 당사자는 심결이 판단하지 아니한 것이라도 그 심결을 위법하게 하는 사유를 심결취소소송절차에서 새로이 주장·입증할 수 있고 심결취소소송의 법원은 특별한 사정이 없는 한 제한 없이 이를 심리·판단하여 판결의 기초로 삼을 수 있는 것이므로, 원심이 이 사건 등록고안의 '고정판에 축공을 형성하는 구성'과 (가)호 고안의 '축봉용 축공이 중앙부에 형성된 장착구를 볼트로 고정판의 하면에 부착하는 구성'을 대비하여, (가)호 고안이 이 사건 등록고안의 권리범위에 속하지 않는다고 판단한 것은 정당하고, 거기에 상고이유의 주장과 같은 심결취소소송의 심리범위에 관한 법리를 오해한 위법이 없다."고 판시하였다.

따라서 우리 법원은 심결취소소송의 심리범위에 관하여 원칙적으로 무제한설의 입장에 서 있다. 즉 당사자가 심판절차에서 다루어지지 아니하였던 일체의 위법사유를 심결취소소송에서 주장입증할 수 있고, 특허법원은 이를 채용하여 판결의 기초로 삼을 수 있다고 한다. 이 점은 당사자계 심결취소소송과 결정계 심결취소소송 모두에 적용된다고 봄이 타당하다. 특허법원 실무에 따르면 거절결정불복심판 등 결정계 심결취소소송에서는 의견제출통지 및 보정에 관한 특허법 규정(강행규정)을 근거로 피고인 특허청장이 심결취소소송절차에서 심사 및 심판절차에서 거절이유로 통지된 사유 이외의 새로운 거절사유를 주장하거나 이에 대한 증거를 제출하는 것이 허용되지 아니한다는 태도를 취한다. 이것은 결정계 심결취소소송의 심리범위제한은 특허법 규정에 따른 당연한 제한이라고 볼 것이다. 이러한 점을 두고 제한설이라고 평가하는 것은 특허법의 강행규정의 취지를 무시한 해석론이라고 평가할 수밖에 없

6.25. 선고 2000후1290 판결.

다고 본다.

IV. 심결취소소송 판결의 효력

특허의 심결취소소송 판결의 효력에는 기속력(羈束力), 형식적 확정력(形式的 確定力), 형성력(形成力) 및 기판력(旣判力) 등이 있다.

1. 기속력

심결취소소송의 판결의 효력으로는 판결을 한 법원과 특허심판원에 대한 관계에서 발생하는 기속력(羈束力)이 발생한다. 특허소송을 통하여 심결을 취소하는 판결이 확정된 때에는 심판관은 다시 심리를 하여 심결 또는 결정을 '하여야 하고, 그 경우 취소의 기본이 되는 이유는 그 사건에 대하여 특허심판원을 기속한다(제189조). 이를 취소판결의 기속력(羈束力)이라고 한다. 형성력 이외에 기속력을 인정함으로써 취소판결의 효력의 실효성을 확보하는 것이다.[12] 이는 일반행정소송에 있어서 취소판결의 기속력을 규정하고 있는 행정소송법 제30조에 대한 특칙이다.[13] 법원은 제186조제1항에 따라 소가 제기된 경우에 그 청구가 이유 있다고 인정할 때에는 판결로써 해당 심결 또는 결정을 취소하여야 한다(제189조 제1항). 심판관은 제1항에 따라 심결 또는 결정의 취소판결이 확정되었을 때에는 다시 심리를 하여 심결 또는 결정을 하여야 한다(제189조 제2항). 이를 취소에 따른 심판관의 재심리의무이며 기속력의 내용에

---

12) 高部眞規子, 『實務詳說 特許關係訴訟』 第2版, 金融財政事情研究會, 2012, 344頁.
13) 조영선, 『특허법』 제4판, 박영사, 2013, 641면.

속한다.

취소소송에서 심결을 취소하는 판결이 확정되면 특허심판원은 동일 사실관계에 아래에서 동일 당사자에 대하여 동일한 내용의 처분을 반복할 수 없는 기속력이 있고, 이를 반복금지효(反復禁止效)라 한다.[14] 동일처분의 반복 금지 또는 동일한 과오금지를 위한 제도이다.[15]

또 제189조 제1항에 따른 판결에서 취소의 기본이 된 이유는 그 사건에 대하여 특허심판원을 기속한다(제189조 제3항). 제2차 심결이 판결의 기속력에 반하는 판단을 하는 경우에는 그 자체로 제2차 심결은 위법하여 취소사유로 된다.[16] 따라서 기속력에 위반한 재심판의 심결은 위법하므로 이에 불복하는 심결취소의 소에 의하여 취소할 수 있다.

2. 형식적 확정력

법원이 한 종국판결에 대하여 당사자의 불복상소로도 취소할 수 없게 된 상태를 판결이 형식적으로 확정되었다고 하고 이 취소불가능성을 형식적 확정력이라 한다. 판결의 형식적 확정력은 판결정본이 적법하게 송달되었을 것을 전제로 한다. 판결의 형식적 확정력은 상소의 추후보완·재심의 소에 의하여 배제될 수 있다.[17]

3. 형성력

심결취소소송의 판결의 효력으로는 법원과 당사자 등은 물론이

---

14) 조영선, 상게서, 642면.
15) 高部眞規子, 前揭書, 344頁.
16) 조영선, 전게서, 644면.
17) 이시윤, 『신민사소송법』 제6증보판, 박영사, 2012, 583면.

고 제3자에까지 미치는 대세적인 형성력(形成力)이 있다. 형성력이
라 함은 형성의 소를 인용하는 형성판결이 확정됨으로써 판결내용
대로 새로운 법률관계의 발생이나 종래의 법률관계의 변경·소멸
을 낳는 효력을 말한다.[18] 심결 또는 결정을 취소하는 판결이 확정
되면 취소된 심결이나 결정은 특허심판원의 별도의 행위를 기다릴
필요 없이 자동적으로 효력을 잃게 되며, 그러한 법적 지위의 변동
을 낳는다는 의미에서 확정판결은 형성력을 가진다.[19] 국가의 행
정처분에 대한 취소판결은 대세적인 것이어서(행정소송법 제29조)
당사자 등은 물론이고 특허심판원이나 제3자라도 그 취소판결의
존재와 그 판결의 확정에 의하여 형성되는 벌률관계를 부인할 수
없다. 심결취소소송은 심결이라는 행정처분에 기하여 발생한 법률
관계의 변동을 목적으로 하는 형성의 소(形成의 訴)이고, 그 청구를
인용하는 취소판결에는 형성력이 있다. 형성력이란 형성의 소의
판결 주문 중에 법률관계의 변동의 선언을 행하고 판결의 확정에
수반해서 법률관계를 변동시키는 효력을 말한다.[20]

4. 기판력

기판력이란 확정된 종국판결에 있어서 청구에 대한 판결내용은
당사자와 법원을 규율하는 새로운 규준(規準)으로서 구속력을 가지
는바, 이러한 확정판결의 판단에 부여하는 구속력을 기판력이라 한
다. 기판력은 소송물에 대해 행한 판단의 효력으로서, 당해 소송보
다도 뒤의 별도 소송에서 법원 및 당사자에 대한 구속력으로서 문
제된다.

---

18) 이시윤, 상게서, 625면.
19) 임석재·한규현, 『특허법』, 박영사, 2017, 607면; 조영선, 전게서, 644면.
20) 高部眞規子, 前揭書, 343頁.

행정소송법은 기속력에 관한 규정(제30조)은 두고 있으나, 기판력에 관해서는 규정은 없다. 따라서 민사소송법의 일반이론에 맡기고 있다. 결국 행정처분인 심결에 대한 취소소송에 관하여 청구기각판결이 확정되면 처분에 위법성이 없다는 점에 관하여 기판력이 생기는지가 문제된다. 이에 대해 확정심결에는 확정판결과 같은 기판력 제도가 없고, 심결이 판결을 통해 확정되더라도 그 판결의 기판력은 당해 심결의 취소청구권에 관하여만 발생하므로 동일한 당사자라도 동일 증거만 아니라면 동일한 권리에 대한 확정심결의 결과를 다시 다툴 수 있다는 견해가 있다.[21] 그러나 특허소송도 마찬가지로 행정소송으로서 기판력이 있다고 할 것이고(행정소송법 제8조 제2항), 다만 특허법원의 판결이 확정된 이후 새로이 제기된 심결취소소송은 제소기간을 도과한 것으로 각하될 것이다.[22] 한편 일본의 경우 청구인용판결에 관하여는 기판력을 인정하는 것의 실익에 관해서는 문제시하는 견해도 있지만 기판력을 인정하는 견해가 다수라고 한다.[23]

V. 관련문제 − 확정심결의 효력

1. 특허심판원의 행정처분 − 심결

특허심판원은 특허법이 정한 일정한 사유에 관하여 심리절차를 거쳐 행정처분의 일종인 '심결'을 내린다. 이러한 심결의 유형으로는 우선, 당사자계 심판의 경우 등록무효심판(특허법 제133조), 정정

---

21) 조영선, 전게서, 619~620면.
22) 임석재 · 한규현, 전게서, 607면.
23) 高部眞規子, 前揭書, 342頁.

무효심판(제137조), 존속기간연장등록의 무효심판(제134조), 권리범위확인심판(제135조), 통상실시권 허락심판(제138조) 등이 있다. 다음으로, 결정계심판으로는 특허거절결정에 대한 불복심판(제132조의17), 존속기간연장등록 거절결정 불복심판(제132조의17), 정정심판(제136조)이 있다.

한편 무효심판이 특허심판원에 계속되어 있는 동안에는 특허권자는 독립한 정정심판청구를 할 수 없다(제136조 제2항 제2호). 이에 따라서 정정청구를 할 수 있는 경우는 ① 무효심판청구에 대한 답변서를 제출할 수 있는 기간 이내(제147조 제1항), ② 직권심리에 의한 의견서 제출기간 이내(제159조 제1항 후단) 등이다. 특허취소신청이 제기된 경우 그 결정 확정될 때까지도 정정청구만을 할 수 있다(제136조 제2항 제1호).

2. 심결확정과 차단효

특허심판원이 내린 심결에 불복하여 특허법원에 그 심결의 취소를 구하는 소를 제기하면 특허심판원에서 한 심결의 확정은 차단된다. 심결취소소송은 일반 민사소송과 달리 청구항독립의 원칙에 따라 청구항별로 불복을 인정하므로 심결확정차단의 효력도 그 소를 제기한 일부청구항에만 차단의 효력이 생긴다. 나머지 청구항은 심결불복 취지의 소를 제기하지 않으면 그 부분에 한하여 특허심판원의 심결은 비로소 확정된다.

특허심판원의 심결이 확정되면 일사부재리효가 발생한다. 또 정정심결이 확정되면 무효심결의 상고심에서 특허정정이 판결에 미치는 영향이 문제된다.

3. 일사부재리 효력

(1) 특허법 제163조의 일사부재리 의미

심판의 심결이 확정되었을 때에는 그 사건에 대해서는 누구든지 동일 사실 및 동일 증거에 의하여 다시 심판을 청구할 수 없다. 다만, 확정된 심결이 각하심결인 경우에는 그러하지 아니하다. 이를 일사부재리의 효력이라고 한다. 법문에 의하면, 일사부재리 효력은 당사자나 그 승계인은 물론이고 제3자에 대해서도 미친다. 그리고 일사부재리에 반하는 새로운 심판청구는 부적법하므로 각하(却下)되어야 한다(특허법 제142조 참조).

확정된 심결은 대세적 효력이 있으므로 동일한 권리에 관하여 반복적인 쟁송이 가능하도록 한다면, 심결의 모순, 저촉이 발생할 수 있고, 권리자로서 매번 쟁송에 응하여야 하는 어려움을 겪게되므로 제3자 하더라도 일단 확정된 심결의 효력을 부정할 수 없도록 한 것이 제163조의 취지이다. 그러나 이를 예외 없이 관철할 경우 제3자의 입장에서는 새로운 증거를 갖추어 무효임을 입증할 수 있는 기회를 봉쇄당하므로 불합리가 발생하고 특허제도의 취지와 공익에도 반한다. 그래서 특허법은 상반되는 이해관계를 절충하여 원칙적으로 특허 등에 관하여 심결이 확정되면 제3자라 하더라도 이를 다시 다툴 수 없도록 하되, 새로운 사실 또는 새로운 증거를 근거로 확정심결의 내용과 다른 심판청구를 하는 경우에는 일사부재리에 해당하지 않는 것으로 하고 있다.[24]

(2) 일사부재리 판단의 기준 시점

(가) 심결시설(審決時說)

종래 판례[25]는 특허법 제163조가 규정하는 일사부재리의 원칙

---

24) 조영선, 전게서, 619면.

에 해당하는지의 여부는 심판의 청구 시가 아니라 그 심결 시를 기준으로 판단되어야 하는 것이라고 판시하였다.

즉 "종래 대법원은 일사부재리의 원칙에 해당하는지 여부는 심판의 청구시가 아니라 그 심결시를 기준으로 판단되어야 한다고 해석하였다. 그리하여 일사부재리의 원칙은 어느 심판의 심결이 확정 등록되거나 판결이 확정된(이하 두 경우 중 심판의 심결이 확정 등록된 경우만을 들어 설시하기로 한다) 후에 청구되는 심판에 대하여만 적용되는 것은 아니고, 심결시를 기준으로 하여 그 때에 이미 동일사실 및 동일증거에 의한 다른 심판의 심결이 확정 등록된 경우에는 당해 심판의 청구시기가 확정된 심결의 등록 전이었는지 여부를 묻지 아니하고 적용된다"고 판시하여 왔다.[26]

즉 일사부재리의 원칙은 어느 심결의 확정등록이 있거나 판결이 확정된 후에 청구되는 심판에 대해서만 적용되는 것이 아니고, 심결 시를 기준으로 하여 동일사실 및 동일증거에 의한 심결의 확정등록이 있거나 판결이 확정된 경우에는 그 심판의 청구시기가 확정된 심결의 확정등록이나 판결의 확정 전이었는지 여부를 묻지 않고 적용되는 것이라고 판단하였다.

이러한 심결시설을 취한 종래 판례에 따르면, 심판청구에는 일사부재리에 해당되지 않더라도 심결시에 해당되면 일사부재리 원칙에 위반된다. 따라서 나중에 제기된 심판청구의 심결이 확정되면 그보다 먼저 제기된 다른 심판청구라도 각하되어야 한다. 또 심판청구를 기각한 심결이 소송에서 취소되어 다시 심판단계에 계속 중에 다른 동일한 심판청구에 대한 심결이 기각되어 확정된 경우에도 앞의 심판청구는 각하되어야 한다.

---

25) 대법원 2007.1.15. 선고 2006후3168 판결.
26) 대법원 2000.6.23. 선고 97후3661 판결; 대법원 2006.5.26. 선고 2003후427 판결 참조.

(나) 심판청구시설(審判請求時說)

그러나 대법원은 전원합의체 판결[27]로 종전 판례를 파기하였다.

즉 "이와 같은 종래의 대법원판례에 따르면, 동일특허에 대하여 동일사실 및 동일증거에 의한 복수의 심판청구가 각각 있은 경우에 어느 심판의 심결(이를 '제1차 심결'이라고 한다)에 대한 심결취소소송이 계속되는 동안 다른 심판의 심결이 확정 등록된다면, 법원이 당해 심판에 대한 심결취소의 청구가 이유 있다고 하여 제1차 심결을 취소하더라도 특허심판원이 그 심판청구에 대하여 특허법 제189조 제1항 및 제2항에 의하여 다시 심결을 하는 때에는 일사부재리의 원칙에 의하여 그 심판청구를 각하할 수밖에 없다. 그러나 이는 관련 확정 심결의 등록이라는 우연한 사정에 의하여 심판청구인이 자신의 고유한 이익을 위하여 진행하던 절차가 소급적으로 부적법하게 되는 것으로 헌법상 보장된 국민의 재판청구권을 과도하게 침해할 우려가 있고, 그 심판에 대한 특허심판원의 심결을 취소한 법원의 판결을 무의미하게 하는 불합리가 발생하게 된다.

나아가 구 특허법 제163조의 취지는 심판청구의 남용을 방지하여 심판절차의 경제성을 도모하고 동일한 심판에 대하여 상대방이 반복적으로 심판에 응하여야 하는 번거로움을 면하도록 하는 데에 있다. 그러나 위 규정은 일사부재리의 효력이 미치는 인적 범위에 관하여 "누구든지"라고 정하고 있어서 확정 등록된 심결의 당사자나 그 승계인 이외의 사람이라도 동일사실 및 동일증거에 의하여 동일심판을 청구할 수 없으므로, 함부로 그 적용의 범위를 넓히는 것은 위와 같이 국민의 재판청구권의 행사를 제한하는 결과가 될 것이다. 그런데 구 특허법 제163조는 위와 같이 '그 심판을 청구할 수 없다'라고 규정하고 있어서, 위 규정의 문언에 따르면 심판의 심결이 확정 등록된 후에는 앞선 심판청구와 동일사실 및 동일증거에

---

27) 대법원 2012.1.19. 선고 2009후2234 전원합의체 판결 [등록무효(특)].

기초하여 새로운 심판을 청구하는 것이 허용되지 아니한다고 해석
될 뿐이다. 그러함에도 이를 넘어서 심판청구를 제기하던 당시에
다른 심판의 심결이 확정 등록되지 아니하였는데 그 심판청구에 관
한 심결을 할 때에 이미 다른 심판의 심결이 확정 등록된 경우에까
지 그 심판청구가 일사부재리의 원칙에 의하여 소급적으로 부적법
하게 될 수 있다고 하는 것은 합리적인 해석이라고 할 수 없다.

　　그렇다면 일사부재리의 원칙에 따라 심판청구가 부적법하게 되
는지 여부를 판단하는 기준시점은 심판청구를 제기하던 당시로 보
아야 할 것이고, 심판청구 후에 비로소 동일사실 및 동일증거에 의
한 다른 심판의 심결이 확정 등록된 경우에는 당해 심판청구를 일
사부재리의 원칙에 의하여 부적법하다고 할 수 없다.

　　이와 달리 구 특허법 제163조에 정한 일사부재리의 원칙에 해당
하는지 여부는 심판의 청구시가 아니라 그 심결시를 기준으로 판
단되어야 한다고 판시한 대법원 2000.6.23. 선고 97후3661 판결과
대법원 2006.5.26. 선고 2003후427 판결의 취지는 이와 저촉되는
범위 내에서 변경하기로 한다."고 판시하였다.

4. 무효판결의 상고심에서 확정된 정정판결의 효력

(1) 정정심결의 소급효

　　정정심판청구는 결정계사건으로서 기각심결에 대해서는 심판청
구인이 심결취소소송 절차에 의하여 다툴 수 있으나, 정정을 인정
하는 심결에 대해서는 즉시 확정된다. 특허발명의 명세서 또는 도
면에 대하여 정정을 한다는 심결이 확정되었을 때에는 그 정정 후
의 명세서 또는 도면에 따라 특허출원, 출원공개, 특허결정 또는 심
결 및 특허권의 설정등록이 된 것으로 본다(특허법 제136조 제10항).

(2) 무효심결의 상고심에서 특허정정이 판결에 미치는 영향 — 재심사유

판례28)에 따르면 상고심 계속중 당해 특허발명의 정정심결이 확정된 경우, 정정 전의 특허발명을 대상으로 하여 무효 여부를 판단한 원심판결에는 민사소송법상의 재심사유가 있다고 판시한 사례가 있다. 즉 "이 사건 특허발명의 특허청구범위 제3항에 관하여, 원고의 정정심판청구에 의하여 원심판결 선고 이후인 2008.4.24. 그 정정을 허가하는 심결이 내려지고, 그 심결은 2008.4.30. 확정되었고, 이 사건 특허발명의 특허청구범위 제4항 내지 제10항은 특허청구범위 제3항의 구성을 한정하는 종속항임을 알 수 있으므로, 이 사건 특허발명의 특허청구범위 제3항 내지 제10항은 모두 구 특허법(1997.4.10. 법률 4892호로 개정되기 전의 것) 제136조 제9항에 의하여 정정 후의 명세서에 의하여 특허등록출원 및 특허권의 설정등록이 된 것으로 보아야 한다. 따라서 정정 전의 이 사건 특허발명을 대상으로 하여 무효 여부를 심리·판단한 원심판결에는 민사소송법 제451조 제1항 제8호 소정의 재심사유가 있으므로 결과적으로 판결에 영향을 끼친 법령위반의 위법이 있다 할 것이고, 이 점을 지적하는 상고이유의 주장은 이유 있다."고 판시하였다.

---

28) 대법원 2008.7.24. 선고 2007후852 판결 [등록무효(특)].

제10장
계약관계소송

I. 계약위반에 기한 금지청구의 가부

1. 문제제기

특허권의 실시허락계약(라이선스 계약)에서 라이선스의 범위를 일탈한 실시에 관하여 계약상의 의무로서 부작위의무를 부과하는 것이 있다. 그 경우 실시권자(라이선시)가 계약조항에 위반하여 라이선스의 범위를 일탈한 실시를 하고 있는 경우는 특허권자로서는 ① 특허권에 기한 금지 및 손해배상 청구를 할 수 있고, 이와 별도로 ② 계약에 기한 금지 및 손해배상을 청구하는 것도 가능하다.

우선 특허권에 기한 금지 및 손해배상청구에서, 특허권자는 특허권과 피고의 행위, 그것이 기술적 범위에 속한다는 점을 주장하고, 이에 대해서는 피고인 실시권자(라이선시)는 항변으로서 실시허락계약 및 그 범위에 속한다는 점을 주장입증해야 한다. 이에 반하여 계약에 기한 금지 및 손해배상청구에서는 특허권자는 실시허락계약을 체결한 점 및 그 내용, 피고의 행위가 라이선스의 범위를 일탈한 점을 주장입증해야 한다.

예컨대 물건을 생산하는 방법의 발명에서, 특허권에 기한 금지 및 손해배상 청구소송에서는 실시행위가 피고의 공장 내에서 제조 공정인 경우 등, 입증이 곤란한 경우도 있을 수 있지만, 이와 달리 계약에 기한 금지 및 손해배상 청구소송에서는 계약상, 공정이 아니라 최초 제품 수준에서 부작위의무의 범위를 특정하는 것도 가능하고, 그러한 계약내용의 경우는 주장입증이 계약에 기한 금지 및 손해배상 청구소송의 쪽이 용이한 사례도 있다. 또한 손해배상의 지연배상도 특허권에 기한 금지 및 손해배상 청구소송에서는 5%의 민사법정이율임에 반하여 계약에 기한 금지 및 손해배상 청구소송에서는 6%의 상사법정이율이 적용되는 점이 다르다.

2. 허락범위를 일탈한 실시와 특허권 침해

특허권의 실시허락계약의 계약조항에 위반하여 제조 또는 판매한 것이 특허권침해에 해당하는지 여부가 문제된다. 허락계약에도 다양한 조항이 있고, 계약위반을 일률적으로 다루는 것은 상당하지 않으므로, 개별적으로 계약조항을 검토하여 해석해야 할 것이다.

실시권자는 실시허락의 범위 내 즉 계약으로 정해진 시간적 제한, 장소적 제한, 내용적 제한의 범위 내에서 실시하더라도, 특허권자로부터 금지청구 등 권리행사를 당하지 않는 것에 지나지 않는다. 따라서 예컨대 실시권자가 허락을 받은 종류 이외의 제품을 제조판매한 경우, 허락제품의 종류에 관한 조항은 계약에서 본질적 조항이기 때문에, 그 조항위반에 따른 제품은 특허권을 침해할 수 있다. 해당 제품에 관하여 허락을 얻지 않은 이상 실시권자가 제조판매한 행위는 특허권침해로 되는 것은 분명하다 할 것이다.

실시료(라이선스 대가)를 지불하지 않은 행위는 단순히 채무불이행의 상태일 뿐이므로, 계약이 해제되지 않은 이상, 다른 요건을 충족하는 한, 특허권을 침해하는 것은 아니라고 해석함이 상당하다.

일본 판례 중 '육모포트사건'(育苗ポット事件)[1])에서는 원재료의 구입처, 제품규격, 판로, 표지의 사용 등에 관한 약정의 위반에 관해서도, 단순한 계약상의 채무불이행으로 되는 것에 그친다고 판단하였다. 즉 오사카고등법원은 원재료의 구입처, 제품규격, 판로, 표지의 사용 등에 관한 약정의 위반에 관해서는 특허발명의 실시행위와는 직접 관계가 없고 말하자면 그것에 부수한 조건을 붙인 것에 지나지 않은 조건의 위반은 단순한 계약상 채무불이행에 그친다는 취지로 판시하였다.

일본의 학계에서는 최대생산수량(最高製造數量)의 제한에 관한 조항에 관해서는 견해가 나뉘고 있다. 즉 수량제한 내의 제품인지 여부가 제3자에게 판별곤란하기 때문에 거래의 안전을 해치는 것 등을 이유로 하여, 통상실시권의 범위 밖이라는 견해[2])가 있다. 이에 대하여 통상실시권의 범위의 합의로 보아서 그 위반은 특허권침해에 해당한다고 해석해야 한다는 견해도 있다.[3]) 일본 판례[4])는 후자

---

1) 大阪高判平成15・5・27 平成15年(ネ)第320号 [育苗ポット事件]. 이 사건 판결의 요지는 다음과 같다. 즉 "현실의 통상실시권설정계약에서 원재료의 구입처, 제품규격, 판로, 표지(標識)의 사용 등에 대해 다양한 약정이 이루어질 수 있다 해도, 이들은 특허발명의 실시행위와는 직접 관계없고, 말하자면 그에 부수(付隨)한 조건을 부여함에 지나지 않고, 그 위반은 단순한 계약상의 채무불이행으로 되는 것에 그친다고 해석하는 것이 상당하다.", "본건 금지조항은 통상실시권의 범위에 관해, 실시태양을 사용에 한정할 뿐만 아니라, 또 본건 포트 커터(ポットカッター, pot cutter)를 다른 회사 연결 육묘 포트의 분리 등에 사용해서는 안 된다는 제한을 붙인 취지의 합의라고 해석된다. … 본건 포트 커터를 그러한 연결 육묘 포트에 사용할 수 있는 한, 그리고 그 육묘 포트의 공급처가 어디인지라는 점은 본건 발명의 실시행위와 직접 관계가 없고, 본래는 본건 특허권과는 무관하게 피항소인에 있어서 결정해야 할 사항인 점에 비추어 보면, 본건 금지조항은 통상실시권의 범위를 제한하는 것이 아니라, 이것과는 별개의 다른 약정이라고 해야 한다.", "본건 금지조항의 위반은 본건 대여계약상의 채무불이행이 되는 것인지는 몰라도 … 본건 특허권의 침해가 될 수 없다"고 판시했다.

2) 田村善之,『市場・自由・知的財産』, 有斐閣, 2003, 160頁.

의 견해와 같이 한다. 생각건대 최대생산수량(最高製造數量)의 제한에 관한 조항에 관해서는 제3자보호나 거래안전의 법리를 중시하기보다는 특허권자의 이해관계와 직결되기 때문에 특허권침해로 보는 견해가 더 타당하므로 후자의 견해를 지지한다.

또 상표권에 관한 병행수입에 관한 일본 판례이지만, 이른바 'FRED PERRY 事件'[5]에서는 외국에서 상표권자로부터 상표의 사용허락을 받은 자에 의해 일본에서 등록상표와 동일한 상표를 부착한 상품을 수입하는 것은 피허락자는 제조 등을 허락한 국가를 제한하고 상표권자의 동의 없이 하청제조를 제한하는 취지의 사용허락계약으로 정해진 조항에 위반하여 상표권자의 동의 없이 허락되지 않는 국가에 있는 공장에서 하청 제조된 상표를 부탁하는 등 판시 사항하에서는 이른바 진정상품의 병행수입으로서 상표권침해로서의 위법성을 결한 경우에 해당하지 않는다고 판시하고 제조지역제한 위반 및 하청제한위반에 관해서 상표권침해를 긍정하였다.

3. 특허청구범위의 감축과 실시의 범위

일본판례 중 '앵커부착굴삭장치사건'[6]에서는 실시계약의 대상으로 된 발명이 출원과정에서 명세서의 특허청구범위가 보정된 결과 특허청구의 범위가 감축되어 설정등록된 사안에서, 장래 특허권으로서 독점권이 부여되는 것을 전제로 계약이 체결되었고 계약에

---

3) 小泉直樹, "数量製造違反の特許法上の評価", 牧野利秋判事退官記念 『知的財産法と現代社会』, 信山社, 1999, 354頁; 平嶋竜太, "特許ライセンス契約違反と特許権侵害の調整法理に関する一考察", 中山信弘先生還暦記念 『知的財産法の理論と現代的課題』, 弘文堂, 2005, 253~260頁.

4) 大阪地判平成20・6・26 平成19年(ワ)第3485号.

5) 最一小判平成15・2・27 民集57巻2号125頁 = 判時1817号33頁 = 判夕1117号216頁 [フレッドペリー事件].

6) 最三小判平成5・10・19 判時1492号134頁 [アンカー付掘削装置事件].

따라서 의무의 대상으로 된 장치도 그 범위의 것으로 된다고 하였다. 다만 계약 후에 특허청구범위가 감축된 경우에 부작위의무의 범위를 어떠한 것으로 취하는가는 어디까지나 구체적 사안에서 계약의 의사해석에 의한 것이다.

II. 기지급 실시료 반환청구 가부와 착오에 기한 취소 문제

특허무효심결의 확정으로 특허가 등록무효가 된 경우에는 그 특허권은 처음부터 소급하여 없었던 것으로 본다(특허법 제133조 제3항). 이로 인하여 그 특허가 존속하는 동안 이미 지급된 실시료를 반환청구할 수 있는지 여부가 문제되고, 또 특허가 무효로 되었음을 이유로 착오로 인한 의사표시의 취소를 주장할 수 있는지 여부가 문제된다.

1. 특허의 유효성에 관한 오신(誤信) ― 특허무효심결의 확정과 실시계약의 착오 취소 가부

특허권의 실시허락계약(라이선스 계약)을 체결한 경우 특허권자(라이선서)는 실시권자(라이선시)에 대하여 해당 계약에 기하여 실시료를 청구할 수 있다. 이러한 경우에 있어서 해당 특허의 유효성 등에 의문이 존재하는 경우에 일본 특허법 제104조의3은 직접 적용되지 않지만, 이것을 항변으로 할 수 있는지 여부가 문제된다.

라이선스계약에 실시권자가 해당 특허의 유효성을 다투지 않는다는 취지의 부쟁조항(no-challenge clause, 不爭條項)이 들어가 있지 않은 경우에는 실시권자가 특허무효심판을 청구할 수 있고, 무효심결이 확정된 경우에 계약의 착오무효나 권리남용이라는 주장을 하는 것도 고려될 수 있다. 그렇지만 특허권의 유효성에 관한 오신(誤

信)은 동기의 착오에 지나지 않은 경우가 많다고 할 수 있고, 실시권자가 어떤 제품에 관하여 특허권의 행사를 받지 않은 대가로서 실시료를 지급한다는 의사에 기하여 실시계약이 체결된다고 해석할 수 있으므로, 계약의 체결과 인과관계나 중요성의 관점에서 착오무효가 인정되는 사안은 적다고 생각된다.

우리 법원은 특허발명 실시계약 체결 이후 계약 대상인 특허가 무효로 확정된 경우, 착오를 이유로 특허발명 실시계약을 취소할 수 있는지 여부에 대하여 원칙적으로 소극적인 태도를 취하고 있다. 즉, "특허는 성질상 특허등록 이후에 무효로 될 가능성이 내재되어 있는 점을 감안하면, 특허발명 실시계약 체결 이후에 계약 대상인 특허의 무효가 확정되었더라도 특허의 유효성이 계약 체결의 동기로서 표시되었고 그것이 법률행위의 내용의 중요부분에 해당하는 등의 사정이 없는 한, 착오를 이유로 특허발명 실시계약을 취소할 수는 없다."고 판시하였다.[7]

2. 특허무효심결이 확정된 후 실시권자의 부당이득반환청구 가부

(1) 판 례

특허무효와 기지급 실시료의 반환여부와 관련하여 우리 판례[8]는 "특허발명 실시계약이 체결된 이후에 계약 대상인 특허가 무효로 확정되면 특허권은 특허법 제133조 제3항의 규정에 따라 같은 조 제1항 제4호의 경우를 제외하고는 처음부터 없었던 것으로 간주된다. 그러나 특허발명 실시계약에 의하여 특허권자는 실시권자

---

7) 대법원 2014.11.13. 선고 2012다42666, 42673 판결 [주식양도 등 · 계약무효확인].

8) 대법원 2014.11.13. 선고 2012다42666, 42673 판결 [주식양도 등 · 계약무효확인].

의 특허발명 실시에 대하여 특허권 침해로 인한 손해배상이나 금지 등을 청구할 수 없게 될 뿐만 아니라 특허가 무효로 확정되기 이전에 존재하는 특허권의 독점적·배타적 효력에 의하여 제3자의 특허발명 실시가 금지되는 점에 비추어 보면, 특허발명 실시계약의 목적이 된 특허발명의 실시가 불가능한 경우가 아닌 한 특허무효의 소급효에도 불구하고 그와 같은 특허를 대상으로 하여 체결된 특허발명 실시계약이 계약 체결 당시부터 원시적으로 이행불능 상태에 있었다고 볼 수는 없고, 다만 특허무효가 확정되면 그때부터 특허발명 실시계약은 이행불능 상태에 빠지게 된다고 보아야 한다. 따라서 특허발명 실시계약 체결 이후에 특허가 무효로 확정되었더라도 특허발명 실시계약이 원시적으로 이행불능 상태에 있었다거나 그 밖에 특허발명 실시계약 자체에 별도의 무효사유가 없는 한 특허권자가 특허발명 실시계약에 따라 실시권자로부터 이미 지급받은 특허실시료 중 특허발명 실시계약이 유효하게 존재하는 기간에 상응하는 부분을 실시권자에게 부당이득으로 반환할 의무가 있다고 할 수 없다."고 판시하였다.

일본 하급심 판례 중에는 계약체결 시부터 권리의 유효성에 관하여 분쟁이 존재하는 것을 인식하면서 이미 지불한 실시료를 반환하지 않는다는 취지의 약정이 이루어진 사례[9]에서 이미 지불한 실시료의 부당이득반환청구는 인정되지 않았다.

(2) 학 설

특허무효와 기지급 실시료의 반환여부와 관련하여 학설의 대립이 있다.

우선 ① 부정설로서, 실시권자는 특허가 무효로 되기까지는 제3자의 자유로운 실시로 인한 경쟁에서 보호 내지 이익을 받고 있었

---

9) 東京地判昭和57·11·29 判時1070号94頁.

으므로 실시료 상당의 손해를 입었다고 단정하기 어려운 점을 고려하면 특허권자가 특허의 명백한 무효 사유 등을 알고 있었고 그로 인하여 실시권자가 실질적으로 아무런 보호를 받지 못했다는 등의 특별한 사정이 없는 한 실시권자가 이미 지급한 실시료에 대하여 부당이득반환청구권을 행사할 수 없다는 견해이다. 이에 대하여 ② 실시계약의 성격상 소급적 무효가 되는지 여부에 따라 기지급 실시료의 반환여부를 결정하자는 견해가 있다. 즉 특허권 양도계약이나 전용실시권 설정계약은 원시불능으로 인한 무효나 하자담보책임으로 해결하면 되고, 이와 달리 통상실시권 설정계약의 경우에는 동기의 착오에 기한 의사표시의 취소요건을 엄격히 적용함이 상당하다는 견해이다.10) 구체적으로 보면, 특허권 양도계약이나 전용실시권 설정계약에서 그 대상으로 삼은 특허 전부가 무효로 확정된 경우에는 해당 계약은 존재하지 아니하는 권리를 급부의 목적으로 한 것으로서 이행이 원시적 불능이므로 무효로 되어 이미 지급받은 양도 대금이나 실시료 등을 반환하여야 하고(다만 계약의 대상이 된 복수의 특허 또는 청구항 중 일부만이 무효로 된 경우라면 계약 전부가 무효로 되지 아니하고 특허권자가 실시권자에 대하여 하자담보책임을 부담하게 된다), 통상실시권의 경우에는 특허권자의 배타적 권리를 행사하지 아니할 부작위의무가 원시적 불능에 빠지는 것이 아니어서 통상실시권 설정계약이 소급하여 무효로 된다고 볼 근거가 없으므로 실시권자는 특허권자를 상대로 이미 지급한 실시료의 반환을 청구할 수 없다는 견해11)이다.

---

10) 조영선, 『특허법 2.0』 제6판, 박영사, 2018, 489~497면.
11) 조영선, "특허의 무효를 둘러싼 민사상의 법률관계", 「법조」 제55권 3호 (2006년 3월호), 법조협회, 2006, 77~95면.

(3) 결 어

요컨대 실시권자는 특허무효심결이 확정되기까지는 사실상 특허권의 배타권의 은혜를 받았을 가능성이 있고, 그 관점에서도 실시료의 지불을 거부할 수 없다고 해석된다. 이에 대하여 부쟁조항(no-challenge clause)이 실시계약의 내용에 들어 있는 경우에는 실시권자는 해당 특허가 무효라고 주장할 수 없다고 해석되고, 라이선스료의 지급조항의 효력을 부정하는 것은 어려운 경우가 많을 것이다.

Ⅲ. 기술적 범위에 속하는지 여부에 관한 오신(誤信)

기술적 범위에 속하는지 여부에 관한 착오에 관하여, 실시권자가 제조하는 해당 기술분야에 속하는 제품을 그것이 대상특허발명의 기술적 범위에 속하는지 여부를 묻지 않고, 실시료지불의 대상으로 하는 이른바 전체적(overall) 방식에서는 착오무효로 할 여지가 없지만, 실시권자가 제조판매하는 제품 중 대상특허발명의 기술적 범위에 속하는 것에 한하여, 실시료의 지불의 대상으로 하는 이른바 가정적 이용(if use) 방식에서는 착오무효로 될 수 있다고 하며, 실시료가 고정액방식으로 정해져 있는 경우에는 실시료가 부여된 이상, 실시권자 측의 사정으로 현실적으로 실시가 되지 않더라도 실시권자는 실시료지불의무를 면하지 않고, 실시권자가 제조판매하는 제품이 해당 특허발명의 기술적 범위에 속하지 않는다고 하더라도 착오무효로 되지 않지만, 실시권자의 제품이 구체적으로 특정되고 그 제품이 해당 특허발명의 기술적 범위에 속하는 것을 명시적인 전제로 하여 오로지 해당 제품의 제조판매를 위하여 특허실시계약이 체결되었다는 사정이 있는 경우에는 착오무효로 할 여지가 있다고 하는 견해[12]가 있다. 또한 실시권자가 해당 특허발명의 기술적 범위에 속하는 것을 전제로 하여 실시계약을 체결한 경우에 한하여, 착오무효를 긍정하는 견해13)도 있다.

일본 재판례에서도 실시계약이 영리를 목적으로 하는 사업을 수행하는 당사자들에 의해 체결된 것이고, 계약당사자로서는 거래의 통념으로서 계약을 체결하는 때에 발명의 기술적 범위의 광협(廣狹) 및 무효의 가능성에 관해서는 평가를 하는 것이 가능하였다고 하여, 착오무효를 인정하지 않았던 것이 있다.14)

---

12) 雨宮正彦, "実施契約", 牧野利秋 編『工業所有權訴訟法』裁判實務大系9卷, 靑林書院, 1985, 384頁.

13) 石村智, "実施契約", 齊藤博・牧野敏明 編『知的財産關係訴訟法』裁判實務大系27卷, 靑林書院, 1997, 361頁.

14) 知財高判平成21・1・28 判時2044号130頁[石風呂裝置事件].

제11장

등록관계소송

Ⅰ. 무권리자의 특허출원과 특허권이전청구권 행사 가부

1. 무권리자의 특허출원(이른바 '모인출원')의 의의

발명을 한 사람 또는 그 승계인은 특허법에서 정하는 바에 의하여 특허를 받을 수 있는 권리를 가진다(특허법 제33조 제1항 본문). 즉 특허법에 따라 발명자와 그 승계인만이 '특허를 받을 수 있는 권리'를 가진다. 위 권리는 강학상 '발명권'[1] 또는 '발명자권'[2]이라 한다.[3]

무권리자의 특허출원(이른바 '모인출원')이란 발명에 관하여 정당

---

[1] 송영식 외 6인, 『지적소유권법(상)』, 육법사, 2008, 379면.

[2] 조영선, "특허를 받을 수 있는 권리(발명자권)의 위상 검토와 제언", 『고려법학』 63호, 고려대학교 법학연구원, 2011, 75면.

[3] 서울고등법원 2009.1.21. 선고 2007나96470 판결 등 실무에서도 사용되고 있으므로, '특허를 받을 수 있는 권리'를 간단히 '발명자권'이라 하고, 발명자권을 가진 자를 특허법 제34조, 제35조의 표현에 따라 '정당한 권리자'라 하며, 발명자권을 가지지 않은 자를 '무권리자'라 칭하기로 한다.

한 권원을 가지지 않은 자 즉 특허를 받을 수 있는 정당한 권리자가
아닌 자가 특허출원인으로 되어 있는 출원을 말한다.[4]

무권리자의 특허출원(모인출원)의 대표적인 4가지 유형이 있다.
① 정당한 권리자는 아직 출원하지 않았는데 정당한 권리자 모르
게 제3자가 무단으로 출원한 경우,[5][6] ② 정당한 권리자가 출원한
이후 제3자가 서류를 위조하는 등 무단으로 무권리자 명의로 출원
인 명의변경을 하는 경우가 있다. ①과 ②의 유형은 '협의의 모인출
원'이라 할 수 있다.[7][8] 또 ③ 공동출원위반의 경우가 있다.[9] 즉 공
동출원약정 자체를 위반한 경우[10]이거나 특허를 받은 권리가 공유

---

4) 高部眞規子, 『實務詳說 特許關係訴訟』 第2版, 金融財政事情研究會, 2012,
  377頁.

5) 대법원 2014.5.16. 선고 2012다11310 판결.

6) 직무발명에 있어서 취업규칙상 특허를 받을 수 있는 권리를 회사가 승계
  하였음에도 불구하고, 종업원이 자신을 발명자이자 출원인으로 하여 특허
  를 출원하는 경우도 여기에 해당한다.

7) ①과 ②의 유형('협의의 모인출원')은 각각의 경우에 아직 무권리자 명의로
  특허권 설정등록이 되지 않은 경우와 무권리자 명의로 특허권 설정등록이
  된 경우로 구분할 수 있다.

8) 이러한 ①과 ②의 유형('협의의 모인출원')의 특허권이전등록청구소송에서
  의 청구취지(請求趣旨)는 "피고는 원고에 대하여 별지 특허권목록 기재의
  특허권에 관하여 특허법 제99조의2 제1항을 원인으로 하는 이전등록절차
  를 이행하라"와 같다.

9) 이러한 ③ 유형('공동출원위반')의 특허권이전등록청구소송에서의 청구취
  지(請求趣旨)는 "피고는 원고에 대하여 별지 특허권목록 기재의 특허권에
  관하여 특허법 제99조의2 제1항을 원인으로 하여 피고의 지분 ○분의 1의
  이전등록절차를 이행하라"와 같다.

10) 특허법원 1998.10.1. 선고 98허2405 판결(이 사건은 공동출원약정을 위반
  한지 여부가 쟁점이 되었다. 법원은 이 사건 등록고안의 발명자는 원고가
  아니라 피고라 할 것이므로, 이 사건 등록고안이 발명을 한 자 또는 승계인
  이 아닌 자에 의한 출원에 의하여 등록된 것이어서 무효라는 원고의 주장은
  이유가 없으며 … 출원인에서 누락된 자가 공동발명자에 해당되지 아니하
  다면 거절이유 등에는 해당되지 아니한다고 판시하였다. 다만 공동출원약
  정을 위반한 자가 그에 따른 채무불이행 책임을 지는 것은 별론이라는 견해

관계에 있는 경우(특허법 제33조 제2항) 각 공유자는 다른 공유자와 공동으로 하지 않으면 특허출원을 할 수 없는데(특허법 제44조) 이 공동출원규정에 반하여 특허출원을 하는 경우를 말한다.[11] 그리고 ④ 정당한 권리자와 승계인 사이의 특허를 받을 수 있는 권리의 양도계약에 하자가 있거나 그에 따른 출원인 명의변경 약정에 하자가 있는 경우 그 양도계약이 무효나 취소, 해제 등의 사유로 효력을 상실하게 되는 때에는 결국 특허를 받을 수 있는 권리를 승계한 자의 출원이 결과적으로 무권리자에 의한 출원으로 되는 경우[12][13] 등이라 할 수 있다.[14]

한편 모인출원과 구별되는 경우로서, 출원인의 발명자 표시의무와 관련하여 발명자의 기재 오기 자체이다. 이 경우는 타인의 발명을 훔친 경우라 할 수 없으므로 출원거절사유나 특허무효사유가 되지는 않는다.[15]

를 제시하였다).

11) 결국 '공동출원위반'이란 공동출원약정이나 공동출원이 의무화되어 있는 특허법규정에 반하여 공동발명에 있어 공동발명자 일부를 누락한 채 나머지 공동발명자의 명의로 출원하는 경우라 할 수 있다.

12) 대법원 2004.1.16. 선고 2003다47218 판결(이 사건은 강제집행을 면하기 위하여 특허출원인의 명의를 변경한 사안이었다. 법원은 그 특허를 받을 수 있는 권리와 설정등록이 이루어진 특허권이 동일한 발명에 관한 것이라면 그 양도계약에 의하여 양도인은 재산적 이익인 특허를 받을 수 있는 권리를 잃게 됨에 대하여 양수인은 법률상 원인 없이 특허권을 얻게 되는 이익을 얻었다고 할 수 있으므로, 양도인은 양수인에 대하여 특허권에 관하여 이전등록을 청구할 수 있다고 판시하였다).

13) 대법원 2014.11.13. 선고 2011다77313, 77320 판결(이 사건에서 양도인의 발명자권 이중양도는 양수인도 배임적 행위에 적극 가담함으로써 민법 제103조에서 정한 반사회질서의 법률행위로서 무효이므로, 1차 양수인은 양도인에 대한 특허권이전등록청구권을 피보전채권으로 하여 양도인의 2차 양수인에 대한 특허권이전등록청구권을 대위행사할 수 있다).

14) 조영선, 『특허법 2.0』 제6판, 박영사, 2018, 189면 참조.

15) 실무상 특허를 받을 수 있는 권리를 발명자로부터 적법하게 승계한 자가

2. 무권리자의 출원(모인출원) 시 진정한 권리자의 종래 구제책

종래 무권리자의 출원(모인출원)의 구제책은 다음과 같다. 첫째, 모인출원이 그 이유로 등록거절되면 모인출원 이후의 정당한 권리자의 출원은 모인출원 시에 소급적으로 출원한 것으로 본다(법 제34조 본문).16) 둘째, 모인출원에 기하여 특허등록이 이루어졌더라도 그 이유로 인해 등록무효가 확정되면 모인출원 이후의 정당한 권리자의 출원은 모인출원 시에 소급적으로 출원한 것으로 본다(법 제35조 본문).17) 셋째, 모인출원에는 선출원의 지위를 인정하지 않음으로써 정당한 권리자의 후출원을 보호하였다(법 제36조 제5항). 넷째, 무권리자의 특허출원에 대해서는 설정등록이전에는 정당한 권리자는 정보제공을 통하여 거절결정을 유도할 수 있고, 설정등록이후에는 정당한 권리자는 특허를 받을 수 없는 자의 출원에 의한 특허라는 이유로 이해관계인의 입장에서 무효심판을 청구하여 이를 무효

스스로를 발명자라고 기재하여 출원한 경우에는 진정한 발명자는 발명자게재권에 기하여 특허권자를 상대로 발명자권(내지 정당한 권리자 지위)확인청구소송을 통해 승소판결을 받고, 이에 기하여 단독으로 특허청을 상대로 특허증정정청구를 하거나 발명자명의변경신청을 함으로써 구제받을 수 있다고 본다.

16) 이 경우는 무권리자의 특허출원이 특허등록을 받지 못한 경우이다. 무권리자의 출원이 특허받지 못하게 된 날로부터 30일의 기간이 경과할 때까지 정당한 권리자가 특허출원을 하지 않으면 출원일은 소급하지 않는다. 여기서 30일은 제척기간이다. 또 '특허를 받지 못하게 된 날'이란 무권리자에 의한 출원이 그 이유로 거절결정이 확정된 날 또는 거절결정에 대한 볼복심판에 대한 기각심결이 확정된 날을 말한다. 또한 무권리자가 출원에 대하여 스스로 취하서 또는 포기서를 제출한 날도 여기에 포함된다.

17) 이 경우는 무권리자의 출원이 특허등록 후 무효로 된 경우이다. 무권리자의 특허권이 특허무효심판에서 무효심결로 확정된 경우, 정당한 권리자의 특허출원이 무권리자의 특허의 등록공고가 있는 날로부터 2년이 경과된 후에 있거나, 무효심결이 확정된 날부터 30일이 경과한 후에 특허출원을 한 경우에는 정당한 권리자의 특허출원은 권리자의 출원일로 소급하지 않는다.

로 시킬 수 있다(제133조 제1항 제2호). 다섯째, 특허를 받을 수 있는 권리를 침탈한 행위는 민법상 불법행위가 성립한다(민법 제750조). 따라서 진정한 권리자는 모인출원 또는 공동출원위반을 한 자에 대해서 불법행위에 기한 손해배상청구를 할 수 있을 것이다. 다만 실무상 손해의 입증이 곤란한 경우가 많을 것이고, 모인자의 자력이 충분하지 않은 경우 그 구제책으로서 실효성은 의문이 있다.

요컨대 무권리자의 출원의 경우 우리 특허법에서는 특허거절이유(제62조 2호)·특허무효심판사유(제133조 1항 2호)로 규정함과 동시에 정당한 권리자의 보호규정(제34조, 35조)을 두어 일정한 기간 내 정당한 권리자의 출원 및 입증이 있는 경우 무권리자의 출원이나 특허를 배제시키고 소급효를 인정하여 정당한 권리자를 보호하고 있다. 나아가 무권리자의 출원(모인출원)에 대해서는 선원의 지위를 불인정(제36조 5항)하고 있다. 또 특허무효심판청구나 불법행위에 기한 손해배상청구를 할 수 있다.

한편 소송절차면에서는 모인출원이나 공동출원위반이 이루어진 경우라도 설정등록전과 설정등록후로 나누어 권리구제책을 살펴보아야 한다. 우선 모인출원된 발명이 설정등록되기 이전의 경우, 진정한 권리자는 무권리자에 대하여 특허를 받을 수 있는 권리를 가진 것에 대한 확인을 구하는 소송을 제기하거나 출원인 명의변경청구소송을 제기한 뒤, 그 승소판결을 특허청장에게 제출함으로써 출원인명의변경을 하여 특허를 받을 수 있었다. 다음으로 설정등록후 즉 모인출원된 발명이 설정등록되어 특허권이 무권리자에게 발생한 경우, 진정한 권리자가 형식상의 특허권자에 대하여 특허권이전등록청구를 할 수 있는지 여부 즉 특허권 이전등록청구소송을 통해 구제를 받을 수 있는지 여부에 대해서는 부정설과 긍정설 등으로 학설·판례의 다툼이 있었다. 부정적인 견해의 근거는 ① 명문의 근거가 없다는 점, ② 특허를 받을 권리와 특허권과 사이에는 결정적인 차이가 있다는 점, ③ 특허법이 모인출원을 무효로 하고 있는 점(특허법 제133조 제1항 제2호), ④ 특허의 동일성의 판단이 곤란한 점 등을 들었다.[18] 이하 특허권이전청구권의 쟁점에 관해서는 항을 바꾸어 상론한다.

3. 실무상 쟁점 – 특허권이전청구권의 인정여부

구 특허법(2016.2.29. 법률 제14035호로 개정되기 전의 것) 제33조, 제34조, 제35조, 제62조 제2호, 제133조 제1항 제2호에 의하면, 무권리자가 모인출원을 한 경우 특허거절사유(특허출원 단계–법 제62조 제2호, 제33조 제1항, 제62조 제1호, 제44조) 및 특허무효사유(특허등록 후 단계–법 제133조 제1항 제2호, 제33조 제1항, 제44조)가 된다. 그리고 정당한 권리자는 모인출원에 대한 특허거절결정이나 특허무효심결이 확정된 후에 자신의 발명자권에 기한 특허출원을 다시 하여 특허를 받을 수 있음이 원칙이었다(법 제34조 본문, 제35조 본문). 이처럼 특허법은 선출원주의의 일정한 예외를 인정하여 정당한 권리자를 보호하고 있다.

그런데 구 특허법 제35조 단서에 따르면 '그 특허등록공고일부터 2년이 지났거나 또는 무효심결확정일부터 30일이 지난 경우'에는 정당한 권리자라도 재출원을 할 수 없었다. 그래서 정당한 권리자의 권리상실 가능성은 늘 존재하였고, 정당한 권리자 보호를 위한 방안 마련이 요구되었다. 또 소송경제 측면에서도 기왕 등록된 특허권을 정당한 권리자에게 이전만 하면 모인출원 관계를 정리할 수 있는데 굳이 특허무효심판, 등록말소 및 재출원 등록과정 등의 여러 절차를 거칠 필요가 있는지에 의문이 제기되었다.

한 가지 유의할 점은 이 경우의 특허무효심판의 원고적격은 다른 무효심판과 달리 제한되어 있다. 즉 무권리자의 출원이나 공동

출원위반을 이유로 특허무효심판을 청구할 수 있는 이해관계인에는 특허를 받을 수 있는 권리를 가진 자(발명자나 그 승계인)만이 해당하므로, 진정한 권리자만이 청구할 수 있다는 점이다(제133조 제1항 괄호 및 동항 제2호 참조).[19]

요컨대 정당한 권리자로부터 특허를 받을 수 있는 권리를 승계받은 바 없는 무권리자의 특허출원에 따라 특허권의 설정등록이 이루어졌더라도, 특허법이 정한 위와 같은 절차(법 제34조 본문, 제35조 본문)에 의하여 구제받을 수 있는 정당한 권리자로서는 특허법상의 구제절차에 따르지 아니하고 무권리자에 대하여 직접 특허권의 이전등록을 구할 수는 없는지가 실무상 문제되었다.

4. 종래 판례동향

모인출원 유형 중 무권리자가 정당한 권리자에 선행하여 출원한 경우에는(아래 '판례②' 참조) 무권리자의 특허출원에 따라 특허권의 설정등록이 이루어졌더라도, 특허법이 정한 위와 같은 절차에 의하여 구제받을 수 있는 정당한 권리자로서는 특허법상의 구제절차에 따르지 아니하고 무권리자에 대하여 직접 특허권의 이전등록을 구할 수는 없다고 법원은 판단하였다. 이와 달리, 무권리자의 모인출원이 정당한 권리자의 출원 이후에 이루어진 경우 즉 진정한 권리자가 선행하여 스스로 출원한 후 모인출원이 후행한 경우에는(아래 '판례①', '판례③' 참조) 부당이득반환법리 등에 기하여 무권리자에 대하여 직접 특허권의 이전등록청구권을 인정하고 있다. 이 경우 특허를 받을 수 있는 권리와 설정등록이 이루어진 특허권이 동일한 발명에 관한 것임을 전제로 하고 있다.

---

19) 일본의 경우도 마찬가지이다. 즉 일본특허법 제123조 제2항 단서는 2011년(平成23年) 개정됨에 따라서 무권리자의 출원(모인출원)이나 공동출원위반을 이유로 한 특허무효심판은 진정한 권리자만이 청구할 수 있게 되었다.

(1) 대법원 2004.1.16. 선고 2003다47218 판결[20] (이하 '판례①'이라 한다)

양도인이 특허를 등록출원한 후 출원중인 특허를 받을 수 있는 권리를 양수인에게 양도하고, 그에 따라 양수인 명의로 출원인명의 변경이 이루어져 양수인이 특허권의 설정등록을 받은 경우에 있어서, 그 양도계약이 무효나 취소 등의 사유로 효력을 상실하게 되는 때에 그 특허를 받을 수 있는 권리와 설정등록이 이루어진 특허권이 동일한 발명 또는 고안에 관한 것이라면, 그 양도계약에 의하여 양도인은 재산적 이익인 특허를 받을 수 있는 권리를 잃게 됨에 대하여 양수인은 법률상 원인 없이 특허권을 얻게 되는 이익을 얻었다고 할 수 있으므로, 양도인은 양수인에 대하여 특허권에 관하여 이전등록을 청구할 수 있다.

(2) 대법원 2014.5.16. 선고 2012다11310 판결 (대상판결, 이하 '판례②'라 한다)

(가) 사안의 개요

X(원고회사, 상고인)는 2003년경 1개의 휴대폰 단말기에 2개 이상의 전화번호를 부여하여 사용할 수 있는 이른바 '투폰 서비스' 시스템을 개발한 후, 피고 측 회사에 관련 사업제안을 하다가 2007.1. 22. 관련 발명에 관한 특허출원을 하였다. Y(피고회사, 피상고인)는 2006년경 '다중번호 서비스를 위한 다중 인터페이스를 갖는 이동통신단말기 및 그 제어방법'에 관한 특허출원을 하여 2008.3.6. 특허 등록(이하 '이 사건 특허'라 한다)을 마쳤다. X는 심사관으로부터 이 사건 특허의 선출원을 이유로 한 보정명령을 받았다.

X는, 이 사건 특허는 X가 개발한 '투폰 서비스' 시스템과 동일한 것인데 사업제안 과정에서 무단 도용되어 선출원된 것일 뿐이어서

---

20) '판례①'은 강제집행을 면하기 위하여 특허출원인의 명의를 변경한 사안이었다.

무효라고 주장하면서, Y를 상대로 부당이득반환청구권에 기한 특허권이전등록청구를 하였다. 제1심[21]은, Y측이 X의 '투폰 서비스' 시스템에 관한 발명사상을 도용하여 이 사건 특허를 출원하였다는 점을 인정할 증거가 부족하다는 이유로 X의 청구를 기각하였다. 제2심[22]은, 설령 X가 발명자이고 Y가 무권리자(모인출원자)라 하더라도, 특허출원조차 하지 않은 X는 Y의 출원 및 심사절차를 통해 등록된 이 사건 특허에 대하여 직접적인 권리를 취득하거나 무권리자에 의한 출원이라는 이유로 그 등록의 직접적인 이전을 구할 수 없다는 이유로 X의 항소를 기각하였다. 이에 X가 상고하였다.

(나) 판시 요지 − 상고기각

발명을 한 자 또는 그 승계인은 특허법에서 정하는 바에 의하여 특허를 받을 수 있는 권리를 가진다(특허법 제33조 제1항 본문). 만일 이러한 정당한 권리자 아닌 자가 한 특허출원에 대하여 특허권의 설정등록이 이루어지면 특허무효사유에 해당하고(특허법 제133조 제1항 제2호), 그러한 사유로 특허를 무효로 한다는 심결이 확정된 경우 정당한 권리자는 그 특허의 등록공고가 있는 날부터 2년 이내와 심결이 확정된 날부터 30일 이내라는 기간 내에 특허출원을 함으로써 그 특허의 출원 시에 특허출원한 것으로 간주되어 구제받을 수 있다(특허법 제35조). 이처럼 특허법이 선출원주의의 일정한 예외를 인정하여 정당한 권리자를 보호하고 있는 취지에 비추어 보면, 정당한 권리자로부터 특허를 받을 수 있는 권리를 승계받은 바 없는 무권리자의 특허출원에 따라 특허권의 설정등록이 이루어졌더라도, 특허법이 정한 위와 같은 절차에 의하여 구제받을 수 있는 정당한 권리자로서는 특허법상의 구제절차에 따르지 아니하고 무권리자에 대하여 직접 특허권의 이전등록을 구할 수는 없다.

---

21) 서울중앙지방법원 2011.4.6. 선고 2010가합104978 판결.
22) 서울고등법원 2011.12.22. 선고 2011나33513 판결.

(다) 평 가

대상판결은 기존 특허법에 정해진 구제절차인 무효심판과 재출원 절차를 따라야 한다는 이유로 모인출원된 특허권에 관한 정당한 권리자의 특허권이전등록청구를 불허하였다.

(3) 대법원 2014.11.13. 선고 2011다77313, 77320 판결 (이하 '판례③'이라 한다)

양도인이 특허를 받을 수 있는 권리를 양수인에게 양도하고, 그에 따라 양수인이 특허권의 설정등록을 받았으나 양도계약이 무효나 취소 등의 사유로 효력을 상실하게 된 경우에, 특허를 받을 수 있는 권리와 설정등록이 이루어진 특허권이 동일한 발명에 관한 것이라면, 양도계약에 의하여 양도인은 재산적 이익인 특허를 받을 수 있는 권리를 잃게 되고 양수인은 법률상 원인 없이 특허권을 얻게 되는 이익을 얻었다고 할 수 있으므로, 양도인은 양수인에 대하여 특허권에 관하여 이전등록을 청구할 수 있다. 이 사건에서 양도인의 발명자권 이중양도는 양수인도 배임적 행위에 적극 가담함으로써 민법 제103조에서 정한 반사회질서의 법률행위로서 무효이므로, 1차 양수인은 양도인에 대한 특허권이전등록청구권을 피보전채권으로 하여 양도인의 2차 양수인에 대한 특허권이전등록청구권을 대위행사할 수 있다.

Ⅱ. 개정법 제99조의2(특허권이전청구권) 신설

1. 특허권이전청구권의 신설

최근 대법원 판결(판례 ②,③) 이후 개정 특허법에서는 모인출원에 대한 정당한 권리자의 구제책으로써 '특허권의 이전청구권'에 관한 신설규정을 두어 개정법 이전에 제기된 문제를 입법적으로 해결하고자 하였다. 즉 개정 특허법(2016.2.29. 개정되어 2017.3.1. 시행된 법률 제14035호)은 제99조의2(특허권의 이전청구)[23](이하 '신설규정'이라 한다)를 신설하여 정당한 권리자의 특허권이전등록청구를 허용하였다.

특허가 제133조 제1항 제2호 본문에 해당하는 경우에 특허를 받을 수 있는 권리를 가진 자는 법원에 해당 특허권의 이전을 청구할 수 있다. 특허를 받을 수 있는 권리가 공유인 경우에는 그 지분의 이전청구권을 행사할 수 있다(제99조의2 제1항). 이처럼 특허법은 정당하게 특허를 받을 수 있는 권리를 가진 자(발명자나 그 승계인)를 특허권이전청구권의 주체로 보고 있다.

특허권이전청구권의 행사 결과 특허권이 이전등록된 경우에는 해당 특허권, 출원공개에 의한 보상금 지급 청구권 등(제65조 제2항, 제207조 제4항)은 그 모인특허권이 설정등록된 날부터 이전등록을 받은 자에게 있는 것으로 본다(제99조의2 제2항). 이처럼 이전등록은 소급효를 가진다.

공유인 특허권의 지분을 이전하는 경우에는 다른 공유자의 동의를 받지 아니하더라도 특허권이전등록청구권의 행사에 기해 그 지분을 이전할 수 있다(제99조의2 제3항). 제99조 제2항의 예외로서 공유특허의 지분권 이전청구 시에는 다른 공유자의 동의요건을 배제하고 있다.

이전등록된 특허의 원(原)특허권자, 이전등록된 특허권에 대하여

---

23) 제99조의2 ① 특허가 제133조 제1항 제2호 본문에 해당하는 경우에 특허를 받을 수 있는 권리를 가진 자는 법원에 해당 특허권의 이전(특허를 받을 수 있는 권리가 공유인 경우에는 그 지분의 이전을 말한다)을 청구할 수 있다.
② 제1항의 청구에 기초하여 특허권이 이전등록된 경우에는 해당 특허권이나 보상금 지급 청구권은 그 특허권이 설정등록된 날부터 이전등록을 받은 자에게 있는 것으로 본다.

이전등록 당시에 이미 전용실시권이나 통상실시권 또는 그 전용실시권에 대한 통상실시권을 취득하고 등록을 받은 자가 모인출원의 사정을 알지 못하고(제99조의2 제2항에 따른 특허권의 이전등록이 있기 전에 해당 특허가 제133조 제1항 제2호 본문에 해당하는 것을 알지 못하고) 국내에서 해당 발명의 실시사업을 하거나 이를 준비하고 있는 경우에는 그 실시하거나 준비를 하고 있는 발명 및 사업목적의 범위에서 그 특허권에 대하여 통상실시권을 가진다(제103조의2 제1항). 다만 제1항에 따라 통상실시권을 가진 자는 이전등록된 특허권자에게 상당한 대가를 지급하여야 한다(같은 조 제2항).

2. 남아 있는 과제

그런데 위와 같은 신설규정은 그 부칙[24]에서 2017.3.1. 이후 설정등록된 모인출원 특허권부터 적용하도록 정하고 있다. 따라서 2017.3.1. 전에 설정등록된 모인출원 특허권에 대하여는 여전히 앞서 본 정당한 권리자 보호 및 소송경제의 문제가 남아 있다. 즉 신설규정은 2017.3.1. 이후 설정등록된 모인출원 특허권부터 적용될 뿐이므로, 최근 대법원 판결(판례 ②,③)의 사안과 같이 그 이전에 설정등록된 모인출원 특허권의 정당한 권리자를 보호할 수 있는 방법에 대해서는 여전히 과제로 남아 있다. 따라서 신설규정이 적용되기 전의 사안에서도 모인출원된 특허권에 관한 이전등록청구를 할 수 있는지 여부에 대해서는 학설판례에 그 해결책을 맡기고 있는 셈이다.

---

24) 부칙 〈제14035호, 2016.2.29.〉 제8조(특허권의 이전청구에 관한 적용례) 제99조의2의 개정규정은 이 법 시행 이후 설정등록된 무권리자의 특허권부터 적용한다.

Ⅲ. 특허권이전등록청구소송에 관련된 가처분[25)]

1. 당사자 항정(恒定)을 위한 처분금지가처분

특허권에 관하여 진정한 권리자가 이전등록청구소송을 제기한 경우 모인자(冒認者)가 특허권을 타인에게 양도하거나 포기하거나 함으로써 진정한 권리자에 의한 특허권의 취득을 방해할 여지가 있을 수 있다. 판결전에 특허권이 이전되면 다시 소송을 제기할 필요가 있을 수 있다. 이러한 사태를 방지하기 위하여 당사자항정을 위한 처분금지가처분의 필요성이 높다.

특허법 제99조의2 제1항에 기한 청구는 이전등록청구소송이 되기 때문에 그 집행보전은 당사자항정을 위한 처분금지가처분이 고려될 수 있다. 그 피보전권리는 특허법 제99조의2에 기한 이전등록 청구권이라고 해석된다.

2. 가처분의 발령과 집행

부동산의 소유권에 관한 등기청구권을 보전하기 위한 처분금지 가처분은 "채무자는 별지물건목록기재의 부동산에 관하여 양도 및 질권, 저당권 및 임차권의 설정 기타 일체의 처분을 해서는 아니 된다."고 할 수 있다. 그리고 위 처분금지가처분의 집행은 처분금지 의 등록을 함으로써 행한다.

위와 같은 부동산처분금지가처분을 참고하면, 특허권의 이전을 구하기에 앞서 당사자항정을 위하여 명하여지는 처분금지가처분 의 신청취지 및 결정주문은 "채무자는 별지 특허권목록 기재의 특

---

25) 高部眞規子, 前揭書, 391~393頁.

허권에 관하여 양도, 포기 및 전용실시권 또는 질권의 설정 기타 일체의 처분을 해서는 아니 된다"고 할 수 있다.

또 금지처분의 대상으로서는 특허권의 처분은 등록이 효력발생요건으로 되어 있으므로, ① 특허권의 이전, 신탁에 의한 변경, 포기, ② 전용실시권의 설정, 이전, 변경, ③ 특허권을 목적으로 하는 질권의 설정, 이전, 변경 등이 제한될 수 있다.

등록을 청구하는 권리를 보전하기 위한 처분금지가처분의 집행에 관해서는 처분금지의 등록을 함으로써 행해진다.

그리고 위와 같은 처분금지등록 후에 이루어진 특허권의 이전이나 전용실시권 등의 설정에 관해서는 채권자가 특허권의 이전등록을 하는 경우와 저촉하는 한에서는 채권자에게 대항할 수 없고 말소의 대상이 된다. 특허권의 거래 시에는 등록원부에 처분금지가 기재되어 있는 경우에는 이러한 사태에 유의해야 할 필요가 있다.

제12장

보상금청구권과 소송

Ⅰ. 직무발명보상금 청구소송

1. 직무발명의 의의

"직무발명"이란 종업원, 법인의 임원 또는 공무원(이하 "종업원 등"
이라 한다)이 그 직무에 관하여 발명한 것이 성질상 사용자·법인
또는 국가나 지방자치단체(이하 "사용자 등"이라 한다)의 업무 범위에
속하고 그 발명을 하게 된 행위가 종업원 등의 현재 또는 과거의 직
무에 속하는 발명을 말한다(발명진흥법 제2조 제2호).

이 규정에 의하면 직무발명이 성립하려면, ① 발명이 사용자의
업무범위에 속할 것, ② 종업원 등이 그 직무에 관하여 한 발명일
것, ③ 발명을 하게 된 행위가 종업원 등의 현재 또는 과거의 직무
에 속할 것 등의 요건을 충족하여야 한다.

직무발명에 대하여 종업원 등이 특허, 실용신안등록, 디자인등록
(이하 "특허 등"이라 한다)을 받았거나 특허 등을 받을 수 있는 권리를
승계한 자가 특허 등을 받으면 사용자 등은 그 특허권, 실용신안권,
디자인권(이하 "특허권 등"이라 한다)에 대하여 통상실시권(通常實施

權)을 가진다(발명진흥법 제10조 제1항).

종업원 등이 직무발명을 완성한 경우에는 지체 없이 그 사실을 사용자 등에게 문서로 알려야 한다. 2명 이상의 종업원 등이 공동으로 직무발명을 완성한 경우에는 공동으로 알려야 한다(발명진흥법 제12조).

제12조에 따라 통지를 받은 사용자 등(국가나 지방자치단체는 제외한다)은 대통령령으로 정하는 기간에 그 발명에 대한 권리의 승계 여부를 종업원 등에게 문서로 알려야 한다. 다만, 미리 사용자 등에게 특허 등을 받을 수 있는 권리나 특허권 등을 승계시키거나 사용자 등을 위하여 전용실시권을 설정하도록 하는 계약이나 근무규정이 없는 경우에는 사용자 등이 종업원 등의 의사와 다르게 그 발명에 대한 권리의 승계를 주장할 수 없다(발명진흥법 제13조 제1항). 제1항에 따른 기간에 사용자 등이 그 발명에 대한 권리의 승계 의사를 알린 때에는 그때부터 그 발명에 대한 권리는 사용자 등에게 승계된 것으로 본다(발명진흥법 제13조 제2항). 사용자 등이 제1항에 따른 기간에 승계 여부를 알리지 아니한 경우에는 사용자 등은 그 발명에 대한 권리의 승계를 포기한 것으로 본다. 이 경우 사용자 등은 제10조 제1항에도 불구하고 그 발명을 한 종업원 등의 동의를 받지 아니하고는 통상실시권을 가질 수 없다(발명진흥법 제13조 제3항).

특허법은 발명자주의를 취하므로 특허를 받을 수 있는 권리는 원시적으로 발명자에게 귀속한다(발명진흥법 제10조 제1항). 그러나 발명진흥법은 직무발명에 관하여 사용자 등에게 법정의 통상실시권을 인정함과 아울러 특허를 받을 수 있는 권리를 사용자 등이 승계받기로 하는 사전 약정을 유효한 것으로 하고 있다(발명진흥법 제10조, 제13조).[1]

---

1) 조영선,『특허법』제4판, 박영사, 2013, 243면.

2. 종업원의 정당한 보상금청구권 행사

발명진흥법 제15조에서는 직무발명에 대한 보상 규정을 두고 있다. 즉 종업원 등은 직무발명에 대하여 특허등을 받을 수 있는 권리나 특허권 등을 계약이나 근무규정에 따라 사용자 등에게 승계하게 하거나 전용실시권을 설정한 경우에는 정당한 보상을 받을 권리를 가진다(동조 제1항). 사용자 등은 제1항에 따른 보상에 대하여 보상형태와 보상액을 결정하기 위한 기준, 지급방법 등이 명시된 보상규정을 작성하고 종업원 등에게 문서로 알려야 한다(동조 제2항). 사용자 등은 제2항에 따른 보상규정의 작성 또는 변경에 관하여 종업원 등과 협의하여야 한다. 다만, 보상규정을 종업원 등에게 불리하게 변경하는 경우에는 해당 계약 또는 규정의 적용을 받는 종업원 등의 과반수의 동의를 받아야 한다(동조 제3항).

직무발명의 보상 기준과 내용이 합당하지 않을 경우에는 종업원이 사용자를 상대로 법원에 정당한 보상과의 차액지급을 구하는 소를 제기할 수 있다는 점에서 발명진흥법 제15조는 강행규정의 성격을 가진다.[2]

사용자 등은 제1항에 따른 보상을 받을 종업원 등에게 제2항에 따른 보상규정에 따라 결정된 보상액 등 보상의 구체적 사항을 문서로 알려야 한다(동조 제4항). 사용자 등이 제3항에 따라 협의하여야 하거나 동의를 받아야 하는 종업원 등의 범위, 절차 등 필요한 사항은 대통령령으로 정한다(동조 제5항). 사용자 등이 제2항부터 제4항까지의 규정에 따라 종업원 등에게 보상한 경우에는 정당한 보상을 한 것으로 본다. 다만, 그 보상액이 직무발명에 의하여 사용자 등이 얻을 이익과 그 발명의 완성에 사용자 등과 종업원 등이 공헌한 정도를 고려하지 아니한 경우에는 그러하지 아니하다(동조 제

---

[2] 서울고법 2004.11.16. 선고 2003나52410 판결 [직무발명보상금] 확정.

6항). 공무원의 직무발명에 대하여 제10조 제2항에 따라 국가나 지방자치단체가 그 권리를 승계한 경우에는 정당한 보상을 하여야 한다. 이 경우 보상금의 지급에 필요한 사항은 대통령령이나 조례로 정한다(동조 제7항)

3. 직무발명보상금 관련 주요 판례

(1) '발명을 하게 된 행위가 종업원 등의 현재 또는 과거의 직무에 속할 것'의 의미

판례[3]에 의하면, "직무발명에 관한 규정인 구 특허법 제17조 제1항의 "그 발명을 하게 된 행위가 피용자 등의 현재 또는 과거의 업무에 속하는 것"이라 함은 피용자가 담당하는 직무내용과 책임 범위로 보아 발명을 꾀하고 이를 수행하는 것이 당연히 예정되거나 또는 기대되는 경우를 뜻한다 할 것인바, 기록에 의하면 심판청구인은 1982.7.26. 피심판 청구인 회사의 공작과 기능직사원으로 입사하여 1987.6.12. 피심판 청구인 회사를 퇴직할 때까지 동 회사 공작과 내 여러 부서에 숙련공으로 근무하면서 금형제작, 센터핀압입기제작, 치공구개발 등의 업무에 종사한 사실을 인정할 수 있고, 본건 고안은 피아노 부품의 하나인 플랜지의 구멍에 붓싱을 효과적으로 감입하는 장치이므로 심판청구인이 위 근무기간 중 본건 고안과 같은 고안을 시도하여 완성하려고 노력하는 것이 일반적으로 기대된다 아니할 수 없으므로 구 실용신안법 제29조에 의하여 구 특허법 제17조의 규정을 실용신안에 준용하는 이 건에 있어 본건 고안이 직무발명에 해당한다고 판단한 원심의 조치는 적법하다"고 판시하였다.

---

3) 대법원 1991.12.27. 선고 91후1113 판결 [실용신안등록무효].

(2) 직무발명에 대한 통상실시권의 귀속 관계

판례4)에 의하면, "구 특허법(1990.1.13. 법률 제4207호로 전문 개정되기 전의 법률) 제17조 제1항이나 특허법 제39조 제1항에 의하면, 직무발명에 관한 통상실시권을 취득하게 되는 사용자는 그 피용자나 종업원이 직무발명을 완성할 당시의 사용자이고, 그에 따른 특허권의 등록이 그 이후에 이루어졌다고 하여 등록 당시의 사용자가 그 통상실시권을 취득하는 것은 아니다."고 판시하였다.

(3) 정당한 보상액의 산정방법 – '사용자가 얻을 이익'의 산정 문제

직무발명에 대한 보상액을 결정할 때 고려하도록 정한 '사용자가 얻을 이익'의 의미와 관련하여, 사용자가 제조·판매하고 있는 제품이 직무발명의 권리범위에 포함되지 않더라도 그로 인한 이익을 직무발명에 의한 사용자의 이익으로 평가할 수 있는 경우가 있다.

판례5)에 따르면, "구 특허법(2006.3.3. 법률 제7869호로 개정되기 전의 것) 제40조 제2항은 사용자가 종업원으로부터 직무발명을 승계하는 경우 종업원이 받을 정당한 보상액을 결정할 때에는 발명에 의하여 사용자가 얻을 이익액과 발명의 완성에 사용자 및 종업원이 공헌한 정도를 고려하도록 하고 있는데, 같은 법 제39조 제1항에 의하면 사용자는 직무발명을 승계하지 않더라도 특허권에 대하여 무상의 통상실시권을 가지므로, 위의 '사용자가 얻을 이익'이란 통상실시권을 넘어 직무발명을 독점적·배타적으로 실시할 수 있는 지위를 취득함으로써 얻을 이익을 의미한다. 한편 여기서 사용자가 얻을 이익은 직무발명 자체에 의해 얻을 이익을 의미하는 것이지 수익·비용의 정산 이후에 남는 영업이익 등의 회계상 이익을 의미하는 것은 아니므로 수익·비용의 정산 결과와 관계없이

---

4) 대법원 1997.6.27. 선고 97도516 판결 [실용신안법위반].
5) 대법원 2017.1.25. 선고 2014다220347 판결 [직무발명보상금청구의 소].

직무발명 자체에 의한 이익이 있다면 사용자가 얻을 이익이 있는 것이고, 또한 사용자가 제조·판매하고 있는 제품이 직무발명의 권리범위에 포함되지 않더라도 그것이 직무발명 실시제품의 수요를 대체할 수 있는 제품으로서 사용자가 직무발명에 대한 특허권에 기해 경쟁 회사로 하여금 직무발명을 실시할 수 없게 함으로써 매출이 증가하였다면, 그로 인한 이익을 직무발명에 의한 사용자의 이익으로 평가할 수 있다."고 판시하였다.

(4) 특허를 받을 수 있는 권리 침해 시 손해액과 정당한 보상금 상당액의 관계

판례6)에 따르면, "구 특허법(2006.3.3. 법률 제7869호로 개정되기 전의 것) 제39조 제1항의 직무발명에 해당하는 회사 임원의 발명에 관하여 회사와 그 대표이사가 임원의 특허를 받을 수 있는 권리를 적법하게 승계하지 않고 같은 법 제40조에 의한 보상도 하지 않은 상태에서 위 임원을 배제한 채 대표이사를 발명자로 하여 회사 명의의 특허등록을 마침으로써 임원의 특허를 받을 수 있는 권리를 침해한 경우, 위 임원이 입은 재산상 손해액은 임원이 구 특허법 제40조에 의하여 받을 수 있었던 정당한 보상금 상당액이다. 그 수액은 직무발명제도와 그 보상에 관한 법령의 취지를 참작하고 증거조사의 결과와 변론 전체의 취지에 의하여 밝혀진 당사자들 사이의 관계, 특허를 받을 수 있는 권리를 침해하게 된 경위, 위 발명의 객관적인 기술적 가치, 유사한 대체기술의 존재 여부, 위 발명에 의하여 회사가 얻을 이익과 그 발명의 완성에 위 임원과 회사가 공헌한 정도, 회사의 과거 직무발명에 대한 보상금 지급례, 위 특허의 이용형태 등 관련된 모든 간접사실들을 종합하여 정함이 상당하고, 등록된 특허권 또는 전용실시권의 침해행위로 인한 손해배상액의 산

---

6) 대법원 2008.12.24. 선고 2007다37370 판결 [특허권이전등록 등].

정에 관한 특허법 제128조 제2항을 유추적용하여 이를 산정할 것
은 아니다."고 판시하였다.

(5) 직무발명에 대한 특허에 무효사유가 있는 경우, 직무발명보상금의 지급 면제 여부

판례[7]에 따르면, "사용자가 종업원으로부터 승계하여 특허등록
을 한 직무발명이 이미 공지된 기술이거나 공지된 기술로부터 통
상의 기술자가 쉽게 발명할 수 있는 등의 특허무효사유가 있고 경
쟁관계에 있는 제3자도 그와 같은 사정을 용이하게 알 수 있어서
사용자가 현실적으로 특허권으로 인한 독점적·배타적 이익을 전
혀 얻지 못하고 있다고 볼 수 있는 경우가 아닌 한 단지 직무발명에
대한 특허에 무효사유가 있다는 사정만으로는 특허권에 따른 독점
적·배타적 이익을 일률적으로 부정하여 직무발명보상금의 지급
을 면할 수는 없고, 이러한 무효사유는 특허권으로 인한 독점적·
배타적 이익을 산정할 때 참작요소로 고려할 수 있을 뿐이다."고
판시하였다.

(6) 종업원의 보상금청구권 배제에 관한 사용자의 직무발명규정의 효력

하급심판례[8]에 따르면 "사용자의 직무발명규정 중 사용자 명의
로 '등록된 특허권'을 양도 또는 기타의 방법으로 처분하였을 때 '직
무발명심의위원회의 심의를 거쳐' 보상금을 지급하도록" 한 규정
은, 이를 특허권 설정등록이 마쳐지기 전에는 보상의무가 없다는
취지로 해석할 경우 발명자인 종업원을 보호하기 위한 강행규정으
로서 직무발명에 대하여 특허받을 권리를 사용자로 하여금 승계하

---

7) 대법원 2017.1.25. 선고 2014다220347 판결 [직무발명보상금청구의소].
8) 서울고등법원 2004.11.16. 선고 2003나52410 판결: 확정 [직무발명보상
   금].

게 한 때에 곧바로 종업원의 보상금청구권이 발생함을 규정하고 있는 특허법 제40조 제1항에 위반되어 무효이고, 위 직무발명규정이 요구하는 '직무발명심의위원회의 심의' 역시 사용자가 자발적으로 직무발명보상을 행하는 경우 그 보상절차를 규정한 것일 뿐이므로, 이로써 이미 직무발명으로 인한 보상청구권을 취득한 종업원의 보상금청구를 거부할 수는 없다."고 판시한 바 있다.

(7) 직무발명보상금청구권의 소멸시효 기간(=10년)과 기산점

판례9)에 따르면 "직무발명보상금청구권은 일반채권과 마찬가지로 10년간 행사하지 않으면 소멸시효가 완성하고, 기산점은 일반적으로 사용자가 직무발명에 대한 특허를 받을 권리를 종업원한테서 승계한 시점으로 보아야 하나, 회사의 근무규칙 등에 직무발명보상금 지급시기를 정하고 있는 경우에는 그 시기가 도래할 때까지 보상금청구권 행사에 법률상 장애가 있으므로 근무규칙 등에 정하여진 지급시기가 소멸시효의 기산점이 된다"고 한다.

II. 출원공개 효과와 보상금청구권

1. 의의 및 법적 성질

등록특허권자는 출원공개의 효과로서 통상적 실시료 상당의 보상금청구권을 행사할 수 있다. 출원이 공개된 때에는 출원인에게 특허등록을 조건으로 한 보상금청구권이 부여되고(특허법 제65조 제2항) 동시에 그 출원에는 확대된 범위를 갖는 선출원(특허법 제29조 제3항)으로서의 지위가 부여된다.10)

---

9) 대법원 2011.7.28. 선고 2009다75178 판결 [직무발명보상금].

출원인에게 특허권 등을 취득하기 전에 발명이나 고안을 공개하게 하기 때문에 출원공개에 특별한 효과를 인정할 필요가 생겼기 때문에 특허법은 출원공개의 효과를 별도로 법으로 정하고 있다.[11] 심사를 거치지 않은 출원공개 단계에서 등록특허권과 같은 금지청구를 인정하는 것은 특허법의 정책상 타당하지 않고, 또 출원공개로 인하여 발명이 공표되기 때문에 제3자에 의한 모방이 가능하게 되어 출원인에게 손해가 발생하고 출원을 주저하게 될 우려를 불식시키기 위함이 출원공개의 효과로써 보상금청구권을 인정한 규정(법 제65조)의 취지라 할 수 있다.[12]

이 보상금청구권의 법적 성질에 대해서는 ⅰ) 사회적 이익을 위해 조기에 발명이 공개됨으로서 발명자가 입게 될 피해를 구제해주기 위해 특허법이 인정한 특별한 권리라는 견해(이른바 '법상 권리설'이라 함)[13]와 ⅱ) 특허를 받을 수 있는 권리의 침해에 대한 보상이라는 견해(이른바 '손해배상청구권설'이라 함)[14]가 대립하고 있다. 전자 즉 특허법상 특별한 권리라는 견해는 심사를 거치지 않는 출원은 권리라고 말할 수 없으므로 제3자의 행위는 불법행위로 되지 않으며 그래서 보상금청구권은 특허법상의 권리라는 견해이다. 후자 즉 특허를 받을 수 있는 권리의 침해에 대한 보상이라는 견해는 특허 출원인은 가사 심사를 거치지 않고도 예컨대 특허를 받을 권리를 가지고 있으므로 제3자의 권리는 그 권리의 침해로써 불법행위가 되므로 보상금청구권은 손해배상청구권이라는 견해이다.[15]

10) 송영식 · 이상정 · 황종환 · 이대희 · 김병일 · 박영규 · 신재호,『송영식 지적소유권법』제2판, 육법사, 2013, 794면.

11) 中山信弘,『特許法』, 弘文堂, 2010, 203頁.

12) 中山信弘, 前揭書, 203頁.

13) 송영식 · 이상정 · 황종환 · 이대희 · 김병일 · 박영규 · 신재호, 전게서, 795면.

14) 이수웅,『특허법』, 한국교육문화원, 2006, 557면.

15) 中山信弘, 前揭書, 205~207頁.

생각건대 ① 아무런 대가 없이 강제적으로 특허출원인으로 하여
금 특허발명을 공개하는 것은 출원인에게 너무 가혹하므로 특허법
정책상 출원공개 후 제3자의 실시에 대해서는 특별한 규정을 마련
할 필요성이 있다는 점, ② 특허출원 공개 후에는 제3자는 합법적
으로 그 발명내용을 지득할 수 있으므로 원칙상 불법행위를 구성
한다고 보기 어려운 점, ③ 출원 공개 전 특허를 받을 수 있는 권리
의 침해에 대해서는 특허법상 보상금청구권이 인정되지 않고 있는
점, ④ 만약 보상금청구권이 손해배상청구권이라면 독자적으로 해
당 기술을 개발한 자에 대해서는 불법행위 성립요건으로서 위법행
위와 손해 사이의 인과관계 내지 고의·과실의 주관적 요건 등을
충족할 수 없어 독자개발의 항변이 성립하기 때문에 결국 보상금
청구권을 행사할 수 없는 점 등에 비추어, 조기에 발명의 공개를 유
도한다는 사회적 이익을 확보하면서 출원인의 불이익도 회피하면
서 종국적으로는 특허제도 자체의 건전한 유지발전을 위해 특허법
상 정책적으로 특별히 보상금청구권을 입법화하였다고 봄이 타당
하므로, 특허법상의 특별한 권리라고 보는 견해즉 이른바 '법상 권
리설'이 타당하다.16)

2. 보상금청구권 행사의 대상

보상금청구권의 행사 대상은 원칙상 악의의 실시자에 대해서만
할 수 있다(법 제65조 제1항 및 제2항).17) 즉 보상금청구의 대상은 특
허출원 된 발명임을 알고 이를 업으로서 실시하는 자이다.18) 다만
제3자가 선의로 독자적으로 개발하여 실시하였더라도 선사용권을

---

16) 같은 취지 中山信弘, 前揭書, 206頁.
17) 中山信弘, 前揭書, 203頁.
18) 송영식·이상정·황종환·이대희·김병일·박영규·신재호, 전게서, 795
면.

취득할 수 없는 경우라면 그 실시자도 보상금청구권의 대상이 된
다고 해석된다.[19] 왜냐하면 특허법은 보상금청구권의 상대방에 대
한 제한을 마련하고 있지 않으므로, 제3자가 독자적으로 개발했는
지 여부를 불문하고 청구할 수 있다할 것이다.[20] 여기에 대해서는
반대견해도 성립할 수 있다. 또 출원 전부터의 선의실시자는 선사
용권이 인정되고 직무발명의 경우 사용자도 실시권이 인정되므로
이 경우는 보상금청구권의 대상이 되지 않는다.

3. 보상금청구권의 절차와 내용

특허출원인은 출원공개가 있은 후 그 특허출원된 발명을 업으로
서 실시한 자에게 특허출원된 발명임을 서면으로 경고할 수 있다(특
허법 제65조 제1항). 특허출원인은 제1항에 따른 경고를 받거나 제64
조에 따라 출원공개된 발명임을 알고 그 특허출원된 발명을 업으로
실시한 자에게 그 경고를 받거나 출원공개된 발명임을 알았을 때부
터 특허권의 설정등록을 할 때까지의 기간 동안 그 특허발명의 실
시에 대하여 통상적으로 받을 수 있는 금액에 상당하는 보상금 즉
실시료상당액의 지급을 청구할 수 있다(법 제65조 제2항).[21]

이 보상금청구권은 그 특허출원된 발명에 대한 특허권이 설정등
록된 후에만 행사할 수 있으며(법 제65조 제3항), 특허권의 행사에
영향을 미치지 아니한다(법 제65조 제4항). 또한 출원공개 후 ⅰ) 특
허출원이 포기·무효 또는 취하된 경우, ⅱ) 특허출원에 대하여 제
62조에 따른 특허거절결정이 확정된 경우, ⅲ) 제132조의13 제1항

19) 송영식·이상정·황종환·이대희·김병일·박영규·신재호, 전게서, 795
면.
20) 中山信弘, 前揭書, 207頁.
21) 송영식·이상정·황종환·이대희·김병일·박영규·신재호, 전게서, 796
면.

에 따른 특허취소결정이 확정된 경우, iv) 제133조에 따른 특허를 무효로 한다는 심결(같은 조 제1항 제4호에 따른 경우는 제외한다)이 확정된 경우에는 법 제65조 제2항에 따른 보상금청구권은 처음부터 발생하지 아니한 것으로 본다(법 제65조 제6항).

제13장

공유관계소송

Ⅰ. 특허권 공유관계소송의 개관

1. 특허권의 공유

(1) 특허권의 공유는 특허를 받을 권리의 공유로부터 권리가 등록됨으로써 발생하는 경우와 단독으로 특허권을 취득한 후의 양도 등에 따라서 생기는 경우가 있다.

이러한 특허권의 공유의 경우에는 각 공유자는 별단의 정함이 없는 한 다른 공유자의 동의를 얻지 않고 특허발명의 실시를 할 수 있다(특허법 제99조 제3항).[1] 특허권이 공유상태에 있는 경우에는 이른바 '자기실시'는 자유롭다. 유체물을 전제로 하고 있는 민법의 경우 공유자는 지분의 비율로만 공유물을 사용·수익할 수 있는 점과 대비된다(민법 제263조). 유체물의 공유의 경우에는 하나의 유체물의 이용에는 양적인 한계가 있지만 무체재(無體財)이자 정보재(情報財)의 성질을 갖는 특허권의 경우에는 그 이용에 양적 한계가 없

---

1) 일본특허법 제73조 제2항도 같은 취지.

다고 할 수 있다. 이러한 특허권의 속성에 비추어 다른 공유자의 이용 자체를 방해하지 않는다고 할 수 있으므로 다른 공유자가 이용하더라도 자기가 이용할 수 없게 되는 것은 아니다.[2]

한편 공유자 전원이 특허발명을 실시하는 경우에는 상호 경쟁관계에 서게 됨으로써, 공유자 상호 간의 자력이나 실시능력에 따른 영향을 받게 된다. 그래서 특허권의 공유지분의 양도나 질권의 설정에는 다른 공유자의 동의가 필요하다(특허법 제99조 제2항).[3] 나아가 전용실시권의 설정이나 통상실시권의 허락에 관해서도 다른 공유자의 동의가 필요하다(특허법 제99조 제4항).[4]

최근 판례[5]는 특허권 공유의 성질을 공유설에 입각하고 있고, 이런 점에 비추어 공유관계를 해소하고자 하는 공유특허권자는 공유물분할청구권을 행사할 수 있다. 다만 특허권이 무체재의 성격에 비추어 보면 현물분할이 사실상 어렵고 가액배상이나 경매를 통한 매각대금분할의 방법을 취할 수밖에 없다.

공유특허권 침해행위에 대해서는 공유자 중 1인이 각자 공유물 전체에 대한 보존행위의 일환으로서 침해금지청구를 할 수 있다. 나아가 공유특허권자는 침해자를 상대로 전체 손해액 중 자신의 지분비율에 기하여 손해배상청구나 부당이득반환청구를 할 수 있다.

---

2) 저작권법에서는 공동저작자는 저작권을 준공유하게 되며 저작인격권의 행사는 동법 제15조에서, 저작재산권의 행사는 동법 제48조에서 규정하고 있다. 여기서 공유저작권(공동저작물의 저작재산권)은 공유자전원의 합의가 없으면 행사할 수 없다고 규정하고 있다(저작권법 제48조 제1항). 또 공유저작물의 이용에 따른 이익은 특약이 없는 한 창작에 이바지한 정도 즉 지분 비율로 각자에게 배분된다고 규정하고 있다(동법 제48조 제2항). 이런 점에서 공유특허권자는 특허발명 전부를 스스로 실시할 수 있고 그로 인한 이익을 다른 공유자에게 배분할 의무도 없는 점에 차이가 있다.

3) 일본특허법 제73조 제1항도 같은 취지.

4) 일본특허법 제73조 제3항도 같은 취지.

5) 대법원 2014.8.20. 선고 2013다41578 판결.

(2) 수인을 공유자로 하여 등록된 특허에 대한 특허무효심판에서 공유자 지분에 따라 특허를 분할하여 일부 지분만의 무효심판을 청구할 수 있는지 여부가 문제될 수 있다. 우리 대법원 판례6)에 의하면, 공유특허권에 대하여 일부 지분만의 무효심판을 청구할 수는 없다는 취지로 판시하여 소극적인 태도를 취한다. 판례에 따르면 특허처분은 하나의 특허출원에 대하여 하나의 특허권을 부여하는 단일한 행정행위이므로, 설령 그러한 특허처분에 의하여 수인을 공유자로 하는 특허등록이 이루어졌다고 하더라도, 그 특허처분 자체에 대한 무효를 청구하는 제도인 특허무효심판에서 그 공유자 지분에 따라 특허를 분할하여 일부 지분만의 무효심판을 청구하는 것은 허용할 수 없다고 한다.

또 공유 특허권에 관하여 특허권자에 대하여 심판을 청구하는 경우에는 공유자전원을 피청구인으로 하여야 한다(특허법 제139조 제2항).7) 특허권의 공유자가 스스로 공유에 관한 권리에 관하여 심판을 청구하는 경우에도 공유자전원이 공동으로 하여야 한다(특허법 제139조 제3항).8)

2. 특허를 받을 권리의 공유

특허를 받을 권리의 공유는 복수의 자가 공동하여 발명을 완성한 경우와 1인이 발명을 완성하여 취득한 특허를 받을 권리가 이후의 양도, 공동상속 등에 따라서 공유로 된 경우에 생긴다. 전자의 경우를 공동발명이라 한다. 이와 같이 특허발명이 공동으로 이루어진 경우에는 특허를 받을 수 있는 권리는 공유가 된다(특허법 제

---

6) 대법원 2015.1.15. 선고 2012후2432 판결 [등록무효(특)].
7) 일본특허법 제132조 제2항도 같은 취지.
8) 일본특허법 제132조 제3항도 같은 취지.

33조 제2항). 공동발명자는 단순한 보조자나 관리자, 후원자 등을 제외하고 발명의 완성에 실질적으로 관여한 자에 한정된다.

특허를 받을 권리를 공유한 자는 전원이 공동하여 출원하여야 한다(특허법 제44조).[9] 특허를 받을 권리의 지분양도에는 다른 공유자의 동의가 필요하다.[10] 다만 특허를 받을 권리의 공유지분에 기하여 발명의 실시는 1인으로 할 수 있다고 해석된다. 이러한 법리는 특허권의 공유의 경우에 각 공유자는 별단의 정함이 없는 한 다른 공유자의 동의 없이 특허발명을 실시할 수 있는 것[11]과 같은 이치이다.

또 특허를 받을 권리의 공유의 경우에는 1인이 심결취소소송을 제기할 수 없다. 즉 출원이 거절된 경우의 불복심판청구도 공동으로 하지 않으면 제기할 수 없다.[12]

II. 공유특허권에 관한 심결취소소송

실무상 공유특허권을 둘러싼 심판에 불복하는 심결취소소송의 원고적격이 문제된다. 가령 제3자가 공유자전원을 피청구인으로 하여 특허무효심판을 청구하고 무효심결이 이루어진 경우에는 공유자 중 1인이나 일부 공유자가 보존행위로서 심결취소소송을 제기할 수 있는지가 쟁점이 된다. 일본 판례 중 '빠찡코장치사건'[13]에서는 이를 긍정하고 있다. 이러한 심결취소소송에 대해 고유필수적 공동소송으로 보게 되면 공유자 전원이 취소소송을 제기하지

---

9) 일본특허법 제38조도 같은 취지.
10) 일본특허법 제33조 제3항도 같은 취지.
11) 일본특허법 제73조 제2항도 같은 취지.
12) 일본특허법 제132조 제3항도 같은 취지.
13) 最二小判平14・3・25 民集56卷3号574頁 [パチンコ裝置事件].

않으면 원고적격의 흠결로 소가 부적법하여 각하됨으로써 심결은 확정되고 만다. 그 심결에 불복하는 공유특허권자에게는 매우 불합리한 결과가 되는 셈이다. 그래서 우리 판례[14]에 따르면 특허권의 공유자가 그 특허권의 효력에 관한 심판에서 패소한 경우에 제기할 심결취소소송이 고유필수적 공동소송인지 여부에 대해 소극적인 태도를 취하고 있다. 결국 심결취소소송의 제기에 참여하지 않은 공유자에 대해서는 심결이 확정되지 않고, 그 취소소송에 참여한 공유자만 그 결과에 대해 합일확정의 필요가 있게 된다(유사필수적 공동소송설). 즉 공유자 중 일부가 제기한 심결취소소송이 확정되기 전에는 공유특허권자 전부에 대하여 그 심결의 확정이 차단되기 때문에 다른 공유자에 대해서도 심결은 확정되지 않게 된다.[15]

---

14) 대법원 2004.12.9. 선고 2002후567 판결 [권리범위확인(상)]. 상표권의 공유자가 그 상표권의 효력에 관한 심판에서 패소한 경우에 제기할 심결취소소송이 고유필수적 공동소송인지 여부에 대해 소극적인 태도를 취하고 있다("상표권의 공유자가 그 상표권의 효력에 관한 심판에서 패소한 경우에 제기할 심결취소소송은 공유자 전원이 공동으로 제기하여야만 하는 고유필수적 공동소송이라고 할 수 없고, 공유자의 1인이라도 당해 상표등록을 무효로 하거나 권리행사를 제한·방해하는 심결이 있는 때에는 그 권리의 소멸을 방지하거나 그 권리행사방해배제를 위하여 단독으로 그 심결의 취소를 구할 수 있다").

15) 대법원 2009.5.28. 선고 2007후1510 판결 [등록무효(특)](이 사건에서 법원은, 동일한 특허권에 관하여 2인 이상의 자가 공동으로 특허의 무효심판을 청구하는 경우, 그 심판의 법적 성격은 심판청구인들 사이에 합일확정을 필요로 하는 이른바 유사필수적 공동심판에 해당한다고 판시하였다. 나아가 특허권자가 공동심판청구인 중 일부만을 상대로 심결취소소송을 제기한 때 그 심결 중 심결취소소송이 제기되지 않은 나머지 공동심판청구인에 대한 부분만이 제소기간의 도과로 분리 확정되었다고 할 수 없다고 판시하였다).

Ⅲ. 공유특허의 공유물분할청구권의 행사 시 분할방법

1. 문제제기

특허권의 특성은 정보재로서 비경합성과 비배타성을 갖는 무체재산이라 할 수 있다. 우리 특허법은 제99조 제2항 내지 제4항에서 특허권 공유자의 자유로운 실시권을 보장하고 있는 한편, 공유 특허권의 행사에 대하여는 입법정책적으로 지분양도와 전용실시권 및 통상실시권의 설정에 있어서 공유자 전원의 동의를 얻어야 하는 방법으로 공유특허권 행사에 제한을 가하고 있다. 그런데 최근 우리나라에서도 기업과 기업 사이, 기업과 대학(산학협력단), 기업과 정부 및 연구소 사이에 공동연구계약도 실제로 증가하고 있고 이에 따라 공유특허권자도 증가하는 추세에 있다. 이러한 공유특허권자 중 대학이나 연구소 등과 같이 자기실시를 바라지 않거나 실시능력조차 없는 경우, 그렇지 않고 공유특허권의 실시를 통해 이익을 향수하는 다른 공유특허권자와 대비할 때 공유지분의 경제적 가치에 변동이 생기지 않도록 어떻게 보상하여야 하는가 하는 과제가 등장하고 있다.[16] 왜냐하면 자유로운 자기실시를 허용하더라도 공유특허권자 사이에서는 실시의사 내지 실시능력에 따라 공유특허권자 사이에 지분의 경제적 가치가 사실상 다르게 되기 때문이다.

최근 대법원 판결[17]은 특허법의 다른 규정이나 특허의 본질에 반하는 등의 특별한 사정이 없는 한 공유에 관한 민법의 일반규정

---

16) 윤기승, "공유자 중 1인의 실시와 그 이익분배의 책임", 「법학연구」 제21권 제1호, 충남대학교, 2010.6, 257면 참조.

17) 대법원 2014.8.20. 선고 2013다41578 판결.

이 공유에도 적용된다는 견해를 취함으로써 특허권공유의 법적 성질에 대해 종래의 태도(합유설)[18]를 변경하여 공유설로 사실상 변경한 점에서도 그 의의를 찾을 수 있다.[19] 결국 최근 대법원 판결은 특허권공유의 법적 성질에 대해 공유설을 취함으로써 특허권이 공유인 경우 각 공유자에게 공유물분할청구권이 인정되는지 여부에 관한 쟁점에서 적극적인 태도를 취하였다.

2. 대법원 2014.8.20. 선고 2013다41578 판결

(1) 사안의 개요

X(원고, 피상고인)와 Y(피고, 상고인)는 6개의 특허권과 2개의 디자인권(이하 '이 사건 특허권 등'이라 함)을 각 1/2 또는 1/3의 지분비율에 따라 공유하고 있었다. 원고가 피고와 사이에 이 사건 특허권 등을 공유하게 된 경위는 이 사건 특허권 등에 대하여 발명자 내지 창작자인 망인의 지분을 협의분할에 의한 상속으로 취득한 것이다. 원고 X는 이 사건 특허권 등의 공유자로서 특허권 등의 등록령 제26조 제2항, 민법 제269조 제2항에 따라 이 사건 특허권 등의 경매에 의한 대금분할을 청구하는 것이라고 주장하였다. 이에 대하여 피고 Y는 이 사건 특허권 등 공유의 법적 성질은 합유이므로 그 분할을 청구할 수 없고, 합유자의 지위는 일신전속적이므로 망인의 지분은 원고에게 상속되지 않고 잔존 합유자인 피고들에게 귀속한다고 주장하였다.

---

18) 대법원 1999.3.26. 선고 97다41295 판결. "특허권의 공유관계가 합유에 준하는 성질"을 가진다고 판시한 종래의 이 대법원 판결을 지지하는 견해도 있다[정상조·박성수 공편, 『특허법 주해 I』, 박영사, 2010, 1224~1225면 (박정희 집필부분)].

19) 차상육, "특허권 공유관계의 법적성격과 공유물분할청구권 행사시 구체적 행사방법", 「지식재산정책」 제22호, 한국지식재산연구원, 2015.3, 172면.

1심 판결은 원고 X의 청구, 즉 이 사건 특허권 등에 대하여 경매에 의한 대금분할청구를 인용하였다. 이어 원심판결[20]도 피고 Y의 항소를 기각하였다. 이에 대해 Y는 특허권 등의 공유자의 분할청구에 대한 법리를 오해하는 등의 위법이 있다는 이유로 대법원에 상고하였으나, 상고기각 되었다.

(2) 판시요지

특허법(2014.6.11. 법률 12753호로 개정되기 전의 것) 제99조 제2항 및 제4항의 규정 취지는, 공유자 외의 제3자가 특허권 지분을 양도받거나 그에 관한 실시권을 설정받을 경우 제3자가 투입하는 자본의 규모·기술 및 능력 등에 따라 경제적 효과가 현저하게 달라지게 되어 다른 공유자 지분의 경제적 가치에도 상당한 변동을 가져올 수 있는 특허권의 공유관계의 특수성을 고려하여, 다른 공유자의 동의 없는 지분의 양도 및 실시권 설정 등을 금지한다는 데에 있다.

그렇다면 특허권의 공유자 상호 간에 이해관계가 대립되는 경우 등에 공유관계를 해소하기 위한 수단으로서 각 공유자에게 민법상의 공유물분할청구권을 인정하더라도 공유자 이외의 제3자에 의하여 다른 공유자 지분의 경제적 가치에 위와 같은 변동이 발생한다고 보기 어려워서 특허법 제99조 제2항 및 제4항에 반하지 아니하고, 달리 분할청구를 금지하는 특허법 규정도 없으므로, 특허권의 공유관계에 민법상 공유물분할청구에 관한 규정이 적용될 수 있

---

20) 부산고법 2013.5.9. 선고 (창원)2012나2197 판결(공유인 특허권 등의 분할을 금지하는 법률규정이 없는 점, … 특허권 등의 등록령 제26조 제2항의 규정은 … 특허권 등의 분할을 전제로 하고 있다고 해석되는 점 등에 비추어 보면, 공유인 특허권 등의 분할이 법률상 또는 성질상 금지된다고 할 수 없다. 이 사건 특허권 등의 분할방법에 관하여 보건대, … 특허권 등은 그 객체의 무체성으로 인하여 현물분할이 불가능하므로 공유인 특허권 등은 그 성질상 현물로 분할할 수 없는 경우에 해당하여 이 사건 특허권 등의 분할방법은 경매에 의한 대금분할로 함이 상당하다).

다. 다만 특허권은 발명실시에 대한 독점권으로서 그 대상은 형체
가 없을 뿐만 아니라 각 공유자에게 특허권을 부여하는 방식의 현
물분할을 인정하면 하나의 특허권이 사실상 내용이 동일한 복수의
특허권으로 증가하는 부당한 결과를 초래하게 되므로, 특허권의 성
질상 그러한 현물분할은 허용되지 아니한다고 봄이 상당하다. 그리
고 위와 같은 법리는 디자인권의 경우에도 마찬가지로 적용된다.

(3) 판례의 검토

대상판결은 특허권의 공유관계는 민법상 공유와 차이가 없으므
로 분할청구권이 인정된다는 견해를 취함으로써 그 법적 성질에
대해서 종래의 태도인 합유설21)에서 공유설로 사실상 변경하였다.
종래 대법원이 상표권의 공유관계에 관한 사안22)에서 취한 공유설
에 기한 법리 전개와 마찬가지로 이를 특허의 공유관계에 대한 사
안에서도 공유설에 기한 것임을 명시적으로 확인한 점에서 최근
대법원 판결은 그 의의가 있다. 종래 학계와 실무계의 그동안의 혼
선을 정리한 것이다. 따라서 상표권의 공유에 있어서의 법리와 마
찬가지로 특허권의 공유관계는 민법상 공유와 차이가 없으므로 특
허권의 공유관계를 해소하고자 할 경우 공유물분할청구권이 인정
된다 할 것이다.23) 이에 따라서 공유자는 공유물의 분할을 청구할
수 있다(민법 제268조 제1항).

그러나 특허권은 현물분할을 인정하면 하나의 특허권이 사실상
내용이 동일한 복수의 특허권으로 증가하는 부당한 결과를 초래하
므로 현물분할은 허용되지 아니한다. 따라서 분할방법으로서는 당
사자의 협의 아래 이를 매각하여 그 대금을 나누거나,24) 협의가 성

---

21) 대법원 1999.3.26. 선고 97다41295 판결.
22) 대법원 2004.12.9. 선고 2002후567 판결.
23) 송영식·이상정·황종환·이대희·김병일·박영규·신재호,『송영식 지
    적소유권법』제2판, 육법사, 2013, 462면.

립하지 않으면 법원의 판결에 의한 경매에 의한 대금을 나누어 갖는 대금분할방법(민법 제269조)에 의한다고 할 것이다.

다만, 최근 대법원 판결에 따른 실무상 문제점으로서 경매에 의한 대금분할방법은 최악의 경우 경매로써 그 특허권이 시장에서 경쟁자인 제3자에게 매각되면 대금분할의 상대당사자(피고)는 갑자기 특허권자의 지위에서 특허침해자로 되는 경우도 발생할 수 있다는 점이다. 결국 이러한 방식의 환가처분은 공유자 전원에게 불이익한 것으로 평가될 수 있거나, 또는 다른 공유자 지분의 경제적 가치에도 상당한 변동을 초래할 우려가 없지 않다. 이런 점을 고려하면 최근 대법원 판결의 판시내용 중, 특허권의 공유자 상호 간에 이해관계가 대립하는 경우 등에 공유관계를 해소하기 위한 수단으로서 각 공유자에게 민법상의 공유물분할청구권을 인정하더라도 공유자 이외의 제3자에 의하여 다른 공유자 지분의 경제적 가치에 상당한 변동이 발생한다고 보기 어렵다는 취지의 설시는 선뜻 수긍하기 어렵다. 입법론으로 반드시 보완되어야 할 우리 특허법상 장래의 과제라고 사료된다.

3. 지분권자의 공유물분할청구권의 행사와 분할방법

(1) 문제제기

최근 대법원 판결처럼 특허권의 공유관계에 민법상 공유물분할청구에 관한 규정이 적용되는지 여부의 점에 관하여 적극적인 태

---

24) 민법에 기한 공유부동산 등의 협의에 의한 공유물분할의 경우에는, 공유자 전원이 참여하여야 하고, 협의가 성립되는 경우에는 분할방법에 아무런 제한이 없다. 특히 협의에 의한 분할은 반드시 지분에 따라야 할 필요가 없으며, 일반적으로는 현물분할(現物分割)이나 대금분할(代金分割) 또는 가격배상(價格賠償)에 의한 분할 및 이상과 같은 방법이 혼합적으로 행해질 수도 있다(混合的 分割方法).

도를 취한다 할지라도, 그 구체적인 분할방법이 문제된다. 특허권은 발명의 실시의 독점권이라는 성격에서 현물분할은 곤란하다는 것이 최근 대법원 판결의 취지이다. 만약 현물분할을 인정한다면 최근 대법원 판결이 그 이유에서 밝힌 대로 사실상 동일한 특허권이 두 개 생기는 것과 마찬가지로 된다는 점에서 불합리성이 있고 실무상 적지 않은 문제를 야기할 것이다. 최근 대법원 판결은 이러한 점을 의식한 결과 이 사건 특허권 및 디자인권의 공유자인 원고가 공유물분할을 청구한 점에 대하여 경매에 의한 대금분할을 인정하였다. 그런데 대법원 태도와 같이 경매에 의한 대금분할을 인정하면 특허관련 기업 실무상 문제점은 없는지, 그 극복방안은 무엇인지를 신중히 고려해 보아야 한다.

(2) 주요국의 공유물분할청구권[25]

독일과 미국은 민법상 공유물분할청구를 원칙상 허용하지만 당사자 간 계약에 의하여 공유물분할을 금지할 수도 있는 한편, 프랑스의 경우는 특약이 없는 한 공유물분할청구를 원칙상 금지하고 있다. 일본은 우리나라와 마찬가지로 일본 민법상 공유물분할청구를 원칙상 특허권공유의 경우에도 허용하며, 약정에 의하여 5년간 공유물분할청구도 할 수 있으며 갱신할 수도 있다. 한편 공유특허의 지분처분 등 활용에 동의한다는 취지의 계약이 있으면 공유자 지분의 자유로운 처분이나 활용을 할 수 있다는 점에서 미국[26]을

---

25) 특허권이 공유관계일 때 공유물 분할방법에 대해 그 입법례의 상세는 차상육, "특허권 공유관계의 해소와 공유물분할청구권의 행사 시 분할방법", 한국특허법학회 편, 『특허판례연구』 제3판, 박영사, 2017, 478~483면 참조.

26) McManus, Robert J. Ahn, Cindy. Karnakis, Christina. Rodriguez, Rafael E. Wright, Jacqueline D. "Survey of Patent Law Decisions in the Federal Circuit: 1998 in Review.", American University Law Review 48, no.6 (August, 1999), pp.1439~1440; Ethicon Inc. v. United States Surgical Corp., 135 F.3d 1456, 1468, 45 U.S.P.Q.2d (BNA) 1545 (Fed. Cir. 1998),

비롯하여 독일, 프랑스, 일본 등 주요국 모두의 태도가 공통한 점[27]
과 그렇다면 주요국은 공유특허의 처분이나 활용 등에 대해서 특
허법상 규정보다 당사자 사이의 계약 내용이 우선한다는 취지로
규정하고 있다고 보인다.[28]

(3) 분할방법에 대한 국내의 학설

국내의 다수설은 공유특허권에 대한 분할청구권을 인정하면서
그 분할방법으로서 현물분할은 불가하지만, 경매에 의한 대금분할
이나 가격배상에 의한 분할방법을 인정하고 있다.[29] 즉, 학설 중에
는 특허권의 공유지분은 재산권이고 또한 단체적 제약을 받아야
하는 것이 아니므로 공유관계에서 이탈할 수 없다는 것은 불합리
하므로, 대금분할이나 가격배상에 의한 분할청구를 인정하더라도
무방하다는 주장이 있으며,[30] 또 특허권의 공유관계의 해소를 위
하여 공유자 사이에 합의가 이루어지지 아니한 경우 공유자는 공
유물의 분할을 청구할 수 있으나(민법 제268조 제1항), 특허권은 현

---

cert, denied 525 U.S. 923 (1998).

27) クリストファー・ヒース(Christopher Heath)/ 立花 市子(訳), "欧州の法に
おける共有特許権者の地位について", 『知的財産法政策学研究』, Vol.16, 2008,
10~17頁; 권태복, "공유특허권의 실시와 이전에 관한 쟁점과 제언", 「법학
논총」 제29집 제2호, 전남대학교 법학연구소, 2009, 101~105면; 조영선,
"특허권 공유의 법률관계—특허법 제99조의 해석론과 입법론", 「법조」 제
654호, 법조협회, 2011.3, 53~63면; 신혜은, "특허권의 공유에 관한 비교법
적 고찰 및 실무상 유의점", 「산업재산권」 제23호, 한국산업재산권법학회,
2007, 320~330면.

28) 김지수, "공유 특허의 공유물분할청구권 인정 여부—대법원 2014.8.20.선
고 2013다41578 판결", 한국특허법학회 정기공개세미나 「2014 TOP 10 특
허판례 세미나」, 한국특허법학회, 2015.3, 29~33면 및 38면.

29) 염호준, "공유 특허권에 대한 분할청구권 인정 여부 및 그 분할방법", 한국
정보법학회 편, 『정보법 판례백선 II』, 박영사, 2016, 37면.

30) 박성호, "2014년 지적재산법 중요 판례", 「인권과 정의」 통권 448호, 대한
변호사협회, 2015.3, 448면; 中山信弘, 전게서(2012), 305~306頁.

물의 분할이 있을 수 없으므로 이를 매각하여(협의가 성립하지 아니하면 법원의 판결에 따른 경매에 의한다) 그 대금을 나누어 갖는 대금분할방법에 의한다(민법 제269조)는 견해도 주장되는바, 그 주장요지는 앞서 견해와 같은 취지로 보인다.[31] 한편, 공유특허권에 대한 분할청구권 자체를 부인하는 소수설도 있다. 즉 "특허권의 공유관계가 합유에 준하는 성질"을 가진다고 판시한 종래의 대법원 판결[32]을 지지하면서, 공유특허권의 각 지분권자의 분할청구권을 인정하지 않는 견해이다. 이 견해는 공유자가 특허권의 지분에 대하여 분할을 청구할 수 있는가는 특허법에 관한 특별한 규정이 없으므로, 특허권의 공유관계의 성질을 공유에 준하는 것으로 보는가, 합유에 준하는 것으로 보는가에 따라 달라질 것인데, 대법원 판례가 특허권의 공유관계의 성질을 합유에 준하는 것으로 보고 있으므로, 분할청구권은 인정되지 않는다고 주장한다.[33]

(4) 결 어

생각건대, 최근 대법원 판결의 판시내용처럼 공유특허권에 대한 분할청구권 자체를 부인하는 소수설은 대법원이 특허권의 공유관계가 합유에 준하는 성질을 가진다고 판시한 종래의 대법원 판결을 사실상 변경하여 공유설을 취함으로써 더 이상 입론의 여지가 없어졌다 할 것이다. 결국 우리 대법원의 태도변경에 따라 이제 남은 문제는 경매에 의한 대금분할방법에 따른 실무상 문제점을 극복하는 개선방안을 찾는 과제라 할 것이다.

---

31) 송영식 · 이상정 · 황종환 · 이대희 · 김병일 · 박영규 · 신재호, 전게서, 462면.
32) 대법원 1999.3.26. 선고 97다41295 판결.
33) 정상조 · 박성수 공편, 전게서, 1227~1228면(박정희 집필부분).

4. 경매에 의한 대금분할방법의 문제점과 극복방안

(1) 문제점

경매에 의한 대금분할방법은 최악의 경우 경매로써 그 특허권이 시장에서 경쟁자인 제3자에게 매각되면 대금분할의 상대당사자(피고)는 갑자기 특허권자의 지위에서 특허침해자로 되는 경우도 발생하므로 문제점이 없지 않다.[34] 예를 들어 삼성전자와 카이스트가 공유하는 특허가 경매절차를 통하여 삼성전자의 경쟁사인 애플에게 이전되는 경우 삼성전자가 겪게 될 곤란함의 정도는 쉽게 예상이 되므로 대상 판결과 같이 공유특허권의 경매절차를 통한 분할이 가능하게 됨으로써 이러한 상황하에서는 실무상 문제점을 극복하기 위한 입법적 해결이 필요하게 된다는 주장[35]은 최근 대법원 판결에 따른 실무에서 야기될 문제점을 제대로 지적하고 있어 설득력이 있다.

(2) 개선방안의 모색

위와 같은 문제점에 대한 개선방안으로서 우선, 현물분할 방법 중 하나로 미국의 입법례처럼 공유물을 공유자 중 일부의 소유로 하되 현물을 소유하게 되는 공유자로 하여금 다른 공유자에 대하여 그 지분을 적정하고 합리적인 가격을 배상시키는 이른바 보상분할의 방법을 고려할 수 있다는 견해[36]가 있다. 이러한 방법은 종래 우리 법원[37]에서도 취하고 있었던 방법 중 하나이다. 즉, 공유

---

34) 김지수, 앞의 글, 36면.
35) 정차호, "공유 특허의 공유물분할청구권 인정 여부" 토론문, 한국특허법학회 정기공개세미나 「2014 TOP 10 특허판례 세미나」, 한국특허법학회, 2015.3, 44면.
36) 김지수, 앞의 글, 36면.
37) 서울중앙지방법원 2004.10.15. 선고 2003가합8005 판결.

관계의 발생원인과 공유지분의 비율 및 분할된 경우의 경제적 가
치, 분할 방법에 관한 공유자의 희망 등의 사정을 종합적으로 고려
하여 당해 공유물을 특정한 자에게 취득시키는 것이 상당하다고
인정되고, 다른 공유자에게는 그 지분의 가격을 취득시키는 것이
공유자 간의 실질적인 공평을 해치지 않는다고 인정되는 특별한
사정이 있는 때에는 공유물을 공유자 중의 1인의 단독소유 또는 수
인의 공유로 하되 현물을 소유하게 되는 공유자로 하여금 다른 공
유자에 대하여 그 지분의 적정하고도 합리적인 가격을 배상시키는
방법에 의한 분할도 현물분할의 하나로 허용된다 할 것이다.[38]

또 보상분할방법에 있어서 공유물분할을 주장하는 당사자가 동
의하지 않거나 동의를 거부하는 경우 공유자에 대한 지분매수청구
권이나 특허실시로 인한 이익의 분급방안도 고려할 수 있다는 주
장이 있다.[39] 같은 취지에서 입법론으로 경매에 의한 대금분할의
경우 다른 공유자들의 우선매수권제도를 도입하자는 견해도 있
다.[40] 다만, 이러한 입법론은 공유물분할판결에 기하여 공유물 전
부를 경매에 붙여 그 매득금을 분배하기 위한 환가의 경우에는 공
유물의 지분경매에 있어 다른 공유자에 대한 경매신청통지와 다른
공유자의 우선매수권을 규정한 민사소송법 제649조, 제650조는 적
용이 없다는 우리 대법원 판결의 취지와 상반된다는 점이 문제된
다.[41] 나아가 프랑스 방식의 우선매수권제도의 도입론에 대해서는
우선매수권은 형성권으로 보아야 하고, 공유자 사이에 우선매수금

---

38) 대법원 2004.10.14. 선고 2004다30583 판결.
39) 노갑식, "공유 특허의 공유물분할청구권 인정 여부" 토론문, 한국특허법학회
　　정기공개세미나 「2014 TOP 10 특허판례 세미나」, 한국특허법학회, 2015.3,
　　42면.
40) 한지영, "공유 특허의 분할청구에 관한 비교법적 고찰", 「산업재산권」 제
　　47호, 한국지식재산학회, 2015.8, 78면.
41) 대법원 1991.12.16.자 91마239 결정[부동산경락허가결정].

액에 대한 합의가 불발되면 법정에서 적절한 공유지분의 인수가격을 결정하여야 하는데, 여기서는 공유지분의 가치평가, 대리인 비용, 분쟁기간의 장기화 등 공유자들이 부담해야 될 사항들도 많다는 비판적 시각도 없지 않다.[42]

한편 입법론으로서 프랑스의 입법태도와 같이 공유물분할금지특칙의 신설을 주장하는 견해[43]가 있으나, 신뢰관계가 틀어진 공유자들이 공유관계에서 이탈할 수 있도록 하여 이해관계를 조정하는 것이야 말로 공유자의 권리를 본질적으로 제한하지 않는다는 점에서 이러한 입법론은 신중히 검토해야 할 것으로 사료된다.[44] 굳이 입법론처럼 공유물분할금지특칙의 신설을 하지 않더라도, 민법 제268조의 명문의 규정상 5년간 분할금지약정이 가능하고 또 같은 규정이 1회에 한하여 갱신이 허용되는 것으로 명시적으로 한정한 것도 아니며, 계속적 갱신절차를 거침으로써 공유특허의 당사자 간 계약에 의해 공유물분할금지특칙의 신설과 같은 효과는 언제든지 얻을 수 있기 때문이다. 생각건대 앞으로 최근 대법원 판결에 따른 실무에서 야기될 문제점 즉 경매에 의한 대금분할방법이 초래할 실무적 어려움은 비교법적 고찰을 통하여 우리나라에 적합한 최적의 방안을 찾아야 하며 향후 남겨진 과제라고 사료된다.

(3) 2015년 특허법 제99조의 개정안과 그 비판

나아가 2015년 특허법 제99조의 개정안[45]에서는 특허권의 공유자가 계약으로 약정한 경우를 제외하고는 다른 공유자의 동의 없이 특정인에게 자신의 지분 전부를 양도하거나, 그 지분의 전부를

---

42) 김지수, 앞의 글, 39면.
43) 김지수, 앞의 글, 39~40면.
44) 同旨, 노갑식, 앞의 글, 42~43면.
45) 2015.8.10.자 제1916353호 특허법 일부개정법률안(정부안). 2015.11.23. 자로 폐지되었다.

목적으로 하는 질권을 설정할 수 있도록 하되, 이러한 약정은 특허
원부에 등록한 경우에 한하여 제3자에게 대항할 수 있도록 하고,
민법 제268조 제1항의 기간을 초과하는 분할금지약정을 체결할 수
있도록 하였다. 다만 이 특허법 개정안에 대한 비판론[46]을 보면,
분할금지약정의 경우 기간의 상한이 없으므로 사실상 특허권 존속
기간 동안 분할을 금지하는 특약도 유효하게 되는데, 지분양도가
용이하지 않을 경우 상대적으로 협상력이 부족한 공유자로서는 해
당 특허를 활용하는 것이 더욱 곤란하게 될 수 있고, 특허권 존속기
간 동안 분할을 금지하는 약정은 사적 재산권의 행사에 대한 과도
한 제약으로서, 특히 상대적으로 우월한 지위에 있는 공유자에 의
한 계약관행으로 정착될 우려가 있다는 점에서 신중한 검토가 필
요하다고 주장한다.

생각건대, 2015년 특허법 개정안은 사실상 특허권 존속기간 동
안 분할을 금지하는 특약도 유효하게 됨으로써 그러한 합의는 공
서양속에 반하게 될 우려가 있다는 점, 독일의 경우에도 공유물분
할청구권이 약정에 의하여 영구적으로 또는 일시적으로 배제된 경
우 즉 공유물분할금지특약이 있는 경우라도 중대한 사유가 있는
때에는 그 해소청구 즉 공유물분할청구를 할 수 있을 뿐만 아니라
(독일민법 제749조 제2항). 이에 반하여 공유물분할청구권을 배제하
거나 제한하는 약정은 무효이라고 한 점(제749조 제3항) 등에 비추
어 보면, 결국 2015년 특허법 개정안은 공유자 간의 이익조정에서
가장 적합한 형평성을 지향하기 어렵다는 점에 비추어, 비판론의
태도가 더 타당하다고 사료된다.

---

46) 염호준, 전게논문, 40면.

제14장
특허침해소송과 국제사법

Ⅰ. 국제재판관할

외국인이 보유한 특허권의 보호대상인 특허발명이 우리나라에서 무단으로 실시되는 경우, 해당 발명에 대한 특허권 침해소송의 국제재판관할이 우리나라에 있다고 볼 것인지 여부가 문제된다.

특허권 침해소송의 국제재판관할에 대해서는 원칙적으로 통상의 불법행위에 관한 논의가 타당하다고 할 것이므로 외국인의 발명의 특허권이 침해된 침해지가 우리나라인 경우 특허권 침해소송의 국제재판관할은 우리나라에 있다고 할 것이다(국제사법 제2조 제1항, 민사소송법 제18조 제1항 참조).

국제사법 제2조 제1항에 의하면, "① 법원은 당사자 또는 분쟁이 된 사안이 대한민국과 실질적 관련이 있는 경우에 국제재판관할권을 가진다. 이 경우 법원은 실질적 관련의 유무를 판단함에 있어 국제재판관할 배분의 이념에 부합하는 합리적인 원칙에 따라야 한다."고 규정하고, 동조 제2항은 "법원은 국내법의 관할 규정을 참작하여 국제재판관할권의 유무를 판단하되, 제1항의 규정의 취지에 비추어 국제재판관할의 특수성을 충분히 고려하여야 한다."고 규정하고 있다.

따라서 판례는 "법원이 국제재판관할권의 유무를 판단함에 있어서는 법원은 당사자 간의 공평, 재판의 적정, 신속 및 경제를 기한다는 기본이념에 따라 국제재판관할을 결정하여야 하고, 구체적으로는 소송당사자들의 공평, 편의 그리고 예측가능성과 같은 개인적인 이익뿐만 아니라 재판의 적정, 신속, 효율 및 판결의 실효성 등과 같은 법원 내지 국가의 이익도 함께 고려하여야 하며, 이러한 다양한 이익 중 어떠한 이익을 보호할 필요가 있을지 여부는 개별 사건에서 법정지와 당사자의 실질적 관련성 및 법정지와 분쟁이 된 사안과의 실질적 관련성을 객관적인 기준으로 삼아 합리적으로 판단하여야 한다."고 판시하였다.[1]

또한 최근 판례[2]는 갑 주식회사의 을에 대한 영업방해금지청구의 선결문제로서, 을이 갑 회사와 맺은 근로계약에 따라 완성되어 대한민국에서 등록한 특허권 및 실용신안권에 관한 직무발명에 기초하여 외국에서 등록되는 특허권 또는 실용신안권에 대하여 갑 회사가 통상실시권을 취득하는지가 문제된 사안에서, "을이 직무발명을 완성한 곳이 대한민국이고, 갑 회사가 직무발명에 기초하여 외국에 등록되는 특허권이나 실용신안권에 대하여 통상실시권을 가지는지는 특허권이나 실용신안권의 성립이나 유·무효 등에 관한 것이 아니어서 그 등록국이나 등록이 청구된 국가 법원의 전속관할에 속하지도 아니하므로, 위 당사자 및 분쟁이 된 사안은 대한민국과 실질적인 관련성이 있어 대한민국 법원이 국제재판관할권을 가진다"고 본 원심판결을 수긍하였다.

또 다른 판례[3]에서는, 갑이 을에게서, 을이 특허권자 또는 출원

1) 대법원 2010.7.15. 선고 2010다18355 판결 [손해배상(기)].
2) 대법원 2015.1.15. 선고 2012다4763 판결 [영업방해금지].
3) 대법원 2011.4.28. 선고 2009다19093 판결 [특허권이전등록].

인으로 된 일본국 내 특허권 또는 특허출원과 그 특허발명들에 대응하는 일본국 외에서의 특허출원 및 등록된 특허권 일체와 관련한 모든 권리를 무상양도받기로 하는 계약을 체결하면서, 위 양도계약과 관련한 분쟁이 발생할 경우 관할법원을 대한민국 법원으로 하기로 약정한 사안에서, "위 양도계약에 기하여 특허권의 이전등록 또는 특허출원인 명의변경을 구하는 소는 주된 분쟁 및 심리의 대상이 위 양도계약의 해석 및 효력의 유무일 뿐 위 특허권의 성립, 유·무효 또는 취소를 구하는 것과 무관하므로 위 특허권의 등록국이나 출원국인 일본국 등 법원의 전속관할에 속한다고 볼 수 없고, 또한 대한민국법상 당사자 사이에 전속적 국제관할합의를 하는 것이 인정되고 당해 사건이 대한민국 법원과 합리적 관련성도 있으며, 달리 위 전속적 국제관할합의가 현저하게 불합리하거나 불공정하여 공서양속에 반한다고 볼 수 없으므로, 위 전속적 국제관할합의가 유효하다"고 판시하였다.[4]

II. 준거법

1. 일반론

문제는 이러한 경우에 어느 나라의 특허법을 준거법으로 결정할 것인가, 즉 특허권의 성립, 내용, 효력, 소멸에 대해 어느 나라의 법

---

4) 대상판결은 갑 주식회사의 을에 대한 영업방해금지청구의 선결문제로서, 을이 갑 회사와 맺은 근로계약에 따라 완성되어 대한민국에서 등록한 특허권 및 실용신안권에 관한 직무발명에 기초하여 외국에서 등록되는 특허권 또는 실용신안권에 대하여 갑 회사가 통상실시권을 취득하는지가 문제된 사안에서, 위 사안은 대한민국과 실질적인 관련성이 있어 대한민국 법원이 국제재판관할권을 가진다고 판시한 점에 의의가 있다.

률을 적용할 것인가 하는 준거법 결정의 문제가 생긴다. 특허권의 성립, 내용, 효력, 소멸의 준거법에 관해서는 종래 두 가지 견해가 주장되고 있다. 그 하나는 본원국법설(本源國法說)이다. 이 견해는 특허권의 성립이나 효력 등은 특허권이 발생한 본원국법에 의해야 한다고 주장한다. 다른 하나는 보호국법설(保護國法說)이다. 이 견해는 지적재산권의 효력은 권리부여국의 영역 내에서만 미친다는 속지주의 원칙에 입각한 것으로서, 특허권의 성립이나 효력은 보호국법에 의해야 한다고 주장한다.

요컨대 속지주의 원칙에 기초한 보호국법 원칙 내지 보호국 연결의 원칙이 거의 범세계적으로 승인되고 있다고 할 수 있다. 우리나라 국제사법 제24조는 "지적재산권의 보호는 그 침해지법에 의한다"는 규정을 두어 보호국법주의를 명시적으로 채택하고 있다. 국제사법 제24조는 지적재산권의 모든 분야에 관하여 보호국법주의를 명시하는 대신 현실적으로 가장 문제가 되고 있는 지적재산권의 침해의 경우만을 규정하는 방식을 취하고 있지만, 위 규정은 지적재산권 전반에 관하여 보호국법주의를 선언한 것으로 이해된다.[5]

2. 직무발명에 관한 통상실시권 취득에 대한 준거법

직무발명에 관한 통상실시권 취득에 대한 준거법에 관해서는 ⅰ) 보호국법설과 ⅱ) 고용관계준거법설, ⅲ) 속지주의 적용설 등이 대립하고 있다.[6]

판례[7]에 따르면, "직무발명에서 특허를 받을 권리의 귀속과 승

---

5) 석광현, 『2001년 국제사법 해설』제2판, 지산, 2003, 190~192면.
6) 이규호, "직무발명에 관한 통상실시권의 취득에 대한 국제사법적 쟁점", 한국정보법학회 편, 『정보법판례백선(II)』, 박영사, 2016, 99~100면.
7) 대법원 2015. 1. 15. 선고 2012다4763 판결 [영업방해금지].

계, 사용자의 통상실시권의 취득 및 종업원의 보상금청구권에 관한 사항은 사용자와 종업원 사이의 고용관계를 기초로 한 권리의무관계에 해당한다. 따라서 직무발명에 의하여 발생되는 권리의무는 비록 섭외적 법률관계에 관한 것이라도 성질상 등록이 필요한 특허권의 성립이나 유·무효 또는 취소 등에 관한 것이 아니어서, 속지주의의 원칙이나 이에 기초하여 지식재산권의 보호에 관하여 규정하고 있는 국제사법 제24조의 적용대상이라 할 수 없다. 직무발명에 대하여 각국에서 특허를 받을 권리는 하나의 고용관계에 기초하여 실질적으로 하나의 사회적 사실로 평가되는 동일한 발명으로부터 발생한 것이며, 당사자들의 이익보호 및 법적 안정성을 위하여 직무발명으로부터 비롯되는 법률관계에 대하여 고용관계 준거법 국가의 법률에 의한 통일적인 해석이 필요하다. 이러한 사정들을 종합하여 보면, 직무발명에 관한 섭외적 법률관계에 적용될 준거법은 발생의 기초가 된 근로계약에 관한 준거법으로서 국제사법 제28조 제1항, 제2항 등에 따라 정하여지는 법률이라고 봄이 타당하다. 그리고 이러한 법리는 실용신안에 관하여도 마찬가지로 적용된다."고 판시하였다.[8]

위 판결은 직무발명에 관한 섭외적 법률관계에 적용될 준거법이 발생의 기초가 된 근로계약에 관한 준거법이라고 설시하고, 또 이러한 법리는 실용신안에 관하여도 마찬가지로 적용된다는 점을 분명히 한 점에 의의가 있다.

---

8) 이 판결의 평석으로는, 이규호, 전게 논문, 한국정보법학회 편, 『정보법판례백선(II)』, 박영사, 2016, 93~102면; 박영규·문선영, "직무발명에 관한 섭외적 법률관계의 준거법", 한국특허법학회 편, 『특허판례연구』 제3판, 박영사, 2017, 837~842면 참조.

찾아보기 ───────

| 저자 소개 |

차상육 車相陸

한양대학교 법과대학 졸업
사법시험 합격(제40회) 사법연수원 수료(30기)
변호사
법학박사(한양대학교 대학원, 지적재산권법 전공)
일본 지적재산연구소(IIP) 초빙연구원
경북대학교 법학전문대학원 부교수

주요 저서
영업비밀보호법(분담집필), 박영사, 2017
특허판례연구(제3판)(분담집필), 박영사, 2017
디자인과 법(분담집필), 채움북스, 2017
특허 침해소송의 이론과 실무(분담집필), 법문사, 2016
정보법 판례백선(Ⅱ)(분담집필), 박영사, 2016
IT경제와 법(공저), 경북대학교 출판부, 2016
법정책학이란 무엇인가[이론과 실제](분담집필), 삼영사, 2015

특허침해소송실무

2018년 11월 20일 초판 인쇄
2018년 11월 30일 초판 발행

저　자　　　차　상　육
발행처　　　한국지식재산연구원
편집·판매처　세창출판사

한국지식재산연구원

주소: 서울시 강남구 테헤란로 131 한국지식재산센터 3, 9층
전화: (02)2189-2600 팩스: (02)2189-2694
website: www.kiip.re.kr

세창출판사

주소: 서울시 서대문구 경기대로 88 냉천빌딩 4층
전화: (02)723-8660 팩스: (02)720-4579
website: www.sechangpub.co.kr

ISBN 978-89-92957-83-0 93360

정가 32,000원